实用、规范的辞书才是好的辞书。这套“新课标·学生实用系列辞书”是编者孜孜以求的结晶，更是广大小读者的明智选择！

编者寄语

CW01647422

双色版

新课标

同义词近义词反义词多音多义字词典

TONGYICI JINYICI FANYICI DUOYINDUOYIZI CIDIAN

唐文辞书编委会 编

中原出版传媒集团
大地传媒
海燕出版社

前言

汉语是世界上历史最悠久的语言之一。汉语词汇丰富多彩，许多词语可以找出与其相应的同义词、近义词、反义词，甚至同一个字也有不同的读音、不同的意义。为了满足广大小学生的学习需要，使其准确地掌握同义词、近义词、反义词及多音多义字，我们根据新课程标准，精心编写了这本《同义词近义词反义词多音多义字词典》。

本词典分为同义词近义词反义词和多音多义字两部分。其中，同义词近义词反义词部分采用解释加示例的方法，在对所收词目及其同义词、近义词、反义词进行逐一解释的同时，列出其相应的例句，并从词语的用法、搭配、感情色彩、语体色彩等角度对某些容易混淆的同义词、近义词、反义词加以辨析，帮助小学生加深对词语的理解。多音多义字部分结合小学生的认知特点，在准确释义的同时，列出不同读音下不同释义的常用例子，可使小学生有效区分多音多义字，从而避免读错用错。

本词典在编写中重点突出了小学语文学习和训练的主要内容，不但可以满足小学语文学习的基本要求，而且对语文的教学和运用也有很大的帮助。相信这本词典会成为广大小读者的良师益友。

编　者

目　录

同义词近义词反义词

TONGYICI JINYICI FANYICI

凡 例

一、依据小学语文教材，结合小学生认知能力，收录800余组同义词、近义词、反义词。

二、每组同义词、近义词、反义词按主词目的首字音序排列，首字相同的按第二个字的音序排列，依此类推。

三、每个词目均用汉语拼音字母标注普通话读音，按阴平、阳平、上声、去声标调，轻声不标调号。

四、每组词中的同义词用同标示，近义词用近标示，反义词用反标示。

五、对主词目及其同义词、近义词、反义词分别予以解释，不同义项用①②……分列，释义简单明了，易于理解；在释义后列出其相应例句，例句贴近生活，易学易懂，例句中用“～”代替相应的词语，不同例句用①②……分列。

六、在**辨析**中对某些容易混淆的同义词、近义词、反义词从多角度予以对比分析，有助于小学生从整体上掌握词语。

七、正文前附有《音序索引》，以供查检。

音序索引

音序索引

音序索引

音序索引

音序索引

音序索引

音序索引

音序索引

音序索引

音序索引

音序索引

音序索引

音序索引

音序索引

音序索引

A a

阿斗 近庸人 草包

【阿斗】ĀDǒu 三国蜀汉后主刘禅的小名。阿斗懦弱无能，后多用来比喻无能的人。例：你不要自以为是，总把自己看成诸葛亮，而把别人当作～。

【庸人】yōngrén 指平庸没有作为的人。例：～自扰是极其可悲的事情。

【草包】cǎobāo 装着草的袋子。比喻没有才能的人。也比喻做事毛手毛脚、常出差错的人。例：他生性愚钝，大伙谑称他"～"。

辨析

"阿斗""庸人"和"草包"都是名词，都含贬义。"阿斗"和"草包"都比喻无能的人；"庸人"则主要指没有作为的人，语意最重。

哀愁 同忧愁 哀戚 悲愁 反欢乐

【哀愁】āichóu 悲哀忧愁。例：灾区小朋友那～的神情，给我留下了深刻印象。

【忧愁】yōuchóu 因遭遇困难或不如意的事而苦闷。例：爸爸在车祸中受伤，家里人都为此感到～。

【哀戚】āiqī 悲伤。例：朋友来的这封信充满了～之感。

【悲愁】bēichóu 悲伤忧愁。例：妻子的病情越来越严重，他十分～。

A【欢乐】huānlè 欢喜快乐（多指集体的）。例：儿童节联欢会～的场面让我久久不能忘怀。

辨析

“哀愁”“忧愁”“哀戚”和“悲愁”四个词都有“在遭遇不如意的事时心情不好”的意思。“哀愁”是由于悲伤而忧愁；“忧愁”是由于遭遇困难或不如意的事而苦闷；“哀戚”则是由不幸而致悲伤，一般作为书面用语；“悲愁”则悲伤与忧愁兼有。

哀求 同乞求 近央求

【哀求】āiqiú 苦苦请求。例：他～了好久，王经理才答应他不再追究。

【乞求】qǐqiú 请求给予。例：肇事司机探视被其撞伤的行人，～得到原谅。

【央求】yāngqiú 恳求。例：他再三～父母，让他到华山游玩。

辨析

“哀求”“央求”和“乞求”都有“向对方请求”的意思。但“哀求”强调请求时表情、神态的哀怜；“央求”则强调请求时内心的恳切；而“乞求”则强调请求别人给予。“哀求”“央求”属中性，但侧重点稍有区别，前者侧重“苦苦地”，后者侧重“恳切地”。在语意程度上，“哀求”比“央求”重。在感情色彩上，“央求”带有郑重、诚恳的色彩；而“哀求”则有哀怜色彩，多用于弱者。

哀伤 同悲伤 反欢快 欢乐

【哀伤】āishāng 悲伤。例：他的离去，让我们感到万分～。

【悲伤】bēishāng 伤心难过。例：爷爷的去世，令全家人很～。

【欢快】huānkuài 欢乐愉快。例：舞场上响起了～的旋律。
【欢乐】huānlè 欢喜快乐(多指集体的)。例：新春佳节，家家洋溢着～的气氛。

辨析

“哀伤”“悲伤”和“欢快”“欢乐”构成反义关系。“悲”和“欢”是典型的反义词，常可对举，如“悲欢离合”。前面两词共有的“伤心”意和后面两词共有的“快乐”意也形成了鲜明的对比。

挨近 同靠近 靠拢

【挨近】āijìn 靠近。例：现在我要～黑板才能看清上面的字，这是不注意保护眼睛导致的。
【靠近】kàojìn 彼此间的距离较近。例：～门口的那套桌椅，是我坐的位置。
【靠拢】kàolǒng 挨近；靠近。例：听到体育老师的口令，我们的队伍向中间～。

唉声叹气 近长吁短叹 反扬扬得意

【唉声叹气】āishēng-tànqì 因为伤感、忧愁或不顺心而发出叹息。例：我们遇到困难要敢于迎难而上，一味～是没有用的。
【长吁短叹】chángxū-duǎntàn 长一声短一声地叹气不止。例：最近，她总是～的，好像有什么心事。
【扬扬得意】yángyáng-déyì 形容得意时的神态。多指因成功而神气十足的样子。例：考试成绩在班级排了第一，他不禁～。

辨析

“唉声叹气”和“长吁短叹”都有“发出叹息”的意思。其中，“唉声叹气”着重强调发出叹息声；“长吁短叹”则强调叹息的音调、节奏。

A

矮小 近短小 反高大

【矮小】ǎixiǎo 又矮又小。例:小蜗牛从它那～的房子里爬出来晒太阳。

【短小】duǎnxiǎo 短而小;矮小。例:他人长得～,弹跳力却很强。

【高大】gāodà 又高又大。例:虽然才十五岁,他的身材已经很～了。

辨析

“矮小”和“短小”都有“尺度不长”的意思。“矮小”一般用来形容身材;“短小”既可形容身材,又可形容文章、诗篇、衣物等,使用范围较广。

爱不释手 同爱不忍释

【爱不释手】àibùshìshǒu 非常喜欢,不肯放下。例:拿着爸爸刚买的玩具,他看来看去,～。

【爱不忍释】àibùrěnshì 喜欢极了,舍不得放下。例:晓华捧着那本画册,～。

爱戴 同拥戴 近敬爱

【爱戴】àidài 敬爱并且拥护。例:人民衷心～周总理。

【拥戴】yōngdài 拥护爱戴。例:这位一心为公、两袖清风的好干部深受群众～。

【敬爱】jìng’ài 尊敬而爱戴。例:我～我的启蒙老师石原教授。

辨析

“爱戴”“拥戴”和“敬爱”都是动词,都有“敬爱拥护”的意思。“爱戴”和“拥戴”一般用于领袖、有重大贡献和众望所归的人物;"敬爱"侧重于敬、爱,语意程度略轻。"爱戴""拥戴"不能单独作定语;而"敬爱"可单独作定语。

爱好 同喜好 近喜欢 嗜好

【爱好】àihào ①喜爱;对某种活动或事物有浓厚兴趣。②对某种活动或事物的浓厚兴趣。例:①妈妈~京戏,偶尔也哼上几句,还挺好听。②我们班长的~十分广泛。

【喜好】xǐhào 喜欢;爱好。例:我最~看小说,特别是武侠小说。

【喜欢】xǐhuan ①对人或事物有好感或感兴趣。②高兴。例:①受父母影响,他从小就~音乐。②接到老战友的电话,爷爷~得不得了。

【嗜好】shìhào 特殊的爱好(多指不好的)。例:抽烟是老张唯一的~。

辨析

"爱好""喜好""喜欢"和"嗜好"都有"对某种事物喜爱"的意思。"爱好"有名词和动词两种用法,如"爱好广泛"是名词用法,"爱好绘画"为动词用法;"喜好"只有动词用法;"喜欢"除了动词用法,还有形容词用法;"嗜好"只有名词用法。另外,"爱好"的使用范围比"喜好"广些。"爱好"还可以带比较大的抽象事物作宾语,如"爱好和平""爱好自由"等;"喜好"则不可以。"爱好"是中性词,但偏褒义,多指对好的事物正当的喜爱;"嗜好"则多含贬义,指对不好事物的过分喜爱。

爱护 同爱惜 近珍惜 珍爱 反损害 破坏 糟蹋

【爱护】àihù 爱惜保护。例:同学们要~校园内的一草一木。

【爱惜】àixī 爱护珍惜。例:我们应当~别人的劳动成果。

A

【珍惜】zhēnxī 重视并爱惜。例:大家应该～同学间可贵的友情。
【珍爱】zhēn'ài 重视并爱护。例:爸爸时常欣赏他～的集邮册。
【损害】sǔnhài 使人或物受到损失。例:由于采取了紧急措施,大白菜免受了霜冻的～。
【破坏】pòhuài ①损坏(建筑、器物等)。②使事物受到损害。例:①～公物是一种不道德的行为。②对于～社会治安的不法分子,政府将严惩不贷。
【糟蹋】zāotà 浪费或损害。例:野猪闯进麦地,～了不少麦苗。

辨析

“爱护”表示因爱或重视而保护,使不受损失或损伤;“爱惜”表示因重视而不糟蹋;“珍惜”“珍爱”表示因珍重而爱惜,指对重要的、难得的事物倍加爱惜,语意比前面两个词重。

爱慕 同倾慕 近羡慕 敬慕 反嫌弃

【爱慕】àimù 由于喜欢或敬重而愿意接近;向往。例:我们不应该～虚荣,不要在追求时尚上花费太多精力。
【倾慕】qīngmù 倾心爱慕。例:他～那些才华横溢的青年作家。
【羡慕】xiànmù 看见别人有某种长处、好处或有利条件而希望自己也有。例:我从来不～别人的富有。
【敬慕】jìngmù 敬仰爱慕。例:中国女排队员曾多次为国家赢得荣誉,令人～。
【嫌弃】xiánqì 厌恶而不愿接近。例:他～父母的做法是不道德的。

辨析

“爱慕”“倾慕”“羡慕”和“敬慕”都表示因喜欢而愿意达到某种目的或境地的心理状态。“爱慕”是由爱生慕,对象多是人;“倾慕”语意较重;“羡慕”主要是因喜欢而希望得到,对象常是某种境况或能力;“敬慕”是由敬生慕,程度比“倾慕”浅些。

暧昧 同暗昧 反明朗

【暧昧】àimèi 含糊；不明朗。例：他对这个问题的态度十分～。

【暗昧】ànmèi 暧昧；不明白。例：我每次看到他～的表情，总觉得很讨厌。

【明朗】mínglǎng 明显；清晰。例：灾区的受损情况逐渐～。

辨析

“暧昧”和“明朗”是一对反义词，但只限于上述词义。“暧昧”和“明朗”都是多义词。“暧昧”还有“行为不光明，不可告人”的意思，如“行为暧昧”“他俩的关系暧昧”，是典型的贬义词；“明朗”还有“光线充足”和“乐观、开朗”等意思，如“明朗的月色”“性格明朗”。

安分 同本分 反非分

【安分】ānfèn 规矩老实，守本分。例：这里的山民大都过着～的日子。

【本分】běnfèn 安于所处的地位和环境。例：做人要踏实～，别总想着投机取巧。

【非分】fēifèn 不安分；不守本分。例：～之想对每一个人来说都是有害无益的。

辨析

“安分”和“本分”都有“老实、守规矩、不越轨”的意思，是一组同义形容词。这两个词都可以重叠使用，如“安安分分过日子”，“这个人向来本本分分的”。“本分”除了形容词用法之外，还有名词用法，指本身应尽的责任和义务，如“做好服务工作是售货员的本分”；“安分”则只有形容词用法，意思是“安守本分”，更强调“安守”。

A

安静 同宁静 近寂静 清静 反喧闹 喧嚣

【安静】ānjìng 安稳平静；不吵闹。例：热闹了一天的会场，渐渐～下来。

【宁静】níngjìng 安宁寂静；没有干扰。例：动乱和战争只会破坏人们～的生活。

【寂静】jìjìng 没有声音，十分安静。例：～的山林里，偶尔能听到几声鸟鸣。

【清静】qīngjìng 安静；不嘈杂。例：阅览室里非常～。

【喧闹】xuānnào 喧哗热闹。例：船队一靠岸，海滩上就～起来。

【喧嚣】xuānxiāo 声音杂乱；不安静。例：深夜，窗外突然传来～的车马声。

辨析

“安静”“宁静”“寂静”和“清静”都有“没有声响”的意思。“安静”通常用来形容周围环境以及人的动态；“宁静”多形容自然环境；“寂静”“清静”侧重指不嘈杂。在语意程度上，“寂静”比其他三个词更重些。

安宁 同安定 反混乱

【安宁】ānníng 秩序正常，没有骚乱。例：只有社会～，政治稳定，人民才能安居乐业。

【安定】āndìng 平静正常。例：经过家人的再三劝导，他的冲动情绪变得～了。

【混乱】hùnluàn 没有秩序，没有条理。例：这个路口人多车多，交通～。

辨析

“安宁”和“安定”都可作形容词，都指情况正常，安然无事，多用来形容人心、生活、社会秩序等。但“安定”还可作动词；“安宁”不能。

安排 同安插 近安置 安顿

【安排】ānpái 有条理、分先后地处理(事情);安置(人员)。例:妈妈把家里的事情~得井井有条。

【安插】ānchā 放在一定的位置上。例:他利用职权将亲属~在重要部门。

【安置】ānzhì 使人或事物有着落。例:这些来自灾区的学生已经得到妥善~。

【安顿】āndùn 把人或事物安排妥当。例:她把孩子们都~好了,才去休息。

辨析

“安排”“安插”“安置”和“安顿”都有“安排人或事物”的意思。“安置”“安顿”的对象一般是指具体的人或事物;“安排”的对象既可以是具体的人或事物,也可以是生活、时间等抽象事物;“安插”的对象多指人。

安全 近平安 反危险 危急

【安全】ānquán 没有危险,不受威胁,不出事故。例:小朋友们过马路时要注意~,一定要走斑马线。

【平安】píng'ān 平稳安全;没有事故,没有危险。例:我和爸爸~地到达了云南。

【危险】wēixiǎn 不安全;有遭到损害或失败的可能。例:进入施工现场必须戴好安全帽,以免发生~。

【危急】wēijí 危险而紧急。例:在火势不断蔓延的~时刻,又有几辆消防车来到失火现场,投入了灭火战斗。

辨析

“安全”和“平安”都有“不出事故”的意思。“安全”着重表示生命、财产、领土等不受威胁;“平安”则主要表示没有危险。

"平安"常作状语;"安全"还可作宾语。"危险"和"危急"都有"不安全"的意思。"危险"只表示有遭到损害或失败的可能,而"危急"又加进了"这种危险已非常急迫,需要马上解决"这层意思。在语意程度上,"危急"比"危险"要重。

安然 近安全 安定 反烦乱 慌乱

【安然】ānrán 没有危险,不受威胁;安稳。例:在医生和护士的精心治疗下,病人~度过了危险期。

【安全】ānquán 没有危险,不受威胁,不出事故。例:在乡亲们的掩护下,他被转移到~的地带。

【安定】āndìng 平静正常。例:那对老夫妻过着~的日子。

【烦乱】fánluàn 不安定,不平静。例:他心绪~,怎么也睡不着。

【慌乱】huāngluàn 慌张而混乱。例:因为事先没有把这件事告诉他,所以他才显得~。

辨析

"安全"和"安然"都有"没有危险,不受威胁"的意思。但"安全"还有"不出事故"的意思;"安然"则没有。

安如泰山 同坚如磐石 反千钧一发

【安如泰山】ānrútàishān 安稳得如同泰山一样。形容极其牢固,不可动摇。例:经历了洪峰的考验,大堤~。

【坚如磐石】jiānrúpánshí 坚固得像大石头一样。形容非常坚固,不可动摇。例:我们两国人民的友谊~,是任何敌人也破坏不了的。

【千钧一发】qiānjūn-yīfà 钧:古代重量单位,1 钧为 30 斤。把千钧重的东西系在一根头发上。形容情势非常危急。例:眼看着这个小孩即将被疾驶而来的火车碾压,就在这~之际,他迅速冲了上去，抱起小孩滚下路基。

辨析

“安如泰山”和“坚如磐石”都用来形容极其稳定牢固，不可动摇。多用来形容国家政权以及有关事物。

安慰 同抚慰 近安抚 反刺激 责备

【安慰】ānwèi 安抚慰问；使人心情安适。例：为了鼓励我战胜病痛，同学们经常来～我。

【抚慰】fǔwèi 安慰。例：老师热情鼓励的话，～着我受伤的心灵。

【安抚】ānfǔ 安顿抚慰。例：国家领导人亲赴灾区～受灾群众。

【刺激】cìjī 使人激动；使人精神上受到挫折或打击。例：病人精神上受了～，情绪很不稳定。

【责备】zébèi 批评指责。例：妈妈严厉地～了我，并告诉我今后做事要多动动脑筋。

辨析

“安慰”“抚慰”和“安抚”都有“使人心情安适”的意思。“安慰”的使用范围较大，不受太多的限制；“安抚”“抚慰”常是上对下或领导对群众进行慰问，同级别的一般不用。“刺激”和“责备”与“安慰”的“使人心情安适”意思相反。同时，“刺激”又是多义词，它还有另外两种含义：一是“推动事物，使起积极的变化”，如“改革大潮刺激了经济的迅猛发展”；二是“现实的物体和现象作用于感觉器官的过程”，如“用毫针刺激病人的穴位”。这两种含义，前者属于褒义，后者是中性词，而与“安慰”构成反义关系时则是贬义词。

安稳 同沉稳 近平稳 稳当

【安稳】ānwěn 稳当；平稳。例：他的心思烦乱不堪，怎么能～地看书呢?

A

【沉稳】chénwěn 沉着稳重。例:驾驶员～地操纵着方向盘,使汽车在高速公路上疾驶。

【平稳】píngwěn 平安稳当,没有震动和危险。例:飞机～地飞行着,乘客们悠然自得。

【稳当】wěndang 稳重妥当。例:别看小张年龄不大,办起事来却很～。

辨析

“安稳”“平稳”“沉稳”和“稳当”都有“稳”的意思。“安稳”侧重于平安、稳妥,不动摇;“沉稳”侧重于做事稳重;“稳当”侧重于做事能把握分寸,靠得住;“平稳”可形容事物的状态,也可形容人的某种状态。

安闲 近安适 安逸 反忙碌

【安闲】ānxián 安静清闲。例:退休后,老王的日子过得十分～。

【安适】ānshì 安静而舒适。例:敬老院的老人们过着～的生活。

【安逸】ānyì 安闲舒适。例:我们不能把自己的～生活建立在父母的辛苦劳动上。

【忙碌】mánglù 事情多,没有空闲。例:一下班,他便买菜、做饭,～起来。

辨析

“安闲”“安适”和“安逸”都是形容词,都有“安安稳稳、安定舒适”的意思。但“安闲”侧重于生活上的悠然自得;“安适”侧重于舒适,感到舒服;“安逸”侧重于生活快乐自在,心中没有牵挂。

安详 近稳重 从容 反慌张 慌乱

【安详】ānxiáng 从容不迫;稳重。例:爷爷神情～地坐在沙发上看报纸。

【稳重】wěnzhòng 沉着而有分寸。例:她是个举止～的姑娘。

【从容】cóngróng 不慌不忙;镇静。例:他～地走上了讲台。

【慌张】huāngzhāng 惊慌;不沉着,不镇静。例:虽说第一次上台表演,但她一点也不～。

【慌乱】huāngluàn 慌张而混乱。例:小明～中把教室生物角上的月季花盆打碎了。

安葬 同 埋葬

【安葬】ānzàng 埋葬。例:我们按照最隆重的礼节～烈士。

【埋葬】máizàng 掩埋尸体。也比喻彻底消灭。例:这块墓地里～着他的先人。

辨析

“安葬”常举行一定的仪式,带庄重色彩;“埋葬”不一定举行仪式,一般不带庄重色彩。当“埋葬”用比喻义,指把某种腐朽、反动的势力或东西消灭、除掉时,与“安葬”没有同义关系。

按捺 同 遏制

【按捺】ànnà 克制;压下去。例:考试得了满分,小明～不住激动的心情,一蹦老高。

【遏制】èzhì 制止。例:本市房地产价格上涨过快的势头已得到有效～。

辨析

“按捺”和“遏制”都有“抑制”的意思。“按捺”侧重于“控制激动的情绪”,多用于把喜悦、愤怒等情感制止住,压下去;“遏制”既可用于喜怒哀乐等情绪,也可用于某种力量或趋势。

A

按期 同如期 近按时

【按期】ànqī 按照规定的期限。例：这座科技大楼～竣工了。
【如期】rúqī 按期。例：工人们克服了重重困难，终于～完成了这项工程。
【按时】ànshí 按照规定的时间。例：～上学，是学生行为规范要求的内容之一。

辨析

“按期”“如期”和“按时”意思基本相同。“按时”指短时间范围之内；“按期”“如期”的时间范围相对大些；“如期”多用于书面语。

按图索骥 同按部就班 近刻舟求剑 反随机应变

【按图索骥】àntú-suǒjì 按照图像寻找好马。比喻办事机械、死板。也比喻按照线索寻找。例：你遇事应当灵活些，倘若～，死搬教条，往往会把事情办糟。
【按部就班】ànbù-jiùbān 按照一定的条理，遵循一定的顺序去做。比喻按老规矩办事，缺乏创新。例：教师讲课不能一味～，而应当多进行创造性的探索和研究。
【刻舟求剑】kèzhōu-qiújiàn 比喻做事死板，不知变通。例：企业要发展就必须顺应时代潮流，不能～。
【随机应变】suíjī-yìngbiàn 跟着情况的变化，掌握时机，灵活应付。例：面对对手凌厉的攻势，他～，改变打法，终于夺得了这次男子乒乓球单打比赛的冠军。

辨析

“按图索骥”和“刻舟求剑”都有“思想僵化，不知变通”的意思，含贬义。“按图索骥”还可以作中性词，用来比喻按线索寻找；“刻舟求剑”则不能。

按照 同依照 近根据 依据

【按照】ànzhào 根据；依照。例：我～老师说的方法，终于做成了一套完整的模型。

【依照】yīzhào 以某事物为根据照着进行。例：法官～国家法律法规对犯罪嫌疑人进行审判。

【根据】gēnjù 引进某种事物作为结论的前提或言行的基础。例：～群众举报，警方迅速破了这起入室盗窃案。

【依据】yījù 引进动作、行为的根据。例：～这些调查材料，他们得出了公正的结论。

辨析

“按照”“依照”“根据”和“依据”都有“遵照执行”的意思。“按照”“依照”多和指示、路线、原则、教导等词语搭配；而“根据”和“依据”则侧重强调动作行为的理论基础。

暗淡 同黯淡 近昏暗 反光明

【暗淡】àndàn （光线）昏暗；（色泽）不鲜艳。比喻没有希望。例：一片乌云遮住了太阳，光线立刻～了许多。

【黯淡】àndàn 暗淡。例：天上星光～。

【昏暗】hūn'àn 光线不足。例：在～的灯光下看书写字，会严重损伤视力。

【光明】guāngmíng 明亮。比喻正义的、有希望的。例：～的展厅里陈列着许多美术作品。

辨析

“暗淡”“黯淡”和“昏暗”都是形容词。“暗淡”与“黯淡”有时可以通用，都有“没有希望”的比喻义；“昏暗”仅指光线不足、

A

黑暗。"暗淡"(又作"黯淡")和"光明"是反义词,两词除了表示光线的昏暗和明亮外,都另有比喻义,并且比喻义使用的频率常比本义高。

暗示 同示意 反表明 指明

【暗示】ànshì 用含蓄的语言或示意的动作给人启示,让人领会。例:他用眼神～我赶快离开。

【示意】shìyì 用表情、动作、含蓄的话或图形表示意思。例:刘工程师～司机开车过来。

【表明】biǎomíng 清楚明白地表示。例:对这件事的处理,你应～自己的态度。

【指明】zhǐmíng 明确指出。例:党给我们～了前进的方向。

辨析

"暗示""示意""表明"和"指明"都是动词。"暗示"和"示意"都有"用语言、动作等显示出某种思想、感情、态度"的意思。"表明"是指把思想、看法等显示出来;而"指明"是给他人明确指出(道路、方向等),存在同义关系。"表明"所带的宾语常是态度、立场、观点、身份等;"指明"所带的宾语常是方向、出路等。"暗示"和"表明""指明"都可构成反义关系。前者为暗中示意,后者一为明白表示,一为明确指出,前"暗"后"明",反义明显。

暗无天日 同天昏地暗

【暗无天日】ànwú-tiānrì 形容社会极端黑暗。例:在～的旧社会里,穷人无论到哪里,都要受欺侮。

【天昏地暗】tiānhūn-dì'àn 形容刮大风时飞沙漫天的景象。也比喻政治腐败或社会混乱。例:每年春天,这一带沙尘暴刮得

～，害得人们连眼睛也睁不开。

辨析

“暗无天日”和“天昏地暗”都可说明社会的黑暗，但“暗无天日”比“天昏地暗”的程度深。“暗无天日”是直接揭露社会黑暗；“天昏地暗”则取比喻义，它直接形容的是恶劣天气。

肮脏 同龌龊 近污秽 反清洁 干净

【肮脏】āngzāng 不干净。比喻卑鄙、丑恶。例：你怎么会有这样～的想法？

【龌龊】wòchuò 肮脏。比喻人品低下。例：这人怎么这样卑鄙～！

【污秽】wūhuì 不洁或不干净。例：这些～的话简直不堪入耳。

【清洁】qīngjié 干净；没有脏东西。例：我们需要一个～的环境。

【干净】gānjìng 没有脏东西的；没有杂质的。例：清洁工人把路面打扫得很～。

辨析

“肮脏”“龌龊”和“污秽”都有“不干净”的意思，都含贬义。“肮脏”“龌龊”都有比喻义；“污秽”则没有。

昂贵 近贵重 反低廉

【昂贵】ángguì 价格很高。例：这种青花瓷器价格十分～。

【贵重】guìzhòng 价值高。例：哥哥从国外给父亲带来一件～的礼物。

【低廉】dīlián 价格便宜。例：这里出售的商品不但质量好，而且价格～。

A

辨析

“昂贵”侧重于价格很高;“贵重”侧重于物品档次高、价值高。

昂扬 近高昂 反低落 低沉

【昂扬】ángyáng 精神振奋;(情绪、斗志等)高涨。例:战士们个个精神抖擞,斗志～。

【高昂】gāo'áng 高高地扬起;(情绪或声音)高。例:口号声接连不停,逐渐～起来。

【低落】dīluò (士气、情绪)不旺盛;不饱满。例:由于考试成绩不理想,他的情绪很～。

【低沉】dīchén 天色阴沉,云层厚而低;(声音)低;(情绪)低落。例:当你情绪～时,不妨听听音乐。

辨析

“昂扬”和“高昂”都有“情绪高涨”的意思。“昂扬”是直接表达这个意思;而“高昂”本义是高高地扬起,引申为声音或情绪向上高起。“昂扬”“高昂”与“低落”“低沉”构成反义关系,形容两种相反的精神状态,但其中“高昂”和“低沉”还有更丰富的词义和使用范围。

凹陷 同洼陷 近沉陷 反凸起

【凹陷】āoxiàn 向内或向下陷进去。例:连续地加夜班使他的眼窝～了。

【洼陷】wāxiàn 中间部分向内或向下陷进去。例:地震后这里的地面有些～。

【沉陷】chénxiàn (地面或建筑物的基础)向下陷。例:这栋楼向下～了约 5 厘米。

【凸起】tūqǐ 鼓起，高出。例：壁纸上印有许多～的花纹。

翱翔 同飞翔 近盘旋

【翱翔】áoxiáng 在空中回旋地飞。例：雄鹰在空中展翅～。

【飞翔】fēixiáng 盘旋地飞，泛指飞。例：小鸟在空中～。

【盘旋】pánxuán 环绕着飞。例：直升机在空中～，寻找合适的着陆点。

辨析

“翱翔”“飞翔”和“盘旋”都是动词，都有“在空中飞”的意思。其中，“翱翔”侧重指回旋地飞；“飞翔”泛指飞；“盘旋”侧重指环绕着飞。“盘旋”的主体还可以指人；而“翱翔”“飞翔”一般不指人。

傲慢 同高傲 近骄傲 傲气

【傲慢】àomàn 轻视别人，对人没有礼貌。例：顾客不欢迎态度～的营业员。

【高傲】gāo'ào 自以为了不起，看不起别人。例：他那～的神态真让人看不惯。

【骄傲】jiāo'ào 自以为了不起，轻视别人。例：你学习上虽然有进步，但千万不可～自满。

【傲气】àoqì 自高自大。例：这个人太～了，总是一副高高在上的姿态。

辨析

“傲慢”“高傲”“骄傲”和“傲气”都有“自以为了不起”的意思。“傲慢”着重形容态度；“高傲”着重于思想情绪；“骄傲”泛指满足已有的成绩；“傲气”着重于作风。另外，用于褒义时，“高傲”表示“自豪而高尚”；“骄傲”泛指“自豪”。“骄傲”还有名词用法，指“值得自豪的人或事物”，这与本组其他词的意义区别明显。

奥妙 同奥秘 近玄妙

【奥妙】àomiào ①(道理、内容)深奥微妙。②高深微妙的道理。例：①如此～的哲理，在老师的讲解中变得浅显易懂了。②只有了解飞机的构造，才能明白飞机飞翔的～。

【奥秘】àomì 深奥神秘的现象或道理。例：人类不断探索大自然的～。

【玄妙】xuánmiào 深奥微妙，难以捉摸。例：这个理论太～了。

辨析

“奥妙”“奥秘”和“玄妙”都有“深奥难懂”的意思。“奥妙”使用对象侧重于道理和内容方面；“奥秘”侧重于神秘的事物；“玄妙”的语意程度较深。

懊悔 同后悔 近悔过 悔悟

【懊悔】àohuǐ 做错了事或说错了话，心中自恨不该这样。例：他～自己失言，惹了不少麻烦。

【后悔】hòuhuǐ 事后懊悔。例：他很～自己没有听哥哥的话，以致考试失利了。

【悔过】huǐguò 承认并追悔自己的错误。例：在党的政策感召下，他表示愿意～自新。

【悔悟】huǐwù 悔恨而醒悟。例：经过警察的教育，他～过来，决心重新做人。

辨析

“懊悔”“后悔”“悔过”和“悔悟”都有“认错悔过”的意思。“懊悔”重在悔恨自己；“后悔”重在事后追悔；“悔过”重在追悔过失；“悔悟”重在“醒悟”。

B b

巴结 同讨好

【巴结】bājie 讨好；奉承。例：这个人极力～上司，也太低三下四了。

【讨好】tǎohǎo 为取得别人的欢心或称赞而迎合别人。例：不要因为一味～别人而丧失了自我。

辨析

“巴结”和“讨好”都有“为达到个人的某种目的而不惜丧失原则以使对方满意”的意思。“巴结”含有明显的贬义；而“讨好”既可以作为贬义词使用，也可以用作中性词。

巴望 近盼望 指望

【巴望】bāwàng 殷切地希望；盼望。例：孩子～着爸爸能早点回来。

【盼望】pànwàng 殷切地希望。例：全国人民都～祖国能够更加繁荣富强。

【指望】zhǐwàng 一心期待；盼望。例：父母都～自己的儿女能早日成才。

辨析

“巴望”“盼望”和“指望”都有“殷切地希望”的意思。其中“巴望”的感情色彩更为强烈；“指望”则强调有一定的实现基础。

拔高 近抬高 反贬低 压低

B

【拔高】bágāo 有意识地抬高人或事物的身价、美誉度等。例：鉴定文物要实事求是，既不压低也不～。

【抬高】táigāo 往上抬；使提高。例：经销商不惜花巨资做广告，意在～商品身价。

【贬低】biǎndī 故意降低对人或事物的评价。例：以己之长去～别人的行为是不可取的。

【压低】yādī 对人或作品等有意地、不适当地贬低其作用、意义、影响等。例：这部作品在社会上的反响很大，我们不能～它的作用。

跋扈 同骄横

【跋扈】báhù 专横暴戾，欺上压下。例：专横～、唯我独尊的人怎么可以当领导？

【骄横】jiāohèng 骄傲专横。例：现在有些孩子由于家长的溺爱，变得～无礼。

辨析

“跋扈”和“骄横”都有“专横无礼”的意思。“跋扈”的语意重，不仅专横粗暴，而且残酷凶恶、欺上压下；“骄横”语意轻，是指由骄傲而生专横。由于语意程度不同，所以对象也各不相同。

把持 同操纵 近控制

【把持】bǎchí （对权力等）抓住不放；独占。例：他在单位～着人事大权。

【操纵】cāozòng 用不正当的手段支配、控制。例：他企图暗中～股市。

【控制】kòngzhì 不让任意活动或超出范围。例:她极力~自己,才没让眼泪掉下来。

辨析

“把持”“操纵”和“控制”都是动词,都有“把某一对象掌握在自己手里随意支配”的意思。“把持”有“一手独揽,排斥其他”的意思,对象是事物,如单位、部门、机构、职权等;“操纵”有两种用法:一种专指掌握和管理机器,如“操纵机器”,另一种是指用不正当的手段支配人或事,使其符合自己的意图;“控制”表示节制或驾驭,指用某种力量把人或事物置于自己的支配范围之内。“把持”多半是霸占性的、公开的;“操纵”多半是幕后的、隐蔽的。“把持”是贬义词;“操纵”的第二种用法含有贬义;“控制”是中性词。“控制”还能跟“有”“无”结合作状语,如“有控制地发展党员”;“把持”“操纵”都不能。

把握 同掌握

【把握】bǎwò 握,拿;抓住。例:他很好地~住了这次机会,顺利地找到了工作。

【掌握】zhǎngwò 熟悉了解事物,因而能充分支配或运用;控制,主持。例:他通过自学~了好几门外语。

辨析

“把握”和“掌握”都可用为动词,都有“控制或支配某种事物”的意思。“把握”有“抓住”的意思,对象多为机会、本质等较抽象的事物;“掌握”有“拿稳、能运用、主持”的意思,对象既可以是抽象的,也可以是具体的。

把戏 近杂技 花招 手段

【把戏】bǎxì 各种技艺表演的总称;蒙蔽人的手法。例:这个家伙的鬼～，早已被我公安人员识破了。

【杂技】zájì 各种技艺表演的总称。例：我爸爸是～演员。

【花招】huāzhāo 欺骗人的狡猾手段、计策等。例：做任何事都要踏踏实实，企图要～蒙混过关的人最终只能自食其果。

【手段】shǒuduàn 为达到某种目的而采取的具体方法；为人处世所用的不正当的方法。例：非法传销是不法分子骗人的～。

辨析

“把戏”“杂技”“花招”和“手段”都是名词。“把戏”的本义是“杂技”，用于比喻义时是贬义词，侧重指蒙骗人的伎俩、花招等，语意较轻，一般用于社会生活方面，适用范围较小；“花招”侧重在表面上迷惑人，比较容易看穿；“手段”可以指为达到目的而采用的方法，如“侦查手段”，也可以指不正当的手段，语意较重，可用于政治、军事、经济、社会生活等各个方面，适用范围较大。

罢休 同甘休 近停止

【罢休】bàxiū 停止做某件事情。例：这项小发明搞不成功，我决不～。

【甘休】gānxiū 情愿罢休，罢手。例：爷爷说，不把家乡的荒山绿化好，他誓不～。

【停止】tíngzhǐ 不再进行。例：指挥员命令全体战士～前进，原地待命。

辨析

“罢休”“甘休”和“停止”都有“不再继续做某件事”的意思。“罢休”多用于否定句；“甘休”出于心甘情愿，也多用于否定句；“停止”可用于否定句，也可用于肯定句。

霸占 同强占

【霸占】bàzhàn 倚仗权势占为己有。例：每次看历史书上讲到侵略者～我国领土，我都气愤不已。

【强占】qiángzhàn 用暴力占为己有。例：～别人财物是违法行为。

辨析

“霸占”和“强占”都有“占据”的意思。“霸占”侧重在倚仗权势，对象可以是土地、财物，也可以是人；“强占”的对象一般为土地。“霸占”“强占”均含有贬义，指非正义的行为。

白茫茫 同白蒙蒙 近白皑皑 反黑乎乎

【白茫茫】báimángmáng 形容一望无边的白（多用于云、雾、雪、大水等）。例：下雪了，田野到处～一片。

【白蒙蒙】báiméngméng 形容（烟、雾、蒸气等）白茫茫一片，模糊不清。例：雾很大，江面上～的，什么也看不见。

【白皑皑】bái'ái'ái 形容（霜、雪等）洁白。例：～的积雪终年覆盖着山顶。

【黑乎乎】hēihūhū ①形容颜色发黑。②形容光线昏暗。例：①他刚修完车，两手～的，满是油污。②天～的，他无法看清前面发生了什么情况。

辨析

“白茫茫”“白蒙蒙”和“白皑皑”三个词语都可用来形容某些一望无际的白。“白皑皑”多用来形容霜、雪又多又白，刺人眼目；“白蒙蒙”和“白茫茫”所形容的对象基本相同，但“白蒙蒙”还可用来形容模糊迷蒙的事物，如烟、蒸气等，“白茫茫”则不适用。

百花盛开 同百花齐放 近百花争艳 反百花凋零

B

【百花盛开】bǎihuā-shèngkāi 各种各样的花茂盛地开放。常用来形容春天万紫千红的景色。例：盛夏之际，公园里～，真是别有一番情趣。

【百花齐放】bǎihuā-qífàng ①各种各样的花一齐开放，形容繁荣的景象。②比喻各有特色的许多事物一齐出现或同一事物用各种方式同时进行。例：①花园里～，游人如织。②校文学社提倡文学创作～。

【百花争艳】bǎihuā-zhēngyàn 各种各样的花竞相开放比美。例：春天的公园中鸟儿鸣唱，～。

【百花凋零】bǎihuā-diāolíng 各种各样的花纷纷凋谢零落。比喻衰败、死亡。例：隆冬时节，～，只有梅花顶风傲雪竞相开放。

辨析

“百花盛开”“百花齐放”和“百花争艳”都可用来形容万紫千红的美好景色，也可以用来比喻艺术形式和风格的多样性。在比喻义方面，“百花盛开”强调艺术上不同形式和风格全面发展的局面；“百花齐放”强调各种艺术作品自由发展；“百花争艳”则强调艺术发展呈现繁荣昌盛的趋势。

百战百胜 同百战不殆 近战无不胜 反三战三北

【百战百胜】bǎizhàn-bǎishèng 每次战斗都取得胜利。形容善于作战，所向无敌。也比喻工作连续取得成果。例：我们学校篮球队历次比赛～，在全市小有名气。

【百战不殆】bǎizhàn-bùdài 每次打仗都不失败。表示百战百胜。例：只有做好战前的充分准备，才能～。

【战无不胜】zhànwúbùshèng 每次打仗没有不取胜的。形容百战百胜。比喻做任何事情都成功。例：只要大家众志成城，团结一致，面对任何灾难都将～。

【三战三北】sānzhàn-sānběi 多次打仗，多次失败。例：这支部队纪律涣散，毫无战斗力，～是不足为奇的。

辨析

“百战百胜”“百战不殆”和“战无不胜”都有“每战必胜”的意思。除用来形容打仗之外，“战无不胜”“百战百胜”还可比喻做任何事情都能成功。一般来说，“百战不殆”常和“知己知彼”连用；而“战无不胜”常和“攻无不克”连用。

百折不挠 同不屈不挠 近坚韧不拔 反一蹶不振

【百折不挠】bǎizhé-bùnáo 无论受多少次挫折都不屈服。形容意志坚强。例：凡是做大事的人，都有～的精神。

【不屈不挠】bùqū-bùnáo 在困难或恶势力面前不屈服。例：只有具备～的精神，才会取得事业上的成功。

【坚韧不拔】jiānrèn-bùbá 形容意志坚强，不可动摇。例：这个残疾人以～的毅力克服重重困难，终于考上了大学。

【一蹶不振】yījué-bùzhèn 跌倒后就再也爬不起来。比喻遭到挫折后再也振作不起来了。例：榜上无名，脚下有路。你虽然高考落榜，但怎能～呢？

辨析

“百折不挠”“不屈不挠”和“坚韧不拔”都可以用来形容坚韧的战斗精神。“百折不挠”强调多次受挫；“不屈不挠”强调遇到很多困难；“坚韧不拔”则强调不可动摇的性格特点。

摆设 同陈设 近布置

【摆设】bǎishè 把物品按照审美观点摆放好。例：这位艺术家的房间～得很雅致。

【陈设】chénshè 摆设;安放。例:展厅里～着许多精致的手工艺品。

【布置】bùzhì 在一个地方安排和陈列各种物件,使这个地方适合某种需要。也指对某些活动做出安排。例:元旦晚会前,老师带领我们精心～教室。

B

辨析

“摆设”“陈设”和“布置”都有“在一个地方摆放、陈放或陈列各种物体”的意思。“摆设”侧重在“摆”,即精心地按照审美观点摆放;“陈设”与“摆设”基本同义;“布置”要比前两个词义广,对象也更多。

摆脱 同解脱 近脱离 挣脱

【摆脱】bǎituō 脱离,甩开。例:在老师和同学们的帮助下,小明终于从困境中～出来。

【解脱】jiětuō 摆脱。例:紧张的考试结束后,我好像～了许多。

【脱离】tuōlí 离开(某种环境或情况);断绝(某种联系)。例:任何知识的学习都不能～实践。

【挣脱】zhèngtuō 用力使自己摆脱束缚、困苦等。例:他费了很大劲儿,才～了身上的绳索。

辨析

“摆脱”“解脱”“脱离”和“挣脱”都表示通过努力离开某种不利的环境或情况。“摆脱”强调离开某种牵制、束缚、困难等;“解脱”强调离开痛苦、烦恼等;“脱离”强调一方离开或断绝与另一方的关系;“挣脱”强调用力摆脱,语意最重。

败北 同失败 近失利 反胜利 得胜

【败北】bàiběi 北:古同“背”。原指打了败仗背向敌人逃跑。泛指打败仗。例:这次比赛我们五班以两分之差～。

【失败】shībài 在战争中或竞争中被对手打败。例:～是成功之母,我们要善于从中总结教训。

【失利】shīlì 打败仗;输掉比赛。例:在比赛中,她发挥失常,接连～。

【胜利】shènglì 在斗争中或竞赛中打败对方。例:我们终于取得了这场球赛的～。

【得胜】déshèng 取得胜利。例:我们高奏凯歌,迎接奥运健儿～归来。

辨析

“败北”“失败”和“失利”都有“被对方打败”的意思。“失败”的使用范围较广;“败北”多用于书面语;而“失利”的语意比“败北”轻。

拜访 同拜会 近拜谒

【拜访】bàifǎng 敬辞,访问。例:八一建军节那天,我们～了一位老红军爷爷。

【拜会】bàihuì 敬辞,拜访会见。例:久闻王老师大名,只是一直没有机会～。

【拜谒】bàiyè 敬辞,拜见。例:我有空一定到贵府～令尊大人。

辨析

“拜访”“拜会”和“拜谒”都表示“会见、访问”的意思,是一组表示敬意的动词。“拜访”侧重于有礼貌地访问,用于一般社交场合;“拜会”则还有“会见”的意思,常用于外交正式访问场合,色彩比较庄重;“拜谒”则带有书面语色彩,口语中很少使用。

B

颁布 同公布

【颁布】bānbù 公布(法令、条例等)。例:《教师法》已经~实施。
【公布】gōngbù 公开发布。例:比赛成绩~了,我们班又是第一。

辨析

"颁布"和"公布"都有"公开发布"的意思。"颁布"着重指向下颁发,颁发者一般是上级领导机关或成员,内容常是法令、命令等;"公布"着重指向公众发布,公布者除了上级领导机关或成员外,还可以是一般机关、单位、团体,内容除指法令、命令外,还包括方案、草案、名单、账目、成绩、结果、数字、事实等。

搬迁 近乔迁 反定居

【搬迁】bānqiān 改换住所。例:这一带的居民都~到南岭新区了。
【乔迁】qiáoqiān 比喻人搬到好的地方去住或官职晋升(多用于祝贺)。例:你什么时候~新居呀?
【定居】dìngjū 在某个地方固定地居住下来。例:小强和家人如今~在上海。

办法 近措施

【办法】bànfǎ 处理事情或解决问题的方法。例:只要积极想~,难题总会解决的。
【措施】cuòshī 针对某种情况而采取的处理办法(多用于比较重大的事情)。例:学校采取了一系列安全~。

辨析

“办法”和“措施”都是名词,都表示处理事情的方法。“办法”使用范围广,既可用于大事,也可用于小事,书面语和口头语均可使用;“措施”常用于书面语,侧重表示针对某种重要事情所采取的方法。

办理 同处理 近料理

【办理】bànlǐ 处理(事务)。例:大学毕业了,他～了离校手续。

【处理】chǔlǐ 安排(事物);解决(问题)。例:哥哥～问题的能力非常强。

【料理】liàolǐ 办理;处理。例:等我把手头的事情～完了,再和你谈。

辨析

“办理”“处理”和“料理”都有“安排事物、解决问题”的意思。“办理”和“料理”的对象一般是具体的事情;“处理”的对象可以是具体的事物和人,也可以是抽象的关系、矛盾等,另外还有“惩罚”的意思,如“严肃处理违章者”。

伴随 近相随 反分开

【伴随】bànsuí 跟随;在一起。例:～着物质生活条件的改善,人们的思想观念也在不断更新。

【相随】xiāngsuí 紧跟着。例:无论她走到哪里,小狗总在身边～。

【分开】fēnkāi 人或事物不聚在一起;使分开。例:我和他一出门就～了。

帮忙 同帮助 近协助 援助 反捣乱

【帮忙】bāngmáng 帮某人做事。例:看见同学们在打扫卫生,我也赶快去～。

【帮助】bāngzhù 替别人出力、出主意或给予物质上、精神上的支援。例：在老师的～下，小亮的学习成绩有了明显提高。

B 【协助】xiézhù 帮助；辅助。例：在社区的大力～下，刘阿姨开了一家快餐店。

【援助】yuánzhù 支援帮助。例：南方城市遭遇特大洪水的袭击，各地纷纷伸出～之手。

【捣乱】dǎoluàn 故意制造麻烦。例：我正忙着呢，你别给我～。

辨析

“帮忙”“帮助”“协助”和“援助”都是动词，都有“用自己的力量援助他人”的意思。“帮忙”是帮人做事，常用于口语；“帮助”多指一般的支援，语意较轻，使用范围最广；“协助”是从旁帮助，且只用于工作、战斗或某种活动等具体方面；“援助”语意较重，使用范围较窄，多指较大的支援，用于政治、经济、道义、军事等方面。

榜样 同模范 近表率 典范

【榜样】bǎngyàng 作为学习和效法的好的人或事例。例：雷锋同志是我们学习的好～。

【模范】mófàn 值得学习的人或事物。例：叔叔今年被评为劳动～。

【表率】biǎoshuài 好的榜样。例：老师应该做学生的～。

【典范】diǎnfàn 可以作为学习、效仿标准的人或事物。例：人民解放军是为人民服务的～。

辨析

“榜样”“模范”“表率”和“典范”都有“值得学习的人或事例”的意思。“榜样”是中性词，对象可以是个人，也可以是集体;“模范”“表率”和“典范”是褒义词,但“模范”“典范”的对象不仅可指人(包括集体),还可指事物,而“表率”仅指个人,不能指集体或事物。

傍晚 同黄昏 反拂晓 清晨 黎明

【傍晚】bàngwǎn 快到晚上的时候。例:~,西方天空布满了彩霞。

【黄昏】huánghūn 日落后,天色还没有全黑的时候。例:一到~,蝙蝠就会出来活动。

【拂晓】fúxiǎo 天快亮的时候。例:天刚~,部队便出发了。

【清晨】qīngchén 日出前后的一段时间。例:每天~,我都会和爸爸一起跑步。

【黎明】límíng 天快亮或刚亮的时候。例:~时分,天下起了雨。

辨析

“傍晚”和“黄昏”都指接近晚上的时候。“傍晚”所指时间比较短;“黄昏”所指时间比较长。“傍晚”和“拂晓”是较典型的反义词,前者是“临近晚上”,后者是“接近天亮”,二者在时间概念上相对,在构词方式上相同。

包袱 近负担

【包袱】bāofu 包裹衣物等用的布;包有衣物等的包儿。比喻精神上的负担、压力。例:失业后,他觉得自己成了家里的~。

【负担】fùdān (物质上)担当的责任或(精神上)承受的压力。例:实行素质教育以来,学生们的学习~减轻了许多。

辨析

“包袱”和“负担”都是名词，都可指“承受的压力”。“包袱”多指精神上的压力；而“负担”兼指精神上或物质上的压力。

包含 同包括 近包罗 包容

【包含】bāohán 里边含有。例：妈妈的严厉批评～着慈母的一片爱心。

【包括】bāokuò 包含（或列举各部分，或指出某一部分）。例：我说的大家，自然～你在内。

【包罗】bāoluó 包括（指大范围）。例：民间艺术～甚广，不是一句话就能说清楚的。

【包容】bāoróng 容纳。例：这个小礼堂可～三百来人。

辨析

“包含”“包括”“包罗”和“包容”都有“容纳在一起”的意思，都是动词，对象是事物时，可以通用。“包含”着重在“里头含有”，多用于抽象的事物；“包括”着重在“容纳、总括”，多用于具体事物；“包罗”是总括一切，网罗在内，对象能是许多个，也可以是一个；“包容”还有“宽容”的意思，如“大度包容”。

包罗万象 同应有尽有

【包罗万象】bāoluó-wànxiàng 内容丰富，应有尽有。例：博览会的展品～，令人目不暇接。

【应有尽有】yīngyǒu-jìnyǒu 应该有的全都有了，表示一切齐备。例：这所医院新建的外科手术室，先进设备～。

辨析

“包罗万象”和“应有尽有”都有“内容丰富,一切都有”的意思。“包罗万象”是无所不包;“应有尽有”是无所不有。“包罗万象”是指包括、内涵说的;“应有尽有”是指备有、陈列说的。“包罗万象”指所“包”丰富繁杂;“应有尽有”指所“有”齐全完备。“包罗万象”是就整体上说的;“应有尽有”是就个体说的。“应有尽有”有概括的作用,运用时可以跟总括性的词语配合,也可以先在前边列举一些事物,而后用“应有尽有”来总括;“包罗万象”一般不在前边列出具体事物。

包围 近包抄 反突围

【包围】bāowéi 四面围住。例:按已经确定的部署,红十五军团从南向北,连夜急行军,在拂晓~了直罗镇。

【包抄】bāochāo 绕到敌人侧面或背后进攻。例:你们可以分三路~过去。

【突围】tūwéi 突破包围。例:几经周折,游击队顺利~。

辨析

“包围”和“包抄”都是动词,都有“围住”的意思。“包围”着重指从四面围住,发出动作的是人或物,它还可以构成新词,如“包围圈”“包围网”;“包抄”指分兵绕到对方(或敌人)的两侧后面夹攻,发出动作的只能是人。

饱满 近丰满 反干瘪

【饱满】bǎomǎn (种子、果实等)结得好;丰满。例:今年收成好,囤里的粮食粒粒~。

【丰满】fēngmǎn 充足;(身体或身体一部分)胖得匀称好看。例:受伤的小天鹅,在他们的精心照料下,羽翼一天天~起来。

【干瘪】gānbiě （种子、果实等）干而收缩，不丰满。例：墙上挂着一串串～的红辣椒。

辨析

“饱满”和“丰满”都是形容词，都有“充足”的意思。“饱满”可以用于具体事物，也可用于抽象的事物，如精力、精神等；“丰满”只能用于具体事物，像人体、鸟的羽毛等。

B

保持 同维持 近坚持

【保持】bǎochí 维持住，使不消失或减弱。例：～和群众的密切联系是我党的优良作风之一。

【维持】wéichí 保持；使继续存在下去。例：他的工资仅够勉强～生活。

【坚持】jiānchí 坚决保持、维护或进行。例：我每天～锻炼身体。

辨析

“保持”“维持”和“坚持”都有“使原有事物继续存在、保住不变”的意思。“保持”着重在持续地维持原状，对象多半是抽象的，如作风、精神、关系、热情、态度等；“维持”常和生命、生活、秩序等词语搭配，使用范围限于人的活动；“坚持”重在“坚”字，对象是真理、路线、立场、原则、工作、学习等。

保存 同保留 保管 反取消 废弃

【保存】bǎocún 使事物、性质、意义、作风等继续存在，不受损害或不发生变化。例：爸爸至今还～着他儿时的照片。

【保留】bǎoliú 保存并留着。例：王师傅把他的技术毫无～地教给了我。

【保管】bǎoguǎn 保藏和管理。例：这些图书一定要～好。

【取消】qǔxiāo 废除，去掉；使原有的规章、制度、资格、权利等失去效力。例:因为天气不好,明天的野外活动~了。

【废弃】fèiqì 抛弃不用。例:如今,村里那些被~的盐碱地都改造成良田了。

辨 析

"保存""保留"和"保管"都有"看守住,护着使不受损害或丧失"的意思。"保存"的对象常是具体的东西,如文物、资料、信件、食物等;"保留"的对象既可以是具体的东西,也可以是意见、习惯、形式、传统等抽象事物;"保管"侧重于"管理",对象多为具体事物。

保卫 同捍卫 近守卫

【保卫】bǎowèi 保护使不受侵犯。例:无数英烈为~祖国献出了宝贵的生命。

【捍卫】hànwèi 用武力等手段保卫,使不受侵犯或损害。例:我们将坚定不移地~国家主权和领土完整。

【守卫】shǒuwèi 防守保卫。例:解放军~着祖国的边疆。

辨 析

"保卫""捍卫"和"守卫"都有"护卫着,使不受侵犯"的意思。三个词相比,"捍卫"语意最重,多用于重大事物,多指尽力抵抗外来的侵略,以确保安全;"保卫"语意次之,对象可以是具体的,也可以是抽象的;"守卫"语意最轻,对象多是具体的岗位或地方。

保障 同保证 反危害

【保障】bǎozhàng 保护防卫。例:野外活动首先要注意~人身安全。

【保证】bǎozhèng 担保做到。例:我~今后再不犯同样的错误。

【危害】wēihài 使受破坏、损害。例:大气污染严重~了人们的健康。

B

辨析

“保障”和“保证”都有“采取办法,确保达到目的”的意思。“保障”着重于确保事物不受侵犯,对象多是安全、权利、自由等较抽象的事物;“保证”着重把将要做的工作负责完成,其对象多是较具体的工作或行动。

抱歉 同负疚 近道歉

【抱歉】bàoqiàn 心中不安,觉得对不起别人。例:实在是~,我根本没想到会把事情弄得这么糟。

【负疚】fùjiù 自己觉得抱歉,对不起人。例:知道误解了小王的好意后,大家深感~。

【道歉】dàoqiàn 表示歉意,特指认错。例:做错事情要~,这是有修养的表现。

辨析

“抱歉”“负疚”和“道歉”都有“对不起别人”的意思。“抱歉”表示心中不安;“负疚”则表示这种不安已成为感情上的一种压力,语意比“抱歉”重;“道歉”是向人表示自己的歉意。

抱头鼠窜 同狼奔豕突

【抱头鼠窜】bàotóu-shǔcuàn 抱着脑袋像老鼠似的逃窜。形容仓皇逃跑的狼狈相。例:在我边防战士的坚决打击下,敌人纷纷~。

【狼奔豕突】lángbēn-shǐtū 像狼和猪那样奔跑乱窜。形容成群的坏人到处乱撞或敌人仓皇逃跑的样子。例:敌军被打得晕头转向,在包围圈里~。

辨析

“抱头鼠窜”和“狼奔豕突”都有“逃跑”的意思。相对于“抱头鼠窜”，“狼奔豕突”更侧重于描述对象的群体性。

抱怨 近埋怨 反感激

【抱怨】bàoyuàn 心中不满，数说别人不对。例：丢了车钥匙，只能怪自己粗心，不能～别人。

【埋怨】mányuàn 因事情不如意而对人或事物表示不满。例：我们班没有评上“卫生先进集体”，同学们都～卫生委员对工作不负责任。

【感激】gǎnjī 因对方的好意或帮助而对其产生好感。例：我非常～大家的热心帮助。

辨析

“抱怨”和“埋怨”都是动词，都是因心里不满而发出怨言。“抱怨”侧重于心怀不满，心中怨恨，数说别人的不对，责怪的程度重；“埋怨”的程度比“抱怨”轻些，既有“责怪自己”的意思，也可以针对别人或其他事物。

暴露 近揭露 泄露

【暴露】bàolù 隐蔽的东西显露出来。例：通过这次比赛，我队的不足之处～得清清楚楚。

【揭露】jiēlù 使隐蔽的问题显露。例：这番话～出问题的本质。

【泄露】xièlù 不该让人知道的事被人知道了。例：你不能把这个秘密～给别人。

辨析

“暴露”“揭露”和“泄露”都有“使原来隐蔽的问题显露出来”的意思。“暴露”意思重在表露，使用范围较大；“揭露”重在揭发，一般是有意而为，对象是别的人或事；"泄露"内容都是不应该让人知道的，对象是秘密或消息。

B

暴躁 同急躁 近烦躁 反温和 温柔

【暴躁】bàozào 遇事好发急，不能控制感情。例：爸爸脾气～，一遇到不顺心的事就发火。

【急躁】jízào 遇事性急不冷静。例：老师一再叮嘱我们，答题时要冷静，不能～。

【烦躁】fánzào 烦闷急躁。例：英语没考好，小丽心里～极了。

【温和】wēnhé 性情、态度不粗暴，使人感到亲切。例：女孩的性格多数很～。

【温柔】wēnróu 温和柔顺。例：妈妈～贤惠，是个很能干的人。

辨析

"暴躁""急躁"和"烦躁"都有"性急，不冷静"的意思。"暴躁"形容人的性情爱急易怒，不善自制；"急躁"指性情偏激暴躁，多指人一贯的个性、脾气；"烦躁"指人心情烦闷，多指一时的、短暂的情绪。

卑鄙 同卑劣 反崇高 高尚

【卑鄙】bēibǐ（品质、言行）恶劣；不道德。例：看过历史书后，我才了解到秦桧是如此的～。

【卑劣】bēiliè（品质、言行）卑鄙恶劣。例：各界人士纷纷谴责恐怖分子的～行径。

【崇高】chónggāo 最高的；最高尚的。例：白求恩～的国际主义精神令人敬佩。

【高尚】gāoshàng 道德水平高。例：道德～的人受人尊重。

辨析

“卑鄙”和“卑劣”都有“言行恶劣”的意思。“卑鄙”侧重低劣下流；“卑劣”侧重恶劣。“卑劣”的语意重于“卑鄙”。

悲哀 同悲伤 近悲痛 反欢乐 喜悦

【悲哀】bēiāi 伤心痛苦。例：妻子不幸遭遇车祸，他感到十分～。

【悲伤】bēishāng 伤心难过。例：看着死去的小猫，小姑娘～地哭了。

【悲痛】bēitòng 悲伤痛苦。例：看到他因失去父母而～的样子，大家也忍不住掉下了眼泪。

【欢乐】huānlè 欢喜快乐（多指集体的）。例：幼儿园的小朋友们在～地玩游戏。

【喜悦】xǐyuè 愉快；高兴。例：得知自己的作文在《语文报》上发表了，小丽的心情十分～。

辨析

“悲哀”“悲伤”和“悲痛”都有“伤心”的意思。“悲哀”侧重于内心的哀愁；“悲伤”侧重于心情不好受；“悲痛”表示由于悲伤而痛苦。三个词中“悲痛”的语意最重。

悲惨 同凄惨 反幸福

【悲惨】bēicǎn 极其不幸，使人伤心。例：他从小就受到苦难生活的折磨，艰难地度过了～的童年。

【凄惨】qīcǎn 凄凉悲惨。例：卖火柴的小女孩在大年夜～地死去。

【幸福】xìngfú 生活、境遇愉快美满。例：我们一定要珍惜今天的～生活。

B

辨 析

“悲惨”和“凄惨”都是形容词,都表示处境遭遇极其可怜。“悲惨”多形容人的处境或遭遇,常和生活、命运、十分、很是等词语搭配;“凄惨”多形容声音、情景等,常和遭遇、生活、命运等词语搭配。

背道而驰 同分道扬镳 反志同道合

【背道而驰】bèidào'érchí 朝着相反的方向跑。比喻方向、目标完全相反。例:如果方法不当,最终的结果很可能会与愿望～。

【分道扬镳】fēndào-yángbiāo 比喻因目标不同而各奔前程或各干各的事情。例:在这个问题上他俩谁也不肯让步,最后只好～了。

【志同道合】zhìtóng-dàohé 志向相同,意见相合。例:他俩长期共事,成为～的好朋友。

辨 析

“背道而驰”和“分道扬镳”都有“因方向、目标不同各奔前程”的意思。“背道而驰”侧重于目标、方向完全相反;“分道扬镳”侧重于目标不同,前者语意重于后者。

奔波 同奔走 近奔忙

【奔波】bēnbō 忙忙碌碌地往来奔走。例:为了搞好农田试验,李叔叔每天都在试验站和科学院之间～。

【奔走】bēnzǒu 跑;急走;为一定目的而到处活动。例:陶老师为了筹集助学经费,到处～。

【奔忙】bēnmáng 奔走操劳。例:退休了的张伯伯经常为小区业主们的事～。

辨析

“奔波”“奔走”和“奔忙”都有“不辞辛劳，四处奔跑”的意思，都是动词。“奔走”是一般的用法，可用于生活、工作，也可用于某一消息或事情；“奔波”强调忙碌劳累，多用于生活或事业；“奔忙”重在因事情繁多、任务紧迫而东奔西跑，可用于生活、工作，也可用于交通运输。此外，“奔走”“奔忙”还可以构成“东奔西走”“东奔西忙”；“奔波”不能这样用。

奔驰 同奔腾 近奔跑

【奔驰】bēnchí 飞快地跑。例：汽车在马路上～。
【奔腾】bēnténg（许多马）跳跃着奔跑。例：马群在一望无际的大草原上～。
【奔跑】bēnpǎo 很快地跑；奔走。例：足球运动员在绿茵场上来回～。

辨析

“奔驰”“奔腾”和“奔跑”都是动词，都有“快跑”的意思。“奔驰”着重在“驰”，多指车马等飞快地跑；“奔腾”着重在“腾”，多指跳跃式奔跑的势态，有时也可比喻人心情激动或精神振奋的状态，如“思绪奔腾”；“奔跑”多用于人，有时也用于动物。

本领 同本事 近身手 能耐

【本领】běnlǐng 技能；能力。例：这个研究小组的成员，个个～出众。
【本事】běnshi 本领。例：你有什么～？敢说这样的大话！
【身手】shēnshǒu 本领。例：这位武师～不凡，令人惊叹。
【能耐】néngnai 技能；本领。例：我这点儿～，您还不知道吗？

辨析

“本领”“本事”“身手”和“能耐”都表示“技能、能力”。“本领”用于书面语；“本事”多用于口语；“身手”带有文言色彩；“能耐”不但口语化，而且带地方色彩。

笨重 近沉重 笨拙 反轻巧 轻便

【笨重】bènzhòng 庞大沉重，不灵巧；繁重而费力的。例：技术革新把人们从～的体力劳动中解脱出来。

【沉重】chénzhòng 分量大；程度深。例：他背起～的行李，踏上了南去的列车。

【笨拙】bènzhuō 蠢笨，不灵巧。例：狗熊向人们讨食时那～的动作，真令人发笑。

【轻巧】qīngqiǎo 重量小而灵巧；轻松灵巧。例：这种便携式缝纫机制作得很～。

【轻便】qīngbiàn 重量较轻或使用方便；轻松，容易。例：～的自行车特别适合城市目前的交通状况。

辨析

“笨重”“笨拙”和“沉重”都有“不灵活”的意思。“笨重”侧重于庞大沉重，就体积和重量而言；“笨拙”侧重于不灵活，不灵巧，就智力和动作而言；“沉重”不但能表示物体分量大，也可形容人的心情、负担、疾病、脚步、语调等。

逼近 同迫近 近接近 靠近

【逼近】bījìn 靠近；接近。例：洪水～山脚下的村庄。

【迫近】pòjìn 逼近。例：侦察小分队已经～敌军阵地。

【接近】jiējìn 靠近。例：对于学习差的同学，小王总是主动～，热心帮助。

【靠近】kàojìn 向一定目标运动，使彼此的距离缩小。例：请大家不要～施工现场，这里很危险。

辨析

“逼近”“迫近”“接近”和“靠近”都有“使彼此间的距离缩小”的意思。“逼近”和“迫近”是一事物向另一事物靠拢，对象为具体的人或事物；“接近”指一方面向另一方面靠近，对象可以是具体的人或事物，也可以用于抽象的思想、感想、意见等；“靠近”可指彼此间距离小，也可指向一定目标挨近。

B

比赛 同竞赛 近竞争

【比赛】bǐsài 比较（本领、水平等）高低。例：明天我们两个学校进行篮球～。

【竞赛】jìngsài 互相比赛，争取优胜。例：同学们分成两组，展开劳动～。

【竞争】jìngzhēng 与对手争胜。例：比赛开始，双方～激烈。

辨析

“比赛”“竞赛”和“竞争”都有“各施本领，比较高低”的意思。“比赛”和“竞赛”都是采用“赛”的方法，前者重在分优劣、分胜负，后者重在分先后、分名次；前者多用于文娱、体育方面，后者多用于生产和学习方面。“竞争”有时采用“赛”的办法，有时采用其他方法，重在为了自己的利益和别人争胜。

必须 同务必 近务须 反无须 不必

【必须】bìxū 表示事实上和情理上必要；一定要。例：新闻出版界～纠正乱用繁体字的现象。

【务必】wùbì 必须；一定要。例：今天的会议很重要，请您～参加。

【务须】wùxū 必须；务必。例：这项工程～按时完成。
【无须】wúxū 不必。例：你～再看一遍。
【不必】bùbì 表示事理上或情理上不需要。例：我只不过是擦破了点皮，妈妈～太担心。

B

辨析

“必须”“务必”和“务须”都表示“一定要有”的意思。“必须”多用于一般性陈述句；“务必”和“务须”则多用于含要求或命令语气的句子中。

闭幕 同落幕 近闭会 反开幕

【闭幕】bìmù （会议、展览会等）结束。例：人代会已胜利～。
【落幕】luòmù 闭幕。例：在一片欢声笑语中，联谊会～了。
【闭会】bìhuì 会议结束。例：人民代表大会～期间，由其常委会行使权力。
【开幕】kāimù 一场演出、一个节目或一幕戏开始时打开舞台前的幕；（会议、展览会等）开始。例：小发明博览会于昨天隆重～。

边陲 同边境 近边疆

【边陲】biānchuí 边境。例：云南地处祖国～。
【边境】biānjìng 靠近边界的地方。例：小明的家乡在我国西南～附近。
【边疆】biānjiāng 靠近国界的领土。例：人民军队守卫着祖国～。

辨析

“边陲”“边境”和“边疆”都有“靠近边界的地方”的意思。“边陲”和“边境”指靠近国境线（国界）的地方，所包括的范围比较小；“边疆”指边远的疆土，所包括的范围比较大。

鞭策 近督促 反放纵

【鞭策】biāncè 用鞭和策赶马前进。比喻严格督促使进步。例：他经常～自己，要努力学习。

【督促】dūcù 监督催促。例：在班主任老师的再三～下，李明才做完作业。

【放纵】fàngzòng 纵容；不加约束。例：学校不能对这名无视校规的学生～不管。

辨析

"鞭策"和"督促"都是动词，都有"促使前进"的意思。"鞭策"指严格要求自己，常用典型的人或事来激励自己，要求自己，以达到学优汰劣，逐步上进；"督促"指对订好的计划监督贯彻，对布置好的工作监督执行等。"鞭策"多用于对自己；"督促"多用于对别人，也可以用于别人对自己。

变化 同变动 近变革 变更 变迁

【变化】biànhuà 事物在形态或本质上跟过去不同了。例：几年不见，家乡发生了天翻地覆的～。

【变动】biàndòng 变化。例：人事局进行了人事～，新上任的领导班子成员都是通过公开竞聘上岗的。

【变革】biàngé 改变事物的本质。例：我们正处在大～的时代，每个人都应该解放思想，更新观念。

【变更】biàngēng 改变，变动。例：新学期开始了，我们的教材有了新的～。

【变迁】biànqiān 情况或阶段的变化转移。例：刘爷爷专注于研究世界气候的～。

B

辨析

“变化”“变动”“变革”“变更”和“变迁”都有“性质、状态或情形和以前有所不同”的意思。“变化”用于人或事物，其过程可以是逐渐的，也可以是飞跃的；“变动”可指社会现象的大变化，也可指一般事物的变化；“变革”有“改革”的意思，多就社会制度而言，一般指人去改变客观现实；“变更”多指一般事物的变化，常用于书面语；“变迁”一般指事物或一段时间的变化。

辨别 同辨认 近鉴别

【辨别】biànbié 根据不同事物特点，在认识上加以区别。例：老师经常教育我们要提高～是非的能力。

【辨认】biànrèn 根据特点辨别，做出判断。例：我～出这张字条是他写的。

【鉴别】jiànbié 辨别真假优劣。例：考古学家具有～古物的本领。

辨析

“辨别”“辨认”和“鉴别”都有“分辨、区分”的意思。“辨别”重在对两个以上的事物加以区别清楚，多用于书面语；“辨认”是经过辨别之后，做出判断，并且找出或认定某一对象；“鉴别”重在对个别事物的真伪、好坏等加以区别审定，多用于书面语。

辩论 同争辩 近争论

【辩论】biànlùn 彼此用一定的理由来说明自己对事物或问题的见解，揭露对方的矛盾，以待最后得到正确的认识或共同的意见。例：班会上，大家对这个问题进行了激烈的～。

【争辩】zhēngbiàn 争论;辩论。例:对于那些错误的论调,我们要敢于~,不能听之任之。

【争论】zhēnglùn 各抒己见,互相辩论。例:关于是否去春游,大家~不休。

辨析

"辩论""争辩"和"争论"都有"用一定的理由来说明自己对事物或问题的见解"的意思。"辩论"一般用于大是大非的问题,多要求有结论;"争辩"重在分辩、辩驳,往往带有偏见的色彩;"争论"重在论证、讨论。"争辩"和"争论"既可用于大是大非问题,又可用于日常生活中的尖锐问题,但不一定有结论。

表白 近 表达

【表白】biǎobái 对人解释,说明自己的意思。例:我们都很理解你,你不必一再地~。

【表达】biǎodá 说明自己的意思。例:他用一首诗来~对祖国的热爱。

表扬 同 褒扬 近 表彰 反 指责

【表扬】biǎoyáng 对好人好事公开赞美。例:好人好事是应该被~的。

【褒扬】bāoyáng 表扬。例:文学~真善美,鞭笞假恶丑。

【表彰】biǎozhāng 表扬(伟大功绩、壮烈事迹等)。例:我校召开了~优秀学生干部的大会。

【指责】zhǐzé 指出错误,加以责备。例:这种不爱护公物的行为,受到了大家的~。

B

辨析

“表扬”“褒扬”和“表彰”都是动词，都有“赞美、夸奖”的意思。“表扬”适用范围较广；“褒扬”多用于对人对事的赞美；“表彰”带有隆重的色彩，语意较重。

别离 同离别 近分别 反团圆

【别离】biélí 跟熟悉的人或地方较长时间地分开。例：他～故土已三十余载。

【离别】líbié 比较长久地跟熟悉的人或地方分开。例：第二天，她～故土和亲人到加拿大留学去了。

【分别】fēnbié 离别。例：我们只是暂时～，不久还会见面的。

【团圆】tuányuán （夫妻、父子等）散而复聚。例：大年三十晚上，我们一家人～了。

波动 近起伏 动荡 反稳定 平稳

【波动】bōdòng 起伏不定；不平静，不稳定。例：市场上的物价只是小的～，不必惊慌。

【起伏】qǐfú ①一起一落；一升一降。②比喻情况起伏不定。例：①眼前全是连绵～的群山。②这段时间，她的病情有点儿～不定。

【动荡】dòngdàng 水面起伏波动。比喻局势、情况不安定；不平静。例：那时，局势～不安，人们纷纷外迁。

【稳定】wěndìng 稳固安定；没有变化。例：这几天，长江下游水位很～。

【平稳】píngwěn ①（情况）稳定，没有波折或危险。②（物体）稳当，不摇晃。例：①这一地区的局势趋于～，人民生活逐渐恢复正常。②飞机～地飞行着，乘客们悠然自得。

播种 近撒种 反收割

【播种】bōzhǒng 把农作物的种子播撒到地里。例:及时~是粮食丰收的基本条件之一。

【撒种】sǎzhǒng 把作物种子撒在田地里。例:农民伯伯正在田里~。

【收割】shōugē 割取(成熟的农作物)。例:我们常常在麦收季节义务帮助村民~小麦。

补充 近补偿 反减少 缩减

【补充】bǔchōng 增加一部分来弥补原来的不足或损耗。例:即使水和食物得不到及时~,骆驼也能在沙漠中行走很久。

【补偿】bǔcháng 补足(缺欠);抵偿(损失)。例:金钱再多也无法~逝去的年华。

【减少】jiǎnshǎo 从总量中除去一部分。例:我们要尽量~洪水造成的损失。

【缩减】suōjiǎn 紧缩减少。例:这家公司管理层冗员太多,至少可以~三分之一。

捕获 近捕捉 逮捕 拿获

【捕获】bǔhuò 捉到;逮住。例:公安人员~了一名犯罪嫌疑人。

【捕捉】bǔzhuō 抓;捉。例:小黄鹂和小山雀长大了,它们在枝叶茂盛的果树林里飞来飞去,跟着妈妈~害虫。

【逮捕】dàibǔ 捉到(罪犯)。例:犯罪嫌疑人终于被公安机关~归案。

【拿获】náhuò 捉住犯罪的人。例:经过周密部署,公安人员终于~了贩毒分子。

哺育 近哺养 抚育 培育

B

【哺育】bǔyù 喂养;比喻培养教育。例:祖国和人民~我们茁壮成长。

【哺养】bǔyǎng 喂养。例:老猫精心~小猫。

【抚育】fǔyù 照料儿童,使其健康地成长。例:父母悉心~子女。

【培育】péiyù 对幼小的生物细心照料,使之正常发育生长。也用于指对少年儿童进行多方面的精心教育。例:为了~优良麦种,技术员老刘不知耗费了多少心血。

不动声色 近无动于衷 反虚张声势

【不动声色】bùdòng-shēngsè 不从说话和神态上流露出内心的真实感情。形容态度非常镇静。例:他虽然表面~,心里却十分紧张。

【无动于衷】wúdòngyúzhōng 心里一点儿也不感动,一点儿也不动心。例:面对这样的惨状,任何人都不会~。

【虚张声势】xūzhāng-shēngshì 假装出强大的声势。例:很多人往往用~来掩盖内心的怯弱。

辨析

“不动声色”和“无动于衷”都有“不为外界所动”的意思。“不动声色”着重指外部表情;“无动于衷”着重指内心活动。“不动声色”多形容态度镇定,情绪冷静;“无动于衷”形容内心冷酷,感情麻木,也形容立场坚定,意志坚决。

不寒而栗 同毛骨悚然 反无所畏惧

【不寒而栗】bùhán'érlì 不冷而发抖。形容非常害怕。例:贩毒分子一听到这位缉毒英雄的名字就～。

【毛骨悚然】máogǔ-sǒngrán 汗毛竖起，脊梁骨发冷。形容非常害怕的样子。例：这部电影里的恐怖情景，使观众感到～。

【无所畏惧】wúsuǒwèijù 没有什么可以害怕的。形容什么都不怕。例：真正无私的人是～的。

辨析

“不寒而栗”和“毛骨悚然”这两个成语都可以用来形容非常害怕，并且都能放入“使人……”这一格式中。“毛骨悚然”可以形容感到冷；“不寒而栗”则不可以。“毛骨悚然”跟“不寒而栗”不但结构方式不同，而且结合松紧程度也不同，“毛骨”和“悚然”结合得不像“不寒而栗”那么紧。“毛骨悚然”比“不寒而栗”语意重。

不慌不忙 近从容不迫 反心慌意乱

【不慌不忙】bùhuāng-bùmáng 形容一点不着急的样子。例：他这人就是个慢性子，干什么都～。

【从容不迫】cóngróng-bùpò 形容沉着镇静，不慌不忙。例：在紧急情况下，我们应当～，以免忙中出错。

【心慌意乱】xīnhuāng-yìluàn 慌张着急，没了主意。例：他走到考场门口，发现准考证丢了，一时～，不知所措。

不可思议 近不堪设想 反可想而知

【不可思议】bùkě-sīyì 原为佛教用语。意思是事理神奇奥妙，既想象不到也表达不出。现指不可想象，不能理解。例：这件精美的象牙雕刻作品工艺如此精湛，让人看后觉得～。

【不堪设想】bùkān-shèxiǎng 事情的结果不能想象。指发展到很坏或很危险的地步。例：煤气管道泄漏如果没有被及时发现，后果～。

【可想而知】kěxiǎng'érzhī 可以想象出，可以预知的。例：小明这学期沉迷于网络游戏，期末成绩～。

B

辨析

“不可思议”和“不堪设想”这两个成语都有“不能想象”的意思。它们的区别主要在适用对象上：“不堪设想”的适用对象是严重的后果；“不可思议”的适用对象是奇妙的事物或深奥的、不可理解的事情或道理。

不遗余力 近竭尽全力 全力以赴 反敷衍了事 敷衍塞责

【不遗余力】bùyí-yúlì 把全部力量都使出来。例：确定一个目标，就要～地为之奋斗。

【竭尽全力】jiéjìn-quánlì 使出全部力量(来做事)。例：医生们～进行抢救，终于使病人转危为安。

【全力以赴】quánlìyǐfù 把全部力量投进去。例：大家～，终于圆满地完成了任务。

【敷衍了事】fūyǎn-liǎoshì 做事不认真，草率了结。例：做作业要认真，不能～。

【敷衍塞责】fūyǎn-sèzé 做事不认真，待人不真诚，搪塞应付。例：我们要认真对待每一项工作，不能～。

C c

才干 同才能 近才华 才学 才智

才干】cáigàn 指人的办事能力。例：小王是一个颇有～的人，绝对能胜任这项工作。

才能】cáinéng 知识和能力。例：周瑜感到自己的～确实远远不如诸葛亮。

才华】cáihuá 表现于外的才能（多指文艺方面）。例：他提笔成文，出口成章，～横溢。

才学】cáixué 才能和学问。例：小李是一个品德与～都非常出众的人。

才智】cáizhì 才能和智慧。例：这次集体活动充分发挥了大家的聪明～。

辨析

“才干”“才能”侧重指能力；“才华”侧重指表现于外的才能，且多指文艺方面；“才学”侧重指学识；“才智”则兼指才能和智慧。

裁减 同削减 近减少 反增加

裁减】cáijiǎn 削减（机构、人员、设备等）。例：那个国家的军队～了50万人。

削减】xuējiǎn 从已定的或已有的数目中减去。例：联合国制订了～核武器的计划。

【减少】jiǎnshǎo 减去一部分。例：经过我们的共同努力，校园内乱扔垃圾的现象大大～了。

【增加】zēngjiā 在原有的基础上加多。例：我校学生已由 4000 人～到 6000 人。

C

辨析

“裁减”“削减”和“减少”都有“减”的意思，即从原有的数量中减去一部分。“裁减”多用于行政机构、人员编制方面；“削减”应用范围则较为广泛；“减少”更多用于口语，使用范围更广。

裁决 同裁定 近裁断

【裁决】cáijué 经过考虑，做出决定。例：这个案件的最终结果还要看法院如何～。

【裁定】cáidìng 法院在案件审理过程中就某个问题做出决定。例：他对一审法院的～表示不服，向上一级法院提出上诉。

【裁断】cáiduàn 考虑决定。例：这件事只能由领导来～。

辨析

“裁决”“裁定”和“裁断”都表示经过考虑并有所依据做出决定。其中“裁决”和“裁定”多用于法律层面；“裁断”则多用于上级领导或专业权威。

采纳 同采用 近采取 反拒绝

【采纳】cǎinà 采用或接受（别人提出的意见、建议等）。例：周瑜～了黄盖的计策。

【采用】cǎiyòng 认为合适而加以利用。例：他写的那篇小说已被某刊物～。

【采取】cǎiqǔ 选择施行(某方针、政策、措施、手段、形式等)。例:在这件事的处理上,他~了先礼后兵的态度。

【拒绝】jùjué 不接受。例:李经理严词~了对方的无理要求。

辨析

“采纳”“采取”和“采用”的共同语素是“采”。其中,“采纳”的对象多是抽象的事物,如建议、意见、要求、主张等;“采取”的对象也多是抽象的事物,如方针、政策、措施、手段、形式、态度、步骤、办法、立场、原则等;“采用”的对象则可以是抽象的事物,如技术、经验、方案等,也可以是具体的事物,如教材、工具、稿件、药品等。

采摘 同采撷 近摘取

【采摘】cǎizhāi 摘取。例:农民们在地里~棉花。

【采撷】cǎixié 采摘;摘取。例:他~了几粒红豆,寄给远方的朋友。

【摘取】zhāiqǔ 取得。例:小明爬到树上,~了一个又大又红的苹果。

辨析

“采摘”“采撷”和“摘取”都有“摘下、取得”的意思,而且对象多为植物的花、果等。但“采撷”还有“采集”的意思,且多用于书面语,如“采撷民歌”;“摘取”的对象除植物外,还可以是戴着的、挂着的、置于高处的东西。

参观 同观看 近视察

【参观】cānguān 实地观察。例:昨天我们~了刘家峡水电站。

【观看】guānkàn 特意地看;参观。例:今天下午我们去市体育馆～篮球比赛。

【视察】shìchá ①察看；察验。②上级人员到下级机构检查工作。例：①中央领导赶赴地震灾区～灾情。②明天下午，省领导要来工地～工作。

辨析

“参观”“观看”和“视察”都是动词，都有“看”的意思。“参观”是工作性或学习性的；“观看”使用范围较广；“视察”中含有确定了的上下级关系。

C

参加 同参与 反退出

【参加】cānjiā 加入（某种组织）或参与（某种活动）。例：有文艺特长的同学们纷纷报名～这次的慰问演出。

【参与】cānyù 参加（事务的计划、讨论、处理）。例：他曾～了这个规划的制订工作。

【退出】tuìchū 加入或参与后又离开。例：因为身体原因，小红～了体操训练队。

辨析

“参加”和“参与”都是动词，两者的适用对象略有差别：“参加”的对象既可以是某个社会组织或团体，也可以是某项社会活动；而“参与”的对象通常是某项社会活动。

残酷 同残忍 近残暴 反仁慈

【残酷】cánkù 凶狠冷酷；艰苦而险恶。例：地质队员在～的野外环境下坚持工作，终于取得了重大成果。

【残忍】cánrěn 凶残狠毒。例：这伙犯罪分子的作案手段极其～。

【残暴】cánbào 残忍凶恶。例：在侵华战争中，被～的日本侵略者杀害的中国人不计其数。

【仁慈】réncí 仁爱慈善。例:我奶奶待人非常～。

辨析

“残忍”侧重指狠心、狠毒,常用来形容本性;“残暴”侧重指横蛮、凶暴,常用来形容手段;“残酷”侧重指凶狠、冷酷,常用来形容行为,也可用来形容环境恶劣、斗争尖锐、情况严重。

惨白 同苍白 近煞白 反红润

【惨白】cǎnbái 苍白。例:他的心绞痛又犯了,脸色～,大家连忙给他倒水拿药。

【苍白】cāngbái 白而略微发青;灰白。例:听到这个不幸的消息,他顿时脸色～。

【煞白】shàbái 面色极白,没有血色。例:他失血过多,脸色～。

【红润】hóngrùn 红而滋润。例:他体格健壮,面色～,充满青春的活力。

辨析

“惨白”“苍白”和“煞白”都是形容词,在描写脸色的时候同义。其中,“煞白”是由于某种感情或病痛所导致的结果;“惨白”强调“白”得到了令人感到凄惨的程度;“苍白”则是脸色白中带灰。另外,“苍白”还有“缺乏生气和活力”的意思,如“文章内容苍白”。

灿烂 同璀璨 近辉煌 反暗淡

【灿烂】cànlàn 光彩鲜明耀眼。例:海滩上的贝壳在阳光的映射下显得格外～夺目。

【璀璨】cuǐcàn (珠玉等)光彩鲜亮。例:《红楼梦》是我国古代小说中的一颗～明珠。

【辉煌】huīhuáng 光彩灿烂。例：夜晚的长安大街灯火～。

【暗淡】àndàn （光、色）昏暗；（色泽）不鲜艳。例：太阳落山了，房间里光线十分～。

辨析

"灿烂""璀璨"和"辉煌"都是形容词，都有"光彩鲜亮"的意思。它们的区别在于："灿烂"多用于形容物体的外表及笑容、文化、历史等；"璀璨"多用来形容珠宝及像珠宝一样珍贵的事物；"辉煌"则多用来形容灯光、成果等。

C

仓促 同急促 近匆忙 反沉着

【仓促】cāngcù 匆忙。例：我军攻势迅猛，敌人～应战，不久就溃不成军了。

【急促】jícù 时间短；仓促。例：时间～，大家要抓紧准备。

【匆忙】cōngmáng 急急忙忙。例：他吃完饭，～地收拾了一下就走了。

【沉着】chénzhuó 镇静；不慌不忙。例：面对敌人的审问，他～应对，毫不慌乱。

辨析

"仓促""急促"和"匆忙"都是形容词。"仓促"侧重于形容时间紧迫，不能充分做好准备；"匆忙"多用于形容由于赶时间而很紧张地做某事；"急促"则重在强调时间的短促。

草率 同粗率 反认真

【草率】cǎoshuài （工作）粗枝大叶，敷衍了事。例：领导干部处理问题一定要慎重，绝不能～行事。

【粗率】cūshuài 粗略草率；不周密。例：此事事关重大，不可～表态。

【认真】rènzhēn 态度严肃，不马虎。例：小梅无论做什么事情都非常～。

辨析

“草率”和“粗率”的共同语素是“率”，都有“不加思考、不慎重”的意思。其中，“草率”主要指对工作敷衍、不认真；“粗率”主要指对人对事鲁莽、不细致。此外，“草率”可构成“草率从事”“草率了事”等固定结构；“粗率”则没有这种用法。

侧重 同偏重 反并重

【侧重】cèzhòng 着重于（某一方面）；偏重。例：不管形式如何，作家对自己所描写的对象总是有所～的。

【偏重】piānzhòng 侧重；片面看重。例：学知识应当文理兼顾，～文或～理都会导致知识结构的失衡。

【并重】bìngzhòng 同等重视。例：体育锻炼和药物治疗～，有利于身体恢复健康。

诧异 近奇怪 惊讶 惊奇

【诧异】chàyì 惊奇，奇怪。例：听到这突如其来的消息，大家感到十分～。

【奇怪】qíguài 出乎意料。例：一向遵守纪律的小明竟然三天都没来上课，大家都很～。

【惊讶】jīngyà 由于感到意外、奇怪而吃惊。例：小丽的成绩忽然一落千丈，大家感到非常～。

【惊奇】jīngqí 十分惊讶、奇怪。例：第一次看到这种动物，人们露出了～的目光。

辨析

“诧异”“奇怪”“惊讶”和“惊奇”都是形容词，都有“惊讶、奇怪”的意思。“诧异”侧重于因对某件事不理解而感到奇怪；“奇怪”侧重于某事的发生超出了意料的范围；“惊讶”强调因意外情况而让人感到吃惊；“惊奇”侧重因心理准备不足，对出现的一些以前没有遇到的事物而吃惊。

颤动 近颤抖 抖动

【颤动】chàndòng 短促而频繁地振动。例：房门前的树枝，被雨点打得不住地～。

【颤抖】chàndǒu 哆嗦，发抖。例：警察从天而降，歹徒吓得浑身～。

【抖动】dǒudòng 颤动。例：上场前太紧张了，我的两条腿不停地～。

辨析

“颤动”“颤抖”和“抖动”都是动词，都有“抖动”的意思。“颤动”侧重因外力作用，人或物体发生振动，使用范围广；“颤抖”“抖动”多指人因寒冷、惊吓、紧张等而使身体发抖、哆嗦，但“抖动”多用于口语。

猖狂 同猖獗 近疯狂

【猖狂】chāngkuáng 狂妄而放肆。例：最近一段时间，这个地区飞车抢夺妇女挎包和首饰的不法活动十分～。

【猖獗】chāngjué 凶猛而放肆。例：今年田鼠～得很，鼠患导致大片农田歉收。

【疯狂】fēngkuáng 发疯的样子；猖狂。例：战士们打退了敌人的～进攻。

辨析

“猖狂”“猖獗”和“疯狂”都是贬义形容词，都形容穷凶极恶的样子。“猖狂”指行为的横行无忌，常用于形容敌人的进攻、反扑、挑衅等活动；“猖獗”比“猖狂”含义深而广，兼有“横行霸道”和“蔓延、泛滥”的意思，除形容敌人的行动外，还可形容谣言、灾患、传染病等的迅速蔓延；“疯狂”则偏重于精神状态，本指神经错乱、精神失常，引申指敌人张牙舞爪、凶恶残暴的样子。

长处 近优点 反短处 缺点

长处】chángchù 某方面的优秀之处。例：乐于助人是他的～。

优点】yōudiǎn 长处；好的方面。例：我们应该虚心学习别人的～，克服自己的缺点。

短处】duǎnchù 某方面的不足之处；缺点。例：你别只看到他的～，在许多方面你还不如他呢。

缺点】quēdiǎn 欠缺或不完善的地方。例：发现～，就要及时克服。

常常 同经常 近时常 反偶尔

常常】chángcháng 动作行为的发生不止一次，而且时间相隔不久。例：孟老师为了给我们补习功课，～很晚才回家。

经常】jīngcháng 动作行为屡次发生。例：老王～下基层研究工作。

时常】shícháng 动作行为经常出现。例：他～回母校转一转。

偶尔】ǒu’ěr 有时候。例：因为快毕业了，每晚我都要抓紧时间复习功课，～才看一次电视。

C

辨析

“常常”“经常”和“时常”都是副词，都有“动作、行为发生次数多”的意思，它们都作状语。其中，“常常”单纯指动作行为重复，既可用于过去的事情，也可用于将来的事情，否定式多用“不常”；“经常”除表示“常常”“时常”的意思外，还有形容词用法，表示“平常的、日常的”的意思，如“经常的事”，“经常”的否定式为“不经常”。“经常”既可加“性”构成名词“经常性”，也可加“化”构成动词“经常化”，“经常”用作形容词能作谓语、定语、状语等；“常常”“时常”没有形容词的意义和用法。

畅快 同舒畅 近痛快 反苦闷

【畅快】chàngkuài 舒畅痛快。例：今天的任务圆满完成，大家的心情十分～。

【舒畅】shūchàng 舒适愉快。例：车窗打开了，凉爽的风吹进来真是～极了。

【痛快】tòngkuài 舒畅；高兴。例：星期天，小冬在动物园里玩得很～。

【苦闷】kǔmèn 苦恼烦闷。例：小萍姐高考落榜了，她的心情很～。

辨析

“畅快”“舒畅”和“痛快”都表示“尽情，快活”的意思。它们都接受程度副词修饰，都可以用“不”否定，都经常作谓语、状语、补语等。其中，“畅快”“舒畅”在词性、词义、色彩、语体等方面基本相同，一般可以互换；“痛快”是口语词，除表示“舒畅、高兴、尽兴”的意思外，还有表示“爽快、直率、干脆”等意思的用法。“痛快”还可以重叠成“痛痛快快”，可以与“淋漓”构成固定结构“痛快淋漓”来加强语气，表示非常痛快。

潮湿 近湿润 反干燥

【潮湿】cháoshī 含有比正常状态下略多的水分。例:他家住在一楼,屋内比较~。

【湿润】shīrùn 潮湿而润泽。例:大雨过后,~的泥土散发出阵阵清香。

【干燥】gānzào 不含水分或水分极少。例:沙漠地带气候很~。

辨析

“潮湿”和“湿润”都是形容词,都表示水分大、不干燥。“潮湿”侧重指物体含水分大,除用于土壤、木材、空气等自然界物体外,还用于衣物、衣柜等人造物品;“湿润”侧重指物体的湿度合适,一般只用于土壤、空气。

撤退 同撤离 近撤回 反进攻

【撤退】chètuì 放弃阵地或占领的地区,退出来。例:战士们明白今天大踏步地~是为了明天大踏步地进攻的道理,所以他们能自觉地做到令行禁止。

【撤离】chèlí 撤退离开。例:当年,毛主席、党中央~延安是为了实现战略的转移,是解放全中国的需要。

【撤回】chèhuí 使驻在外面的人回来。例:谈判陷入僵局,双方都~了派出的谈判代表。

【进攻】jìngōng 战争中主动攻击敌人;在斗争或竞赛中向对方发动攻势。例:在比赛的下半场,我方队员抓住战机,频频向对方发动~。

辨析

“撤退”“撤离”多指军队放弃阵地或占领的地区;而“撤回”使用范围较广,而且侧重指把派出去、放出去或发出去的收回来。

撤销 同取消 近取缔 反保留

【撤销】chèxiāo 取消。例：由于工作的严重失误，组织部决定～他的局长职务。

C

【取消】qǔxiāo 使原有的制度、规章、资格、权利等失去效力。例：这些不合理的制度早应该～了。

【取缔】qǔdì 明令取消或禁止。例：这个组织是非法的，相关部门决定予以～。

【保留】bǎoliú 暂时留着不处理。例：这些资料都应该～着，以便将来查阅。

辨析

“撤销”“取消”和“取缔”都是动词，都指去掉。“撤销”有“收回”的意思，多用于处分、职务、决议、机构等；“取消”是使原有的制度、规章、资格、权利等失去效力；“取缔”表示明令废除或禁止，多用于政府行为。

沉寂 同沉静 近寂静 反喧哗

【沉寂】chénjì 十分寂静。例：冬天的夜晚显得格外～。

【沉静】chénjìng 寂静。例：上课铃响过，校园里一片～。

【寂静】jìjìng 没有声音；很静。例：秋收过后，乡间的小路十分～。

【喧哗】xuānhuá 声音大而杂乱。例：在公共场合大声～是不文明的表现。

辨析

“沉寂”“沉静”和“寂静”都是形容词。其中，“沉寂”有“从不静到特别静”的意思，如“沉寂下来”，另外“沉寂”还有“毫无消息”的意思，如“消息沉寂”；“沉静”既可形容环境，也可形容人的心情、性格、神色等；“寂静”只用来形容环境，强调没有声音，十分安静，如“寂静的考场”。

沉思 近深思 寻思

【沉思】chénsī 静静地深沉地思考。例：小妹一个人坐在那里～。

【深思】shēnsī 深入地思考。例：这件事对人们的启示值得～。

【寻思】xúnsi 反复探求思考。例：他～了很久，没有好的办法。

辨析

“沉思”“深思”和“寻思”都是动词，都有“思考”的意思。“沉思”侧重于对问题全神贯注地思考；“深思”指对问题思考的程度深；“寻思”则强调反复思考。

沉重 近繁重 反轻松

【沉重】chénzhòng ①分量大。②思想负担重。例：①～的担子压在了他的肩上。②他这两天的心情十分～。

【繁重】fánzhòng （工作、任务）多而重。例：课后作业过多，就会成为学生一个～的负担。

【轻松】qīngsōng 不感到有负担；不紧张。例：他～地完成了这个高难度的动作。

辨析

“沉重”和“繁重”都是形容词，都指分量重。“沉重”本指物体重，引申为精神负担重，有时还有“程度深、严重”的意思，如“病很沉重”；“繁重”侧重指工作多、任务重。“沉重”可作状语，如“沉重地打击敌人”；“繁重”则不能。

C

陈腐 同陈旧 近破旧 反清新

【陈腐】chénfǔ 陈旧腐朽。例:祖冲之敢于怀疑前人～的学说。

【陈旧】chénjiù 旧;过时的。例:这套节目从内容到形式都比较～,没有反映时代精神。

【破旧】pòjiù 破烂陈旧。例:别看它很～,它可是极有研究价值的文物。

【清新】qīngxīn 新颖不俗。例:读了刘绍棠的短篇小说集,我有一种～而振奋的感觉。

辨析

"陈腐"侧重于"腐",即腐朽;"陈旧"侧重于"旧",即过时;"破旧"侧重于"破",即缺损,不完整。

衬托 同陪衬 近烘托 点缀

【衬托】chèntuō 为了使事物的特色突出,用另一些事物来陪衬和对照。例:环境描写能把人物特点～得更鲜明。

【陪衬】péichèn 附加其他事物使主要的事物更突出。例:在绿叶的～下,红花显得更鲜艳了。

【烘托】hōngtuō 陪衬,使明显突出。例:这段心理描写更加～出了主人公的性格特点。

【点缀】diǎnzhuì 加以装饰,使原有事物更美好。例:鲜花把节日的广场～得十分漂亮。

成功 近胜利 反失败

【成功】chénggōng 取得预期的结果。例:"嫦娥三号"月球探测器发射～,标志着我国探月工程有了重大进展。

胜利】shènglì 在斗争或竞赛中打败对方；工作、事业上达到预定的目的。例：这场拔河比赛以我们班～告终。

失败】shībài 在斗争或竞赛中被对手打败；没有达到预定的目的。例：我们要善于从～中吸取教训。

辨析

“成功”和“胜利”都表示达到预期的目的。“成功”指事情发展达到预期结果，多指科学、技术、革命等；“胜利”着重指经过与敌人、对手、困难等战斗、较量，经过奋斗而达到预期目的。

成果 近效果 结果 反恶果

成果】chéngguǒ 工作或事业的收获。例：我们要珍惜他人的劳动～。

效果】xiàoguǒ 由某种力量、做法或因素产生的结果。例：教学方法改进后，产生的～十分明显。

结果】jiéguǒ 在一定阶段事物发展变化的最后状态。例：小明又考了全校第一，这是他勤奋学习的～。

恶果】èguǒ 坏结果；坏的下场。例：这起交通事故是酒后驾车酿成的～。

辨析

“成果”“效果”和“结果”都是名词，都指事情的结局。“成果”指工作或事业的收获，是好的结果，褒义词；“效果”指做事的结果和影响，有好有坏，中性词；“结果”指在一定阶段事物发展的状态，有好有坏，也是中性词。

成绩 近成就

成绩】chéngjì 学习、工作的收获、成果。例：他在学习上取得了优异的～。

【成就】chéngjiù 事业上大的成绩。例：我国航天事业近年来取得了巨大的～。

辨析

“成绩”和“成就”都是名词，都指取得的成果。“成绩”多指人们在工作、学习等方面取得的收获；“成就”多指在具有社会意义的重大事情上取得成功或作出的贡献。

C

成立 近设立 反解散 撤销

【成立】chénglì （组织、机构等）正式建立。例：为了丰富同学们的文化生活，我校正式～了校园文学社。

【设立】shèlì 成立（组织、机构等）。例：该公司在北京～了业务办事处。

【解散】jiěsàn （机构或团体）取消或自动离散。例：这支足球队～了。

【撤销】chèxiāo 取消。例：这家公司的驻外机构被～了。

成长 近生长

【成长】chéngzhǎng 向成熟的阶段发展、生长。例：禾苗在雨露滋润下茁壮地～。

【生长】shēngzhǎng 人或其他生物体出生、发育、成长。例：红树林～在我国东南沿海一带。

辨析

“成长”和“生长”都是动词，都有“发育、增长”的意思。它们的区别在于：“生长”侧重于客观描述事物的发育、增长；而“成长”除此之外，还有“渐趋成熟”的意思。

呈现 近显现 涌现 反隐没

【呈现】chéngxiàn 显出；露出。例：田野里～出绚丽多彩的秋色。

【显现】xiǎnxiàn 呈现；显露。例：图像在底片上清晰地～出来。

【涌现】yǒngxiàn （人和物）大量出现。例：在那个时期，～出许多优秀作品。

【隐没】yǐnmò 隐蔽；渐渐看不见。例：远去的航船～在雨雾里。

辨析

“呈现”“显现”和“涌现”是一组动词，共同语素是“现”，都有“显露出来”的意思。其中，“呈现”的对象限于景象、情况或人的神情、状态等，侧重表示显现较清楚的、持续时间较长的，一般是直接看到的事物；“显现”着重在表现出来，露出来；“涌现”着重指如水涌般大量出现。“呈现”是中性词，但多用于褒义；“显现”为中性词；“涌现”则是褒义词，可用于人和事。

诚恳 同诚挚 近诚实 反虚伪

【诚恳】chéngkěn 真诚而恳切。例：我们待人要谦虚～，这样才能得到别人的信赖。

【诚挚】chéngzhì 诚恳真挚。例：他～地请求大家多提宝贵意见。

【诚实】chéngshí 言行跟内心一致，不虚假。例：～正直是做人最起码的信条。

【虚伪】xūwěi 不真诚；不实在。例：大家都信任他，因为他待人坦诚，不～。

辨析

“诚恳”是“真诚恳切”的意思，常用来形容人的态度，它可以重叠为“诚诚恳恳”，可以作状语；“诚实”是内心与言行一致，有“老实”的意思，一般形容人的思想品质；“诚挚”重点在“挚”，有“亲切、真挚”的意思，常用来形容人的感情，它一般不能重叠。

诚心诚意 近真心实意 真心诚意 反虚情假意

【诚心诚意】chéngxīn-chéngyì 十分诚恳真挚。例：小明每次都～地帮助别人，受到了大伙儿的赞扬。

【真心实意】zhēnxīn-shíyì 心意真实恳切。例：他～地帮助我，真是我的好朋友。

【真心诚意】zhēnxīn-chéngyì 心意真实诚恳。例：我～地向他说明了事情的缘由，他终于理解了我的做法。

【虚情假意】xūqíng-jiǎyì 虚假的情意。指虚伪做作，假装殷勤。例：～地对待别人，不会得到真正的朋友。

承担 同承当 反推卸

【承担】chéngdān 担负，担当。例：厂方应～这起事故的全部责任。

【承当】chéngdāng 担当。例：这项任务让小张来～吧，他一定能行。

【推卸】tuīxiè 不肯承担（责任和义务等）。例：他对工作不认真负责，出了问题又一再～责任，太不称职了。

辨析

“承担”和“承当”是一组同义动词，共同语素是“承”，都有“担当”的意思，都常作谓语，常带宾语。其中，“承担”有“勇于接受任务或负起责任”的意思，对象多为工作、职务、责任、义务等；“承当”有“勇于负责”的意思，多用于责任和职务，在用于职务时，又有“担任”的意思。

惩办 同惩治 近惩罚 处罚 反奖赏

【惩办】chéngbàn 处罚。例：对那些坑害群众、牟取暴利的不法商贩，必须严加～。
【惩治】chéngzhì 定罪惩办。例：司法机关要依法～犯罪分子。
【惩罚】chéngfá 处罚。例：破坏环境必将受到环境的～。
【处罚】chǔfá 对犯错误或犯罪的人给予处分或依法惩治。例：由于违章驾驶，小王受到了罚款 200 元的～。
【奖赏】jiǎngshǎng 对有功的或在竞赛中获胜的集体或个人给予奖励。例：这次表现不错，～你一个精美的文具盒。

辨析

“惩办”“惩治”“惩罚”和“处罚”都是动词，都含“罚”的意思。它们的区别在于：“惩办”的实施主体多为国家政府机关；“惩治”的对象多为触犯国家法规的人员；“惩罚”相对于“惩治”而言，语意较轻；而“处罚”则指对有过错的人给予经济等方面的惩戒，语意更轻。

嗤笑 同讥笑 近耻笑 嘲笑 反夸奖

【嗤笑】chīxiào 讥笑。例：耍弄和～残疾人是极不道德的行为。
【讥笑】jīxiào 讥讽和嘲笑。例：不要～那些生理上有缺陷的同学。
【耻笑】chǐxiào 鄙视和嘲笑。例：他从不动手实干，只会站在背后～别人。
【嘲笑】cháoxiào 讥讽取笑。例：我们不应该～学习成绩差的同学，而是要尽量帮助他们。

【夸奖】kuājiǎng 称赞。例：老师～他很有组织能力。

辨析

“嗤笑”“讥笑”“耻笑”和“嘲笑”是一组动词，共同语素是“笑”，都有“取笑别人”的意思。其中，“嗤笑”带有“看不起”的意思；“讥笑”带有讽刺色彩；“耻笑”带有鄙夷的色彩；“嘲笑”则带有“戏弄”的意思。

C

迟疑 同犹豫 犹疑 近踌躇 反果断 果决

【迟疑】chíyí 犹豫。例：下班到底去不去朋友家，她～不决。

【犹豫】yóuyù 拿不定主意。例：车间出了事故，他毫不～地承担了责任。

【犹疑】yóuyí 犹豫。例：他～了一下，最后还是决定先去上班，下班后再看病。

【踌躇】chóuchú 犹豫不定。例：他～了半天，最终还是决定跟我们去西山。

【果断】guǒduàn 有决断，不犹豫。例：由于情况紧急，指挥员～地下达了急行军的命令。

【果决】guǒjué 果敢坚决。例：他办事～，是个讲究效率的人。

辨析

“迟疑”“犹豫”“犹疑”和“踌躇”都有“拿不定主意”的意思。“迟疑”“犹豫”多用于口语；“犹疑”“踌躇”多用于书面语。“迟疑”侧重从时间的角度说，在该拿主意的时候拿不定主意，多指内心活动；“犹豫”和“犹疑”泛指拿不定主意，既指内心活动，也指行动；“踌躇”侧重于行动，指拿不定主意时不知该如何行动。

持续 近继续 延续 连续 反中断 间断

【持续】chíxù 保持并延续不断。例：受台风影响，暴雨～了一天一夜。

【继续】jìxù （活动）延续下去。例：心理咨询、心理辅导活动下周～进行。

【延续】yánxù 照原来的样子继续下去。例：据天气预报，这种闷热的天气还将～几天。

【连续】liánxù 一个接着一个；接连不断。例：他～做了120个俯卧撑。

【中断】zhōngduàn 中途停止或断绝。例：快考试了，他暂时～了书法练习。

【间断】jiànduàn （连续的事物）中间隔断，不连接。例：爷爷天天坚持锻炼身体，从不～。

耻辱 同羞辱 反光荣

【耻辱】chǐrǔ 可耻的事情；声誉上受到的羞辱。例：作为一名医护人员，见死不救是最大的～。

【羞辱】xiūrǔ 耻辱。例：受了他人的嘲笑，我感到了莫大的～。

【光荣】guāngróng 荣誉。例：这次运动会取得团体总分第一名，～属于全班同学。

辨析

“耻辱”和“羞辱”都可作名词，都有“不光彩”的意思。“耻辱”强调名誉上所受的损害，可用于口头语和书面语；“羞辱”则侧重所感受到的耻辱。“羞辱”还可用作动词，表示使受耻辱；“耻辱”没有这种用法。

斥责 同指责 近谴责 指摘 反称赞

【斥责】chìzé 用严厉的言辞指责。例：他这种不道德的行为受到了大家的严厉～。

【指责】zhǐzé 指摘；责备。例：班干部对同学要多关心，不能动不动就横加～。

【谴责】qiǎnzé 严正申斥。例：这种赤裸裸的侵略行为受到了国际社会的强烈～。

【指摘】zhǐzhāi 指出错误，加以批评。例：想想自己平时的表现，老师～我的话确实有道理。

【称赞】chēngzàn 用言语表达对人或事物的喜爱。例：他做了好事，受到了老师的～。

辨析

“斥责”“指责”“谴责”和“指摘”都有“挑出错误，加以批评”的意思。“斥责”“谴责”是以严肃的态度、严厉的言辞申斥，语意较重；“指责”“指摘”语意较轻，是一般的责备。

赤诚 同赤忱 近真诚 反虚伪

【赤诚】chìchéng 极真诚。例：～待人是有礼貌、有教养的一种体现。

【赤忱】chìchén 十分诚挚。例：我们老师对教育事业一片～。

【真诚】zhēnchéng 真实诚恳；没有一点虚假。例：在他的～帮助下，我终于完成了任务。

【虚伪】xūwěi 不真诚；不实在。例：待人～是不会赢得真正朋友的。

辨析

“赤诚”“赤忱”和“真诚”都是褒义词，都有“真实诚恳”的意思。“赤诚”和“真诚”多用于为人处世方面，而且“赤诚”的语意比“真诚”重；“赤忱”则多用于书面语。

充足 同充分 近充沛 充裕

【充足】chōngzú 数量多；能满足需要。例：今年夏天的雨水比往年～。

【充分】chōngfèn 足够；充足。例：他的理由很～，令人信服。

【充沛】chōngpèi 充足而旺盛。例：今年夏天雨量～，粮食作物长势良好。

【充裕】chōngyù 充足有余。例：这个假期我哪也不去，有～的时间搞社会调查，为毕业设计做些准备。

辨析

“充足”“充分”“充沛”和“充裕”这一组词都有“足够，能满足需要”的意思。“充足”多形容较具体的事物，如阳光、养分、人力等；“充分”多用来形容抽象的事物，如时间、理由、自由等；“充沛”多用来形容雨水或人的精力、活力、热情、感情等；“充裕”多形容经济、时间等方面的富足。

憧憬 近向往 神往

【憧憬】chōngjǐng 希望得到或达到理想中的美好事物或境界。例：大家都～着美好的生活，这也是我们努力学习的动力。

【向往】xiàngwǎng 因热爱、羡慕某种事物或境界而希望得到或达到。例：我们～幸福美好的生活。

【神往】shénwǎng 心里向往。例：我早就对桂林的山水～不已，可惜总没机会去。

辨析

“憧憬”“向往”和“神往”都是动词，都表示希望得到或达到想象中的事物或境界。但“憧憬”适用于美好的事物；“向往”多用于美好的事物，也可用于其他方面；“神往”除“向往”的意思外，还指因有浓厚兴趣而将注意力集中到某种事物或境界上去，一般不带宾语。

崇敬 近崇拜 尊敬 尊崇 反鄙视

C

【崇敬】chóngjìng 推崇尊敬。例：那些为革命而英勇牺牲的烈士们，永远受到人民～。

【崇拜】chóngbài 崇敬钦佩。例：很多球迷都～法国球星亨利。

【尊敬】zūnjìng 尊重敬重。例：每一位同学都应当～老师。

【尊崇】zūnchóng 尊敬推崇。例：他是一位受到人们～的科学家。

【鄙视】bǐshì 轻视；看不起。例：人们～那些不学无术、碌碌无为的人。

宠爱 同溺爱 近钟爱 喜爱 反虐待

【宠爱】chǒng'ài（上对下）过分喜爱；娇纵偏爱。例：过分地～孩子恰恰是害了孩子。

【溺爱】nì'ài 过分宠爱（自己的孩子）。例：家长对孩子要关心，但不要～。

【钟爱】zhōng'ài 特别疼爱。例：李阿姨～自己的小儿子。

【喜爱】xǐ'ài 对人或事物有好感或感兴趣。例：我～吹笛子。

【虐待】nüèdài 用残暴狠毒的手段对待。例：他伤害、～小动物的行为受到网民的谴责。

辨析

“宠爱”“溺爱”“钟爱”和“喜爱”都是动词，共同语素是“爱”。区别在于：“宠爱”的对象多为人或小动物，多用于上对下；“溺爱”多含贬义，对象多为自己的孩子；“钟爱”多含褒义，使用范围广,可适用于人或物;“喜爱”程度次于“钟爱”,还有“感兴趣”的意思。

稠密 同浓密 近茂密

稠密】chóumì 多而密。例:由于下种太多,地里的豆苗十分～。

浓密】nóngmì 浓厚,密集。例:阳光从～的枝叶缝隙中透射下来。

茂密】màomì 茂盛而繁密。例:村子的西山上有一片～的小树林。

辨析

“稠密”“浓密”和“茂密”都有“多而密集”的意思。“稠密”侧重于“稠”,强调多,使用范围广;“浓密”侧重于“浓”,强调浓厚,多指枝叶、烟雾、须发等;“茂密”侧重于“茂”,强调茂盛、繁茂,多指草木、庄稼等。

筹备 近筹划 准备 筹措

筹备】chóubèi 事先筹划准备。例:关于建立分校的工作,目前正在积极～。

筹划】chóuhuà 想办法;定计划。例:爸爸正～着明年把养殖场规模进一步扩大。

准备】zhǔnbèi 预先安排或策划。例:大家忙着～老同学的聚会。

筹措】chóucuò 设法弄到(资金、物资)。例:学校多方～救灾物资,送给受灾地区的儿童。

丑恶 近丑陋 反美好

丑恶】chǒu'è 丑陋可憎的。例:报纸上经常揭露一些不法分子的～行径。

【丑陋】chǒulòu 相貌或样子难看。例：我们不能嘲笑相貌～的同学，那是不尊重他人的表现。

【美好】měihǎo 好(多用于抽象事物)。例：我们要珍惜现在幸福～的生活，好好学本领，切莫错过这大好时光。

辨析

“丑恶”和“丑陋”都是形容词，都有“难看”的意思。“丑恶”形容人或事物，跟它相对的是“美好”，对象可以是具体的，也可以是抽象的；“丑陋”形容面貌或外形难看鄙陋，引申指思想行为卑劣，跟它相对的是“美丽”，对象多是人。“丑恶”比“丑陋”语意重。

出色 同杰出 卓越 反一般

【出色】chūsè 格外好；超出一般的。例：对她的～表演，大家报以热烈的掌声。

【杰出】jiéchū 出众。例：詹天佑是我国～的爱国工程师。

【卓越】zhuóyuè 非常优秀，超出一般。例：周恩来同志是伟大的无产阶级革命家、政治家，是党和国家～的领导人。

【一般】yībān 普通。例：他智力～，可非常勤奋，所以成绩还是很突出的。

辨析

“出色”“杰出”和“卓越”都有“超出一般”的意思。“出色”着重于好得超过一般，常用于工作、成绩、手艺等；“杰出”多形容人的特殊才能和成就，常用于人物、成就、才华等；“卓越”着重指不平凡，带有庄重色彩，常用于贡献、才能、成就等。

矗立 同耸立 近挺立 屹立 反倒塌

【矗立】chùlì 高耸地立着。例：雄伟的人民英雄纪念碑～在天安门广场上。

【耸立】sǒnglì 高高地直立。例：山环水绕，街道两旁高楼～，这就是我可爱的家乡。

【挺立】tǐnglì 直立。例：哨兵～在海边高高的岩石上，警惕地注视着波涛汹涌的海面。

【屹立】yìlì 像山峰一样稳固地立着。例：伟大的祖国～在世界的东方。

【倒塌】dǎotā （建筑物）倾倒坍塌。例：大地震造成许多建筑物～，损失惨重。

辨析

“矗立”侧重指直而高，“耸立”侧重指向上突出，两词都只用于物，不用于人。“挺立”指挺拔有精神，“屹立”指高大而稳，比喻坚定不可动摇，两词既可以用于人，也可以用于物。

传播 近散布 传布 流传

【传播】chuánbō 广泛散布。例：由于及时采取措施，有效地防止了病虫害在农作物中的～。

【散布】sànbù 分散到各处；传布。例：～小道消息是一种不文明的行为。

【传布】chuánbù 宣传；散布。例：这个消息～得太快了。

【流传】liúchuán （事迹、作品等）传下去或传开。例：这儿～着一个动人的故事。

辨析

“传播”“散布”“传布”和“流传”都表示散布开来，扩大影响范围。“传播”可以是有意识的宣传，也可以是无意识的传开，其对象可以是知识、经验或思想等抽象事物，也可以是花粉、种子等具体事物；“散布”表示把事物分散到各处；“传布”

则强调有意识地去宣传，其对象多为思想、理论等抽象事物；“流传”侧重于表示散布的方式，既强调传播的空间，也强调传播的时间，对象多为神话、传说、故事等。

创造 同发明 近创制 创作 反模仿 仿制

【创造】chuàngzào 想出新方法，建立新理论，做出新的成绩或东西。例：吴总工程师设计的这份图纸具有～性。

【发明】fāmíng 创造(新的事物或方法)。例：毕昇～了活字印刷术。

【创制】chuàngzhì 初次制定(法律、文字等)。例：一些少数民族也～了自己的文字。

【创作】chuàngzuò 创造作品(多指文学艺术方面的)。例：随着社会的巨大变革，文学～也空前繁荣起来。

【模仿】mófǎng 照某种现成的样子做。例：鹦鹉～人的声音的本领极强。

【仿制】fǎngzhì 照着一定的式样制作。例：室内悬挂的这幅油画是按照原作～的。

辨析

“创造”“发明”“创制”和“创作”都有“完成新事物”的意思。其中，“创造”着重指开创性地完成具有重要意义的新事物，使用范围较广，带有褒义色彩；“发明”着重指创造性的思维活动，率先揭开秘密，研究出世上没有的东西；“创制”着重在制定，对象限于法律、章程、规格、文字、工具等；“创作”着重指文学写作。“模仿”“仿制”都有“照着做”的意思，与上一组词构成反义关系。

垂头丧气 近灰心丧气 反得意扬扬 意气风发

【垂头丧气】chuítóu-sàngqì 低着头，没精打采。形容情绪低落，精神沮丧。例：一看他～的样子，就知道这次考试又考砸了。

【灰心丧气】huīxīn-sàngqì 形容因失败或不顺利而失去信心，意志消沉。例：一遇挫折就～是懦弱者的表现。

【得意扬扬】déyì-yángyáng 形容称心如意时神气十足的样子。例：瞧他那～的样子，一定是有什么高兴事儿。

【意气风发】yìqì-fēngfā 形容人精神振奋，气概豪迈。例：参加运动会入场式的同学们迈着整齐的步伐，个个～，斗志昂扬。

纯粹 同纯净 近纯洁 反驳杂

【纯粹】chúncuì 不掺杂别的成分的。例：我们要做一个～的人，一个改革时代的有益于国家、有益于人民的人。

【纯净】chúnjìng 纯洁干净，没有杂质。例：我认为，家乡那～甘甜的泉水比任何饮料都可口。

【纯洁】chúnjié 干净；纯正洁白，没有污点。例：她有金子般～美好的心灵。

【驳杂】bózá 混杂不纯。例：他的这篇文章主题不够突出，内容十分～。

辨析

“纯粹”“纯净”和“纯洁”都有“单纯洁净”的意思。“纯粹”侧重于单纯，用于形容人或事物；“纯洁”侧重于清白，用于形容人的品质；“纯净”侧重于洁净，多形容水、空气等。

慈祥 近慈爱 反严厉

【慈祥】cíxiáng （老年人的态度、神色）和善安详。例：爷爷是一位～的老人。

【慈爱】cí'ài 仁慈而充满怜爱。例：尚老师～地望着我们。

【严厉】yánlì 严肃而厉害。例：爸爸对我要求很～。

辨析

“慈祥”和“慈爱”都是形容词，都有“和蔼亲切”的意思。“慈祥”多形容老年人的态度、神色，含有对长辈的尊敬之情；“慈爱”一般形容人的心地、神色，只适用于长辈对晚辈的喜爱之情。

聪明 同聪慧 近聪颖 反愚笨

【聪明】cōngmíng 智力发达，记忆力、理解力强。例：这孩子～伶俐，很受老师喜欢。

【聪慧】cōnghuì 聪明，有智慧。例：小妹天资～，爸爸希望她将来在音乐方面有所成就。

【聪颖】cōngyǐng 非常聪明。例：这小孩天资～，机灵可爱，很讨人喜欢。

【愚笨】yúbèn 头脑迟钝，不灵活。例：他生性～，以致经常上当受骗。

辨析

“聪明”“聪慧”和“聪颖”是一组形容词，都含有“智力发达、思维能力强”的意思。其中，“聪明”运用得较广，常形容人，有时也形容动物，口语、书面语都常用；“聪慧”着重于“慧”，比“聪明”语意重，一般形容人，多用于书面语；“聪颖”着重于“颖”，形容人才能出众，用于书面语。

从前 近以前 过去 昔日 反现在 目前

【从前】cóngqián 过去的时候。例：～，学校操场的东南角有一棵老柳树。

【以前】yǐqián 比现在或某个时间早的时间。例：你不要说～，就讲讲现在。

过去】guòqù 现在以前的时期。例：这个地方我～从未来过。
昔日】xīrì 以前的日子。例：～的荒山秃岭，如今已变成层层梯田了。
现在】xiànzài 现今；当前。例：这个病人～的情况怎么样？
目前】mùqián 当前；现在。例：到～为止，我每次考试平均分数都保持在80分以上。

辨析

“从前”“以前”“过去”和“昔日”都是名词，都表示过去的时候。“从前”一般表示年代久远的时间；“以前”可以是很久以前的时间，也可以是最近的时间；“过去”着重于“现在”以前的时期；“昔日”多用于书面语。

粗鲁 近粗暴 反温和

粗鲁】cūlǔ（性格或行为等）粗暴、鲁莽。例：别人批评了他几句，他就大吼大叫起来，也太～了。
粗暴】cūbào 鲁莽；暴躁。例：那个工作人员～地对待群众，给人们留下了很坏的印象。
温和】wēnhé（态度）和蔼。例：她性情～，善于宽容、体谅他人。

辨析

“粗鲁”和“粗暴”都是形容词，都表示做事鲁莽。“粗鲁”侧重表示莽撞冒失；“粗暴”侧重表示暴躁无礼。“粗鲁”多用于性格、态度、作风等；“粗暴”多用于行为、语言等。

粗心 近大意 马虎 反细心

粗心】cūxīn 不细心；不认真。例：他这人一向～大意，靠不住。

【大意】dàyi 粗心；不注意。例：关羽～失荆州，才导致蜀军处于被动局面。

【马虎】mǎhu 粗心大意；不细心。例：计算时要仔细，稍有～，你就会出错的。

【细心】xìxīn 用心细密；仔细认真。例：考试时要～，决不能马虎。

粗壮 同强壮 近健壮 茁壮 反细弱

【粗壮】cūzhuàng （人体）粗大强壮；（物体）粗大结实。例：短短几年，这株小树已长成～的大树了。

【强壮】qiángzhuàng （身体）结实，有力气。例：小王的身体很～。

【健壮】jiànzhuàng 强健。例：草原上，牧草肥美，牛羊～。

【茁壮】zhuózhuàng 强壮；旺盛。例：白杨树在风沙中～成长。

【细弱】xìruò 细小柔弱。例：石块下的小草看似～，可它们却有着顽强的生命力。

辨析

“粗壮”“健壮”“强壮”和“茁壮”是一组形容词，共同语素是“壮”，都有“结实、健康、有力量”的意思。其中，“粗壮”着重于“粗”，可形容人，也可形容动物、植物或其他物体；“强壮”着重于“强”，多形容人的身体；“健壮”着重于“健”，多形容年轻人的体魄，也可形容动物；“茁壮”着重于“茁”，形容不断地健康成长，可以形容年轻人、孩子，也可以形容动物、植物。

促进 近推进 反阻碍

【促进】cùjìn 促使进步或发展。例：这种印刷技术不仅～了我国古代文化事业的繁荣，而且很早就被介绍到了国外，为世界文化的发展做出了贡献。

【推进】tuījìn ①推动工作，使前进。②战线或军队向前进。例：①修路工程正顺利～。②我军主力正向前沿阵地～。

【阻碍】zǔ'ài ①阻挡；妨碍。②起阻碍作用的事物。例：①交通不发达严重～了当地的经济发展。②事情进展非常顺利，没有遇到任何～。

错误 近过错 过失 反正确

【错误】cuòwù ①不正确，与客观实际不符合。②不正确的认识、行为等。例：①由于他不了解情况，做出了～的判断。②我们要善于从～中吸取教训。

【过错】guòcuò 过失。例：我承认，这是我的～。

【过失】guòshī 由于疏忽大意造成的错误。例：这绝不是个小～，你一定要深刻检查。

【正确】zhèngquè 对的；符合实际或客观标准的。例：你的意见～，就照你说的去做。

D d

答应 近允许 准许 反拒绝

【答应】dāying 对别人的要求表示同意、允许。例：他终于～了我的条件。

【允许】yǔnxǔ 许可。例：只要条件～，爸爸每次旅游都会带上我。

【准许】zhǔnxǔ 许可；允许。例：今天上午医院～探望病人。

【拒绝】jùjué 不答应；不接受。例：遭到他的～后，我又请了一位更高明的专家。

辨析

“答应”“允许”和“准许”都是动词，都表示应允。“答应”表示对别人的要求给予肯定的回答，多用于口语；“允许”表示同意别人的要求或行动意图，可用于口语和书面语；“准许”则强调经过上级的批准，表示上级对下级的同意，多用于书面语。另外，“允许”和“准许”还常用于被动句，表示祈使语气。

大概 同大约 大致 大抵 大略

【大概】dàgài 表示不很精确的估计。例：现在～是凌晨两点钟了。

【大约】dàyuē 表示估计、猜测。例：～又走了几千米，他们才接近树林。

【大致】dàzhì 表示对情况的粗略估计。例：看看月亮，～是阴历初十的光景。

【大抵】dàdǐ 大致。例：事情的原委～就是这样的。

【大略】dàlüè 大概；大致。例：从他断断续续的讲述中，我知道了事情的～经过。

辨析

“大概”“大约”“大致”“大抵”和“大略”都表示对数量、数据的估计不够精确或对情况的推测不够详尽。“大概”强调笼统的推测或估计，多用于口语，使用范围较广；“大约”表示对时间、数量等做不精确的估计，可用于口语和书面语；“大致”多用于强调事物的整体轮廓差不多就是这样，有一定的肯定意味；“大抵”有“大都是这样”的意思，强调不同个体所表现出来的相同情况；“大略”既可表示对某种情况的猜测，还可用于表示对已确知情况做简要的说明。

大力 同大举 近大肆

【大力】dàlì 用很大的力量。例：我们学校正在～推广普通话。

【大举】dàjǔ 大规模地（进行）。例：许多国家都在～搜捕恐怖分子。

【大肆】dàsì 无所顾忌地（活动）。例：索马里海盗在海上～活动。

辨析

“大力”“大举”和“大肆”都是副词，共同语素是“大”。“大力”常用来修饰“发展”“开展”“推广”“支援”“贯彻”等动词；“大举”一般指军事行动，常用来修饰“进攻”“反攻”“进犯”等动词；“大肆”多指做坏事，常用来修饰“诬蔑”“攻击”“歪曲”“屠杀”等动词。

呆板 同死板 呆滞 反自然 灵活 机灵

【呆板】dāibǎn 死板；不灵活，不自然。例：这一期黑板报改变了过去～的形式，很吸引人。

【死板】sǐbǎn 不活泼，不生动；办事不知变通，不灵活。例：这幅画上的人物很～。

D

【呆滞】dāizhì 不灵活；迟钝。例：经过这次变故，他的目光变得越发～了。

【自然】zìran 不勉强；不局促；不呆板。例：老师的态度亲切～，使我们放松不少。

【灵活】línghuó 机敏；善于随机应变，不拘泥。例：掌握公式后，要学会～运用。

【机灵】jīling 机智灵活。例：这个小孩非常～。

辨析

“呆板”“死板”和“呆滞”是一组同义形容词，都有“不灵活”的意思。“呆板”主要用于人或某些事物，用于人时多指头脑简单；“死板”侧重于不灵活，可以重叠使用，如“死死板板”，其他两词不能这样用；“呆滞”既可用于人，也可用于物，用于人时多形容精神、表情方面，用于物时，多指经济、货物方面的不流通，其他两词不能这样使用。

歹意 同恶意 反善意 好意

【歹意】dǎiyì 坏主意；恶意。例：父母的责备没有丝毫～，只不过希望你能努力上进。

【恶意】èyì 不良的心意。例：有时老师的教育方法或许不妥，但绝不含任何～。

【善意】shànyì 善良的心意；好意。例：直到今天，我才明白了她的～之举。

【好意】hǎoyì 良好的心意。例：出于一片～，我诚心邀她一块儿回家，哪知她误解了我的意思。

辨析

“歹意”和“恶意”是一组同义名词，都有“不良的、害人的心意”的意思，也都是贬义词，二词词义非常接近，有时可以互换。“恶意”可用作形容词，作状语；“歹意”不能这样用，如“恶意攻击”不能改为“歹意攻击”。

带领 同率领

【带领】dàilǐng ①在前头领着。②率领并指挥。例：①老师正在～新生办理入学手续。②首长决定让他～一连战士打伏击。

【率领】shuàilǐng 带领。例：曹操～着数十万大军向东吴杀来。

担负 同担任 近担当 负担

【担负】dānfù 承担（责任、任务、费用等）。例：在这次战斗中，他～指挥攻打敌人坑道的任务。

【担任】dānrèn 担当（某种职务）；担负（某种任务）。例：馆长应由许景宋先生～。

【担当】dāndāng 承担（较重大的责任、任务、风险、罪名等）。例：她下定决心要把这个天大的风险～起来。

【负担】fùdān 承受；担当。例：我们班主任～三个班的数学教学工作，十分辛苦。

辨析

“担负”“担任”“担当”和“负担”都是动词，都有“担起、承受”的意思，宾语都可以是工作、责任等。“担负”可以跟工作、任务、责任、使命等词语搭配，一般不与具体职务名称搭配；“担任”可与具体职务名称、工作及具体工作名称搭配；“担当”的宾语多是（较艰巨的）工作、（重大的）责任、任务以及风险等。“负担”的意义虽与“担负”相同，但搭配关系不同，除了可以跟工作、责任等搭配以外，更多的是跟“费用”一类词搭配，“负担”还有名词意义和用法，指物质或精神上承受的压力或担负的责任，如“他的家庭负担太重”“我们思想上没有任何负担”，这跟“担负”等词的区别是很明显的。

担心 近担忧 顾虑 反放心 宽心

【担心】dānxīn 放心不下。例：爸爸这么晚还没有回来，妈妈很～他。

【担忧】dānyōu 发愁；忧虑。例：妻子为外出打鱼未归的丈夫的安危～。

【顾虑】gùlǜ 恐怕造成不利后果而有所思虑。例：暑假期间，我一直～能不能适应新学校的生活。

【放心】fàngxīn 免除忧虑和牵挂。例：孩子放学有警察护送过马路，家长就～了。

【宽心】kuānxīn 解除焦虑忧愁。例：听了你的这一番话，我就～了。

单薄 反厚实 雄厚 健壮

【单薄】dānbó（体质、衣着、实力、内容等）弱、少、不充实。例：大冷天你穿这么～会感冒的。

【厚实】hòushi（物体）厚而坚实；富足、充实。例：这块布很～。

【雄厚】xiónghòu（人力、物力、财力等）十分充足。例：对方是支实力～的球队，我们要全力打好这场比赛。

【健壮】jiànzhuàng （身体）强壮有力。例：他已是花甲之年，但身体仍很～。

辨析

“厚实”“雄厚”和“健壮”都是形容词，都有“充实、结实”的意思。“厚实”多用于木板、墙或衣着，也可用于形容人的性格敦厚老实，靠得住；“雄厚”既可用于形容物力、财力的充实，也可用于形容实力等抽象事物；“健壮”多用于形容身体强健。

耽搁 同耽误 近拖延 迟延

【耽搁】dānge 停留；拖延；耽误。例：因为有些事情没有办完，在上海多～了三天。

【耽误】dānwu 因拖延时间或错过时机而误事。例：天冷注意保暖，感冒了就会～学习。

【拖延】tuōyán 把时间延长，不迅速办理。例：期限快到了，我们不能再～了。

【迟延】chíyán 耽搁；拖延。例：由于教授未能如期到达，讲座的时间只好～。

辨析

“耽搁”“耽误”“拖延”和“迟延”都有“办事迟缓”的意思，宾语都可以是时间。“耽搁”着重因某些事情而耽误，比“耽误”的义项多，宾语多为表示时间的名词或数量词；“耽误”只指误事，没有停留的意义，宾语可以是时间、事情，也可以是前途、工作等；“拖延”重在拖拉，办事不利索，宾语可以是时间、工作；“迟延”重在因迟缓而耽搁，常常不带宾语。

胆大妄为 同恣意妄为 反胆小怕事

【胆大妄为】dǎndà-wàngwéi 形容毫无顾忌地干坏事。例：他竟敢在公安局门前拦路抢劫，真是～。

【恣意妄为】zìyì-wàngwéi 形容任意干坏事。例：这股恶势力～，横行一时，但最终难逃灭亡的下场。

【胆小怕事】dǎnxiǎo-pàshì 胆量小，遇事害怕承担责任。例：你不要这么～，出去闯一闯，或许对你会有好处。

D

辨析

“胆大妄为”和“恣意妄为”都是贬义词，都可指无所顾忌地、随心所欲地干坏事。“胆大妄为”侧重于“胆大”，形容毫无顾忌、肆无忌惮；“恣意妄为”侧重于“任意”“任性”，形容随心所欲、任意乱来，由着性子胡闹。

淡漠 近冷漠 冷淡 反热情

【淡漠】dànmò 冷淡；不热情。例：自从受了那次严重挫折后，他对任何事情都很～，我们应该帮助他振作起来。

【冷漠】lěngmò 冷淡；不关心。例：我们都极力劝她不要这样干了，她却一脸～的表情。

【冷淡】lěngdàn 不热情；不关心。例：不知什么原因，她的态度变得～起来。

【热情】rèqíng 感情热烈。例：工作～高、能力强是这个青年的优点。

辨析

“淡漠”“冷漠”和“冷淡”都有“对人对事不热情、不关心”的意思。区别在于：“淡漠”还可以用来形容记忆模糊，不真切，如“他的影子在我的记忆里逐渐淡漠了”；“冷淡”还可以用于形容环境气氛不热闹，生意不兴旺，如“市面冷淡”“生意冷淡”，“冷淡”另有动词用法，如“不要冷淡顾客”。“冷漠”和“冷淡”用于形容对人或事物兴趣不浓、不关心时，一般可以互换，但“冷漠”的语意比“冷淡”重些。

当机立断 同应机立断 反犹豫不决 举棋不定 优柔寡断 当断不断

【当机立断】dāngjī-lìduàn 抓住时机，立即做出决断。例：面对险情，武警战士～，先救人，再转移群众财产。

【应机立断】yìngjī-lìduàn 适应时机，立即做出决断。例：敌军开始后撤，司令员～，发出进攻命令。

【犹豫不决】yóuyù-bùjué 做事迟疑，拿不定主意。例：报考哪所大学，他一直～。

【举棋不定】jǔqí-bùdìng 拿起棋子不知放在什么地方好。比喻遇到问题一时拿不定主意。例：这次失败的原因在于没有清醒的认识，遇事～。

【优柔寡断】yōuróu-guǎduàn 形容遇事犹豫不决，缺乏果断。例：你要老是～，大好时机可就错过了！

【当断不断】dāngduàn-bùduàn 应当决断的时候，不能决断。例：常言道：～，反受其乱，我们应及早采取措施，免得后患无穷。

辨 析

“当机立断”和“应机立断”两个成语，都指在紧要关头抓住时机，做出果断的决定。两个词语不仅同义，而且可以互换。“当断不断”“优柔寡断”“举棋不定”“犹豫不决”是一组同义成语，都指拿不定主意。其中，“当断不断”指本来当断，却未决断，有“坐失良机”的意思。其余三个成语用法基本相同。它们与前一组词构成反义关系。

得寸进尺 同得陇望蜀 反适可而止

【得寸进尺】décùn-jìnchǐ 得到一寸进而又想得到一尺。比喻贪婪的欲望越来越大。例：有些人往往把别人的宽容当成软弱，

～，这很不好。

【得陇望蜀】délǒng-wàngshǔ 得到陇地还想得到蜀地。比喻贪心不足。例：种种情况表明，不是我们～，逼人太甚，而是他们太不讲信誉了。

【适可而止】shìkě'érzhǐ 达到适当的程度就停下来。例：你～吧，再得寸进尺，就没有什么好结果了。

辨析

“得寸进尺”和“得陇望蜀”都可比喻贪心很大，难以满足。“得寸进尺”往往表示要求越来越高，气焰越来越嚣张，手段或态度越来越恶劣，逼得越来越紧，侧重于贪心由小到大的过程，语意重；“得陇望蜀”中的“蜀”，或为物，或为人，一般都有所指，其要求一般较具体。

等待 同等候 近期待

【等待】děngdài 等着所要等的人或事物的出现。例：我坐在电视机前，～播出我最喜欢的动画片。

【等候】děnghòu 等待。例：同学们安静地坐在考场，～老师发试卷。

【期待】qīdài 期望；等待。例：安心养病，大家都～着你早日回到学校。

辨析

“等待”“等候”和“期待”是一组同义动词。“等待”着重在“等”，指不采取行动，只等候所希望的人或事物出现，等的时间一般较短；“期待”着重在“期”，表示心中盼望，等的时间较长。“等待”的对象可以是具体的，也可以是抽象的；“等候”的对象多是具体的；“期待”的对象常是未来的事物或人的前途。

低声下气 近低三下四 反不卑不亢

【低声下气】dīshēng-xiàqì 形容小心恭顺的样子。例:他有点自卑,对谁说话都～。

【低三下四】dīsān-xiàsì 形容因地位低下而对人采取恭顺态度,没有骨气。例:做人要有骨气,何必～地求别人施舍?

【不卑不亢】bùbēi-bùkàng 既不自卑,也不高傲。指对人的态度、言语极有分寸。例:他～的态度,让大家肃然起敬。

辨析

“低声下气”和“低三下四”都可形容说话卑微恭顺的样子。“低声下气”,中性词,形容恭顺小心的样子,一般用在说话的态度上,使用范围较窄;“低三下四”,贬义词,有“卑躬屈膝,没有骨气”的意思,可用于行业、工作、作风等方面,使用范围较宽。

抵抗 同抵御 抵挡 近反抗 反屈服 投降

【抵抗】dǐkàng 抵挡;抗拒。例:在这场游戏中,红方决定放弃～,缴械投降。

【抵御】dǐyù 抵挡;抵抗。例:我们应坚决～社会上不良风气对我们的侵害。

【抵挡】dǐdǎng 挡住;抵抗。例:这么单薄的衣服,怎么能～严寒呢?

【反抗】fǎnkàng 用行动反对;抵抗。例:面对不法分子的侵害,我们应当勇于～。

【屈服】qūfú 对外来的压力妥协让步,放弃斗争。例:面对敌人的屠刀,刘胡兰宁死也不～。

【投降】tóuxiáng 停止抵抗,归顺对方。例:在我军的强大攻势下，大部分敌人缴械～了。

辨析

“抵抗”“抵御”“抵挡”和“反抗”都有“以行动或武力进行反抗”的意思。“抵抗”的对象是人、动作行为或事物，并可以构成“抵抗力”一词；“抵御”为书面语，对象可以是自然界，也可以是入侵之敌；“抵挡”多指受到侵害而加以抵抗，处于被动地位，对象只能是人或物（不包括事情），比较具体；“反抗”和“压迫”相对，其对象常是统治者、入侵者、压迫者。

缔结 近签订 订立

【缔结】dìjié 结合；特指国与国之间订立条约等。例：谈判后，两国～了贸易协定。

【签订】qiāndìng 订立（条约、合同）并签字。例：机械厂和制糖厂～了年底交货的合同。

【订立】dìnglì 双方或几方把商定的事项用书面形式肯定下来。例：既然～了规章制度，就应当严格执行。

辨析

“缔结”“签订”和“订立”是一组近义动词，但适用范围有所不同：“缔结”一般只用于国家与国家之间；“签订”除用于国家与国家之间外，还可用于单位或集体之间、单位与个人之间，色彩也不如“缔结”庄重；“订立”除上述两个范围之外，还可以用于单位或集体内部、个人之间。“缔结”的内容多为条约、协定；“签订”的内容是公约、契约、合同等，具有庄重色彩；“订立”的内容除上述之外，还可以是规则、同盟、账目等。

颠扑不破 近牢不可破 反漏洞百出

【颠扑不破】diānpū-bùpò 无论如何摔打都不会破损。形容言论、学说合乎客观实际,永远不会被推翻。例:只有社会主义才能救中国,这是~的真理。

【牢不可破】láobùkěpò 异常坚固,不可摧毁。例:我们的友谊经受了时间的考验,~。

【漏洞百出】lòudòng-bǎichū 破绽或不严密的地方很多。例:你这番话~,怎么能让人信服呢?

辨析

“颠扑不破”和“牢不可破”都有“很坚固,不能损坏”的意思。“颠扑不破”强调绝对正确,无可辩驳,多用于真理、原则、学说等;“牢不可破”强调极其坚固、无法摧毁,多用于友谊、联盟等。

典型 同典范 范例

【典型】diǎnxíng 具有代表性的人物或事件。例:这个班是全校优秀班集体的~。

【典范】diǎnfàn 可以作为学习、仿效标准的人或事物。例:雷锋精神永远不会过时,雷锋永远是我们学习的光辉~。

【范例】fànlì 指可作为模范的事例。例:他既刻苦学习又孝敬父母的事迹,成为我们学习的~。

辨析

“典型”“典范”和“范例”都指有代表性的、可供学习的事物。“典型”的对象可以是好的,也可以是不好的,特指文艺理论中具有代表性、概括性的艺术形象,是中性词;“典范”除指事物外,还可以指人,专指特殊的、不可多得的、能起示范作用的,可以作为学习、仿效的标准,是褒义词;“范例”多指突出的、模范的例子,为褒义词。此外,“典型”可接受副词的修饰,如“更(很)典型”,具有形容词的意义和用法,可以构成“典型性”“典型化”;“典范”和“范例”不能这样用。

D

典雅 近优雅 反粗俗

【典雅】diǎnyǎ 优美文雅；不粗俗。例：这篇文章文辞～，深受读者好评。

【优雅】yōuyǎ 优美文雅。例：眼前这个女孩举止～大方，给考官们留下了深刻的印象。

【粗俗】cūsú 粗野俗气。例：那个人说话语言～，大家都不愿意与他交谈。

盯梢 近跟踪 监视

【盯梢】dīngshāo 暗中尾随别人，监视其行动。例：侦察员机智地甩掉了～的特务。

【跟踪】gēnzōng 紧紧跟在后面（追赶、监视、服务等）。例：敌人逃向了东边，上级决定让部队～追击。

【监视】jiānshì 从旁严密注视。例：侦察员正在严密～敌人的动静。

订正 同校正 近改正 矫正

【订正】dìngzhèng 改正文字或计算中的错误。例：发现作业中有错误要及时～。

【校正】jiàozhèng 校对并更正。例：李老师正在～二胡的音准。

【改正】gǎizhèng 把不当之处改过来。例：我们在工作中要不断地～错误，提高自己。

【矫正】jiǎozhèng 改正；纠正。例：老师常常帮学生们～不正确的写字姿势。

辨析

“订正”“校正”“改正”和“矫正”都是动词，都有“使之正确”的意思，存在同义关系。其中，“订正”多用于文字方面；“改正”可以用于文字方面，也可以用于抽象事物方面，如“改正错误”，使用范围较广；“校正”既可用于文字方面，也可以用于其他具体事物方面；“矫正”的宾语一般为姿势、牙齿等。

东山再起 近死灰复燃 反一蹶不振

D

【东山再起】dōngshān-zàiqǐ 比喻隐退后复出任要职。也比喻失势后复起，重又得势。例：他～后，准备再度与对手较量。

【死灰复燃】sǐhuī-fùrán 燃烧后留下的灰烬重新燃烧起来。原比喻失势的人重新得势。现比喻已经消亡的东西又重新活跃起来。例：加强社会综合治理是避免黑恶势力～的有效措施。

【一蹶不振】yījué-bùzhèn 一遭到挫折就再也不能振作起来。例：这次失败对你的打击很大，但你不能～，在哪里跌倒，就要从哪里爬起来。

辨析

“东山再起”和“死灰复燃”的感情色彩不同：“东山再起”是中性的；“死灰复燃”是贬义的。它们的适用对象也不同：“东山再起”只用于人（包括人的某种势力、组织）；“死灰复燃”适用对象比较广泛，除人外，还用于抽象的或具体的物。

动听 近悦耳 好听 反难听 刺耳

【动听】dòngtīng 声音好听；听起来使人感动或者感觉有兴趣。例：很平常的一件事儿，让他说起来就很～。

【悦耳】yuè'ěr 好听。例：教室里传出了～的琴声。

【好听】hǎotīng （声音）听着舒服。例：鸟儿的叫声真～。

【难听】nántīng （声音）听着难受。例：他唱得真～。

【刺耳】cì'ěr 声音尖锐或杂乱，使人听着不舒服。例：～的空袭警报声突然响起来。

陡峭 近峻峭 反平坦 平缓

D

【陡峭】dǒuqiào 山势等坡度很大，近于垂直。例：今天的骑行需经过一段～的山路，大家一定要注意安全。

【峻峭】jùnqiào 山高而陡。例：西岳华山以险著称，处处都是～挺拔的山峰。

【平坦】píngtǎn （地势）没有高低凹凸。例：汽车在宽阔～的马路上奔驰。

【平缓】pínghuǎn （地势）平坦，倾斜度小。例：这一带地势～，植被丰茂。

辨析

“陡峭”和“峻峭”都是形容词，都用来形容山高且陡。“陡峭”侧重于形容山崖、山峰、地势等坡度大，几乎成垂直状态的样子；“峻峭”常用来赞美巍峨雄伟的大山。

斗争 近奋斗 反妥协

【斗争】dòuzhēng 矛盾的双方互相冲突，一方力求战胜另一方。例：每个人都应当勇于和不良风气做～。

【奋斗】fèndòu 为了达到一定目的而努力干。例：我们都在为美好的明天而～。

【妥协】tuǒxié 用让步的方法避免冲突或争执。例：这是原则问题，绝不能～。

辨 析

“斗争”和“奋斗”都可表示为达到一定目的而努力干，可以组成固定格式“为……而斗争(奋斗)”，插在这个格式中间的，常是表示重大目的的词语。“斗争”除可表示矛盾的一方力求战胜另一方外，还可指群众用说理、揭发、控诉等方式打击敌对分子或坏分子，可以带宾语；“奋斗”指为了达到一定目的而努力去做，不能带宾语。“斗争”还有名词用法，表示一方力求战胜另一方的矛盾、冲突，如“斗争失败了”；“奋斗”没有这个用法。

独创 近 首创

独创】dúchuàng 独特地创造。例：要培养自己的～精神。

首创】shǒuchuàng 最先创造。例：这种产品在国内还是～。

辨 析

“独创”和“首创”都是动词，都指创造。“独创”着重于独特地创造、发明或提出独特的主张、见解，它常作谓语；“首创”着重于“最先”，可作定语，如“首创精神”，有时可带宾语，如“首创纪录”。

独树一帜 近 标新立异

独树一帜】dúshù-yīzhì 独特地树起一面旗帜。比喻自成一家，与众不同。例：他的作品在儿童文学领域～。

标新立异】biāoxīn-lìyì 提出新奇的见解或主张，表示与一般不同。例：他的诗意在～，却处处露出斧凿痕迹。

辨 析

“独树一帜”“标新立异”这两个成语都有“自成一套，与众不同”的意思。“独树一帜”偏重在创立新派；“标新立异”偏重在显示特点。

独特 近特别 特殊 特异 反普通 一般

【独特】dútè 独有的；特别的。例：他写的毛笔字有一种～的韵味。
【特别】tèbié 与众不同。例：他用～的方式表达自己的感情。
【特殊】tèshū 不同于同类的事物或平常的情况。例：他解决问题的方法很～。
D 【特异】tèyì 不同一般。例：她画的山水画有一种～的风格。
【普通】pǔtōng 平常的；一般的。例：他的集邮册里大部分是～邮票。
【一般】yībān 普通；不突出。例：她的成绩～。

端正 近端庄 反歪斜

【端正】duānzhèng 物体不歪斜；正派，正直。例：他身材高大，五官～。
【端庄】duānzhuāng 端正庄重。例：她举止～，不苟言笑。
【歪斜】wāixié 物体没有保持应有的平衡状态。例：大衣橱摆放～，请将它放正。

辨析

“端正”和“端庄”都是形容词。“端正”侧重表示不歪斜；“端庄”侧重表示庄重严肃。“端正”常和态度、思想、作风、字体、五官等词语搭配；“端庄”常和举止、神态、相貌等词语搭配。“端正”可以重叠为“端端正正”，还可以用作动词；“端庄”不能重叠，也没有动词用法。

锻炼 同锤炼 磨炼

【锻炼】duànliàn 在生产和社会实践中提高自己的工作能力和

思想水平。例：投身到祖国西部大开发的建设中，这对我来说也是一种～。

【锤炼】chuíliàn 比喻磨炼。也比喻反复推敲、加工使更精炼、纯熟。例：我们应该学会在挫折中～自己的意志。

【磨炼】móliàn 在艰苦环境和困难的条件下锻炼。例：要注意利用一切机会自觉～自己。

辨析

“锻炼”“锤炼”和“磨炼”都是动词，都指在实践中提高思想认识，增强意志，增长才干。三个词用于思想、意志方面时，常可以通用。“锻炼”本指金属放在火里烧，然后用锤子锻打去除杂质，使更精粹，比喻从实践中增长才干，还可指通过体育运动使身体强壮；“磨炼”本指刀具在石上磨得光亮锋利，现在多指思想意志的锻炼，一般可以与“锻炼”换用，但“经得起困难(或痛苦)的磨炼”，其中的“磨炼”不能换用“锻炼”。“锤炼”还可以用于艺术上的刻苦钻研，如“锤炼字句”；“锻炼”和“磨炼”则不能。

顿时 近 立刻 马上

【顿时】dùnshí 立即；马上。例：大家听到这个好消息，～欢呼起来。

【立刻】lìkè 表示很快或紧接着就要发生(某种动作行为)。例：请大家～到教室去上课。

【马上】mǎshàng 表示即将发生或紧接着某事发生。例：快进去吧，电影～就要放映了。

躲避 近 躲藏 逃避 反 暴露

【躲避】duǒbì 躲开(不愿意接触的事物)。例：由于来不及～，他被直冲过来的车撞伤了。

【躲藏】duǒcáng 把身体隐蔽起来，使人看不见。例：小鱼见有人过来，忙游进水草中～起来。

【逃避】táobì 因不愿或不敢面对某种情况或事物而故意躲避。例：不要试图～困难，要学会勇敢地面对。

【暴露】bàolù 使隐蔽的事物、缺陷、矛盾等显露、表现出来。例：时间一长，他的缺点～无遗。

D

辨析

“躲避”的使用范围比“躲藏”广，“躲避”后可跟名词，如“躲避困难”；“躲藏”却不可以。“躲避”的目的是为了避开对自己不利的事情；“逃避”的目的是为了远离不愿接触的事物。从感情色彩上看“躲避”是中性词；而“逃避”略含贬义。

E e

恶毒 近狠毒 反善良

【恶毒】èdú 阴险狠毒。例:我们不能用～的语言来伤害别人。

【狠毒】hěndú 凶狠毒辣。例:恐怖分子手段～,什么事都干得出来。

【善良】shànliáng 心地纯洁,没有恶意。例:她是个～的小姑娘。

辨析

“恶毒”和“狠毒”都是形容词,都有“凶狠毒辣”的意思。“恶毒”常和手段、语言、心术等词语搭配;“狠毒”常和手段、心肠等词语搭配。

恶劣 近糟糕 反良好

【恶劣】èliè 很坏。例:不管天气多么～,他总是坚持早起锻炼身体,从不间断。

【糟糕】zāogāo 指事物、情况坏得很。例:真～,我把钥匙锁在屋里,进不去了。

【良好】liánghǎo 很好。例:我们有这样～的学习环境,更应该努力上进。

辨析

“恶劣”一般指行为、作风、环境,常用于书面语中;“糟糕”一般指情况、事情,常用于口语中。

恩将仇报 同以怨报德 忘恩负义 反感恩戴德

【恩将仇报】ēnjiāngchóubào 用仇恨回报别人对自己的恩惠。例：东郭先生救了狼，狼～，要吃掉东郭先生。

【以怨报德】yǐyuàn-bàodé 拿仇恨回报恩惠。例：～的行为是会被人唾弃的。

【忘恩负义】wàng'ēn-fùyì 忘掉别人给予自己的恩德，做出对不起别人的事情。例：在现实生活中，～之人是有的。

【感恩戴德】gǎn'ēn-dàidé 尊敬且感激别人的恩德。例：李医生从死神手中夺回了老王儿子的生命，老王全家对李医生～，永生不忘。

E

辨析

“恩将仇报”“以怨报德”和“忘恩负义”都是贬义词，都用来表示行为不合乎道德规范，用仇恨来回报所受恩惠。“恩将仇报”比“以怨报德”所表示的语意要重；“忘恩负义”则强调忘掉所受恩惠，辜负了施恩者，可用于口语和书面语，使用范围较广。

而后 近然后

【而后】érhòu 以后；然后。例：先确诊，～对症下药。

【然后】ránhòu 表示一件事情之后接着又发生另一件事情。例：语文课上，老师先让大家朗读一遍课文，～让大家踊跃发言。

辨析

“而后”和“然后”都是连词，都指从某个时候往下的一段时间。“而后”在句中作动词的状语居多，单独用于句首作全句的状语较少；“然后”常单独用于句首作全句状语。

尔虞我诈 近钩心斗角 反推诚相见 肝胆相照 推心置腹 披肝沥胆

【尔虞我诈】ěryú-wǒzhà 我欺骗你，你欺骗我。比喻彼此猜疑，互相欺骗。例：朋友之间相处，最要不得的就是～。

【钩心斗角】gōuxīn-dòujiǎo 原形容建筑群参差布列，结构精巧。后用来指人与人之间明争暗斗，各用心计。例：封建王朝的宫廷中，自古以来就充满了～的故事。

【推诚相见】tuīchéng-xiāngjiàn 拿出真心诚意相待。例：我对他～，视他为朋友、知己。

【肝胆相照】gāndǎn-xiāngzhào 肝胆：比喻满腔赤诚。指以赤诚之心相待。例：人家对我～，我岂能对人家有什么坏心眼？

【推心置腹】tuīxīn-zhìfù 把真心交给对方。比喻真诚待人。例：今天的班会上大家～，畅所欲言，取得了很好的效果。

【披肝沥胆】pīgān-lìdǎn 露出心肝，沥尽胆汁。比喻赤诚相待，毫无保留。例：要办成一件事，大家就必须同心同德，～。

辨析

“尔虞我诈”和“钩心斗角”都是贬义词，都用来表示互相猜忌或使用一些不正当的手段。“尔虞我诈”用于表示人们在做某事时互相欺骗，耍弄心机；“钩心斗角”则强调人们表面关系很好，暗中却做出伤害对方的事情，彼此暗中不择手段地进行较量。

耳目一新 同万象更新 焕然一新

【耳目一新】ěrmù-yīxīn 听到和看到的都有了变化，使人感到新鲜。例：我们参观了奥运村，真使人～。

【万象更新】wànxiàng-gēngxīn 万象：指宇宙间的一切景象。

E

更：改变。指一切事物或景象都变得面貌一新。例：巴山蜀水处处是千帆竞发，～的景色。

【焕然一新】huànrán-yīxīn 焕：光明。然：样子。指光明亮堂使人看到新的气象，产生新的感觉。例：大扫除后，我们的校园～。

辨析

"耳目一新""万象更新"和"焕然一新"都是褒义词，都有"换了面貌，给人新感觉"的意思，都可用于对事物变化的描述。"耳目一新"强调人对事物变化的感受；"万象更新"侧重指范围较大的事物或景象本身的变化，多用于描述重大节日、纪念日的景象；"焕然一新"侧重指事物变化程度较大，也可用于人的精神面貌等方面。

F f

发表 同公布 宣布 宣告

【发表】fābiǎo 向集体或社会宣布、表达；刊物上刊登文章、歌曲等。例：我的作文在报纸上～了，真高兴啊！

【公布】gōngbù 政府机关的法律、命令、文告，团体的通知事项公开发布，使大家知道。例：《汉语拼音方案》已经～了。

【宣布】xuānbù 正式告诉大家。例：老师～了我获得作文比赛一等奖的消息，同学们高兴地为我鼓掌。

【宣告】xuāngào 宣布。例：那家公司已～破产。

辨析

“发表”“公布”“宣布”和“宣告”都有“把事情公开出来，使大家知道”的意思。它们各自所带的宾语不同：“发表”的宾语常是表示言论的词，如意见、声明、宣言、演说、谈话等；“公布”的宾语常是法令、纲领、条例、方案、名单、账目、成绩、结果、事实等；“宣布”的宾语可以是名词，如法令、纪律、罪行、名单、结果等，还常是某些动词或词组，如开会、开幕、弃权、退场、成立、接受意见、国家诞生等；“宣告”的宾语常是词组或某些动词（以表示重大事物的居多），如（国家）诞生、（计划）破产、（旧制度）灭亡、（敌人）失败、（我们）胜利等。另外，“公布”的方式以书面居多；“宣布”的方式以口语居多。

发达 近兴盛 兴旺 反落后

【发达】fādá 事物的高度发展与兴盛。例：首都北京的公共交通十分～，市民出行非常便利。

【兴盛】xīngshèng 蓬勃发展。例：一个国家的～和每一个公民都有密不可分的关系。

【兴旺】xīngwàng 兴盛，旺盛。例：家乡到处呈现出一派～景象。

【落后】luòhòu 事物发展的水平较低。例：大学毕业后，他决心返回家乡，用知识改变家乡贫穷～的面貌。

辨析

“发达”意义范围广，除能形容蓬勃发展的状态之外，还能形容事物已有充分发展的状态，可以形容人体的一部分(如肌肉、大脑等)，也可以形容语言、科技、文化、工农业、交通等；“兴盛”只能形容蓬勃发展的状态，并且着眼于昌盛，通常是形容国家、某些事业等；“兴旺”着眼于人或生物的旺盛，如“人丁兴旺”，也形容事业。

F

发动 近发起 反停止

【发动】fādòng 使机器运转；使行动起来。例：这件事必须～群众才能办好。

【发起】fāqǐ 开始行动。例：我军打退了敌人～的又一次进攻。

【停止】tíngzhǐ 不再进行。例：尽管医生们想尽办法，但病人的心脏还是～了跳动。

辨析

“发动”的使用范围较广，可用于政治、经济、军事等方面；而“发起”多用于军事方面。

发愤 同发奋 近奋发

【发愤】fāfèn 决心努力。例:李时珍从小就~读书,最终成为著名医药学家。

【发奋】fāfèn 振作起来;发愤。例:每个同学都要为振兴中华而~努力。

【奋发】fènfā 精神振作,情绪高涨。例:青年人应该朝气蓬勃,~向上。

辨析

“发愤”“发奋”和“奋发”都是褒义词,都表示为达到一定目的积极奋起。“发愤”和“发奋”都有“振作起来努力奋斗”的意思,其中“发愤”的感情更强烈,语意比“发奋”要重;“奋发”则侧重指振作向上的精神状态。

发愤图强 近奋发图强 反自暴自弃

【发愤图强】fāfèn-túqiáng 下定决心,努力谋求强盛。例:我们要~,加快社会主义经济建设的进程。

【奋发图强】fènfā-túqiáng 指振作精神,鼓足干劲,力争上游。例:中国人民要充满信心,~,在不久的将来赶上发达国家。

【自暴自弃】zìbào-zìqì 自己甘心落后,不求上进。例:一个人犯了错误,要努力改正,绝不能~。

辨析

“发愤图强”和“奋发图强”都是成语,都有“努力谋求强盛”的意思。但两个词的侧重点不同:前者强调下定决心努力,后者强调振作精神,鼓起干劲。

发觉 近觉察 发现

【发觉】fājué 开始觉察、知道。例：一旦～情况异常，要及时报告。

【觉察】juéchá 发觉，看出来。例：我们刚走到树下，小松鼠就～到什么，蹦跳着走开了。

【发现】fāxiàn 发觉；经过研究、分析看到或找到前人没有看到的事物或规律。例：通过调查，他～了新线索。

辨析

“发觉”“觉察”和“发现”都有“看出来、知道”的意思。但“发现”可指看到以前、找到以前不为人知的事物；而“发觉”“觉察”都是指感官对外界事物的识别。

F

发掘 近挖掘 反埋没

【发掘】fājué 把内藏的东西挖掘出来。例：我买了本关于～人的潜能的书，很有意思。

【挖掘】wājué 挖。例：他们建议开一个讨论会，～一下这部片子的社会意义。

【埋没】máimò 掩埋；像掩埋一样，使显现不出来。例：你应该加强绘画练习，不要使这方面的天赋被～了。

辨析

“发掘”和“挖掘”都是动词，都有“开掘出来”的意思，是一组近义词。不同的是：“发掘”的目的是寻找埋藏之物，如文物、骨化石等；“挖掘”一般用于较抽象的事物。“发掘”“挖掘”是“掘”，“埋没”是“埋”，二者属反义关系。“发掘”“挖掘”的对象是抽象义时，如“人才”，可以同“埋没”的第二个义项构成反义关系。

翻云覆雨 同反复无常 朝三暮四 反自始至终

【翻云覆雨】fānyún-fùyǔ 比喻反复无常或善于玩弄手段。例：有些人～，要弄手段，自以为很聪明，最终却失去了朋友。

【反复无常】fǎnfù-wúcháng 一会儿这样，一会儿那样，变化不定。例：～是做事没有主见的表现。

【朝三暮四】zhāosān-mùsì 原比喻聪明人善使手段，愚笨人不善辨别事理。后用来比喻常常变卦，反复无常。例：他遇到事情总是～，拿不定主意。

【自始至终】zìshǐ-zhìzhōng 事情、态度等从开始到结束都不改变。例：这种强烈的思想感情，～都贯串在作品的叙述和描写上。

F

辨析

“翻云覆雨”和“反复无常”都有“变化大、多，没有定数”的意思。前者强调人利用权势或要弄心机，后者侧重指人的品行。“翻云覆雨”和“朝三暮四”都有“反复无常”的意思。“翻云覆雨”多指人与人相处反复无常，毫无节操；“朝三暮四”多指规章制度等经常变更，叫人无所适从，也指思想多变，叫人捉摸不定。“翻云覆雨”和“朝三暮四”都有“要手段，弄权术”的意思。但“翻云覆雨”偏重在兴风作浪；“朝三暮四”偏重在欺骗蒙蔽。

繁华 同繁荣 近荣华 反荒凉 萧条

【繁华】fánhuá 兴旺热闹。例：去北京一定要逛逛～的王府井大街。

【繁荣】fánróng （经济或事业）蓬勃发展。例：目前我们国家市场～，各种商品应有尽有。

【荣华】rónghuá 本指草木开花。比喻兴盛或显达。例：这位离休老将军并不贪图～富贵，带领家乡人民投入了脱贫致富的植树造林工程。

【荒凉】huāngliáng 人烟稀少；冷清。例：由于交通大发展，过去那些～的山村也奔上了经济发展的快车道。

【萧条】xiāotiáo 冷落而没有生气。例：这个国家由于多年处于战乱之中，经济呈现一派～景象。

辨析

“繁华”指富丽和热闹的状况，多用来形容城镇、街道、市场等；“繁荣”侧重指经济发达，物质文化生活丰裕；“荣华”比喻兴盛或显达，常和“富贵”连用。“繁华”与“荒凉”构成反义关系；“繁荣”与“萧条”构成反义关系。

繁殖 近 繁衍 滋生 反 灭绝 灭种

【繁殖】fánzhí 生物产生新的个体。例：蚊子的～速度是惊人的。

【繁衍】fányǎn 逐渐增多。例：人类一代一代地～下去。

【滋生】zīshēng 繁殖。例：夏季要做好卫生工作，防止蚊虫～。

【灭绝】mièjué 完全消灭。例：由于环境遭到破坏，许多珍稀物种正濒临～。

【灭种】mièzhǒng 绝种。例：由于人类破坏生态环境，使一些珍贵动物～了。

辨析

“繁衍”一般用于人类；“滋生”只用于微生物的生长、传代，多用于书面语，当它作“引起”义时，多用于制造纠纷，如“滋生事端”，此时和“繁殖”无近义关系；而“繁殖”只用于动植物，不用于人。

反响 同反应 近影响

【反响】fǎnxiǎng 言论、行动等所引起的反应、回响。例:这部电影播出后在社会上引起了强烈～。

【反应】fǎnyìng 有机体受到刺激而产生的相应活动;事物或言行引起的意见或行动。例:他的伤疤被冷水一冰,有了～,觉得浑身疼痛,有些发烧。

【影响】yǐngxiǎng 对人或事物所起的作用。例:这件事在当地产生了很大～。

辨析

“反响”“反应”和“影响”都指人对外界事物产生的相应活动。“反响”常用于受外界影响而产生的意见、态度和行动;“反应”原指有机体受到刺激引起相应的活动或化学上物质与另一物质发生作用,产生了新物质的过程(即“化学反应”),引申指受外界影响而引起的意见、态度或行动;“影响”侧重指对人的思想或行动起到作用,使用范围较广。

F

方便 近便利 反麻烦

【方便】fāngbiàn 不费事,没有妨碍。例:小区开设了许多便民店,人们买东西更加～了。

【便利】biànlì 不费劲,容易达到目的。例:这座城市交通～,环境优美,成为许多外商投资的首选。

【麻烦】máfan 烦琐,费事。例:你的这种解题思路比较～,咱们不妨换个角度来分析一下。

辨析

“方便”和“便利”都是形容词,都有“做事容易”的意思。“方便”侧重于生活或工作中没有困难,不费事;“便利”侧重指给人们提供方便,使其容易达到目的。

方向 近目标

【方向】fāngxiàng 前进的目标。例：党的领导指引我们前进的～。

【目标】mùbiāo 想要达到的境地或标准。例：我的奋斗～是考上理想的大学。

防微杜渐 同防患未然 反临渴掘井 养痈遗患

【防微杜渐】fángwēi-dùjiàn 杜：阻塞。渐：指事物发展的开端。及时制止坏事或错误的思想，不让其发展、扩大。例：处处小心仔细，～，是最大限度减少错误的一个好方法。

F

【防患未然】fánghuàn-wèirán 防：防备。未然：没有这样，没有形成事实。指在事故、灾害没有形成以前就加以防备。例：雨季到来之前，就要做好防洪、防汛的准备工作。只有～才能避免和减少损失。

【临渴掘井】línkě-juéjǐng 感到口渴了才去挖井。比喻事先没有准备，事到临头才去想办法。例：平时上课不认真听讲，下课不巩固复习，考试前～，只能应付考试，不是好的学习方法。

【养痈遗患】yǎngyōng-yíhuàn 长了毒瘤不去治就会受大害。比喻对坏人坏事放纵宽容，结果会受害。例：对坏人坏事决不能～，要及时劝导制止。

辨析

“防患未然”和“防微杜渐”两个成语，都着眼于一个“防”字，存在同义关系。不同的是：“防患未然”着重于事情未发生前而加以防备；“防微杜渐”是事物刚露出苗头就杜绝它，使之不向更深层发展。“防患未然”与“临渴掘井”二者一个是“防”，一个是“未防”，形成鲜明的对比；“防微杜渐”与“养痈遗患"二者一个是已经发生而加以制止，一个是已经发生而不予制止，二者也形成鲜明的对比。

防御 同防卫 近防范 防守 反攻击 攻打 进攻

【防御】fángyù 防备和抵挡。例：他决定采用～手段来化解对方的攻势。

【防卫】fángwèi 防御和保卫。例：正当的人身～，在我国的法律上是允许的。

【防范】fángfàn 范：限制。防备，戒备。例：节日快到了，各单位都要做好安全方面的～工作。

【防守】fángshǒu 警戒守卫。例：边防战士日夜～着祖国的边疆。

【攻击】gōngjī 进攻。例：象棋比赛中刚一开局，我就迫不及待地发起～。

【攻打】gōngdǎ 为达到占领的目的而进攻。例：司令部下令，今晚开始～敌人要塞。

【进攻】jìngōng 主动攻击对方。例：天亮前，红军战士又一次打退了敌人的～。

辨析

"防御""防卫""防范"和"防守"都有"防备"的意思，但各有侧重。"防御"重点在"御"，是"抵挡"的意思；"防卫"重点在"卫"，是"保卫"的意思；"防范"重点在"防"，以防为主；"防守"重点在"守"，是"守卫"的意思。

妨碍 近妨害 阻碍

【妨碍】fáng'ài 干扰、阻挡事情顺利进行。例：这座古老的建筑正处于当街口，～交通。

【妨害】fánghài 有害于，损害。例：吸烟肯定会～身体健康。

【阻碍】zǔ'ài 挡住了而无法通过。例：因为发生交通事故，～了这条街的正常通行。

辨析

“妨碍”“妨害”和“阻碍”都表示使事情不能顺利进行，或不能保持正常状态。“妨碍”着重指给人或事造成一定的障碍，语意较轻，对象常是工作、进步、学习、交通、视线、活动等；“妨害”着重指有损害，语意较重，对象除了工作、学习等之外，还常是革命、和平、健康、治安、利益等；“阻碍”着重指形成很大的障碍，阻挡事情的进行或发展，语意较重，对象除了交通、运输等之外，常是人类社会或历史的发展、进步、改革、战争、运动、生产等重大事情。“阻碍”还有名词意义和用法，指起阻碍作用的事物，如“毫无阻碍”；“妨碍”“妨害”不能这么用。

F

仿佛 同好像 似乎

【仿佛】fǎngfú 似乎，好像。例：他干起活来～不知道什么是疲倦。

【好像】hǎoxiàng 表示不敢肯定。例：她微笑着点了点头，～明白了我的意思。

【似乎】sìhū 仿佛；好像。例：他的想法～很有道理，但实际上是行不通的。

辨析

“仿佛”“好像”和“似乎”都是副词，都可表示（判断或感觉）不十分肯定。“仿佛”还有动词意义和用法，表示两者类似、差不多，多用于书面语，如“他的模样还和十年前相仿佛”；“好像”也有动词用法，表示打比方，多用于口头语；“似乎”没有动词用法。其中“仿佛”“好像”用作动词时，不能同“似乎”构成同义关系。

仿造 近 仿照

【仿造】fǎngzào 模仿一定的式样制造。例：我们有些机器是～外国的，现在能够自己设计制造了。

【仿照】fǎngzhào 按照已有的方法或式样去做。例：这件衣服是～杂志上的样式做的。

辨析

“仿造”和“仿照”都是动词，都有“模仿”的意思。“仿造”指照已有的式样制造，被“仿造”的都是具体的器物，如“仿造机器”；“仿照”指参照现成的方法或样子（做），被“仿照”的多是式样、经验、办法等抽象事物，如“仿照执行”。

放荡不羁 同 放浪形骸 反 循规蹈矩

【放荡不羁】fàngdàng-bùjī 指行为随便，不受约束。例：李白生性洒脱，行为常常～。

【放浪形骸】fànglàng-xínghái 放浪：放荡，不受拘束；形骸：形体。指行动不受世俗礼法的约束。例：在封建社会，妇女受封建礼教的严格束缚，～的举动是为世俗所不容的。

【循规蹈矩】xúnguī-dǎojǔ 言行遵守道德标准。例：我的爷爷做事向来～，认认真真。

辨析

“放荡不羁”和“放浪形骸”都有“放任、没有拘束”的意思。“放荡不羁”偏重于不受约束，常用于人的行为和性格；“放浪形骸”偏重于不受世俗礼法的束缚，多用于人的行为。

放纵 近 放肆 反 拘谨 规矩

【放纵】fàngzòng ①不守规矩，不按常规行事。②放任纵容，不加约束。例:①他有时太～,大家都不愿意和他交往。②家长一味～孩子,会把孩子惯坏的。

【放肆】fàngsì (言行)不受约束,毫无顾忌。例:有的孩子对长辈说话～,很不礼貌。

【拘谨】jūjǐn (言行)过分谨慎;拘束。例:数学老师是个很～的人,从不和同学开玩笑。

【规矩】guīju 言行守本分,合乎常理和准则。例:班主任经常教导我们要做一个～的人。

辨析

“放纵”和“放肆”都是形容词,都指任意随便,不拘束。“放纵”还可作动词,指放任、纵容,可以带宾语;“放肆”不可作动词,不能带宾语。“放纵”与“拘谨”构成反义关系;“放肆”与“规矩”构成反义关系。

F

飞驰 近奔驰 飞奔 疾驰

【飞驰】fēichí (车马)很快地跑。例:一辆汽车从他身边～而过。

【奔驰】bēnchí 很快地跑。例:气垫船像离弦的箭一样向前～。

【飞奔】fēibēn 迅速地跑。例:比赛开始了,运动员们奋力向终点～。

【疾驰】jíchí 急速地跑。例:一列火车从长江大桥上～而过。

非常 同异常 近特别

【非常】fēicháng ①不平常。②很;十分。例:①在～时期,是无条件可言的,要绝对服从命令。②小外甥是个～可爱的孩子。

【异常】yìcháng ①异乎寻常,不平常。②特别;很。例:①电脑发出了～的声音,应该检查检查。②屡次上当受骗,他感到～痛苦。

【特别】tèbié ①与众不同;不普通。②格外;很。例:①这件衣服的款式很~。②我~喜欢上语文课。

辨析

“非常”和“异常”两词各有两个义项:第一个义项都是形容词,都作“不平常”讲,属同义词;第二个义项都是副词,都作“很、十分”讲,也属同义词。“非常”强调不同于平常,语意较轻;“异常”强调和平常明显有区别,语意较重。“异常”拆开使用,作“异乎寻常”;“非常”拆开使用,作“非比寻常”。“非常”可以修饰单音节词,后面可以加“之”,常作状语、定语;“异常”一般不修饰单音节词,后面一般不能加“之”,除作状语、定语以外,还常作补语、谓语。“特别”有“格外”的意思,也用来强调超出一般,使用范围较广。

肥沃 近肥美 反贫瘠

【肥沃】féiwò 土地含有适合植物生长的养分、水分。例:我的家乡土地~,物产丰富,是个好地方。

【肥美】féiměi 肥沃。例:河流两岸是~的土地。

【贫瘠】pínjí (土地)薄;不肥沃。例:我们正在努力地使~的砂石地变成肥沃的农田。

废除 近解除 破除 反设置 建立

【废除】fèichú 取消;停止使用。例:随着社会的进步,许多不合理的规章制度相继~。

【解除】jiěchú 消除,去掉。例:学校每天派车接送学生,~了家长的后顾之忧。

【破除】pòchú 打破(被人尊奉的事物)。例:作者~了这种习气,创出了新的通俗文体。

【设置】shèzhì 设立。例：这座游艺厅是为附近居民～的。

【建立】jiànlì 建设；成立。例：我们学校～了语音教室。

辨析

“废除”“解除”和“破除”都有“完全去掉不好的或没用的东西”的意思。但各自侧重点不同：“废除”的对象常是不合理的或没有用的东西，如制度、法令、条约、方法、特权等；“解除”的对象常是束缚或压在身心上的东西，如疑难、痛苦、顾虑、危险、警报、武装等；“破除”的对象常是原来被人特别重视的、信仰的或蒙蔽人的东西，如情面、迷信、成见、思想、习惯、清规戒律等。

分别 近 区别 差别

F

【分别】fēnbié ①区别；辨别。②不同；差别。③离别。例：①孩子还小，～是非的能力还很差。②这两张画看不出有什么～。③两人～以后，一直没有联系。

【区别】qūbié ①把两个或两个以上的对象加以比较，认识它们不同的地方。②彼此不同的地方。例：①老师让大家认真～一下这两个词的意思。②这两段话要表达的意义没有什么～。

【差别】chābié 形式或内容上的不同。例：“竟”和“竞”读音相同，字形相似，字义却有着明显的～。

辨析

“分别”“区别”和“差别”的共同语素是“别”，都有“不同、不一致”的意思。“分别”的词义范围很大，既有“分离”“离别”的意思，又有“辨别”“区分”“不相同”的意思；“区别”的词义范围比“分别”小，有“辨别”“划分”“区分”“不相同”的意思；“差别”的词义范围比较小，一般只有“差异”“不相同”的意思，侧重强调彼此间的不相同。“分别”和“区别”可作动词，在句子中常作谓语，有时也可作状语，如“分别情况”“区别词义”“分别加以说明”“区别地对待”。“差别”没有动词用法。

分裂 同破裂 近决裂 反团结 统一

分裂】fēnliè 物体、事物或关系分开。例：我们在显微镜下看到了细胞～的过程。
破裂】pòliè 物体破开或关系分裂。例：他们俩的关系最终还是～了。
决裂】juéliè 彻底分开，坚决打破。例：我们要同几千年封建制度遗留的旧思想、坏习气彻底～。
团结】tuánjié 目标一致，合力合心。例：～就是力量。
统一】tǒngyī 把分散的或相对的关系联成一个整体；使分歧归于一致。例：大家的意见渐渐～了。

辨析

“分裂”指分开，后面可以带宾语，其对象常是组织、党、群众、队伍等；“破裂”一般不带宾语，“破裂”的对象常是有一定联系但自身不一定是一个整体，如战线、关系、会谈等；“决裂”的对象可以是抽象的，如旧思想、传统观念等，也可以是具体的人，语意比“分裂”“破裂”重。以上两组词，前者重在“分”，后者重在“合”，构成反义关系。其中“分裂”与“统一”，“分裂”与“团结”常常对举使用。

F

分手 近分开 分别 分离 反团聚 团圆

分手】fēnshǒu 分开。例：他们两人因性格不合～了。
分开】fēnkāi 人不聚在一起。例：姐弟两人～已经有好几年了。
分别】fēnbié 离别。例：我要往南走了，咱俩在这里～吧！
分离】fēnlí 人和人分开。例：～十几年的姐妹，今天终于团聚了。
团聚】tuánjù （分别后）相聚在一起。例：爸爸在外地工作，我们一家人到了春节才能～。

【团圆】tuányuán 家人团聚。例：今年春节我一定回去和家人～。

辨析

“分手”和“分别”指人与人之间较长时间地分开，但“分别”还有“辨别”的意思，如“分别是非”。“分手”“分离”都指人与人的别离、分开，但“分离”还指事物的分开。“分开”可指事物不聚在一起。“分手”的应用范围没有“分开”“分别”“分离”的应用范围广。

分析 近分解 反综合

F

【分析】fēnxī 把一个事物、一种现象、一个概念分成较简单的组成部分，找出这些部分的本质属性和彼此之间的关系。例：他认真～了国际国内的形势。

【分解】fēnjiě 一个整体分成它的各个组成部分；排解纠缠，调解；分化瓦解。例：把氯酸钾～成氯化钾和氧气。

【综合】zōnghé 把不同方面和类别的事物归纳起来。例：这篇报道～了全国各省的情况。

辨析

“分析”和“分解”都是动词，都是分开来进行了解、研究，存在同义关系。其中，“分析”侧重于抽象事物，“分解”侧重于具体事物。以上两组词，前一组立意在“分”，后一组立意在“合”，存在反义关系。其中，“综合”与“分析”是一组典型的反义词。

奋不顾身 同赴汤蹈火 临危不惧 反畏缩不前

【奋不顾身】fènbùgùshēn 奋勇直前，不顾个人安危。例：解放军战士们～地跳进水中，用身体组成人墙堵住缺口。

【赴汤蹈火】fùtāng-dǎohuǒ 汤：热水；蹈：踩。比喻不避艰险例：历史上许多英雄为了国家利益，即使～也在所不惜。

临危不惧】 línwēi-bùjù 遇到危险不惧怕。例：在援救地震被困群众的战斗中，人民解放军战士冒着余震，个个～。

畏缩不前】 wèisuō-bùqián 害怕，后退，不敢向前。例：遇到困难要知难而上，不能～。

辨析

“奋不顾身”“赴汤蹈火”和“临危不惧”从感情色彩看为褒义词，都有“不顾安危”的意思。“奋不顾身”指遇事不顾个人安危；“赴汤蹈火”从比喻角度说明不避艰险；“临危不惧”突出遇到危难毫不惧怕。

愤慨 同 愤懑 愤怒

愤慨】 fènkǎi 心中气愤不平。例：我们对侵略者这种惨无人道的暴行十分～。

愤懑】 fènmèn 心中愤恨而抑郁。例：面对坏人的恶意栽赃，他感到无比的～。

愤怒】 fènnù 非常生气。例：小明～地冲出教室找班主任告状。

辨析

“愤慨”“愤懑”和“愤怒”都有“不满、气愤”的意思。“愤慨”有“生气发怒”的意思，还有“忧愤”以及“因愤怒而感慨、感叹”的意思；“愤懑”着重于“懑”，有“气愤、烦闷”的意思，表示“因愤怒而郁积在胸”的情绪；“愤怒”着重指生气，比“愤慨”语意重，指不满、激动到了极点，憎恶的色彩较浓。

丰满 近 丰润 丰富 丰硕
反 瘦削 干瘪 贫乏 憔悴

丰满】 fēngmǎn 指身体或身体一部分胖得匀称好看；充足。

例：她比去年生病的时候～多了。

【丰润】fēngrùn 肌肉丰满，皮肤滋润。例：这姑娘有着不高不矮的身材，～的脸庞。

【丰富】fēngfù 数量、种类多。例：宝岛台湾物产～。

【丰硕】fēngshuò 多而大(多用于抽象事物)。例：经过多年潜心研究，这位老教授在古典文学方面取得了～成果。

【瘦削】shòuxuē 身体或脸很瘦。例：他是一个～的小伙子，他那沉思的、悲伤的眼光，引起了我的好奇心。

【干瘪】gānbiě 干而收缩；不丰满。例：老太太大约七十岁的年纪，身上的衣服很单薄，～的满是皱纹的脸冻得发青。

【贫乏】pínfá 缺少；不丰富。例：词汇～就写不出好文章，一定要注意积累。

【憔悴】qiáocuì 形容人瘦弱，面色不好看。例：她病了一场，～了许多。

F

辨析

“丰满”侧重在“满”，有“饱满”的意思，可用来形容人的体态，如“这个女孩长得丰满”“形象丰满”。“丰润”使用范围小，主要指皮肤色泽好，不干燥。“丰富”侧重在“富”，表示多而充足，使用范围很广，如“资源丰富”“经验丰富”“内容丰富”“丰富的产品”“丰富的文化生活”等；它还可作动词，作动词时可以带宾语，如“丰富文化生活”。“丰硕”侧重在“硕”，有“多而大”的意思，使用的范围小，常用来形容某种显著成果或某种果实，只作定语，不作谓语，如可以说“丰硕的苹果”，但不能说“苹果丰硕”。从意义及使用范围看，“丰满”与“瘦削”“干瘪”为一组反义词，“丰润”与“憔悴”为一组反义词，“丰富”与“贫乏”为一组典型的反义词。

风驰电掣 近 电光石火

【风驰电掣】fēngchí-diànchè 形容像刮风和闪电那样迅速

例：火车～般地奔向目的地。

【电光石火】diànguāng-shíhuǒ 闪电发出的光，燧石发出的火花。形容转瞬即逝的事物，也形容极快的速度。例：创作灵感犹如～，稍纵即逝。

辨析

“风驰电掣”多形容事物的运动速度，也可形容人的动作极其迅速；而“电光石火”多指瞬间即逝的事物。

风度 近 风姿 风韵 风采

【风度】fēngdù 美好的姿态、言谈、举止。例：这小伙子～翩翩。

【风姿】fēngzī 风度姿态。例：盛开的荷花亭亭玉立，呈现出动人的～。

【风韵】fēngyùn 优美的姿态。例：看上去，她的～不减当年。

【风采】fēngcǎi 美好的仪表举止。例：武警战士一举一动都显示出军人的～。

辨析

“风度”“风姿”“风韵”和“风采”都是名词，主要指姿态的美（有时也含有容貌的美），是一组近义词。其中，“风度”的使用频率最高；“风姿”有时可用于物；“风韵”多用于女人；“风采”多用作书面语。

风光 同 风景 景色

【风光】fēngguāng 风景，景象。例：家乡秋天的～特别迷人。

【风景】fēngjǐng 可供人欣赏或游览的自然景色与人工建筑。例：桂林山水～秀丽。

【景色】jǐngsè 景致。例：春天的北海公园，真是～宜人。

辨析

“风光”“风景”和“景色”都用来表示美好的景致。“风光”多用于书面语，强调某种美好的景观，如“大漠风光”，另外，“风光”还有“铺张”“有派头”的意思；“风景”则多指值得欣赏的景色，感情色彩不如“风光”强烈；“景色”则指自然界的风光，多用于比较客观的描述。

风气 同风尚 风俗

【风气】fēngqì 社会上某地区形成的爱好、习俗。例：在延安，唱歌成为一种～。

【风尚】fēngshàng 一定时期内社会上流行的风气。例：我们国家是伟大的社会主义国家，雷锋那种立场坚定、公而忘私、助人为乐、不图名利的高贵品德，应该成为普遍的社会～。

【风俗】fēngsú 社会上长期形成的风尚、礼仪等的总和。例：端午节吃粽子是中国人民古老的～。

辨析

“风气”“风尚”和“风俗”都是名词，都指社会上流行的习惯、习气。“风气”是指社会上流行的某种现象或习气，它往往不是很固定的，容易改变；“风尚”是社会上共同注重、尊崇的风格、气节，往往指思想、精神、道德品质，多用于好的方面；“风俗”是指历代相沿、积久而成的某种现象、习惯，使用范围较广。

风雨飘摇 近摇摇欲坠

【风雨飘摇】fēngyǔ-piāoyáo 形容动荡不安。例：受世界金融危机影响，许多企业陷于～的境地。

【摇摇欲坠】yáoyáo-yùzhuì 形容非常危险，就要掉下来或垮下来。例：辛亥革命前，清王朝内外交困，已～。

辨析

“风雨飘摇”和“摇摇欲坠”都有“动荡不稳”的意思，都可用来形容政权机构或社会不稳定的态势。区别是：“风雨飘摇”重在“风雨”，强调处境的险恶；“摇摇欲坠”重在“欲坠”，强调前景的危险。“风雨飘摇”多指时代的动荡，涉及面广；“摇摇欲坠”多用于地位、事业、政权等，其涉及面相对较窄，而危机程度更深。

风雨同舟 同同舟共济 反分崩离析

【风雨同舟】fēngyǔ-tóngzhōu 比喻共同度过艰难困苦。例：共产党和灾区人民～。

【同舟共济】tóngzhōu-gòngjì 比喻同心协力，共同战胜困难。例：看到不远处的陆地，这些在风浪中～的旅伴不由得都松了一口气。

【分崩离析】fēnbēng-líxī （集团或国家）分裂。例：这个集团的～使参与创业的几位老人叹息不已。

封锁 近封闭 反开放

【封锁】fēngsuǒ 用强制力量使跟外界断绝关系。例：突然从一座桥上喷出六条火舌，～了我军前进的道路。

【封闭】fēngbì 严密关闭使不能通行或随便打开。例：连日的暴风雪～了进山的公路，战士们心里非常着急。

【开放】kāifàng 解除封锁、限制等，允许进入或利用。例：现在图书馆每天都对外～，受到了读者的欢迎。

辨析

“封锁”和“封闭”都表示同外界隔绝。“封锁”是通过强制手段；而“封闭”是通过关闭使之不能通行。

奉献 近贡献 呈献 反索取

【奉献】fèngxiàn 献出，恭敬地交付。例：古井为人们提供生命的泉水，默默地～着自己，而对人们一无所求。

【贡献】gòngxiàn 拿出物资、力量、经验等献给国家或公众。例：我们从小要好好学习，长大为祖国的建设～力量。

【呈献】chéngxiàn 把实物或意见等恭敬地送给集体或敬爱的人。例：同学们将鲜花～给住院治疗的老师，祝她早日康复，回到我们身边。

【索取】suǒqǔ （向人）要，讨取。例：他很自私，只知道向别人～，而不愿奉献。

辨析

“贡献”指把物资、力量等献给国家；而“奉献”“呈献”还可指把实物等恭敬地交付个人。

F

肤浅 同浮浅 浅薄

【肤浅】fūqiǎn 学识浅，理解不深。例：我对戏曲的了解很～。

【浮浅】fúqiǎn 浅薄；肤浅。例：他们对社会的认识比较～。

【浅薄】qiǎnbó 缺乏学识或修养。例：骄傲自满是～的表现。

辨析

“肤浅”“浮浅”和“浅薄”都是形容词，都指认识的深度不够或程度不深，可以形容认识、言论、学识等。“肤浅”着重指认识局限于表面，常形容看法、理解、了解、体会、体验、观察、研究等;“浮浅”泛指浮在表面,不如“肤浅”和“浅薄”常用;“浅薄”着重指知识少、修养差,常形容知识、理想、内容等。

扶养 同抚养 抚育 近赡养 反遗弃

扶养】fúyǎng 养活。例:这个孩子的父母为革命牺牲以后,是乡亲们把他~成人的。

抚养】fǔyǎng 保护并教养。例:父母对子女有~、教育的义务。

抚育】fǔyù 照料、教育儿童,使其健康成长。例:在幼儿园阿姨的精心~下,孩子们学会了许多生活小知识。

赡养】shànyǎng 供给生活所需,特指子女对父母在生活上进行帮助。例:子女有~父母的义务。

遗弃】yíqì 抛弃在法律或道义上应当负责抚养或赡养的亲属。例:这些残疾儿童都是被父母~的。

F

辨析

“扶养”“抚养”“抚育”和“赡养”都指供给生活用品或费用,使能生活。“扶养”着重指扶助、供养,使用范围较广,可用于长幼之间,也可以用于平辈;“抚养”指爱护、教养和供养,使用范围较窄,一般只用于长对幼;“抚育”使用范围较广,可以用于对儿童,也可以用于对生物,如“抚育幼苗”;“赡养”专用于子女对父母。

釜底抽薪 反扬汤止沸

釜底抽薪】fǔdǐ-chōuxīn 抽去锅底下的柴火。比喻从根本上解决问题。例:要彻底解决这个问题,必须采取~的办法。

扬汤止沸】yángtāng-zhǐfèi 把开水舀起来再倒回去,想止住沸腾。比喻办法不彻底,不能从根本上解决问题。例:这种做法,无异于~,是治标不治本的。

腐蚀 同侵蚀

【腐蚀】fǔshí ①通过化学作用，使物体逐渐消损破坏。②使人在坏的思想、行为、环境等因素影响下逐渐变质堕落。例：①硝酸能够～有机物。②不良的书刊、网络游戏会～青少年。

【侵蚀】qīnshí 逐渐侵害或破坏。例：这座经历了八百年风雨～的古塔，究竟还能保持多久，实在难以预料。

辨析

"腐蚀"和"侵蚀"都指用坏因素影响人的思想、行为，使逐渐变坏、堕落。"腐蚀"用于人的思想时，强调"使腐化"，程度较重；"侵蚀"强调指"由外至内逐渐侵害"，程度较轻。

附近 近邻近 旁边 反远处

【附近】fùjìn 距某地较近的地方。例：他家就在～，几分钟就可以走到。

【邻近】línjìn 附近。例：我们学校～新开了一家超市，里面的商品琳琅满目。

【旁边】pángbiān 靠近的地方。例：我家就住在学校～。

【远处】yuǎnchù 空间的距离长。例：～的紫金山在晨雾中时隐时现，非常神秘。

辨析

"附近"和"邻近"都用来表示不远的地方。"附近"多以某地或某建筑物为中心，表示其周围一定范围内的事物，如"学校附近"；"邻近"则强调两者或多者空间位置靠得比较近。

赴汤蹈火 同出生入死

【赴汤蹈火】fùtāng-dǎohuǒ 跳进滚水，踏着烈火。比喻不避难险。例:为了尽快救出被困群众,武警战士即使~也在所不惜。

【出生入死】chūshēng-rùsǐ 形容冒着生命危险,随时都有牺牲的可能。例:担架队员冒着枪林弹雨,~地从阵地上把一个个伤员抬了下来。

辨析

"赴汤蹈火"和"出生入死"都有"不避艰险,不顾个人安危"的意思。"赴汤蹈火"常和"在所不辞""心甘情愿"等连用;"出生入死"一般不这么用。"赴汤蹈火"常用在"不惜""不怕""敢于""勇于"等词语的后边;"出生入死"一般不这么用。"赴汤蹈火"侧重表示不避艰难险阻的决心,多用于事前;"出生入死"则侧重于对过去的追溯。

复苏 近复兴 反衰落

【复苏】fùsū 生物体的机能极度衰弱后又逐渐恢复正常的活动。例:人们都爱春天,爱她的万物~。

【复兴】fùxīng (事物)衰落后又重新兴盛起来。例:坚持走中国特色社会主义道路是中华民族~的根本保证。

【衰落】shuāiluò (事物)由兴盛转向没落。例:科学技术的发明与应用,可以造就一些新的行业、新的市场,同时又使一些旧的行业与市场日渐~,以至消失。

复杂 近繁杂 庞杂 反简单 单纯

【复杂】fùzá 多而杂。例:这里的情况~,你一定要小心。

【繁杂】fánzá 繁多,复杂。例:我家~的家务事总是落在妈妈一个人的身上。

【庞杂】pángzá 多而杂乱。例:目前,行政机构~,已不能适应改革开放形势的需要。

【简单】jiǎndān 头绪少，结构单纯。例：这个案件情节～，处理起来比较容易。
【单纯】dānchún 不复杂。例：这个小女孩的思想很～。

富丽 近 华丽 瑰丽 绚丽 壮丽 秀丽 艳丽

【富丽】fùlì 宏伟而美丽。例：宫殿是那样～堂皇。
【华丽】huálì 美丽而有光彩。例：学生应当以学业为重，以朴素为美，不能过于追求衣着～。
【瑰丽】guīlì 形容非常美丽。例：我陶醉于这～而又迷人的景色。
【绚丽】xuànlì 灿烂，美丽。例：～的霞光使地面上的景物像镀上了一层金。
【壮丽】zhuànglì 雄壮而美丽。例：这位年逾八旬的老人登上了雄伟～的泰山。
【秀丽】xiùlì 清秀而美丽。例：这小女孩长得很～。
【艳丽】yànlì 鲜艳美丽。例：～的各色鲜花把花坛点缀得美不胜收。

辨析

“富丽”“华丽”“瑰丽”“绚丽”“壮丽”和“艳丽”都是形容词，共同语素是“丽”，都有“美丽”的意思，是一组近义词，使用范围不完全一样。“富丽”多用于建筑方面，指建筑的华美；“华丽”多用于陈设、服饰、装潢、文字等；“瑰丽”的语意较重，多用于物；“绚丽”多用于书面语，可与灿烂、多姿等词语搭配；“壮丽”着重指雄伟壮阔，多用于自然景物；“秀丽”使用范围较广，可用于人，也可用于物，用于人多指长相而言；“艳丽”重在“艳”字，多用于有色彩的具体事物。

富饶 近 富强 富裕 反 贫乏

【富饶】fùráo 物产多，财富多。例：随着社会主义建设事业的发展，西沙群岛必将更加美丽～。

【富强】fùqiáng （国家）富足强大。例：你们长大了，要把祖国建设得更加繁荣～。

【富裕】fùyù 财物充裕。例：他辛勤劳动，生活一天天～起来了。

【贫乏】pínfá 缺少；不丰富。例：综合知识的～是他这次比赛失利的主要原因。

辨析

“富强”有“力量强大”的意思；“富饶”“富裕”没有这个意思。“富饶”一般指国家、地区物产丰富；而“富裕”多指家庭或个人的财产充裕、丰富，生活水平高。

覆盖 近遮盖 笼罩 反暴露

F

【覆盖】fùgài 遮盖。例：绿油油的青草，～着整个足球场。

【遮盖】zhēgài 从上面遮住。例：雪纷纷扬扬地下着，不一会儿，山间的小路全给大雪～住了。

【笼罩】lǒngzhào 遮盖。例：月光～着大地，像给大地披上了一层薄薄的银纱。

【暴露】bàolù 露在外面。例：这个临时搭的帐篷～于原野之中。

辨析

“笼罩”是指像笼子似的罩在上面，四周都给盖住了；而“覆盖”“遮盖”指从上面盖住。“覆盖”用于书面语；“遮盖”可用于口语。

覆灭 近覆没 反光复

【覆灭】fùmiè 全部被消灭。例：我军士气高涨，奋勇拼杀，终于使敌人全军～。

【覆没】fùmò （船）翻而沉没；（军队）被消灭。例：“泰坦尼克号”

撞上冰山后～于冰冷的海底。

【光复】guāngfù 收回失去的领土。例：岳飞一生都在为～失地而战斗。

辨析

“覆灭”“覆没”都是动词，都可指(军队)被消灭。“覆灭”的使用范围没有“覆没”广。“覆没”可指船翻而沉没；“覆灭”却不可以。

F

对象常是工作、方法、作风等；“改良”着重指去掉个别缺点，改得更好一些，对象常是较具体的东西，如品种、产品、土壤、作物等；“改善”着重指改得更完善、更好一些，对象常是较抽象的事物，如生活、关系、条件、待遇、状况、环境等。

改邪归正 同改过自新 反怙恶不悛 死不改悔

【改邪归正】gǎixié-guīzhèng 改正错误，走上正路。例：人人都应该行动起来，帮助那些失足少年及时～。

【改过自新】gǎiguò-zìxīn 改正错误，重新做人。例：违法犯罪的人只有～，才有出路。

【怙恶不悛】hù'è-bùquān 怙：依靠。悛：悔改。坚持作恶，不肯悔改。例：如若他们～，继续闹事，必然会得到严厉的惩罚。

【死不改悔】sǐbùgǎihuǐ 到死也不追悔、改正错误。例：大多数人犯了错误以后是可以改正的，～的人只是极个别的。

辨析

“改邪归正”和“改过自新”两个词都有“改过”的意思。“改邪归正”重点是离开邪路，重归正道；“改过自新”重点是改掉过失，重新做人。“改过自新”与“死不改悔”是一组反义词；“改邪归正”与“怙恶不悛”为一组反义词。

概括 近综合 反分析 具体

【概括】gàikuò ①总括，把事物的共同特点归结在一起。②简明扼要。例：①虽然你们对这件事的看法有所不同，但～起来不外乎两种观点。②老师～地给我们讲了西汉谋臣张良的故事。

【综合】zōnghé 把各个独立而互相关联的事物或现象进行分析、归纳、整理。例：你把大家的意见～一下，写出一个书面材料交给我。

【分析】fēnxī 把一种事物分成较简单的组成部分，找出这些部分的本质属性和彼此之间的关系。例：干警们正在认真～案情。

【具体】jùtǐ 细节方面明确、详细；不抽象，不笼统。例：他把产品的性能介绍得很～。

辨析

"概括"不但强调从同类事物中找出事物的本质，还有"简单扼要"的意思；"综合"强调把各个独立而互相联系的事物总合起来。

干枯 近枯萎 干燥 干涸 反滋润

【干枯】gānkū （草木等）由于缺乏营养、水分等而失去生机；干涸。例：由于长期干旱，地里庄稼～了大半。

【枯萎】kūwěi 干枯萎缩。例：爬山虎的茎须如果没触着墙，不一会儿便～了。

G

【干燥】gānzào 没有水分或水分很少。例：这个地区风沙很大，气候异常～。

【干涸】gānhé （河道、池塘等）没有水了。例：由于水资源被人为破坏，许多河道都～了。

【滋润】zīrùn 含水分多；不干燥。例：雨后的原野，潮湿而～。

辨析

"干枯""枯萎""干燥"和"干涸"都指没有水分或水分很少。"干枯""枯萎"强调草木、庄稼等因失去水分、营养等而失去生机；"干涸"主要强调河道、池塘没有水了；而"干燥"用来形容气候、木料或人的皮肤等。

干涉 同干预

【干涉】gānshè 过问或制止。例：老师不必过多～同学之间的正常交往。

【干预】gānyù 过问(别人的事)。例:这是我自己的事情,请不要~。

辨析

“干涉”和“干预”都指管别人的事,影响或制止别人的行动。在指不该管的时候,两个词可以互换。“干涉”侧重管不该管的事,要别人照自己的意愿去办,可以构成“干涉者”“干涉军”等词;“干预”侧重给对方施加一定影响,没有构词能力。“干涉”比“干预”贬义色彩浓。

甘心 同情愿 甘愿

【甘心】gānxīn 愿意;称心满意。例:越野赛跑中,同学们谁都不~落后。

【情愿】qíngyuàn 心里愿意;宁愿,宁可。例:他~死,也不愿在敌人面前屈服。

【甘愿】gānyuàn 心甘情愿。例:我~接受这种挑战。

辨析

“甘心”“情愿”和“甘愿”都有“主观愿意”的意思。“甘心”表示不仅愿意而且乐意;“情愿”指心里愿意,无丝毫勉强;“甘愿”是“甘心”和“情愿”的压缩,进一步强调自愿的程度。

赶快 近赶紧 尽快

【赶快】gǎnkuài 抓住时机,加快速度。例:你得~把作业写完,才能去看电视。

【赶紧】gǎnjǐn 抓紧时机,毫不拖延。例:上课铃声响了,我们~走进教室。

【尽快】jǐnkuài 尽量加快。例:同学们都希望老师~改变那种枯燥无味的教学方法。

辨析

"赶快"和"赶紧"都有"不抓紧就赶不上"的意思；"尽快"是"尽自己最大努力加快"的意思。

感触 同感受 感想

【感触】gǎnchù 跟外界事物接触而引起的思想情绪。例：实际调查以后，我们对农村儿童失学问题的～很深。

【感受】gǎnshòu 接触外界事物而得到的感想。例：这次到农村去生活了一个月，看到农村的巨大变化，大家的～很深。

【感想】gǎnxiǎng 因接触外界事物而引起的思想反应。例：今昔对比，爷爷的～颇多。

辨析

"感触""感受"和"感想"都是与外界相接触而产生的思想活动，是一组同义词。"感受"可作动词，如"感受风寒"；"感触""感想"一般只作名词。"感触"多用于书面语；"感受"多用于口语；"感想"则书面语和口语都常用。

G

感动 同感激 近感谢 反埋怨 怨恨 仇恨

【感动】gǎndòng 思想感情受外界事物的影响而激动，引起同情或仰慕。例：看到解放军这种舍身救人的英勇行为，人民群众深受～。

【感激】gǎnjī 因对方的好意或帮助而对其产生好感。例：很～你给我的帮助。

【感谢】gǎnxiè 用言语或行动表示感激。例：我们十分～老师多年的辛勤教导。

【埋怨】mányuàn 因为事情不如意而对自己认为原因所在的人

或事物表示不满。例：她～他路上耽搁时间而误了火车。

怨恨】 yuànhèn 对人或事物强烈地不满或抱怨。例：这对好朋友因一些误会而导致相互～。

仇恨】 chóuhèn 因利害矛盾而产生的强烈憎恨。例：他一向～危害社会的恶势力。

辨析

“感动”“感激”和“感谢”都指受外界事物影响而引起情绪上的变化。“感动”多指受行为的影响而引起感情上的共鸣，产生积极情绪；“感激”强调因对方的好意或帮助而激动，并产生谢意，语气比“感动”重些；“感谢”强调用言语或物质回报对方，口语和书面语都常用。“感激”“感动”常作状语，可带补语；“感谢”一般不作状语，不带补语，可以构成“感谢信”这一短语。

感化 近 感染

感化】 gǎnhuà 用行动影响或善意劝导，使人的思想、行为逐渐向好的方面变化。例：我们要用真情去～那些失足青少年，而不是一味批评指责。

感染】 gǎnrǎn 受到传染；通过语言或行为引起别人相同的思想感情。例：他的演讲具有强烈的～力，引起听众的共鸣。

辨析

“感化”和“感染”都指一方作用引起另一方发生变化。“感化”是指有意地用精神力量或行动影响别人，使别人的思想行为发生质变；“感染”本义是指接触病菌而得病，引申指有意或无意地使别人在情绪上受到影响、熏染。

感慨 近 感叹

感慨】 gǎnkǎi 有所感触而慨叹。例：面对世事的变迁，他不禁

～万千。

【感叹】gǎntàn 有所感触而叹息。例：看到首都北京的巨大变化，留学归国人员～不已。

辨析

“感慨”和“感叹”都是动词，都用来指因内心有所感触而发出叹息。“感慨”侧重于因外界事物的影响而产生忧愁、伤感等情绪；“感叹”侧重于有感触时情绪的表现。

感情 同情感 近情绪

【感情】gǎnqíng 指喜、怒、哀、乐、爱、恶、欲等心理活动。例：几年来，我们对老师产生了深厚的～。

【情感】qínggǎn 外界刺激所引起的种种心理活动。例：他借这首诗抒发了对故乡依恋的～。

G 【情绪】qíngxù 遇事产生的心理活动。例：这几天，他好像有心事，～总是很低落。

辨析

“感情”“情感”和“情绪”都是名词，指的都是内心产生的“情”，意思非常接近。其中，“感情”“情感”侧重于“情”中的“爱”，基本上可以互换，只是“感情”的使用更多些。“情绪”和“感情”“情感”不能互换，如可以说“两人的感情（情感）很深”，但不能说“两人的情绪很深”；可以说“情绪高涨”，但不能说“感情（情感）高涨”。“情绪”还指不愉快的心情，如“闹情绪”“有情绪”，这和“感情”“情感”不构成近义关系。

刚强 近坚强 刚毅 顽强 反软弱 脆弱 懦弱

【刚强】gāngqiáng （性格、意志）坚强，不怕困难或不屈服于恶势力。例:他性格～,从不向困难妥协。

坚强】jiānqiáng 坚定顽强,不可动摇。例:她在敌人的酷刑面前～不屈,真不愧是一名优秀的共产党员。

刚毅】gāngyì 刚强坚毅。例:在波涛汹涌的江面上,老船工稳稳把住舵,眉宇间流露出果断和～的神情。

顽强】wánqiáng 坚强。例:他很～,从不向困难低头。

软弱】ruǎnruò 不坚强。例:她太～了,遇到事情总是退缩。

脆弱】cuìruò 禁不起挫折;不坚强。例:他的感情很～。

懦弱】nuòruò 软弱无能;不坚强。例:他生性～,难以有所作为。

辨析

“刚强”“坚强”“刚毅”“顽强”都有“强硬、不屈服”的意思,都是褒义词。“刚强”侧重于不屈服于恶势力,多形容人的意志、性格;“坚强”侧重于坚定顽强,适用范围较广;“刚毅”侧重于有毅力,多形容人的神色;“顽强”侧重于坚持不懈,多形容精神、态度。

G

高亢 近高昂 嘹亮 反低沉

高亢】gāokàng 声音高而洪亮。例:牧民们的歌声～激昂,久久回荡在草原上空。

高昂】gāo'áng (声音、情绪)高。例:在等待这位天后级明星出场的时间里,现场观众情绪十分～。

嘹亮】liáoliàng (声音)清晰响亮。例:战士们唱着～的军歌,浩浩荡荡地出发了。

低沉】dīchén (声音)低。例:大提琴的旋律一会儿高亢,一会儿～,观众都陶醉在这美妙的音乐中。

高谈阔论 近夸夸其谈 反沉默寡言

高谈阔论】gāotán-kuòlùn 大发议论。例:他不喜欢只会～而不愿干实事的人。

【夸夸其谈】kuākuā-qítán 说话或写文章浮夸，不切实际。例：说话不要～，而要实事求是。

【沉默寡言】chénmò-guǎyán 很少说话。例：他性格内向，～。

辨析

“高谈阔论”和“夸夸其谈”都强调浮夸，不切合实际。但“夸夸其谈”可用于写文章；“高谈阔论”却不可以。

高瞻远瞩 近 远见卓识 反 鼠目寸光 目光如豆

【高瞻远瞩】gāozhān-yuǎnzhǔ 形容目光远大。例：作为一个领导，看待问题必须～。

【远见卓识】yuǎnjiàn-zhuóshí 高超、不一般、不平凡的见识例：一切果然如他预料的那样，我们不得不佩服他的～。

【鼠目寸光】shǔmù-cùnguāng 形容目光短浅。例：我们要有远大的目标和长远的打算，不能～。

【目光如豆】mùguāng-rúdòu 形容眼光狭小，见识浅陋。例：他这人向来～，别和他一般见识。

辨析

“高瞻远瞩”和“远见卓识”都有“看得远、有见识”的意思，都是褒义成语。区别在于：“高瞻远瞩”多用于伟人或决策人；“远见卓识”广泛用于有见识的人。

格格不入 反 水乳交融

【格格不入】gégé-bùrù 互相有抵触，不相投合。例：我们俩什么事都～，无法成为朋友。

【水乳交融】shuǐrǔ-jiāoróng 比喻关系十分融洽或结合非常紧密。例：这篇散文的叙事、抒情和议论有机结合在一起，达到了

～的境界。

辨析

“格格不入”是不相投合；“水乳交融”是十分投合。彼此构成反义关系。

隔岸观火 近袖手旁观 反拔刀相助

隔岸观火】gé'àn-guānhuǒ 比喻见人有危难不加援助而采取看热闹的态度。例：同学之间发生矛盾时，我们不要～。

袖手旁观】xiùshǒu-pángguān 比喻置身事外或不协助别人。例：别人有难，我们应尽力帮助，而不应该～。

拔刀相助】bádāo-xiāngzhù 拔出刀来救助被欺侮的人。指见义勇为。例：梁山好汉个个疾恶如仇，路见不平就～。

隔阂 同隔膜

隔阂】géhé 障碍；思想上的距离。例：语言的～影响我们交流思想。

隔膜】gémó 隔阂。例：人与人之间应该和睦相处，不应该存在～。

辨析

“隔阂”和“隔膜”相同点是都可作名词，指障碍。“隔阂”使用范围较广，可用于人与人之间、民族之间、地方之间、语言之间等；“隔膜”一般用于人与人之间。

各抒己见 近畅所欲言 各持己见

各抒己见】gèshū-jǐjiàn 各人都发表自己的意见。例：老师让大家～，共同讨论这个问题。

【畅所欲言】chàngsuǒyùyán 痛痛快快地说出想说的话。例：在研讨会上，大家～，气氛非常热烈。

【各持己见】gèchí-jǐjiàn 各人坚持自己的意见。例：两人～，互不相让。

辨析

“畅所欲言”“各抒己见”和“各持己见”都有“每个人都说出自己的意见”的意思。但“各持己见”不但指发表自己的意见，而且还强调坚持自己的意见；其他两个成语没有这层意思。

各行其是 近各自为政
反步调一致 同心同德 同心协力

G

【各行其是】gèxíng-qíshì 各自按照自己认为对的去做。例：个人要服从集体，绝不能～。

【各自为政】gèzì-wéizhèng 各自按自己的主张办事，相互不配合，不顾全局。例：由于所属一些单位～，结果导致了整个集团的破产。

【步调一致】bùdiào-yīzhì 在行动上，彼此的方式、步骤能统一和谐。例：各部队必须～，听从指挥，战斗才会取得胜利。

【同心同德】tóngxīn-tóngdé 思想统一，信念一致。例：全厂上下～，共同努力，连续三年经济效益遥遥领先同行业的其他厂家。

【同心协力】tóngxīn-xiélì 思想一致，共同努力。例：举国上下～，为祖国的繁荣富强而奋斗。

辨析

“各行其是”和“各自为政”的区别：“各行其是”强调行动不一致；“各自为政”强调了组织上的不统一、不协调。“步调一致”“同心同德”“同心协力”都有“思想统一，行动一致”的意思，属于同义成语，但各有侧重：“步调一致”侧重在行动上；“同心同德”侧重在思想上；“同心协力”则二者兼有。上面两组成语，前者是“各干各的”，后者是“行动一致”，彼此构成了反义关系。

根本 近基本 反枝节

根本】gēnběn ①事情的根源或最重要的部分。②主要的；重要的。③彻底。例：①我们应当从～上考虑解决问题的方法。②宪法是我国的～法。③你反映的问题已得到～解决。

基本】jīběn ①根本。②重大的；主要的。③大体上。例：①人民是国家的～。②实行计划生育是我国的～国策。③加固大坝的工程已经～完工。

枝节】zhījié 比喻有关的但是次要的部分。例：我们不应该抓住～问题不松手。

辨析

“根本”和“基本”原都指事物的根基，引申指主要的、重要的部分，修饰名词作定语时有时可通用。作副词时，“根本”指完全、彻底，语意较重，如“根本解决”就是“彻底解决”；“基本”指大部分、大致，语意较轻，如“基本解决”就是“大体上解决”。

根据 同依据

根据】gēnjù ①把某种事物作为结论的前提或语言行动的基础。②作为根据的事物。例：①～小明的一贯表现，大家一致推举他为三好学生。②没有～的话你不要乱讲。

依据】yījù 根据。例：①这本资料是～教学大纲编写的。②你得出这样的结论，～是什么？

辨析

“根据”和“依据”都指把某种事物作为前提、基础或凭借、凭证。都既可以作介词，也可以作名词。“根据”偏重于强调结论或言行的根本来源，口头语和书面语都常用，作名词比“依据”常见；“依据”偏重于强调结论或言行的凭据，多用于书面语，作名词比“根据”少见。“根据”既可以构成“根据地”，也可以拆开来用，如“有根有据”；“依据”不能这样用。

跟从 同跟随 追随

【跟从】gēncóng 跟随；追随。例：～先生数年，我真是受益匪浅。

【跟随】gēnsuí 跟在后边。例：他十五岁就参加革命，～红军长征。

G

【追随】zhuīsuí 紧紧跟随。例：～时尚的年轻人比比皆是。

更改 近更正

【更改】gēnggǎi 改换；改动。例：国庆节后，许多单位都～了作息时间。

【更正】gēngzhèng 改正已发表的谈话或文章中有关内容或字句上的错误。例：这本书再版时，作者～了其中的几处错误。

辨析

“更改”“更正”都是动词，都表示改动。“更改”侧重指对原有的进行改动、改换；“更正”侧重指改错为正，尤其指改正已发表的谈话或文章中有关内容或字句上的错误。“更改”的对象多是日期、航线、方案、决定、计划等；“更正”的对象多是语言文字的错误。

公道 近公平 公正 公允

公道】 gōngdao 公平合理。例：两个孩子争执不下，请长辈为他们主持～。

公平】 gōngpíng 处理事情合情合理，不偏向任何一方。例：大家都希望事情能够～解决。

公正】 gōngzhèng 不偏袒，公平正直。例：我们的班长办事～，大家都服他。

公允】 gōngyǔn 公平得当。例：几经讨论，只有这个处理办法还比较～。

辨析

"公道""公平""公正"和"公允"是一组近义形容词，全都突出一个"公"字，都是褒义词。"公道"侧重不偏袒；"公平"指处理事情、分配物资等平等合理；"公正"指待人的态度正直无私，常用来评定人的品格；"公允"侧重于得当，并多用于书面语。

公而忘私 同大公无私 反自私自利

公而忘私】 gōng'érwàngsī 为了公事而忘记了私事。例：这是～、国而忘家的典型事例之一。

大公无私】 dàgōng-wúsī 秉公办事，毫无偏私。后也指一心为公，没有私心。例：孙中山先生一心为国，～，深受后人敬仰。

自私自利】 zìsī-zìlì 私心重，凡事谋求个人利益。例：一个～的人，怎么会取得大家的信任呢？

辨析

"公而忘私"和"大公无私"都有"一心为公"的意思，都是褒义词。只是"忘私"与"无私"程度不同，后者比前者精神境界更高，程度更深。

功劳 近功绩 功勋 反罪过 过失 过错

【功劳】gōngláo 为集体、为社会所做的贡献。例：在运动会上，他拿了三个第一名，为班集体的荣誉立下了汗马～。

【功绩】gōngjì 为集体、为社会所做的贡献和成绩。例：尽管有些新人在科学成就上超过了老师，但老师们的～是不可磨灭的。

【功勋】gōngxūn 极为重大的贡献。例：这些科学家为我国的航天事业建立了不朽的～。

【罪过】zuìguò 过失。例：我们应当意识到浪费是一种～。

【过失】guòshī 因为疏忽而犯下的错误。例：我认为他的～是可以原谅的。

【过错】guòcuò 过失；错误。例：这是我的～，我今后一定注意。

辨析

“功劳”“功绩”和“功勋”都是名词，指的都是为人民、为社会立了功，是一组近义词。其中，“功勋”所指的贡献、成绩最大，其次是“功绩”，再次是“功劳”。“功绩”可以拆开使用，如“丰功伟绩”；“功劳”“功勋”则不能。此外，“功劳”多用于口语；“功绩”“功勋”多用于书面语。

G

攻无不克 近战无不胜 百战百胜 反屡战屡败

【攻无不克】gōngwúbùkè 每次进攻，没有攻不下来的。形容百战百胜。例：这次足球比赛中，我们班～，战胜了所有对手。

【战无不胜】zhànwúbùshèng 逢战必胜。形容强大无比，可以战胜一切。例：六年级五班的同学人高马大，在篮球比赛中～最终获得冠军。

【百战百胜】bǎizhàn-bǎishèng 一百次战斗，一百次胜利，没有一次失败的。形容善于作战。例：只有战前充分了解对方的实力，采用正确的策略，作战时我们才能～。

屡战屡败】lǚzhàn-lǚbài 多次战斗，多次失败。例：敌军～，终于溃不成军。

估计 同估量 估摸 近预计

估计】gūjì 对人或事物的某些方面进行大致推断。例：团长～敌人会派人来增援，便在半路设了埋伏。

估量】gūliang 估计。例：这次特大地震对当地人民的生命财产造成了不可～的损失。

估摸】gūmo 估计。例：我～他月底就能回来。

预计】yùjì 预先计划、计算或推断。例：这幢大楼～两年内竣工并投入使用。

辨析

“估计”“估量”都指推测计算，在指对情况推测、对抽象事物的衡量计算时可以互换。“估计”的范围比较广，它是对力量、形势、事物的数量、质量以及事件发生的时间、可能性、意义、作用的预言或计算，在推算事物的数量时比较具体，并且多指一个方面；“估量”是对事物的轻重、大小、强弱、数量等做较全面的比较、衡量。“估摸”后面可以附“着”；“估计”“估量”不能。“估量”可以构成“不可估量”“无法估量”；“估计”能构成“无法估计”；“估摸”多用于口语，不能被“无法”和“不可”修饰。“预计”强调预先作出推断；“估计”“估量”“估摸”是根据情况作出推断。

孤独 同孤单 近孤立

孤独】gūdú 独自一人；孤单。例：他已经过惯了～的生活。

孤单】gūdān ①单身无伴，感到寂寞。②（力量）单薄。例：①他

～地踏上了漫漫旅途。②他深感势力～，正积极寻求帮助。

【孤立】gūlì 得不到同情和援助。例：小明坏毛病较多，但同学们并没有让他陷于～的处境。

辨析

"孤独""孤单"都有"独自一个人"的意思，是一组同义形容词，一般来说，二词可以互换。但略有差异："孤单"有时指人少力单，如"我们只有几个人，力量过于孤单，恐怕担不起这个任务"；"孤独"不能这样用。此外，"孤独"可以构成"孤独感"；"孤单"不能这样用。"孤独"侧重在个人的主观感觉；"孤立"侧重指客观事物数量的对比，也可指主观感觉。"孤立"兼属动词，如"孤立敌人"；"孤独"没有这种用法。"孤独"一般用于人；"孤立"可用于人和事物。

孤芳自赏 近 自我陶醉 反 妄自菲薄

G

【孤芳自赏】gūfāng-zìshǎng 把自己当作香花而自我欣赏。形容自命不凡。例：～往往会限制自己进一步的发展。

【自我陶醉】zìwǒ-táozuì 自己沉醉于自己所处的某一境地之中。形容自我欣赏。例：他把画好的画挂在墙上，～了一番。

【妄自菲薄】wàngzì-fěibó 过分地看轻自己。例：要学会正确地评价自己，既不狂妄自大，也不～。

辨析

"孤芳自赏"和"自我陶醉"都有"自己欣赏自己"的意思。但"孤芳自赏"还有"不屑向恶势力低头，自我清高"的意思；"自我陶醉"还有"盲目地自我欣赏"的意思。"妄自菲薄"是"自认为很不好而事实并不一定如此"；"孤芳自赏"和"自我陶醉"都是"自己并不那么好而自认为很好"，构成反义关系。

鼓舞 近鼓励 鼓动

鼓舞】gǔwǔ 使振奋。例:比赛前想办法~队员们的斗志是很有必要的。
鼓励】gǔlì 激发勉励。例:遇到困难时大家一定要学会互相~。
鼓动】gǔdòng 激发推动。例:在他们的~下,很多人都动了心。

辨析

“鼓舞”“鼓励”和“鼓动”都是动词,都有“促使他人行动起来”的意思。“鼓舞”着重指通过劝导增强信心和勇气,是褒义词,可用于口语和书面语;“鼓励”强调通过某种方式来激发其积极性,使其更加积极努力,一般用作中性词;“鼓动”强调激发、振奋或宣传,对象只能是人。

顾虑 近顾忌

顾虑】gùlǜ 恐怕对自己、对他人或对事情不利而不敢照自己本意说话或行动。例:有这么多人的支持,你还~什么?
顾忌】gùjì 恐怕对人或对事情不利而有顾虑。例:她说起话来毫无~,根本不考虑别人能不能接受。

辨析

“顾虑”和“顾忌”做动词时,都用来表示不敢按照自己的想法说话或行动。“顾虑”侧重表示考虑过多而迟迟不能行动;“顾忌”侧重表示因为有顾虑而害怕。

雇佣 近雇用

雇佣】gùyōng 用货币购买劳动力。例:工作中总把自己看作

～工，就会丧失主人翁的进取精神。

【雇用】gùyòng 出钱让人给自己做事。例：工厂临时～了几个人来帮忙。

辨析

“雇佣”和“雇用”都指叫人做事，付给工钱。“雇佣”指用货币购买劳动力，是雇与受雇的关系，二者的地位是不平等的，可构成“雇佣军”等词，还可构成“雇佣观点”“雇佣关系”等词组；“雇用”指出钱让人为自己做事，二者的地位是平等的。

乖巧 近机灵 伶俐 反呆板

【乖巧】guāiqiǎo 机灵；讨人喜欢。例：这孩子真～。

【机灵】jīling 聪明伶俐。例：多么～的小象！竟然能把庞大的车子从泥坑里拉出来。

G

【伶俐】línglì 聪明；灵活。例：～可爱的小燕子从南方赶来了，加入这百花争艳的盛会，为春光增添了许多色彩。

【呆板】dāibǎn 死板；不灵活。例：这个舞蹈动作有点儿～。

辨析

“乖巧”多指人的言行；“伶俐”常和口齿、手脚搭配；“机灵”的使用范围较广。“乖巧”除有“机灵”的意思外，还有“合人心意、讨人喜欢”的意思；而“机灵”“伶俐”没有这种意思。

怪异 同奇异 反平常

【怪异】guàiyì 跟平常不一样；令人惊奇诧异。例：他是个行为～的人。

【奇异】qíyì 奇特；惊异。例：我梦想探游～的海底世界。

【平常】píngcháng 普通；不特殊。例：这种事很～，你不必大惊小怪。

关怀 同关心 关照 近关切 关注 反冷落

关怀】guānhuái （对人或事物）关心爱护。例：班主任对我们～备至。

关心】guānxīn （把人或事物）常放心上；重视和爱护。例：焦裕禄～他人，就是不～自己。

关照】guānzhào 关心照顾。例：大家要多～这位新来的同学。

关切】guānqiè 关心。例：虽然他离开了教育战线，但他还在深深地～着教育事业。

关注】guānzhù 关心并重视。例：他一直～着这个孩子的成长。

冷落】lěngluò 冷淡地对待（他人）。例：你过来招呼一下，不要～了客人。

辨析

“关怀”“关心”“关照”“关切”和“关注”都有“重视、爱护”的意思，都是褒义词。“关注”常用于大的方面，表示既关心又重视；“关照”指除在思想上关心外，还在行动上照顾，有时用于感谢语中，如“多蒙关照”；“关切”多为书面语；“关心”“关怀”使用频率高于其他各词。

G

关键 近关节 要害

关键】guānjiàn 比喻事物最紧要的部分；对情况起决定作用的因素。例：发展农业生产，～在于落实好各项农村政策和提高农民的科学技术水平。

关节】guānjié 起关键性作用的环节。例：我们要彻底解决这个问题，就必须找到问题的～。

要害】yàohài 比喻重要的部分或军事上重要的地点。例：他一下击中了问题的～，使在场的人哑口无言。

关联 同联系 近关系 反割裂

【关联】guānlián 事物相互之间发生牵连和影响。例：国民经济各部门是互相～，互相依存的。
【联系】liánxì 彼此接上关系。例：他正在用手机和朋友～。
【关系】guānxì 关联；牵涉。例：这件事～到集体荣誉，我们要认真对待。
【割裂】gēliè 把统一的、互相联系的事物分割开。例：我们要理论联系实际，而不能把理论和实际～开。

辨析

“关联”侧重指互相有连带关系，常用于人或物；“联系”还可表示人与人之间互相联络、接头，也可以重叠成“联系联系”；“关系”还可以作名词，也可以构成“生产关系”“拉关系”等词组。

G

观察 近考察

【观察】guānchá 仔细察看。例：仔细～，你才能发现它们之间的区别。
【考察】kǎochá 深入细致地观察和研究。例：李市长到上海市～去了。

辨析

“观察”和“考察”都有认真察看的意思，都是动词。“观察”侧重于通过认真观看来了解事物，对象既可以是具体的事物，也可以是抽象的事物；“考察”侧重于通过观看调查来深入了解对象，对象既可以是事物，也可以是人。

观点 近观念 概念

【观点】guāndiǎn 观察事物所处的位置或采取的态度。例：在这个问题上，我们俩的～完全相同。

【观念】guānniàn 思想意识；客观事物在人脑里留下的概括的形象。例：你的这个老～已经跟不上形势发展了。

【概念】gàiniàn 人们在认识事物时，对所感觉到的事物的共同特点的概括和总结。例：人们从苹果、桃中概括出水果的～。

辨析

“观点”“观念”和“概念”都用来指客观事物在人们头脑中的反映。“观点”侧重指对事物形成的某种特定的认识，即对某事物的看法；“观念”侧重指对事物的认知上表现出某种受环境、时代背景所制约的认识；“概念”则指对事物的定义，也可用来表示对某事物的印象，多从事物或现象的整体出发。

G

贯穿 同贯串 贯通

【贯穿】guànchuān 连通；穿过；贯串。例：这条铁路～了南北几个省份。

【贯串】guànchuàn 从头到尾穿过一个或一系列事物。例：爱国主义的思想～这部小说的各篇各章。

【贯通】guàntōng 透彻地通晓；连接，首尾相通。例：这条铁路已经全线～。

辨析

“贯穿”“贯串”和“贯通”都是动词，都有“连贯相通”的意思。“贯穿”所涉及的宾语多为具体事物，但有时可与“贯串”换用，如“这篇文章从头到尾贯穿(贯串)着爱国主义的精神”；“贯串”所涉及的宾语只能是较抽象的事物；“贯通”一般很少带宾语。

光复 同收复 近恢复 反沦陷

【光复】guāngfù 收回(失去的领土);恢复(已亡的国家)。例:郑成功从荷兰殖民主义者手中~了台湾。

【收复】shōufù 夺回(失去的领土)。例:南宋抗金名将岳飞毕生都在为~失地而战斗。

【恢复】huīfù 把失去的收回来。例:我们齐心协力,赶走了侵略者,~了原有的安宁生活。

【沦陷】lúnxiàn (领土)被敌人占领。例:"九一八"事变后,东北~区的人民一直坚持抗日救亡斗争。

辨析

"光复"强调重新恢复主权,人民重见光明,可用于国家或某一城市,语意较重;"收复"强调用武力夺回失地,语意没有"光复"重;"恢复"还可指变成原来的样子,如"经过医生的精心治疗,他恢复了健康。"

G

光芒 近光辉 光彩

【光芒】guāngmáng 向四面放射的光线。例:电灯的~把阿爷照得容光焕发。

【光辉】guānghuī 耀眼的光。例:夕阳闪着金子般的~。

【光彩】guāngcǎi 颜色和光泽;光辉。例:你穿上这身衣服真是~照人。

辨析

"光芒""光辉"和"光彩"都是名词,都指物体发射出来的明亮的光,常用于褒义。它们都可构成一定的词组,如"光芒万丈""光辉灿烂""光彩夺目"等。"光芒"着重指光线四射;"光辉”着重指光的明亮强烈;“光彩”着重指光的色彩鲜艳。“光辉”“光彩”还可作形容词;“光芒”没有形容词用法。

广大 近广阔 反狭小

【广大】guǎngdà (面积、空间)宽阔;(人数)众多。例:这片土地面积~。

【广阔】guǎngkuò 广大宽阔。例:我们的祖国幅员~,江山秀美,物产丰富。

【狭小】xiáxiǎo 狭窄;(面积、范围)小。例:这个房间非常~。

辨析

“广大”和“广阔”都有“宽广”的意思。但“广大”可指人数多;而“广阔”不可。“广阔”可用来形容心胸、前途;而“广大”却不可以。

G

广泛 近普遍

【广泛】guǎngfàn (事物所涉及的面)很广。例:在这个问题上,老师~地征求了家长们的意见。

【普遍】pǔbiàn 广泛;具有共同性的。例:近年来,人民的生活水平~有了提高。

辨析

“广泛”“普遍”都能指人们活动涉及的方面多、范围广。“广泛”着眼于“广”;“普遍”着眼于“全”,所指的面比较全,形容事物具有共同性。“广泛”可以与内容、兴趣、基础等词语搭配;“普遍”能与真理、意见、规律、原则等词语搭配。

规则 近规定 规矩

【规则】guīzé 规定出来大家共同遵守的制度或章程。例：每个人都应该自觉遵守交通～。

【规定】guīdìng 对某一事物做出的关于方式、方法、数量、质量的决定。例：每周一早晨举行升旗仪式是我校由来已久的一项～。

【规矩】guīju 画圆形和方形的两种工具。比喻一定的标准、习惯、法则。例：他每天早上到海边去捕鱼，但是他自己立下一条～，每天至多撒四次网。

辨析

“规则”“规定”“规矩”都是名词，都指必须遵守的法则。“规则”是已形成文字固定下来的制度或章程，多用于书面语；“规定”是对事物做出的决定，书面语和口语都常用；“规矩”是指长期延续下来的习惯或标准，多用于口语。“规则”“规矩”可作形容词；“规定”可作动词。“规矩”可重叠为“规规矩矩”；“规则”“规定”则不能。

G

果然 同果真 反居然 竟然

【果然】guǒrán 表示事情与所料相符。例：看了小明的作文后，我感觉他～名不虚传，真是个写作高手。

【果真】guǒzhēn 果然。例：这次比赛他～得了冠军。

【居然】jūrán 表示意想不到。例：这盆仙人掌几个月没有浇水～没有枯萎，可见其有多么顽强的生命力。

【竟然】jìngrán 表示出乎意料。例：没想到你～会做出这种事情！

辨析

“果然”“居然”和“竟然”都是副词，都能说明预想和结果的关系，经常用作状语。“果然”表示结果和预想一致，有“真的、果真如此”的意思；“居然”表示结果和预想的相反，有“没有料到真会这样”的意思；“竟然”也表示结果和预期的相反，多用在不好的方面，指“不应该这样而这样”，常用于假设句，语气较重。主观愿望与结果一致的，用“果然”；主观愿望与结果不一致的，用“居然”和“竟然”；“竟然”多用于转折。

过程 近 历程

过程】guòchéng 事情进行或事物发展所经过的程序。例：参观者认真地观看了生产的～，许多人还做了笔记。

历程】lìchéng 经历的过程。例：今天，回顾那艰难困苦的～，众人心情是多么激动啊！

辨析

“过程”和“历程”都是名词，都表示经过的程序、道路。“过程”侧重事物发展变化的经过；“历程”侧重指人、队伍、组织的斗争经历，也指事物演变的道路。“历程”一般指过去的已经完成的事；“过程”可以指过去的事，也可以指现在或将来的事。“过程”口语和书面语都常用；“历程”一般只用于书面语，带有庄重色彩。

过犹不及 近 矫枉过正 反 恰到好处 恰如其分

过犹不及】guòyóubùjí 犹：如同。及：到位。事情办得过火了，跟做得不够一样，都不好。例：处理问题要认真把握尺度，要时刻记着～的道理。

矫枉过正】jiǎowǎng-guòzhèng 矫：扭转。枉：弯曲。为了要把弯曲的物体变直，结果做过了头，又弯向另一边。比喻纠正错误超过了应有限度。例：纠正错误要防止～。

【恰到好处】qiàdào-hǎochù 正好达到了适宜的程度。例：传统名菜“烤乳猪”要求火候掌握得～。

【恰如其分】qiàrú-qífèn 正合于分寸。例：他们对这部影片的各个方面作了～的评价。

辨析

“过犹不及”和“矫枉过正”都有“超过限度”的意思，都说明“度”对事物有制约性。“矫枉过正”是比喻释义，通俗形象地说明了“纠正偏失或错误，不要超过应有限度”这个道理；“过犹不及”是直接表述词义。

H h

海市蜃楼 近空中楼阁

海市蜃楼】hǎishì-shènlóu 在沙漠或海边地带大气中由于光线折射而把远处景物显示在空中或地面的自然现象。古人误以为是蜃吐气而成，所以叫"海市蜃楼"，也叫"蜃景"。常用来比喻人世繁荣的虚幻无常。也比喻虚无缥缈、实际上并不存在的事物。例：他产生过的无数希望都像～，眨眼间便化为乌有。

空中楼阁】kōngzhōng-lóugé 本义指海边或沙漠中由光线折射而成的虚幻楼阁。常比喻脱离实际的幻想或虚幻的事物。例：这些理论严重脱离实际，犹如～。

辨析

"海市蜃楼"和"空中楼阁"都用来比喻幻想出的、实际并不存在的事物。"海市蜃楼"偏重在虚无缥缈，远离现实；"空中楼阁"偏重在没有根基，脱离实际。"海市蜃楼"多指幻景，多比喻容易幻灭的"希望"、虚幻的"前景"等；"空中楼阁"多指幻想，多比喻脱离实际的理论、计划、空想等。两者结构不同，用法有差别："空中楼阁"可以跟"架起"搭配；"海市蜃楼"则不可以。

海外 近国外 反海内

海外】hǎiwài 指国外。例：刘老师的女儿在～工作多年了。

【国外】guówài 国境以外。例：这件东西是从～进口的。
【海内】hǎinèi 国境以内。例：这本书历来被称为～孤本。

辨析

“海外”和“国外”都是名词，都指国境以外，有时两词可互换。“海外”侧重在“中国边界之外”，既可指其他国家，也可指本应纳入中国版图，但目前还处在我国大陆之外的地区，词义范围比“国外”大；“国外”只指“中国领土以外的其他国家或地区”。

害怕 同惧怕 畏惧

【害怕】hàipà 遇到困难、危险等而心中不安或发慌。例：风吼得这么凶，真叫人～。
【惧怕】jùpà 害怕。例：面对问题不要～，而是要想办法解决。
【畏惧】wèijù 害怕。例：面对敌人的严刑拷打，革命者毫不～，正义凛然。

H

辨析

“害怕”“惧怕”和“畏惧”都是动词，都有“怕”的意思。这几个词表示怕的程度有轻重之别，由轻到重依次为：害怕、惧怕、畏惧。

含垢忍辱 近忍气吞声 反扬眉吐气

【含垢忍辱】hángòu-rěnrǔ 忍受耻辱。例：一代帝王宋徽宗被金人掳后不得不～。
【忍气吞声】rěnqì-tūnshēng 形容受了气而勉强忍耐，不说什么话。例：～只会使对方变本加厉。
【扬眉吐气】yángméi-tǔqì 形容摆脱压抑后心情舒畅的样子。例：中国的国际地位提高，经济腾飞，海外华人无不～。

辨析

“含垢忍辱”和“忍气吞声”都有“受了气而勉强忍耐”的意思。“含垢忍辱”重在“忍辱”,主要对受耻辱、被侮辱而言;“忍气吞声”重在“忍气”,令人“气”的事,除了受耻辱、被侮辱外,还有受压迫、受剥削、受欺凌、蒙不白之冤等等。“忍气吞声”强调了“把话吞到肚子里,不敢出声”这一层意思;“含垢忍辱”不强调这一层意思。“忍气吞声”一般用于人;“含垢忍辱”可用于人,也可用于整个国家、整个民族。“含垢忍辱”多用于书面语;“忍气吞声”则书面语、口语都常用。

含糊 同含混 近模糊 模棱 反明确 认真 鲜明

含糊】hánhu 不明确;不认真。例:书上对这个问题解释得有些~。

含混】hánhùn 模糊;不明确。例:他言辞~,令人费解。

模糊】móhu 不分明;不清楚。例:时间过去这么久,我对他的印象已经很~。

模棱】móléng 含糊;不明确。例:小明的态度总是~两可的。

明确】míngquè 明白而确定。例:他对什么问题都能~表示自己的意见。

认真】rènzhēn 不马虎。例:升入初中后,冬冬在学习上更~了,成绩名列前茅。

鲜明】xiānmíng 分明而确定,毫不含糊。例:这篇文章观点~,言之成理。

辨析

“含糊”“含混”“模糊”和“模棱”都可作形容词,都有“不明确、不清晰”的意思。“含糊”“模糊”还可作动词;“含混”“模棱”则没有这种用法。

H

寒冷 近凛冽 反温暖 炎热 和煦

【寒冷】hánlěng 天气很冷，气温很低。例：在北方，冬天的早晨是～的。

【凛冽】lǐnliè 极其寒冷。例：～的北风呼呼地刮着。

【温暖】wēnnuǎn 不冷不热。例：春天的阳光是～的。

【炎热】yánrè 天气很热。例：在～的夏日里，许多家庭都装上了空调。

【和煦】héxù 温暖。例：～的阳光沐浴着校园。

毫不松弛 近坚持不懈 反一曝十寒

【毫不松弛】háobù-sōngchí 一点儿也不放松。例：鲁迅先生一生勤奋，对待工作～。

【坚持不懈】jiānchí-bùxiè 坚持到底，毫不松懈。例：我们要～地学好语文这门功课。

【一曝十寒】yīpù-shíhán 比喻时而勤奋，时而懈怠，没有恒心例：学习要持之以恒，不能～。

毫不犹豫 近当机立断 反犹豫不决

【毫不犹豫】háobù-yóuyù 一点儿也不迟疑。例：他～地接受了上级交给的任务。

【当机立断】dāngjī-lìduàn 抓住时机，立刻决断。例：战场形势千变万化，指挥员必须～，以免贻误战机。

【犹豫不决】yóuyù-bùjué 拿不定主意。例：这件事如何处理他～。

豪华 近奢华 反朴素

【豪华】háohuá（建筑、设备、装饰等）十分华丽；（生活）过分铺张。例：这家商店卖的都是～型家具。
【奢华】shēhuá 奢侈豪华。例：这些贪官，腐化堕落，追求～，哪还有半点儿人民公仆的影子！
【朴素】pǔsù 不加修饰，不华丽；节俭，不奢侈。例：老师要求我们要衣着～。

辨析

“豪华”强调十分华丽，极有气派；“奢华”强调过分铺张。两者虽都表示建筑物、陈设、装饰等富丽堂皇，存在同义关系，但在感情色彩上是有区别的：前者一般是中性词；后者是贬义词。

好歹 同好坏

【好歹】hǎodǎi 好坏；危险（多指生命危险）。例：你不听我的劝告，真不知～。
【好坏】hǎohuài（条件、事物、做某事等的）好与坏。例：评定一个人的～可不是一件简单的事。

辨析

“好歹”和“好坏”都是名词，都有“善和恶”的意思。在表示善和恶的意思时，“好歹”和“好坏”相同。“好歹”可指危险（偏重于“歹”，“好”已失去意义），还可表示将就、不管怎样，能加重语气，兼属副词；“好坏”则没有。“好坏”可以重叠成“好好坏坏”，可以构成“亦好亦坏”“不好不坏”等；“好歹”则不能。

号召 同召唤 近号令

【号召】hàozhào ①召唤(群众共同去做某事)。②向群众提出的要求。例:①学校~我们为灾区献爱心。②我们要积极响应学校的~。

【召唤】zhàohuàn 叫人来。例:新的生活在~着我们。

【号令】hàolìng ①军队中用口说或军号等传达命令。②下达的命令。例:①诸葛亮~全军立刻向汉中进发。②部队要求每个人都必须按~行动。

辨析

"号召""召唤"和"号令"都指向群众发出要求或命令。"号召"指提出要求,希望大家共同去做某一件事,是动词兼作名词,发出"号召"的是党、政府、领袖,可以是最高的组织,也可以是基层组织;"召唤"有"呼唤"的意思,是动词,发出"召唤"的是党、政府、人民、祖国、领袖,多用于抽象方面,比较庄重。"召唤"可以是具体的,也可以是泛指的;"号召"则一般有具体的要求。"号令"带有明显的强制性,是动词兼作名词,发出"号令"的可以是组织、领导,也可以不是。

H

浩瀚 近广大 反渺小

【浩瀚】hàohàn 广大;繁多。例:~的沙漠,酷热难当。

【广大】guǎngdà (面积、空间)宽阔;(人数)众多。例:要把~的沙漠改造成绿洲,谈何容易!

【渺小】miǎoxiǎo 微小。例:130 万个地球才抵得上一个太阳的体积,地球和太阳相比,就显得太~了。

合拢 同合并 反张开

合拢】hélǒng 合到一起;闭合。例:河蚌正在沙滩上晒太阳,看见水鸟一来,马上把蚌壳～了。

合并】hébìng 结合到一起。例:丁校长把几个问题～在一起让大家讨论。

张开】zhāngkāi 使合拢的东西分开。例:让我们～双臂去迎接美好的明天。

辨析

“合拢”“合并”都是动词,都有“合到一起”的意思。“合拢”是指一个事物的两部分合到一起;“合并”是指人为地将不同的事物合在一起去处理。

合作 同协作 反分工 单干

合作】hézuò 为了共同的目的而一块儿工作。例:他们～了四十年,结下了深厚的友谊。

协作】xiézuò 若干人或者若干单位互相配合来完成任务。例:甲乙双方～开发新产品。

分工】fēngōng 指分别从事各种不同而又互相补充的工作。例:为了完成这项任务,我们进行了具体～。

单干】dāngàn 一个人干。例:不愿意合作的人可以～。

辨析

“合作”“协作”都是动词,都有“相互配合完成某项工作或活动”的意思。区别在于:“合作”中的各方没有主次之分,可构成“合作化”“合作社”等词;“协作”中的各方有明显的主次之分,可构成“协作精神”“密切协作”等词。

和蔼 同和气 近和善 反凶暴 蛮横

【和蔼】hé'ǎi 态度温和，容易接近。例：邻居家住着一位～可亲的老奶奶。

【和气】héqi 态度温和。例：李大叔对人很～。

【和善】héshàn 温和而善良；和蔼友善。例：老师对我们一向态度～。

【凶暴】xiōngbào （性情、行为）凶狠残暴。例：面对～残忍的歹徒，公安民警毫不畏惧。

【蛮横】mánhèng （态度）粗暴而不讲理。例：这几个人的态度非常～。

辨析

“和蔼”“和气”和“和善”都是形容词，都有“态度温和而容易接近”的意思，但它们在词义和词的色彩上仍有差别。其中，“和蔼”着重于自身性情温和，多用于书面语，常为上对下，长对幼；“和气”侧重于态度温和，常用来形容说话，通用于口语和书面语，没有长幼之分；“和善”突出心地善良，使用范围较广。

和缓 同缓和 反紧张 激化

【和缓】héhuǎn ①平和；不紧张。②使不紧张。例：①经过两国高层领导多次互访、协商，两国局势～了。②为了～一下室内气氛，他讲了一个笑话。

【缓和】huǎnhé ①和缓。②使和缓。例：①知道错怪了孩子以后，他的口气～多了。②南水北调工程的顺利进行，～了北京供水紧张的局面。

【紧张】jǐnzhāng 激烈；紧迫。例：这几天，工作十分～，弄得他精疲力竭。

【激化】jīhuà （矛盾）向激烈尖锐的方面发展。例：我们一定要设法避免矛盾～。

辨析

“和缓”和“缓和”是一组同义词，都既可作动词，也可作形容词。“和缓”多用于书面语，使用频率不如“缓和”高；“缓和”书面语和口语都常用，使用频率高。用作形容词时，“和缓”多和药性、语气搭配；“缓和”多和矛盾搭配。“缓和”可重叠为“缓和缓和”；“和缓”不能。

喝彩 同叫好

【喝彩】hècǎi 大声叫好。例：演出过程中，观众不断地～。
【叫好】jiàohǎo 对精彩的表演等大声喊“好”，表示赞赏。例：他的京剧清唱令大家齐声～。

轰动 近震动

【轰动】hōngdòng 同时惊动很多人。例：中华人民共和国的诞生～了全世界。
【震动】zhèndòng 颤动；（重大的事情）使人心不平静。例：这个大型家具城的失火，～了全市家具行业。

辨析

“轰动”和“震动”都是动词，都指因一些事情引起强烈反响而造成不平静。“轰动”侧重于影响面大，对象广泛；“震动”侧重于力度大，对象往往只涉及一定范围内关系密切的个体。

宏大 同远大 巨大 庞大

【宏大】hóngdà 巨大；宏伟。例：这座跨江大桥规模～。

【远大】yuǎndà 长远而广阔，不限于目前。例：新时代的青年要树立～志向。

【巨大】jùdà （规模、数量等）很大。例：引黄工程耗资～。

【庞大】pángdà 很大（常含过大或大而不当的意思，指形体、组织或数量等）。例：机构～，阻碍了企业的发展。

辨析

“宏大”“远大”“巨大”和“庞大”都是形容词，都指很大。“宏大”常指范围、规模、声音，也能用来指人的理想、志愿，是褒义词；“远大”表示不局限于眼前，有长远的打算，常指目标、眼光、计划、理想，是中性词；“巨大”是中性词，可以用在好的方面，也可以用在不好的方面；“庞大”指形体、组织或数量，常有“大而不当”的意思。此外，“庞大”可拆开构成“庞然大物”；“宏大”“远大”“巨大”则不能。

宏伟 同雄伟

H

【宏伟】hóngwěi （规模、计划等）宏大雄伟。例：他心中酝酿着自己～的计划。

【雄伟】xióngwěi 高大而很有气势。例：～的万里长城是我们祖国的象征。

洪亮 近嘹亮 响亮 反微弱 低微

【洪亮】hóngliàng （声音）大；响亮。例：老人说话的声音很～。

【嘹亮】liáoliàng （声音）清晰响亮。例：操场上响起了～的歌声。

【响亮】xiǎngliàng （声音）清晰宏大。例：李小龙回答得十分～

【微弱】wēiruò 小而弱；极弱。例：门开着，隐隐约约地听得见～的呻吟声。

低微】dīwēi （声音）细小。例：他的嘴里发出～的呻吟声。

辨析

“洪亮”“嘹亮”和“响亮”都是形容词，都指声音大而清晰。“洪亮”常形容嗓音、钟声、回声等，是褒义词；“嘹亮”常形容歌声、号声、乐器声等，是褒义词；“响亮”适用范围较广，除形容物体发出声音外，还可形容歌声、乐器声等，是中性词。

后面 同后边 背后 反前面

后面】hòumiàn 空间或位置靠后的部分。例：他从～追了上来。

后边】hòubian 后面。例：李欣坐在我的～。

背后】bèihòu 后面。例：他一直跟在我的～。

前面】qiánmiàn 正面或位置靠前的部分。例：快点走啊，～有美丽的景色等着我们去欣赏。

忽然 同猛然 骤然

忽然】hūrán 表示情况发生得迅速而出人意料。例：一辆正在行驶的自行车～发生了爆胎。

猛然】měngrán 忽然。例：～间大雨如注，将他淋成个落汤鸡。

骤然】zhòurán 忽然。例：喊声～响起，像雷鸣般震撼大厅。

辨析

“忽然”“猛然”和“骤然”都是副词，都有“突如其来而又出乎意料”的意思。其中，“忽然”指来得突然而又迅速，如“风忽然大起来”；“猛然”指气势猛，强而有力，语意程度比前两者重，如“他猛然醒悟，大吃一惊”；“骤然”指急剧迅速，含有“突然暴发”的意思，语意最重。

忽视 同轻视 漠视 近无视 反重视

【忽视】hūshì 不注意;不重视。例:安全问题不容～。
【轻视】qīngshì 不重视;不认真对待。例:你的对手实力很强,千万不要～。
【漠视】mòshì 冷淡地对待;不注意。例:作为一个领导干部,不可～人民的疾苦。
【无视】wúshì 不放在眼里;不认真对待。例:父母千万不可～孩子的心理健康教育。
【重视】zhòngshì 认为有价值而认真对待。例:现在的家长都非常～对子女的教育。

辨析

“忽视”“轻视”“漠视”和“无视”都是动词,都有“对事情不注意,不放在心里”的意思,都含贬义。“忽视”强调不在意,忽略掉,含有“可能有意识地或无意识地不加注意”的意思;“轻视”强调主观上有意不注意,不重视,不去认真对待,常含“看不起”的意思;“漠视”强调冷漠地对待,认为不重要而不去注意;而“无视”强调有意不放在眼里,含有“根本不顾,根本不理”的意思。四者在语意的轻重和用法上也有差异:“忽视”适用范围广,语意轻,使用频率高;“轻视”的对象是人或事物,多用在应该重视而不认真对待的场合;“漠视”语意较重,多用于较庄重的场合;“无视”语意最重,使用范围最小。“忽视”“轻视”“漠视”“无视”都与“重视”构成反义关系。

H

囫囵吞枣 近生吞活剥 不求甚解 反咬文嚼字

【囫囵吞枣】húlún-tūnzǎo 把枣儿整个儿吞下去。比喻读书等不加分析地笼统接受。例:我们在学习中不能～。

生吞活剥】shēngtūn-huóbō 比喻生硬地接受或机械地搬用别人的经验或方法。例:我们对别人的学习方法不能~。

不求甚解】bùqiú-shènjiě 指只求懂得大概,不求深刻了解。例:像你那样~,很难将文章理解得深刻、透彻。

咬文嚼字】yǎowén-jiáozì 过分地斟酌字句。例:有些书只要能读懂大意就行,没必要~。

狐假虎威 近狗仗人势

狐假虎威】hújiǎhǔwēi 比喻倚仗别人的势力来欺压人。例:县令的儿子整日里在外面~,欺压百姓。

狗仗人势】gǒuzhàngrénshì 比喻仗势欺人。例:这个人一向~,人们都不搭理他。

互相 同相互

互相】hùxiāng 表示彼此同样对待的关系。例:咱们应当~支持才对。

相互】xiānghù 互相。例:大家要明白,尊重和理解都是~的。

辨析

“互相”和“相互”是一组同义副词,都表示彼此同样对待的关系。其中,“互相”通用于口语、书面语,多和双音节的动词搭配使用,如“他们眷恋地互相凝视着,但是却无法交谈。”“相互”和“互相”可以互换,如“我们互相(相互)帮助”,只是“相互”不如“互相”常用。

花天酒地 近醉生梦死 反啼饥号寒

花天酒地】huātiān-jiǔdì 形容吃喝玩乐等奢侈堕落的生活。

例：旧社会，剥削阶级过着～的生活，而穷人却在忍饥挨饿。

【醉生梦死】zuìshēng-mèngsǐ 像喝醉酒和做梦那样糊里糊涂混日子。例：在老师的耐心教育下，他告别了～的网络生活。

【啼饥号寒】tíjī-háohán 因饥饿寒冷而大声啼哭。形容生活极端困苦。例：敌人掠夺了百姓的衣食，使他们～。

辨析

“花天酒地”和“醉生梦死”都用来形容腐朽糜烂的生活。其中，“花天酒地”偏重于荒淫腐化；“醉生梦死”偏重于昏沉颓废。“醉生梦死”常用来直接形容人；“花天酒地”一般不能直接形容人。用“醉生梦死”作定语时，常以人为中心词；用“花天酒地”作定语时，一般不以人为中心词。

滑稽 同诙谐 近幽默 反正经

【滑稽】huájī 形容（言语、动作）逗人发笑。例：台上小丑的动作十分～可笑。

【诙谐】huīxié 说话有趣，惹人发笑。例：小叔言谈～，和他在一块儿，可快乐呢。

【幽默】yōumò 令人发笑而意味深长。例：王老师说话风趣～。

【正经】zhèngjing 严肃认真。例：你～点儿，不要嘻嘻哈哈。

辨析

“滑稽”“诙谐”和“幽默”都作形容词，都有“有趣、引人发笑”的意思。“滑稽”侧重于逗人发笑，书面语、口语都可用；“诙谐”指说话轻松有趣，叫人发笑，用于书面语；“幽默”指话语含义深长，有时带有讽刺的意味，是英语 humour 的音译，使用范围较广。

欢喜 同欢快 欣喜 近欢腾

【欢喜】huānxǐ 快乐；高兴。例：收到生日礼物后我满心～。

【欢快】huānkuài 欢乐轻快。例：教室里响起～的歌声。

【欣喜】xīnxǐ 欢喜；快乐。例：自己喜欢的球员进球了，小明掩饰不住～的心情，大叫起来。

【欢腾】huānténg 欢喜得手舞足蹈。例：喜讯传来，人们立刻～起来。

辨析

“欢喜”“欢快”“欣喜”和“欢腾”都是形容词，都有“高兴”的意思。“欢喜”就是“高兴”的意思，语意较轻；“欢快”比“欢喜”进一层，表示“高兴、畅快”的意思，语意较重；“欢腾”又进一层，语意更重，表示“高兴得跳起来”。“欢喜”和“欢快”常用来形容“心情或表情”；“欢腾”则常用来形容高兴的“状况”，可以说“万众欢腾”，却不能说“万众欢快”“万众欢喜”。“欢喜”可以单独作谓语，可以带宾语，可以重叠成“欢欢喜喜”；“欣喜”多用于书面语，不如“欢喜”通俗，它既不能重叠，也不能构成成语。

欢迎 近迎接 迎迓 反欢送 送行 送别

【欢迎】huānyíng 很高兴地迎接。例：无论你什么时候来，我都～。

【迎接】yíngjiē 到某个地点去陪同客人等一起来。例：楚王吩咐大开城门，把晏子～进去。

【迎迓】yíngyà 迎接。例：当年尼克松抵达北京时，周恩来总理亲自到机场～。

【欢送】huānsòng 高兴地送别。例：我们全家人前往机场～三叔去美国留学。

【送行】sòngxíng 到即将远行的人那里，和他告别，看他离开。例：爸爸去广州开订货会，我和妈妈到机场～。

【送别】sòngbié 送行。例：小明到车站～朋友去了。

辨析

“欢迎”还可表示乐意接受；“迎迓”强调迎接对方到来的友好情意，含有尊敬、讲礼仪和客气的态度色彩，用于书面语；“迎接”强调把对方接进来，也指迎接某种事物的到来，可用于书面语和口语。

环顾 同环视 近扫视

【环顾】huángù 向四周看。例：我好几次～会场，都没发现小明的影子。

【环视】huánshì 向周围看。例：校长～全场，见大家安静下来才开始讲话。

H

【扫视】sǎoshì 目光迅速地向周围看。例：小王～了一下四周把手中的纸条塞到了老李手中。

辨析

“环顾”“环视”和“扫视”都是动词，都有“向四周看”的意思。“环顾”和“环视”都强调向四周看，两者词义完全相同，只不过“环顾”的书面语色彩较浓（如书面语中常作“环顾苍穹”等）；而“环视”则在口语和书面语中都常用；“扫视”强调目光向四周看的速度快，含有“很快地左右移动”的意思，如“他扫视了全场一眼”，其词义与前两者的差别是比较明显的。

缓慢 同迟缓 反快速 迅速

【缓慢】huǎnmàn 不迅速；慢。例：老人说话的速度是～的。

迟缓】chíhuǎn 缓慢。例:奶奶年纪大了,行动有些~。
快速】kuàisù 速度快的;迅速。例:列车~行驶。
迅速】xùnsù 速度高;非常快。例:我们一定要~取得胜利。

辨析

"缓慢"和"迟缓"都是形容词,都有"速度低"的意思,都具有书面语色彩,多和双音节词搭配,但是,两者在词义和词的色彩等方面还是略有差异的。其中,"缓慢"突出表明速度低,强调"慢"的含义,如"渠水缓慢地流淌着","他在溪边缓慢踱步";"迟缓"则突出了迟延,把规定的或合适的时间推迟了,所带的书面语色彩比"缓慢"重,如"在突围的时候,迟缓片刻就有可能导致失败","他迈着沉重迟缓的步子"。

荒诞 同荒唐 荒谬

荒诞】huāngdàn 极不真实;极不近情理。例:这篇小说的情节~离奇。
荒唐】huāngtáng (思想、言行)错误到使人觉得奇怪的程度。例:她做的那件事真是太~了。
荒谬】huāngmiù 极端错误;非常不合情理。例:他这番言论简直是~绝伦!

辨析

"荒诞""荒唐"和"荒谬"是一组同义形容词,都有"不合情理"的意思。三者在词义及用法上的差别表现为:"荒诞"强调不真实,很不近情理,可用于故事、遭遇等,常和"不经"连用,如"不可将荒诞不经的神话故事看作真有其事";"荒唐"有"错误到使人觉得奇怪的程度"的意思,可用于言行或思想,如"丝毫不做努力却希望成功,简直是荒唐";"荒谬"强调错误,一般用于言辞所表示的思想认识等,常和"绝伦"连用,如"这样荒谬绝伦的说法是不为任何人所相信的"。"荒唐"和"荒谬"在语意轻重上的差异是：前者语意较轻，后者语意较重。就语体和感情色彩来看，“荒诞”和“荒唐”多用于贬义，但有时也可作中性词看待；而“荒谬”仅作贬义词。“荒唐”常用于口语，口语色彩较浓；而“荒诞”有较浓厚的书面语色彩。

慌张 近 惊慌 反 沉着 镇静

【慌张】huāngzhāng 不沉着；动作忙乱。例：这个人神色～，立刻引起民警的注意。

【惊慌】jīnghuāng 害怕慌张。例：她站起来，～得不知说什么好。

【沉着】chénzhuó 镇定；不慌不忙。例：遇到紧急情况，大家一定要～。

【镇静】zhènjìng 情绪稳定或平静。例：比赛马上就要开始了，大家都有点紧张，他却显得很～。

H

辨析

“慌张”和“惊慌”的意思基本相同。不同的是：“慌张”多指神态、动作；“惊慌”多指因紧张害怕而不知如何是好。

回忆 同 回想 近 回顾 回首 反 展望

【回忆】huíyì 回想。例：我经常～起和王老师在一起的情景。

【回想】huíxiǎng 想（过去的事情）。例：～起来，往事历历在目。

【回顾】huígù 回过头去看。例：～往事，的确有很多令人怀念的事。

【回首】huíshǒu 回顾；回忆。例：～过去，我感慨万千。

【展望】zhǎnwàng 往将来看，预想未来的事物。例：～未来，中国的前途将更加辉煌灿烂。

辨析

“回忆”“回想”“回顾”和“回首”都是动词，都有“想以往的事”的意思。“回忆”和“回想”用得比较普遍，通用于口语和书面语。“回想”用于较随意地想，语意较轻，如“回想和你相处的日子，我的心情往往不能平静”；“回忆”用于有意识地使经历过的事或过去的印象重新浮现脑中，语意较重，如“睹物思人，不禁回忆起同窗共读的情景”。“回顾”和“回首”都有比喻的形象色彩，“回顾”本义是回过头来看，用来比喻想过去的事，有回望的意思，多用于书面语，属中性词，如“为提高认识，大家回顾了过去的经验教训”；“回首”书面语色彩很浓，属中性词，一般只与往事、过去、不堪等词语搭配，如“回首往事，不因虚度年华而悔恨”。“回忆”“回想”“回顾”“回首”都表示想以往的事，与“展望”在意义上构成反义关系。“展望”除表示往将来看外，还有“寄希望于未来，对未来做出某种估计和预测”的意思，如“展望未来，任重而道远”。“展望”常和回顾、回首在语境上连用，共同表达一个目的，加强语气，如“回顾过去，展望未来，我们信心百倍”，“回首往昔，展望未来，形势一片大好”。另外，“展望”还有“向远而宽广处看”的意思，如“登上泰山之巅，展望四方的壮丽景色”。此时，不与“回忆”等构成反义关系。

会面 同会晤 近会见

会面】huìmiàn 见面。例：双方都希望能早日～。

会晤】huìwù 见面。例：中美两国首脑在北京～。

会见】huìjiàn 跟别人相见。例：市长～了来洽谈投资合作项目的外商。

辨析

“会面”“会晤”和“会见”都是动词，都有“跟对方相约而见”的意思。“会面”强调互相见面，是个常用词，就用法来说，一般不带宾语，不能用作“会面某人”，而只能作“与某人会面”使用，多用于比较庄重的场合；“会晤”强调与对方相会，含有“面谈”的意思，多用于地位相当的客人，有较浓厚的书面语色彩，口语里很少用，如“他要求会晤中国作家”；“会见”也强调与对方相会，但比较客气，有庄重的、讲礼仪的意味，可用于上下级见面，也可用于同级或同辈间见面，是个较常使用的词，如“延迟了一个小时，终于会见了远道而来的外国留学生”。

绘声绘色 近有声有色 反平铺直叙

【绘声绘色】huìshēng-huìsè 形容叙述、描写生动逼真。例：李老师的故事讲得～。

【有声有色】yǒushēng-yǒusè 形容表现得十分生动。例：孙爷爷把故事讲得～，大家都爱听。

【平铺直叙】píngpū-zhíxù 说话或写文章时不讲求修辞，只把意思简单而直接地叙述出来。例：他～地讲完了这件事。

H

混乱 同杂乱 紊乱 反严整

【混乱】hùnluàn 没有条理，没有秩序。例：大家要排好队进场以免造成秩序～。

【杂乱】záluàn 多而乱，没有秩序或条理。例：货物～地堆放在仓库里。

【紊乱】wěnluàn 杂乱；纷乱。例：这件事情搞得他心绪～。

【严整】yánzhěng 严肃整齐。例：训练中，口令清晰，队伍～。

辨析

“混乱”“杂乱”和“紊乱”都是形容词，都指很乱。“混乱”多形容思想、局面等抽象事物；“杂乱”多形容具体的东西或某些事情，可以构成成语"杂乱无章"；"紊乱"则形容秩序、思路、心律等。

活路 同生路 反绝路 死路

活路】huólù 能够生活下去的办法、途径。例：我们得想办法找条～，不能坐等政府救济。
生路】shēnglù 维持生活或生存的办法、途径。例：他们在敌人的包围中杀开一条～。
绝路】juélù 走不通的路，死路。例：你如果再这样下去，简直是自寻～。
死路】sǐlù 走不通的路。比喻毁灭的途径。例：歹徒负隅顽抗，结果只能是～一条。

辨析

"活路"和"生路"是一组同义名词，指生活或生存下去的途径、办法。"活路"侧重表示能够生活下去的办法，口语色彩较浓；"生路"侧重表示维持生存的途径，语意比前者重，多用于书面语。

活泼 同活跃 反严肃 沉静 呆板

活泼】huópō 生动自然；不呆板。例：小朋友们又蹦又跳，～极了！
活跃】huóyuè （行动）活泼而积极；（气氛）蓬勃而热烈。例："六一"联欢会上的气氛很～。
严肃】yánsù 严格认真；使人感到敬畏的。例：师长召集各团团长开会，气氛十分～。
沉静】chénjìng （性格、心情、神色）安静。例：我的同桌是一位性格～的女孩。

【呆板】dāibǎn 死板；不灵活，不自然。例：那位舞蹈演员的动作有些～。

辨析

“活泼”和“活跃”是一组同义形容词，都有“生动自然而富有朝气”的意思。“活泼”使用范围较广，既可用于形容人的举止、谈笑，也可用于形容气氛、文笔等，含褒义色彩；“活跃”多用于形容人的活动、气氛的热烈及事情的进展等，含有褒义色彩。另外，“活跃”还可作动词，表示“使变得生动活泼”的意思，如“活跃市场经济”；这时的“活跃”不与“活泼”构成同义关系。

J j

机会 同机遇 时机

【机会】jīhuì 时机；恰当而有利的时间。例：中考临近，大家一定要抓住这个最后冲刺的～。

【机遇】jīyù 机会；有利的时机。例：我们要抓住～，加快发展。

【时机】shíjī 机会；具有时间性的好条件。例：大家千万不要错过这个大好～。

辨析

“机会”“机遇”和“时机”是一组同义名词，本义都是“机会”的意思，都强调时间性，都属于有利情况，都来之不易，随时有失去或把握不住的可能。这三个词一般可以互相解释。不过，它们之间也有细微的差异：这三个词都存在一定的偶然性，但“机遇”的偶然性比较突出，是要碰上的，不能坐等；“时机”不完全排斥偶然的机会，但更突出必要条件，突出必然性，它常和坐失、等待搭配；“机会”的偶然性与必要条件介于前两者之间，它甚至可以“创造”，而“机遇”“时机”都只能去把握。“机会”在使用范围上更为广泛。

机警 同机敏 近机智 机灵 反迟钝

【机警】jījǐng 机智敏锐，警觉性高。例：他～地注视着敌人的阵地。

【机敏】jīmǐn 机智灵敏。例：在对打训练中，他反应～，动作准确，常常出其不意地击败对手。

【机智】jīzhì 机巧灵活，大脑反应快。例：一看就知道新来的小张是个～的人。

【机灵】jīling 聪明伶俐；机智。例：小明从小就很～，大家都喜欢他。

【迟钝】chídùn （感觉、思想、行动等）反应慢；不灵敏。例：警犬的嗅觉特别灵敏，听觉也不～。

辨析

“机警”“机敏”“机智”和“机灵”都有“反应快”的意思。但“机警”所表现的反应主要指大脑的活动，对情况觉察得快；而“机敏”所表现的反应除了大脑的活动之外，还有动作的灵活性；“机智”着重表示智慧超人，能够随机应变；“机灵”着重表示思维敏捷、灵活。

激动 近激昂 反冷静 平静

J

【激动】jīdòng 指感情因受到刺激而冲动。例：明天就要参加夏令营活动了，我们难免有些兴奋和～。

【激昂】jī'áng （情绪、语调等）激动昂扬。例：这首诗写得慷慨～，充分表达了诗人的爱国情怀。

【冷静】lěngjìng 遇事沉着，不感情用事。例：我们应当～地对待别人的批评。

【平静】píngjìng （心情、环境等）没有不安或动荡。例：表哥接到入伍通知书后，激动的心情久久不能～。

辨析

“激动”和“激昂”都是形容词，都有“感情受到冲击”的意思，能受程度副词的修饰，在句子中可以作谓语和定语。“激动”表示“因某件事而受感动、动感情”；“激昂”表示“情绪高涨，意气昂扬”。在句子中，“激动”除了作谓语和定语以外，还常作状语，如“他激动地向大家说了这番话”，作谓语时可以带补语，如“心情激动得很”；而“激昂”却少有这种用法。此外，“激动”可作动词，能构成“激动人心”；“激昂”不能作动词，但能构成“慷慨激昂”。

激励 近鼓舞 激发 激奋

激励】jīlì 激发鼓励。例：英雄的事迹～我去拼搏、学习。

鼓舞】gǔwǔ 使振作起来，增强信心或勇气。例：每一次比赛前，老师总要想办法来～士气。

激发】jīfā 刺激使奋发。例：厂长的动员报告～了广大工人的积极性。

激奋】jīfèn 使激动振奋。例：他的演讲～人心，催人奋进。

激烈 同剧烈 反平和 和缓

激烈】jīliè（动作、言论等）剧烈。例：班会上大家争论得非常～。

剧烈】jùliè 指非常厉害；猛烈。例：我的心～地跳动起来。

平和】pínghé（性情或言行）温和；（药物）作用不剧烈。例：王老师对待我们总是态度～。

和缓】héhuǎn 平和；不猛烈。例：误会消除后，大家说话的口气～许多。

辨析

“激烈”和“剧烈”都是形容词，都有“迅猛”的意思。“激烈”着重形容动作、言论的激昂、热烈、厉害，多用于辩论、竞赛或战斗场面；“剧烈”比“激烈”的语意重，着重形容事物的变化，可用于药性、疼痛、运动等。

极力 同竭力 大力

【极力】jílì 用尽最大的力量。例：科学家们正～寻求解决这个难题的方案。

【竭力】jiélì 用尽全力。例：我们要尽心～地做好每一项工作。

【大力】dàlì 用很大的力量。例：在同学们的～帮助下，我落下的功课补上了。

辨析

“极力”“竭力”和“大力”是一组同义副词，都有“用很大力量”的意思。“极力”语意最重，可用于书面语和口语；“竭力”语意较重，多用于书面语；“大力”语意轻，而且可作名词，如“出大力”。

即刻 同立即 立刻 立时 马上

【即刻】jíkè 立刻。例：上课铃响起，教室里～安静下来。

【立即】lìjí 立刻。例：村委会～发动全村的人去抗洪抢险。

J

【立刻】lìkè 表示紧接着某个时候。例：请大家～到会议室开会。

【立时】lìshí 立刻。例：孙悟空一使劲，～天崩地裂一阵响，整个大殿倒塌了。

【马上】mǎshàng 立刻。例：风一吹来，树枝～摇动起来。

辨析

“即刻”“立即”“立刻”“立时”和“马上”都是副词，都表示紧接着某个时候。“即刻”所表示的时间伸缩性很小，用来表示“即将”，多用于书面语；“立即”“立刻”通用于书面语和口语；“立时”同“立刻”基本相同，但较少使用；“马上”表示“即将”，多用于口语。

疾言厉色 近正颜厉色 反和颜悦色

【疾言厉色】jíyán-lìsè 说话急躁，神色严厉。形容发怒时的神情。例：在这样的场合，像他这样有涵养的人竟也～，真出人意料。

【正颜厉色】zhèngyán-lìsè 态度严肃，神色严厉。例：把道理讲明白就可以了，何必这么～的呢？

【和颜悦色】héyán-yuèsè 形容态度和蔼可亲。例：每当客人来访，不论是年长的，还是年轻的，他总是～地迎上前去。

辨析

"疾言厉色"和"正颜厉色"都是成语，都有"严厉"的意思，属于近义成语。但它们之间也有差异："正颜厉色"侧重于"正"，态度严正，神色严厉；"疾言厉色"侧重于"疾"，急躁、激动，缺乏应有的涵养，以致感情用事，多含贬义。"疾言厉色"和"和颜悦色"，"正颜厉色"和"和颜悦色"，意思是严厉与和蔼，生硬与亲切，不论在词义上还是在感情色彩上，都完全相反，分别构成反义关系。

集合 同聚集 反解散

【集合】jíhé 许多分散的人或物聚在一起；使集合。例：学校通知大家立刻到操场～。

【聚集】jùjí 集合在一起。例：我们要～各方力量来支援灾区。

【解散】jiěsàn 把集合的人分开或把团体、集会取消。例：升旗仪式结束后，大家就～了。

辨析

"集合"和"聚集"都是动词，都有"由分散到集中"这层意思。其中，"集合"侧重于人为的、有组织、有目的的活动；"聚集”则可能是有组织的，也可能是无组织的。“集合”“聚集”与“解散”同是动词，词性相同，词义相反。“集合”和“解散”都侧重于人为的、有组织的，如“上操集合”“下操解散”，它们之间构成反义更加贴近；“聚集”可以是有人发起的，但更多的情况下是无组织的，如“街头聚集了许多围观的群众”。

集思广益 近群策群力 反一意孤行 独断专行

【集思广益】jísī-guǎngyì 集中众人的智慧和意见，以便取得更大效益。例：只有～才能把事情办得更好。

【群策群力】qúncè-qúnlì 大家想办法，大家出力量。例：只要我们树立信心，～，再大的困难也能够克服。

【一意孤行】yīyì-gūxíng 听不进别人的意见，固执地照自己的意思行事。例：～，这不仅仅是一个人的工作作风的问题，而且涉及对待群众的态度问题。

【独断专行】dúduàn-zhuānxíng 根本不考虑别人的意见，一意孤行。例：他～的作风让人很看不惯。

辨析

“集思广益”和“群策群力”都有“集中智慧”的意思，是一组近义成语。它们各有所侧重：“集思广益”重在出主意上；“群策群力”重在出力量上。做报告、演讲时往往连用起来以加强气势与感染力，如“人民群众是历史的创造者。各级领导，只要时刻把他们放在心上，集思广益，群策群力，任何前进中的困难都是可以被克服的，任何人间奇迹都是可以创造出来的”。

J

计策 同计谋 策略

【计策】jìcè 为对付某人或某种情势而预先安排的方法或策略

例：这个～果然高明。

【计谋】jìmóu 行动前的计策和谋略。例：你的这点～瞒不过我。

【策略】cèlüè 所采取的行动方针和斗争方式。例：对恶势力，我们还要讲究斗争的～。

辨析

“计策”“计谋”和“策略”是一组同义名词，都表示“事先考虑好的方法或措施”。“计策”侧重于一般的策略，语意较轻，可用于书面语和口语；“计谋”侧重于重大的谋略，语意较重，多用于书面语；“策略”侧重于根据形势发展而制定的行动方针，使用范围较广。

记忆犹新 近历历在目 反浮光掠影

【记忆犹新】jìyì-yóuxīn 过去的事，现在还记得清晰，就像刚发生似的。例：孩提时在溪边摸鱼捉虾的趣事，我至今～。

【历历在目】lìlì-zàimù 一个一个清清楚楚地呈现在眼前。例：我在学校生活的情景，至今仍～。

【浮光掠影】fúguāng-lüèyǐng 水面上的反光，一掠而过的影子。比喻印象不深，观察不细。例：这本书我只是～地浏览了一遍，没留下什么印象。

辨析

“记忆犹新”和“历历在目”都有“记忆清晰，如在眼前”这层意思。其中，“历历在目”语意更宽些，既可形容过去的事情，又可形容远处的景物。“记忆犹新”“历历在目”与“浮光掠影”，一是印象深刻，一是印象不深，彼此构成反义关系。

技能 同技巧 近技术

【技能】jìnéng 掌握、运用某种技术的能力。例：职业学校侧重于培养学生的职业～。

【技巧】jìqiǎo 巧妙的技术；熟练运用技术的能力。例：他高超的～，赢得了众人的赞赏。

【技术】jìshù 进行活动的专长或手段；生产中体现的经验和知识；泛指操作的技巧。例：生产～的现代化，促使工人们踊跃学习科学知识，争当～能手。

辨析

“技能”“技巧”和“技术”是一组名词，同属于能力的范畴，它们之间可以互相解释。其中，“技能”强调的是能力；“技巧”突出的是巧妙；“技术”的使用范围广。

加强 同增强 反减弱 削弱

【加强】jiāqiáng 使变得更坚强或更有效。例：我们一定要～国防建设，增强国防力量。

【增强】zēngqiáng 增进；加强。例：发展体育运动，～人民体质。

【减弱】jiǎnruò （气势、力量）变弱；使变弱。例：过了一会儿，风势～了。

【削弱】xuēruò （力量、势力）变弱；使（力量、势力）减弱。例：主力队员受伤，使这支球队实力大为～。

辨析

“加强”和“增强”的词性、词义相同，是一组同义词。从运用上看，“加强”不仅同抽象名词搭配，也可以同具体名词搭配，如“加强军备”“加强语气”；“增强”只能同信心、体质等抽象名词搭配，使用范围较小。“加强”“增强”与“减弱”“削弱”都是动词，“加”对“减”，“增”对“削”，“强”对“弱”，词义两两相对，是典型的反义词。

尖刻 同尖酸

【尖刻】jiānkè （说话）尖酸刻薄。例：她～的语气实在让人受不了。

【尖酸】jiānsuān 说话带刺，使人难受。例：像他那样～刻薄的人，根本就没有朋友。

辨析

“尖刻”和“尖酸”是一组同义形容词，都有“刻薄”的意思。“尖酸”侧重指说话人气量小，所说的话刻薄，刻意挖苦人，令人难受、反感；“尖刻”多用来指对（文章等）理解十分深刻，揭露问题或提出批评能切中要害。

尖锐 近锋利

【尖锐】jiānruì 物体有锋芒，容易刺破其他物体。例：这种植物的刺长而～，容易伤人。

【锋利】fēnglì （工具、武器等）头尖或刃薄，容易刺入体内或切入物体。例：这刀很～，使用时要小心。

坚固 同坚实 坚韧

【坚固】jiāngù 结合紧密，不容易破坏；牢固；结实。例：这种高压锅～耐用。

【坚实】jiānshí 坚固结实。例：诗人写出了这首具有中国作风和中国气派的长诗，在民族化的道路上迈出了～的第一步。

【坚韧】jiānrèn 坚固有韧性。例：你看那毛竹做的扁担，多么～，多么结实，再重的担子也挑得起。

辨析

“坚固”“坚实”和“坚韧”都是形容词，都指牢固、扎实。“坚固”和“坚实”一般限于指物而不指人。二者所不同的是：“坚实”常和基础、步伐搭配；“坚固”则常指比较牢固的设施和建筑，并同有关的词语相搭配。“坚韧”既可用来说明物的特点，又可用来形容人的意志，这是与“坚固”“坚实”所不同的。

坚强 同坚定 顽强 反脆弱 软弱

【坚强】jiānqiáng 强固有力，不可动摇或摧毁。例：不管遇到什么困难，他总是那么～。

【坚定】jiāndìng （立场、主张、意志等）稳定坚强；不动摇。例：全国人民～地跟着中国共产党走。

【顽强】wánqiáng 坚强；强硬。例：虽然身患绝症，但他～地与疾病做斗争。

【脆弱】cuìruò 经受不住挫折；不坚强。例：大家都担心她那～的心灵承受不了这么大的打击。

J

【软弱】ruǎnruò 不坚强；缺乏力气。例：不要把别人的忍让当作～。

辨析

“坚强”“坚定”和“顽强”都是形容词，都指不为外力所动摇。“坚强”强调意志坚定，能坚持一定的立场或态度，不因艰难或条件不利而改变，含褒义；“坚定”侧重指稳定坚强，多用于立场、观点、主张等；“顽强”强调在行为或行动上执意坚持下去，不示弱，不认为自己不行，多含褒义，但有时也用于贬义，表示死拼到底，如“资产阶级思想会用各种方式顽强地表现出来”。

艰苦 同艰难 艰辛 反安逸

【艰苦】jiānkǔ 艰难困苦。例：经过几年～创业，他终于干出了一番事业。

【艰难】jiānnán 困难。例：爷爷的腿骨折了，行动很～。

【艰辛】jiānxīn 艰难辛苦。例：他是家里的顶梁柱，～的劳动使他过早地衰老了。

【安逸】ānyì 安闲舒适。例：过于～的生活会使人变得不思进取。

辨析

“艰苦”“艰难”和“艰辛”是一组同义形容词。“艰苦”和“艰难”贴近，一般可以互换，但也有不通用的，如“艰苦奋斗”不能改为“艰难奋斗”；“艰辛”侧重于辛苦、不容易，是书面语，如“历尽艰辛，方有今日”。

简单 近简明 简略 反复杂

【简单】jiǎndān （事物）结构单纯；头绪少；容易了解、使用或处理。例：这道题比较～，谁都能算出来。

【简明】jiǎnmíng 简单明白。例：回答问题要～扼要，不能拖泥带水。

【简略】jiǎnlüè 简单；不详细。例：李明向大家～地叙述了一下事情的经过。

【复杂】fùzá 多而杂；不单纯。例：火车站人员～，大家要看管好自己的行李物品。

辨析

“简单”“简明”和“简略”三个词都是形容词，都有“不复杂”的意思。“简单”的适用范围是三者中最广的，所有不复杂、不详细的东西都能用它来形容；“简明”的适用范围较窄，侧重于内容清楚明白，通常用于言语表达；“简略”侧重在形式简单，内容不详细，多形容言语表达、文章内容等。

简洁 同简练 近简捷 反冗长 烦琐

【简洁】jiǎnjié （说话或行文等）简明扼要，没有多余的内容。例：他讲话～明了，从不拖泥带水。

【简练】jiǎnliàn 简要；精练。例：这篇作文的语言比较～。

【简捷】jiǎnjié 直截了当；简便迅速。例：这个问题可以回答得～一些。

【冗长】rǒngcháng （文字）不简洁；（讲话）拉得很长。例：同学们造句时要尽量简练，避免～。

【烦琐】fánsuǒ 繁杂琐碎。例：～的家务事让人很头疼。

辨析

“简洁”“简练”和“简捷”是形容词，都有“简明扼要、干脆”的意思，都是形容词。“简洁”多用来形容说话、行文；“简练”多用来形容用词精炼；“简捷”既可以形容说话不绕弯子，还有“简便快捷”的意思，如“算法简捷”。

J

简陋 近简朴 反豪华 完备 完善

【简陋】jiǎnlòu 简单粗陋；不完备。例：我们就是在这个～的厂房里开始创业的。

【简朴】jiǎnpǔ 简单朴素。例：爸爸的衣着一贯很～。

【豪华】háohuá （建筑、设备、装饰）富丽堂皇；（生活）奢侈浪费。例：山脚下新建了一栋栋～的别墅。

【完备】wánbèi 应有的全有了。例：一车间工具～。

【完善】wánshàn 完备而良好。例：李时珍决心重新写一部比较

～的医药学著作。

辨析

“简陋”和“简朴”都是形容词，都可形容生活条件简单。但在搭配对象上，“简陋”常用来形容房屋、设备等；“简朴”常用来形容言语、文笔、生活作风等。另外，“简陋”突出的是客观条件差；“简朴”突出的是主观意志上不事铺张。

见义勇为 近当仁不让 反袖手旁观

【见义勇为】jiànyì-yǒngwéi 见到正义的事就奋勇去做。例：在歹徒逞凶时，他～，制服了歹徒。

【当仁不让】dāngrén-bùràng 遇到应该做的事，就积极主动去做，决不推让。例：为希望工程捐款，我们～。

【袖手旁观】xiùshǒu-pángguān 把手笼在袖筒里在一旁观看。比喻置身事外，不过问，不救援。例：有些人看见小偷在偷钱包，却～，这种现象应该引起人们深思。

辨析

“见义勇为”和“当仁不让”都有“遇到正义的事业或事情就勇敢去做，自觉去做，不辞让，不推诿”的意思。但在使用上有所区别：“见义勇为”多用于面对危险，需要付出勇气以至生命的场合；“当仁不让”使用范围很广泛，一切对社会有利、有益的事都适用。“见义勇为”“当仁不让”与“袖手旁观”构成反义关系。

建设 近建造 反破坏

【建设】jiànshè 创立新事业；增加新设施。例：住宅区附近准备～一所学校。

【建造】jiànzào 建筑；修建。例：沿着河岸，工人们～了许多石砌的小屋。

【破坏】pòhuài 使事物受到损坏。例：不要～学校的公共设施。

辨析

“建设”和“建造”都是动词，都有“新增加、兴建”的意思。“建设”的使用范围较大，可以表示具体设施的增加，也可以指新事业的建立，同时能用于组织、思想的建设工作；“建造”则主要适用于工厂、房屋等具体事物的兴建。

建树 同建立 树立

【建树】jiànshù 建立（功绩）。例：李时珍为中国的医药学事业～了不朽业绩。

【建立】jiànlì 开始成立；开始产生。例：这个印刷厂是1930年～的。

【树立】shùlì 建立。例：我们要从小～远大的理想。

辨析

“建树”“建立”和“树立”都是动词，都指建设起来。“建树”往往用来指思想、学说、功绩等抽象事物，使用的范围比较小；“建立”的对象可以是具体的，也可以是抽象的；“树立”主要指立起来，它的对象是世界观、信心、威信等较抽象的事物。

J

健康 近健壮 强健 反虚弱

【健康】jiànkāng （人体）生理机能正常，无疾病或缺陷；（事物）情况正常。例：体检结果表明，他身体很～。

【健壮】jiànzhuàng 强健。例：辽阔的大草原上有肥美的牧草～的牛羊以及热情好客的牧民们。

【强健】qiángjiàn （身体）强壮健康。例：举重运动员有发达的肌肉，～的体质。

虚弱】xūruò （身体）不结实。例：病后，他的身体一直很～。

辨析

“健康”“健壮”和“强健”都是形容词，都有“身体健康”的意思。“健康”使用范围最广，且偏重于指生理状态的正常；“强健”与“健壮”意思最为接近，都强调“强壮结实”，但“健壮”的使用对象要广一些，“强健”则多用来描述人的身体。

践约 同履约 反背约 违约

践约】jiànyuē 履行约定的事情。例：渑池大会上，赵国如期～了。

履约】lǚyuē 实践约定的事情。例：合同一经签订，双方就必须按合同～。

背约】bèiyuē 违背以前的约定。例：他单方面的～行为，给这家企业造成了不小的损失。

违约】wéiyuē 违反条约或约定。例：他俩都～了，结果闹得反目成仇。

辨析

“践约”和“履约”都是动词，都有“遵守、执行原先的承诺”的意思。其中“践约”侧重强调实践；“履约”则着重表示不要或没有发生违背原先约定的情况。“背约”“违约”都有“违反原来的承诺”的意思。“践”“履”都是“实践、执行”的意思；“背”“违”都是“违背、违反”的意思。“践约”与“履约”“背约”与“违约”都构成反义关系。

将信将疑 近半信半疑 反深信不疑

将信将疑】jiāngxìn-jiāngyí 有些相信，有些怀疑。例：我对他的话～。

【半信半疑】bànxìn-bànyí 有些相信，有些怀疑。例：他虽然对此事赌咒发誓，我却～。

【深信不疑】shēnxìn-bùyí 非常相信，没有一点怀疑。例：人们对他的话～。

焦急 同焦灼 近着急 反冷静

【焦急】jiāojí 着急。例：离村口越来越近，我远远就望见妈妈在那里～地等待着。

【焦灼】jiāozhuó 非常着急。例：病人被推进了手术室，病人的亲属都～不安地等候着。

【着急】zháojí 急躁不安。例：千万不要～，你一定会想出办法的。

【冷静】lěngjìng 沉着；不冲动。例：妈妈一再告诫我遇事要沉着～。

辨析

“焦急”“焦灼”和“着急”都是形容词，都有“急躁不安”的意思。但语意由“着急”“焦急”到“焦灼”依次加重。“焦急”和“焦灼”侧重描述情绪；而“着急”强调遇事不顺，想不出办法而发急。

狡猾 同狡黠 狡诈 反忠厚 厚道

【狡猾】jiǎohuá 善于耍花招，使手段，极不老实。例：～的敌人终于露出了狐狸尾巴。

【狡黠】jiǎoxiá 狡诈。例：他说话时，眼睛里还闪着～的光。

【狡诈】jiǎozhà 狡猾奸诈。例：白骨精阴险～，一连三次骗过了唐僧。

【忠厚】zhōnghòu 忠实厚道。例：这人～老实，可以信赖。
【厚道】hòudao 待人诚恳，能宽容，不刻薄。例：他是个～人。

辨析

"狡猾""狡黠"和"狡诈"是同义形容词，都有"诡计多端，不可轻信"的意思。但略有差异："狡猾"多指态度、行为、手段；"狡诈"多指奸诈的性格；"狡黠"是书面语。"狡猾""狡黠""狡诈"与"忠厚""厚道"词性相同，词义相反。"狡猾"对"忠厚"，"狡诈"对"厚道"，"狡黠"对"忠厚"，褒贬分明。

教导 近 教育 教诲

【教导】jiàodǎo 教育指导。例：这次能取得好成绩，都是老师～有方。
【教育】jiàoyù 按一定要求培养；用道理说服，使人照着（规则、指示或要求等）做。例：对犯了错误的同学应当耐心说服～。
【教诲】jiàohuì 教育训导。例：我不会忘记老师的谆谆～。

辨析

"教导""教育"和"教诲"都是动词，都有"训导，使人受益"的意思。"教导"强调指导、引导，告诉人们应该怎样去做，涉及思想、理论、工作、生活等各个方面的内容，常用于长辈对晚辈、组织对个人等，具有庄重色彩，多用于书面语；"教诲"侧重指上级对下级、长辈对晚辈的耐心开导，亲切劝解，庄重色彩比"教导"浓；"教育"突出"育"，意义比前面两者要多，而且可作名词，如"我们要重视幼儿教育"，通用于口语和书面语。

接受 同 接收 接纳 反 推辞 拒绝

【接受】jiēshòu 收取（给予的东西）；对事物容纳而不拒绝。例：

姐姐愉快地～男朋友送的鲜花及贺卡。

【接收】jiēshōu ①收受。②接纳。③依法接管(机构、财产等)例:①这里是偏远山区,无法～信号。②这个协会准备～新会员③他是在奉命～敌伪财产。

【接纳】jiēnà 接受;采纳。例:他被～为物理学会会员。

【推辞】tuīcí 表示拒绝。例:曹老师最近身体不太好,许多单位请他讲课,都被他婉言～了。

【拒绝】jùjué 不接受。例:尽管他再三邀请,我还是～了。

辨析

“接受”“接收”和“接纳”都是动词,都有“容纳,不拒绝”的意思。但它们也有所不同:“接受”着重于“受”,主要指承受、领受,容纳而不拒绝;“接收”一般用于具体对象,主要指收下、吸收;“接纳”一般指从组织上容纳团体或个人加入。“接受”“接收”“接纳”与“推辞”“拒绝”都是动词,词义相反。“接受”与“推辞”,“接受”与“拒绝”,“接收”与“推辞”,“接收”与“拒绝”,“接纳”与“推辞”,“接纳”与“拒绝”,两两都构成反义关系。

J

揭发 同揭露 反隐瞒 包庇 掩盖

【揭发】jiēfā 揭露。例:对坏人坏事,我们要勇于检举～。

【揭露】jiēlù 使隐蔽的事物显露。例:这篇文章～出问题的本质。

【隐瞒】yǐnmán 把真相掩盖起来不让人知道。例:大家都知道的事怎能～得住呢?

【包庇】bāobì 袒护或掩护(坏人、坏事)。例:他们互相～,狼狈为奸。

【掩盖】yǎngài 遮盖;隐藏;隐瞒。例:他极力～住内心的感伤。

辨析

“揭发”和“揭露”是一组同义动词，都有“把隐藏的事物揭示出来”的意思。“揭发”着重指把错误、罪行等检举出来，对象多是隐藏的坏人、坏事；“揭露”指使见不到的显露出来，使人看清本来面目，对象较广，可指坏人、坏事，也可指一般事物。“揭发”“揭露”与“隐瞒”“包庇”“掩盖”分别表示揭示开来与包藏起来，意思相反，构成反义关系。

节约 同节省 反浪费

【节约】jiéyuē 节省。例：我们从小就应该珍惜粮食，勤俭～。

【节省】jiéshěng 有节制地使用；减少不必要的开支。例：他过日子相当～。

【浪费】làngfèi 对人、财、物、时间等使用不当或不加节制。例：请不要再～时间了，我和你没有什么好谈的。

辨析

“节约”和“节省”都有“节制、不浪费”的意思，是一组同义词。“节约”侧重于自我约束，该用则用，不该用的一定不用，多用于重大、庄重的场合；“节省”侧重于“省”，意思是尽量少用或不用，多用于一般场合。“节约”则口语和书面语中都可用；“节省”多用于口语。

洁白 近雪白 反乌黑

【洁白】jiébái 纯白，没有一点儿杂色。例：～的雪花漫天飞舞。

【雪白】xuěbái 像雪一样洁白。例：墙壁粉刷得～。

【乌黑】wūhēi 深黑。例：小狗身上的毛～发亮。

洁净 近干净 反肮脏

【洁净】jiéjìng 清洁干净。例：水滴在花瓣上凝成明亮而～的圆珠儿，压得花瓣儿一颤一颤的。

【干净】gānjìng 没有尘土、杂质等；(说话、做事)不拖泥带水；一点儿不剩。例：小刚把教室打扫得十分～。

【肮脏】āngzāng 不干净。例：衣服好几天没洗了，难怪那么～。

辨析

“洁净”和“干净”都是形容词，都有“没有灰尘、不脏”的意思。但略有差异：“洁净”通常用于书面语中，只表示不脏；“干净”的含义较多，有比喻义，同时适用于书面语和口语中。

筋疲力尽 近心力交瘁 反精神抖擞

【筋疲力尽】jīnpí-lìjìn 形容非常疲劳，一点儿力气也没有了。例：还没有爬到山顶，我们就已经～了。

【心力交瘁】xīnlì-jiāocuì 精神和体力都极度疲劳。例：周总理虽～，但病中的他仍在关心国家大事。

J

【精神抖擞】jīngshén-dǒusǒu 形容很有精神。例：运动员们～地走进了体育场。

辨析

“筋疲力尽”和“心力交瘁”都可指疲劳。“筋疲力尽”仅指体力上非常疲劳；“心力交瘁”则指精神(心)和体力(力)两方面都极度疲劳，语意比“筋疲力尽”重。

惊奇 近惊讶 惊异 惊诧

【惊奇】jīngqí 觉得很奇怪。例：他的脸上显出～的神情。

【惊讶】jīngyà 感到意外、奇怪。例：能在这里碰见小明，我感到很～。
【惊异】jīngyì 惊奇诧异。例：眼前的一切太令人～了。
【惊诧】jīngchà 惊讶诧异。例：歹徒的下场早在意料之中，人们并不感到～。

辨析

“惊奇”“惊讶”和“惊诧”都是形容词，都有“觉得奇怪”的意思。“惊奇”表示事情虽难以预料和理解，但可以接受；“惊讶”语意更进一层，一般表示出乎意料且使人难以接受的事；“惊异”与“惊奇”接近，表示难以置信，但比“惊奇”的语意要重；“惊诧”强调对突如其来而没有想到的事情的反应，语意较“惊讶”重。

精彩 近精美 出色 反蹩脚

【精彩】jīngcǎi 优美；出色。例：昨天，我看了一场～的马戏表演。
【精美】jīngměi 精致漂亮。例：桌上的装饰品～极了。
【出色】chūsè 格外好；超出一般的。例：节目演得很～。
【蹩脚】biéjiǎo 质量不好；本领不强。例：这是一件～货。

辨析

“精彩”“精美”和“出色”都有“好”的意思。不同的是：“精彩”常用来形容表演、展览、文章、言论、图画、比赛等；“精美”常用于形容好的物品，也可指好的装帧等；“出色”可用来形容人，还可以修饰人的动作、业绩等。

精心 近细心 反粗心 粗疏

【精心】jīngxīn 特别用心。例：在护士的～护理下，受伤的矿工们很快恢复了健康。

【细心】xìxīn 用心细密。例：护士在～地照料病人。

【粗心】cūxīn 疏忽；不细心。例：你什么时候才能改掉～的毛病？

【粗疏】cūshū 不细心；马虎。例：由于他的一时～，给工作造成很大的损失。

精致 近精巧 精细 反粗糙 粗劣

【精致】jīngzhì （制造）精巧细致。例：这件礼服做工～，我非常喜欢。

【精巧】jīngqiǎo 精致巧妙。例：这篇作文构思～。

【精细】jīngxì 精密细致。例：这件象牙雕刻工艺品，雕工十分～。

【粗糙】cūcāo （质料）不精细；不光滑；（工作）不细致。例：这些零部件制作得很～。

【粗劣】cūliè 粗糙低劣。例：这本书的装帧十分～。

辨析

“精致”“精巧”和“精细”都是形容词，都有“细密、细致”的意思。但略有差异：“精致”表示“细致”，可以指一切精工制作的东西；“精巧”侧重于“巧妙”，常指器物、构思、设计等；“精细”表示“细心”，主要用来形容人的工作作风。

J

井井有条 同有条有理 有条不紊 反杂乱无章

【井井有条】jǐngjǐng-yǒutiáo 形容有条有理，丝毫不乱。例：工厂经过整顿后，各方面的工作都纳入正轨，显得～。

【有条有理】yǒutiáo-yǒulǐ 形容脉络清楚，层次分明。例：他说话语气平和，思路清楚，～。

有条不紊】yǒutiáo-bùwěn 条理清楚，丝毫不乱。例：经过周密部署，工作在～地进行着。

杂乱无章】záluàn-wúzhāng 混乱而没有条理。例：如果思路不清，写出的文章也自然是～。

辨析

“井井有条”“有条有理”和“有条不紊”都是形容说话、作文、办事等有条理，不零乱，属同义成语。但“有条有理”“有条不紊”的应用范围比“井井有条”宽。一般说来，“井井有条”都能用“有条不紊”取代，而用“有条不紊”时却不能换用“井井有条”，如“他有条不紊地指挥着这场防火演习”，此处“有条不紊”不能换成“井井有条”。

警惕 近 警觉

警惕】jǐngtì 对可能发生的危险情况保持警觉。例：对安全工作要时刻保持～。

警觉】jǐngjué 敏锐地感觉到。例：在案件侦查过程中又出现了新情况，办案人员便～起来。

辨析

“警惕”和“警觉”都指对可能发生的危险情况保持敏锐的感觉。“警惕”后面可带宾语；“警觉”后面只能带补语。

拘束 近 拘谨 反 自然 大方

拘束】jūshù 过分约束自己，显得不自然。例：他一点儿也不～，挺爱说话。

拘谨】jūjǐn （言行）过分谨慎。例：他是个～的人。

自然】zìran 不局促；不呆板。例：今天第一次上台表演，他有点不～。

【大方】dàfang （举止）自然；不拘束。例：她非常～地对观众进行了讲解。

辨析

“拘谨”和“拘束”都是形容词，意思基本相同。不同的是：“拘束”强调过分地约束自己，含有“不自在”的意思，一般用于和别人接触时的表现；“拘谨”强调过分谨慎，可用于自我表现。

具体 近 详细 详尽 反 抽象

【具体】jùtǐ 细节内容充分、详尽；不抽象，不笼统。例：你能把这件事的～经过讲一下吗？

【详细】xiángxì 详尽而周到。例：老师把运动会的安排～地讲了一遍。

【详尽】xiángjìn 详细而周全。例：这个观点在他的这篇论文里已有～的阐述。

【抽象】chōuxiàng 不能或没有具体经验到的，只是理论上的；空洞不易捉摸的。例：下结论要以事实为依据，不能仅从～的定义出发。

J

决计 同 决心 决意

【决计】juéjì 拿定主意。例：既然～要做这件事，那你就应当尽快采取行动。

【决心】juéxīn 拿定主意；坚定意志。例：我～把这道难题解开。

【决意】juéyì 决计；拿定主意。例：他～马上离开这里，一分钟也不想待了。

辨析

“决计”“决心”和“决意”三个词是一组同义动词，都表示拿定主意。但“决心”还有名词用法，如“下定决心，不怕牺牲”；“决计”和“决意”没有这种用法。

俊俏 近俊美 英俊 反丑陋

【俊俏】jùnqiào 相貌好看。例:跳舞的是个～的少女。

【俊美】jùnměi 容貌英俊秀美。例:小姑娘的容貌十分～,真惹人喜爱。

【英俊】yīngjùn 容貌俊秀而又有英气。例:这个小伙子相貌～。

【丑陋】chǒulòu (相貌或样子)难看。例:这个人虽然长得～,但心地非常善良。

辨析

“俊俏”“俊美”和“英俊”都是形容词,都可形容容貌的俊秀美丽。“俊俏”侧重于“俏”,通常用来形容女子;“俊美”侧重于“美”,既可形容男子,也可形容女子;“英俊”侧重于“有气质”,通常用来形容青年男子。

K k

开创 近首创 反因循

【开创】kāichuàng 开始创立。例:我们青年人应该努力奋进,积极~美好的未来。

【首创】shǒuchuàng 最先创立。例:这项发明成果在全国当属~。

【因循】yīnxún 沿袭(前人所用过的方法、法令、制度等)。例:我们要创新,就要抛弃一切~守旧、故步自封的做法。

辨析

“开创”和“首创”是动词,都有“最先创造、建立”的意思。在使用范围或对象上略有差异:“开创”多指抽象事物,多与伟大事业联系在一起,如“八一南昌起义开创了武装夺取政权的新纪元”;“首创”可指抽象事物,也可指具体事物,多与创造发明联系在一起。

开工 同动工 反完工 竣工

【开工】kāigōng 开始生产;开始修建。例:因资金不足,刚~的工程只好暂时停了下来。

【动工】dònggōng 开工;施工。例:实验楼已经~兴建。

【完工】wángōng (工程或工作)完成。例:经过八个月的努力,这项工程终于按时~了。

竣工】jùngōng（工程）完成。例：本市地铁 1 号线工程已～并交付使用。

辨析

“开工”和“动工”是动词，都有“正在修建”的意思。但它们之间还有细微的差别：“开工”还指“工厂开始生产”；“动工”还有“施工”这层意思。“开工”“动工”与“完工”“竣工”都是动词，词义相反，构成反义关系。

开阔 同 广阔 宽阔 反 狭隘 狭窄 狭小

开阔】kāikuò 广阔；宽广。例：走下山坡后，地势就～多了。

广阔】guǎngkuò 广大宽阔。例：抬头望去，夜空无限～，天边几颗孤独的小星星发出微弱的光。

宽阔】kuānkuò（面积、范围）大；（心胸）不狭隘。例：春江水涨，江面更为～。

狭隘】xiá'ài 狭窄。例：这里的老街道大多比较～。

狭窄】xiázhǎi（宽度、范围）小；（胸怀）不宽广。例：这小巷非常～。

狭小】xiáxiǎo 狭窄。例：你应当走出自己的～天地，面向外面广阔的世界。

辨析

“开阔”“广阔”和“宽阔”是一组同义形容词，都有“宽广”的意思。但是它们之间在词义与使用上略有差别：“开阔”侧重在视线、眼界没有障碍，突出空间范围，常和广场、地带、视野、心胸等词语搭配；“广阔”的词义和使用范围要比“开阔”大些，常和田野、海面、天空、宇宙、胸怀等词语搭配；“宽阔”侧重于面积与范围，只适用于具体事物，不适用于抽象事理。另外，“开阔”还具有动词用法，如“开阔眼界”“开阔思路”“开阔知识面”“开阔路面”等；“广阔”“宽阔”则没有此用法。“开阔”“广阔”“宽阔”与“狭隘”“狭窄”“狭小”都是形容词，“宽”与“狭”，“阔”与“窄”，两两相对，是一组词性相同、词义相对的反义词。

开门见山 近直截了当 反拐弯抹角

【开门见山】kāimén-jiànshān 比喻写文章或说话，一开头就谈及主题，涉及主旨，不拐弯抹角。例：这篇文章采用了～的手法。

【直截了当】zhíjié-liǎodàng 形容说话、做事爽快，不绕弯子。例：他这个人说话～，从不绕弯子。

【拐弯抹角】guǎiwān-mòjiǎo 不走直道，走曲折的路。比喻说话、做事不直截了当。例：有什么事你就直说，不要再～了。

辨析

“开门见山”和“直截了当”都有“不拐弯抹角”的意思，是一组同义成语。这两个成语略有不同之处：“开门见山”是比喻义，使用范围相对窄些，限于说话、写文章；“直截了当”多用于口语，使用范围相对要宽些，可用于指说话，也可用于指做事。“开门见山”“直截了当”与“拐弯抹角”，前者与后者词义明显相反，彼此往往对举运用，尤其是“直截了当”与“拐弯抹角”都是口头用语，更是如此，如“我这个人急性子，喜欢痛快，你就直截了当地说出来，别再吞吞吐吐、拐弯抹角了”。

开始 同开端 反结尾 结束

【开始】kāishǐ ①从头起，从某一点起；着手进行。②开始的阶段。例：①新的一年～了。②好的～有时就意味着成功了一半

开端】kāiduān 事情的开头、起点。例:这个故事的～须从小张遇到一个古怪的人说起。

结尾】jiéwěi ①结束;完成最后的工作。②结束的阶段或部分。例:①那项工程还没有～。②这篇文章的～写得很精彩。

结束】jiéshù 发展或进行到最后阶段,不再继续。例:本学期快～了,过几天就要放假了。

辨析

“开始”和“开端”都表示事情的起点。“开始”侧重指起头的那一端,时间较长,可用于口语和书面语;“开端”侧重指起头的一点,时间短,多用于书面语。“开始”还可以作动词;“开端”不能。

勘察 同勘探 勘测

勘察】kānchá 对地形、地质构造、资源蕴藏等情况进行实地调查。例:没有经过～之前,是不能贸然施工开矿的。

勘探】kāntàn 查明矿藏分布情况。例:～结果表明山西省的煤储量丰富。

勘测】kāncè 勘察测量。例:经过几年的～论证,这一大型水利工程已进入了实施阶段。

辨析

“勘察”“勘探”和“勘测”是一组同义动词,都表示“实地查明”的意思。它们之间的差异主要表现在词义与适用范围上:“勘察”强调实地调查,词义涉及范围大,包括观察、探测地形、地貌、地层、地质、矿藏等,适用对象可以是开矿,也可以是施工,可以是经济建设,也可以是军事目标;“勘探”的对象主要是矿藏,使用范围相对要窄些;“勘测”的含义宽,既勘察,又测量。

侃侃而谈 近娓娓而谈 反张口结舌

【侃侃而谈】kǎnkǎn'értán 理直气壮、从容不迫地谈话。例：面试时，在主考官面前他～。

【娓娓而谈】wěiwěi'értán 不知疲倦地连续说话。例：夜深了，人们还在听她～。

【张口结舌】zhāngkǒu-jiéshé 因理屈、害怕或其他原因，张着嘴说不出话来。例：上课时我思想开了小差，所以老师提问时我～，无法回答。

辨析

“侃侃而谈”和“娓娓而谈”都可用来形容说话。“侃侃而谈”强调说话时从容不迫；“娓娓而谈”强调说话不知疲倦。

慷慨 同大方 反吝啬 悭吝

【慷慨】kāngkǎi 对财物不计较，不吝啬。例：他为人～，乐于助人。

【大方】dàfang 慷慨。例：小明花钱很～。

K 【吝啬】lìnsè 过分爱惜自己的财物，应该用也舍不得用。例：吴大爷非常～，经常为钱和妻子争吵。

【悭吝】qiānlìn 吝啬；小气。例：他为人一向～而刻薄。

辨析

“慷慨”和“大方”都是形容词，都可表示不吝啬、不计较，二者用法基本相同。“慷慨”还有“充满正气、情绪激昂”的意思；“大方”还有“举止自然”的意思，此时，二者不构成同义关系。

抗拒 近抗御 反顺从

【抗拒】kàngjù 抵抗和拒绝。例：生老病死，这一自然规律是任何人都无法～的。

【抗御】kàngyù 抵抗和防御。例：我们要加强国防，随时准备～侵略者。

【顺从】shùncóng 依顺服从；不违背，不反抗。例：我们要有主见，对别人的意见不能盲目～。

辨析

“抗拒”和“抗御”都是动词，都有“抵抗”的意思。但“抗拒”突出拒绝；“抗御”突出防御。

考查 同考核 近考试

【考查】kǎochá 用一定标准来检查衡量。例：据说省里要派人来我市～相关条例的实施情况。

【考核】kǎohé 考查审核。例：学校会定期～教师的教学质量。

【考试】kǎoshì 用口试、笔试等方法考查知识或技能。例：下个月要进行期末～。

辨析

“考查”“考核”和“考试”都是动词，都有“检查衡量”的意思。它们在词义与使用范围方面略有差异：“考查”侧重表示有一定标准，目的在于准确摸清情况，评定成绩或等级，使用范围较宽，可以是个人，也可以是工厂，可以是成绩，也可以是效益，可以是业务，也可以是历史；“考核”的对象是干部、学生、工作、科研成果等，考核的范围可以是录用的标准，也可以是政绩、功过；“考试”多指学校对学生学业、专长、技能的一种测定，招聘、录用工作人员现也多采用考试的办法。

考察 同视察 近观察

【考察】kǎochá 实地视察，调查；细致深入地观察。例：李市长到上海市～去了。
【视察】shìchá 上级机关人员到下级机构检查工作；察看。例：欢迎领导来我们学校～。
【观察】guānchá 仔细看（事物、现象）。例：他正在～风向和风速。

辨析

“考察”“视察”和“观察”都是动词，都有“实地看”的意思。在这三个词中，“考察”比其他两个词的词义宽。“考察”含有“实地视察”的意思，和“视察”同义；“考察”还含有“细致深入地观察”的意思，与“观察”同义。“视察”和“观察”在“察”（仔细看看）的意思上是相同的，但使用范围相差较大：“视察”是检查工作，表示了领导与被领导的关系；“观察”只是有目的、细致地看看而已。

苛刻 近刻薄 反宽厚

【苛刻】kēkè （条件、要求）过高；刻薄；过分严厉。例：他提出的条件十分～，我们实在难以接受。
【刻薄】kèbó 极不厚道；冷漠无情。例：这个人待人～，我们都不喜欢他。
【宽厚】kuānhòu （待人）宽容厚道。例：王奶奶～仁慈，邻居们都尊敬她。

辨析

“苛刻”和“刻薄”是一组近义形容词，都有“不厚道，不宽容”的意思，都是贬义词。“苛刻”强调过分，常和对方的要求、条件相联系；“刻薄”突出薄情寡义，常和待人、说话相联系。

可贵 同宝贵 珍贵

【可贵】kěguì 值得珍视的。例：他的～之处就在于敢说真话。
【宝贵】bǎoguì 极有价值；非常难得。例：在救援地震灾民的战斗中，他付出了自己～的生命。
【珍贵】zhēnguì 价值高或意义大；贵重。例：这件礼物对我来说，实在太～了。

辨析

“可贵”“宝贵”和“珍贵”都是形容词，都表示很有价值，非常难得而值得重视。从语意轻重看，“宝贵”和“珍贵”语意比“可贵”重，都有“如珍宝一样难得”的意思。“可贵”强调值得重视，常和“难能”搭配；“宝贵”强调很有价值；“珍贵”强调稀少而不易得，值得珍惜爱护，一般用于具体事物。

渴望 近希望 盼望 期望 反绝望

【渴望】kěwàng 迫切地想达到某种目的。例：小明十分～得到一个新玩具。
【希望】xīwàng 心里想着达到某种目的。例：我们～植树节栽下的小树快快地长。
【盼望】pànwàng 殷切期望。例：～你早日康复。
【期望】qīwàng 对未来的事物或人的前途有所希望和等待。例：我们～着新教学楼早日竣工。
【绝望】juéwàng 希望破灭。例：最后的一线希望也破灭了，他彻底～了。

恪守 同信守 反背弃

【恪守】kèshǒu 严格遵守。例：朋友之间应该～诺言。

【信守】xìnshǒu 忠诚地遵守。例：厂商和客户之间要～合同。

【背弃】bèiqì 违背和抛弃。例：即使遭受惨重损失，他也不愿～盟约。

辨析

“恪守”和“信守”都是动词，都有“遵守”的意思。“恪守”多用于书面语；“信守”可用于口语，也可用于书面语。

恳切 同殷切 近深切

【恳切】kěnqiè 诚恳而殷切。例：在同学们的～请求下，老师终于同意周末带大家去郊游。

【殷切】yīnqiè 深厚而急切。例：我要用加倍努力来回报父母的～关怀。

【深切】shēnqiè 深厚而亲切。例：老师～的关怀使我感动。

辨析

“恳切”“殷切”和“深切”都是形容词，都有“诚恳、切实”的意思。“恳切”着重于待人态度诚恳，常指言辞、态度、申述、要求等，使用范围广，可用于长幼、上下或平辈之间；“殷切”着重于深情关怀和急切希望，常指期望、盼望、期待等，常用于上对下、长对幼以及组织对成员；“深切”有“深沉”的意思，常用于形容怀念、想念和思念等，长幼上下之间普遍使用。

空洞 同空虚 空泛 反充实

【空洞】kōngdòng 没有实际内容或内容不充实。例：这篇文章没有什么实际内容，只是～的说教。

【空虚】kōngxū 里面没有什么实在的东西。比喻力量薄弱或精神不充实。例：这篇作文的内容有些～。

空泛】kōngfàn 内容空洞浮泛，不着边际。例：～的文章没人爱看。

充实】chōngshí 充足；丰富。例：他每天生活得很～。

辨析

“空洞”“空虚”和“空泛”都是贬义形容词，都指内部不充实、不实在。“空洞”本指里边没有东西，现在常用来表示说话、写文章没有具体的内容，可以重叠成“空空洞洞”，可以构成成语“空洞无物”；“空虚”既指精神上不充实，也指物资、力量的不足；“空泛”指没有具体内容，常用于语言、文章。

恐怖 同恐惧

恐怖】kǒngbù 由于感到危险而恐惧。例：儿童不宜观看情节～的电影。

恐惧】kǒngjù 惧怕。例：面对困难不要～，而应该想办法克服。

辨析

“恐怖”和“恐惧”都是形容词，都表示心理活动，指感到危险而心中不安或发慌、害怕。“恐怖”侧重因危及生命而害怕，可指人的心理，也可指气氛、场面、手段等，语意较重；“恐惧”则重于由一般危险引起害怕，可指人的神色、表情等，语意较轻。

口气 同口吻

口气】kǒuqì 说话的气势；说话时流露出的感情色彩；言外之意。例：她说话的～相当委婉。

口吻】kǒuwěn 说话时流露出来的感情色彩。例：他说话总带着教训人的～，我感觉很不舒服。

辨析

“口气”和“口吻”是一组同义名词，都是说话时的感情流露。“口气”的词义宽，适用的范围大，它可以用“大、小、轻、重”来形容，如“他口气大，动不动就教训人”，它还可以与“听”相搭配；“口吻”则不能。

枯竭 近贫乏 干枯 反丰富 充沛

【枯竭】kūjié 干涸；用尽；断绝。例：读书不多，写作文时往往会才思～。

【贫乏】pínfá 缺少；不丰富。例：这个地区的水资源很～。

【干枯】gānkū （草木等）由于衰老或缺乏营养、水分等而失去生机。例：一夜大风，地上落满了～的树叶。

【丰富】fēngfù 数量大或种类多。例：地球将～的资源奉献给人类。

【充沛】chōngpèi 充足；旺盛。例：这群年轻人精力～，不知什么叫疲倦。

枯瘦 同枯槁 反丰腴

K

【枯瘦】kūshòu 干瘪瘦弱。例：这位老人长期卧病在床，～如柴

【枯槁】kūgǎo （草木）干枯；（面容）憔悴。例：她面容～，精神不振。

【丰腴】fēngyú （身体）丰满。例：她体态～，气色很好。

辨析

“枯瘦”和“枯槁”都是形容词，都指干枯。“枯瘦”指面黄肌瘦，常用来形容人的形态；“枯槁”指憔悴、干瘪、萧条，使用范围广，常用来形容植物的状态，也可以形容人。

枯燥 近乏味 无味 反有趣

【枯燥】kūzào 单调;没有趣味。例:这本书的内容很~。
【乏味】fáwèi 没有趣味;缺少情趣。例:语言~的作文谁都不会喜欢。
【无味】wúwèi 没有趣味。例:这篇文章写得枯燥~。
【有趣】yǒuqù 有趣味,能引起人的兴致的。例:老师经常带我们做些~的游戏。

苦楚 同苦处

【苦楚】kǔchǔ 痛苦。例:现在我最大的~就是和我的儿女分离。
【苦处】kǔchù 所受的痛苦。例:没有人能了解他内心的~。

辨析

“苦楚”和“苦处”都是名词,都表示所受的痛苦。“苦楚”的范围较窄,多指生活上的痛苦,多用于书面语;“苦处”的范围较广,泛指所受的痛苦,多用于口语。“苦楚”有时作形容词用,如“我们的日子自然不及你们那么舒服,但也不见得苦楚”;“苦处”没有这种用法。

苦难 近灾难 痛苦 反幸福

【苦难】kǔnàn 痛苦和灾难。例:当~来临时,我们要学会坚强。
【灾难】zāinàn 天灾人祸造成的严重损害和痛苦。例:~未尝不是对人的一种考验。
【痛苦】tòngkǔ 生活、精神等方面难以忍受的事情。例:她强忍失去亲人的~,积极参加抗震救灾工作。
【幸福】xìngfú 使人心情舒畅的境遇和生活。例:每个人都有追求～的权利。

酷暑 近盛夏 盛暑 反寒冬 隆冬

【酷暑】kùshǔ 炎热的夏天。例：李时珍不怕山高路远，不怕严寒～，走遍了出产药材的名山大川。

【盛夏】shèngxià 夏天最热的时候。例：～，我们全家去北戴河避暑。

【盛暑】shèngshǔ 炎热的夏天。例：～，由于家家都开空调，用电量猛增。

【寒冬】hándōng 泛指寒冷的冬季。例：青蛙用冬眠的方式来度过～。

【隆冬】lóngdōng 冬天最冷的时候。例：～季节，很少有人逛街。

夸大 同夸张 反缩小

【夸大】kuādà 把事情说得超过了原有的程度。例：事情一到他嘴里就被～了。

【夸张】kuāzhāng 夸大；言过其实。例：他说的话有些～，叫人不能完全相信。

K

【缩小】suōxiǎo 使由大变小。例：什么叫实事求是？就是既不夸大，也不～。

辨析

“夸大”和“夸张”都是动词，都指说得过分、不符合实际。在某些场合（主要是用于贬义时，不包括修辞上的夸张）可以互换，如“我说的是实际情况，毫不夸张（或夸大）”。“夸大”是言过其实，往往把小的说成大的，少的说成多的等等，多指认识上的片面性或故意歪曲事实，多含贬义；“夸张”是说得过火或说得突出些、强调些，常常指把小的说得更小，大的说得更大等等，一般是不失其真。此外，“夸大”可以带宾语，如“夸大个人作用”“夸大缺点”等；“夸张”不能。

夸奖 近夸耀 反诋毁

【夸奖】kuājiǎng 称赞、表扬（人或事物的优点）。例：小刚“德、智、体”全面发展，老师们都～他。
【夸耀】kuāyào 炫耀，显示。例：我这点小成绩不值得～。
【诋毁】dǐhuǐ 说别人的坏话；诬蔑。例：我们所取得的成绩是任何人也不能～的。

辨析

“夸奖”“夸耀”都指把好处说出来，让别人知道，都是动词。“夸奖”是表扬、鼓励别人，为褒义词；“夸耀”是自我宣扬，自我炫耀，多用为贬义词。

快活 同快乐

【快活】kuàihuo 快乐。例：他提前完成了任务，心里觉得很～。
【快乐】kuàilè 感到幸福或满意。例：现在的日子过得真～。

辨析

“快活”和“快乐”都是形容词，都表示高兴。“快活”侧重于身心舒适而显得轻松活跃，多用于口语，常作“感到”“显得”等词的宾语；“快乐”侧重于因感到幸福或满意而喜悦，书面语和口语都常用，常作“享受”“追求”“得到”等词的宾语。

宽敞 同宽广 宽阔

【宽敞】kuānchang 宽阔；宽大。例：这是一个很～的大场院。

【宽广】kuānguǎng （面积、范围）大。例：改造后的城市街道很～。

【宽阔】kuānkuò 横的距离大；范围广。例：轮船行驶在～的江面上。

辨析

“宽敞”“宽广”和“宽阔”都是形容词，都指面积或范围大。“宽敞”着重于空间大，宽绰、敞亮，使用范围小，常形容房屋、庭院等；“宽广”着重于面积广大，使用范围较大，常形容土地、海洋、视野等；“宽阔”着重于开阔，常形容庭院、道路、场所以及人体的某一部分。

宽恕 同饶恕 反严惩

【宽恕】kuānshù 宽容饶恕。例：那个女孩犯下的错误是不可～的。

【饶恕】ráoshù 免予责罚。例：念你是初犯，就～你这一次。

【严惩】yánchéng 严厉处罚。例：对那些贩卖毒品的人必须～。

辨析

“宽恕”和“饶恕”是一组同义动词，都有“宽容、不再追究”的意思。但这两个词略有区别：“宽恕”一般针对过失、过错而言；“饶恕”只对罪行或重大过错而言。

狂风 近暴风 疾风 反微风 和风

【狂风】kuángfēng 猛烈的风。例：一阵～过后，紧接着就是倾盆大雨。

【暴风】bàofēng 来势迅猛的风。例：这场～刮得天昏地暗，惊心动魄。

【疾风】jífēng 猛烈的风。例：～知劲草，患难见真情。

【微风】wēifēng 细小、轻缓的风。例：缕缕～送来野花的芳香，令人心旷神怡。

【和风】héfēng 温和的风。例：春天的～细雨总是给人留下美好的印象。

魁梧 近魁伟 反矮小

【魁梧】kuíwu （身体）高大强壮。例：小明的爸爸身材很～。

【魁伟】kuíwěi 高大而有气魄。例：国旗下，站立着两位～的战士。

【矮小】ǎixiǎo 又矮又小。例：山脚下有几间～的茅屋。

辨析

“魁梧”和“魁伟”都是形容词，都有“身体高大强壮”的意思。但略有区别：“魁梧”仅形容人的身材、形体；而“魁伟”还可以形容人的气度不凡。

困难 同困窘 反容易 宽裕

【困难】kùnnan 事情复杂，阻碍多；困苦艰难。例：一个人生活～并不可怕，可怕的是失去生活的信心。

【困窘】kùnjiǒng 穷困。例：我们要尽量帮助那些家境～的同学。

【容易】róngyì 做事不费劲。例：你以为画鸡蛋很～呀，这样想可就错了。

【宽裕】kuānyù 宽绰富裕。例：农村改革以后，农民生活比以前～多了。

辨析

“困难”和“困窘”都是形容词，都有“生活艰难”的意思。“困难”既可以指生活上的艰难困苦，也可以指学习、工作等其他方面，表示不容易，使用范围较广；“困窘”是书面用语，多指处境窘迫或经济上很困难，使用范围较小。“困难”还可以作名词，能构成“克服困难”；“困窘”则不能。

扩充 近扩张 扩展 反压缩 收缩

【扩充】kuòchōng 扩大；充实。例：研究院必须～设备了。
【扩张】kuòzhāng 扩大。例：这种药能使血管～。
【扩展】kuòzhǎn 扩大；向外伸展。例：工业带由沿海向边远地区～，使布局更趋合理。
【压缩】yāsuō 加压使体积缩小；减少（人员、经费、篇幅）。例：这篇小说太冗长了，应～篇幅。
【收缩】shōusuō 紧缩；由大变小，由长变短。例：皮肤遇冷就会引起表层毛细血管～。

辨析

“扩充”“扩张”和“扩展”是一组近义动词，都有“扩大、增大”的意思。“扩充”的对象可以是人、事、物，多指内部的数量增多，内容充实；“扩张”“扩展”多指向外增大，向外延伸。在感情色彩方面，“扩充”和“扩展”为中性词；“扩张”多与侵略、野心等相联系，带贬义色彩。“压缩”“收缩”都是动词，都是“由多变少，由大变小，由长变短”的意思。“扩充”“扩张”“扩展”与“压缩”“收缩”都是动词。“扩充”与“压缩”，“扩张”“扩展”与“收缩”，两两相对，词义明显相反，构成反义关系。

扩散 近蔓延 反缩小

【扩散】kuòsàn 向外扩展并分散出去。例：船桨激起的微波～出一道道水纹。

【蔓延】mànyán 不断向周围扩散。例：山火不断～，形势十分危急。

【缩小】suōxiǎo 使由大到小。例：由于环境受到污染，许多动物的活动空间大大～了。

L l

拉拢 同笼络 反排斥 排挤

【拉拢】lālǒng 为了对自己有利，用手段使他人站在自己的一方。例：一定要坚持原则，小心被坏人～利用。

【笼络】lǒngluò 使用手段来取得别人的好感，并使之站在自己的一方。例：他极力～人心来巩固自己的地位。

【排斥】páichì 互不相容；使别人或事物离开自己这方面。例：这次活动是全校性的，不应该～外班同学。

【排挤】páijǐ 使不利于自己的人失去原有地位。例：他在单位受到～，难以施展才华。

辨析

“拉拢”和“笼络”都是动词，都有“用手段使别人站在自己一方”的意思。“拉拢”的目的不一定明确，其方式比较直接，对象可以是个人、单位、团体，但不用于人心；“笼络”的目的比较明确，其方式比较隐蔽，只用于人与人之间。

来龙去脉 近前因后果

【来龙去脉】láilóng-qùmài 山形地势像龙一样连贯着。比喻人、物的来历或事情的前因后果。例：掌握了～，这件事情就好解决了。

【前因后果】qiányīn-hòuguǒ 事情前后关联的原因与结果。泛指事情的整个过程。例：我把～一说，妈妈就笑了。

来之不易 近得之不易
反轻而易举 易如反掌 探囊取物

【来之不易】láizhībùyì 表示事情的成功或成绩的取得是不容易的。例：他懂得学习的机会～，因此特别刻苦。

【得之不易】dézhībùyì 表示事情的成功或成绩的取得是不容易的。例：小华十分珍惜这块～的金牌。

【轻而易举】qīng'éryìjǔ 形容毫不费力气就能办到。例：翠鸟像箭一样飞过去，～地叼起一条小鱼。

【易如反掌】yìrúfǎnzhǎng 形容办事容易，就像翻转手掌一样。例：爸爸棋艺精湛，这次比赛取胜～。

【探囊取物】tànnáng-qǔwù 比喻事情极容易办成功。例：这件事对他来说好比～，不成问题。

褴褛 同破烂 反整洁

【褴褛】lánlǚ （衣服）破烂。例：远处，一位衣衫～的老大娘颤巍巍地走过来。

【破烂】pòlàn 因使用次数多或时间久而残破。例：这么～的桌椅，怎么能让孩子使用呢？

【整洁】zhěngjié 整齐洁净。例：他仔细打量着这位慈眉善目、衣着～的老人。

辨析

“褴褛”和“破烂”都是形容词，都有“东西残破”的意思。“褴褛”的词义范围窄，仅限于衣服；“破烂”还可指其他物品。

“褴褛”是书面语;“破烂”书面语、口语均常用。此外,“破烂”在儿化后可作名词,指废旧东西;“褴褛”不能这样用。

滥用 同乱用 反慎用

【滥用】lànyòng 随便、过度地使用。例:~药物会造成不良后果。
【乱用】luànyòng 胡乱使用。例:为了预防沙眼,要求一人一条毛巾,不能~。
【慎用】shènyòng 谨慎、小心地使用。例:这种药有副作用,要告知病人~。

辨析

“滥用”和“乱用”都是动词,都有“胡乱使用”的意思。“滥用”着重在“滥”,有“不该使用而用了或过度地使用”的意思;“乱用”着重在“乱”,有“瞎用、混用”的意思。

狼狈 近尴尬 反坦然

【狼狈】lángbèi 形容困苦或窘迫的样子。例:这家企业连年亏损,处境很~。
【尴尬】gāngà 处境困难,不好处理。例:他觉得去也不好,不去也不好,实在~。
【坦然】tǎnrán 形容心里平静,没有顾虑。例:面对重重困难,他始终神色~,沉着应对。

辨析

“狼狈”和“尴尬”都是带贬义色彩的形容词,都指窘迫、使人为难。“狼狈”在形容进退为难的情态时,语意比“尴尬”重,可构成成语“狼狈不堪”;“尴尬”语意较轻,有时专指脸上难为情的表情,可构成“尴尬相”。

劳顿 同劳苦 劳累 近劳碌

劳顿】láodùn 劳累。例:你连日来旅途～,就休息一天吧。

劳苦】láokǔ 劳累辛苦。例:只有不畏～、迎难而上的人才有希望达到光辉的顶点。

劳累】láolèi 由于过度的劳动而感到疲乏。例:工作过于～对身体十分有害。

劳碌】láolù 事情多而辛苦。例:爸爸长年在外奔波～。

辨析

“劳顿”“劳苦”“劳累”和“劳碌”都是形容词,都指劳动得过多。“劳顿”着重于“顿”,指很疲乏;“劳苦”着重于“苦”,指劳累而辛苦,可构成“劳苦功高”“不畏劳苦”“不辞劳苦”等;“劳累”着重于“累”,泛指劳动、工作或旅行等的劳累;“劳碌”着重于“碌”,指又忙又累。“劳顿”多用于书面语;“劳苦”常用于书面语和口语;“劳累”常用于口语;“劳碌”常用于书面语和口语。

牢记 近铭记 反忘记 忘却

牢记】láojì 牢牢地记在心里。例:头一次出远门,我～父母的嘱咐,唯恐出了差错。

铭记】míngjì 深深地记在心里。例:老师的教诲我～在心。

忘记】wàngjì 经历的事不记得。例:我们不能～今天的幸福来之不易。

忘却】wàngquè 忘记;不记得。例:这惨痛的教训让人无法～。

老实 近诚实 规矩 反虚伪 虚假 调皮

老实】lǎoshi 诚实;守规矩,不惹事。例:说～话,做～事是他为人处世的原则。

【诚实】chéngshí 言行与内心思想一致。例：我们从小就要做～的好孩子。

【规矩】guīju（行为）端正，照章办事。例：小红的爸爸是个～人。

【虚伪】xūwěi 不真实；虚假。例：他待人真诚，一点儿也不～。

【虚假】xūjiǎ 与实际不一致。例：科学最讲究实事求是，来不得半点～。

【调皮】tiáopí 顽皮；做事不老实或不稳当。例：小明是个很～的孩子。

雷同 同相同 反相反

【雷同】léitóng 完全相同。例：这两篇文章在立意、选材和手法运用上～的地方这么多，怎么还说不是抄袭呢？

【相同】xiāngtóng 彼此一致，没有区别。例：这是一对外貌相像但性格很不～的孪生姐妹。

【相反】xiāngfǎn 事物的两个方面互相矛盾；不一致。例：我的观点和你的观点正好～，请允许我保留意见。

辨析

“雷同”和“相同”都是形容词，都指一样或一致。“雷同”本指雷发声而万物同时响应，比喻与人重复，即不该相同而相同，多指文章作品的抄袭；“相同”侧重指完全一样，使用范围广。

L

冷漠 同冷酷 反亲热

【冷漠】lěngmò（对人或事物）冷淡；不关心。例：姑娘～的态度令他欲言又止。

【冷酷】lěngkù（待人）非常冷淡，近于残酷。例：难道你真是～

～无情的人？

【亲热】qīnrè 亲密而热情。例：老王～地拍了拍小李的肩膀。

辨析

“冷漠”和“冷酷”都是形容词，都有“不热情，很冷淡”的意思。但略有差异：“冷漠”着重指对人或事情兴趣不大，不关心；“冷酷”的语意较重，指冷淡到极点，近于残酷。“冷漠”可用于形容对人或事物的态度；“冷酷”只能用于形容对人的态度。

离别 近分别 分手 分离 反相逢 重逢

【离别】líbié 比较长时间地跟熟悉的人或地方分开。例：明天我就要～父母去外地上学了。

【分别】fēnbié 离别。例：老朋友～多年了，多么想见一面啊！

【分手】fēnshǒu 分开。例：我一直把姐姐送到了车站才～。

【分离】fēnlí 分开。例：他俩～后仍保持联系，不断互相鼓励。

【相逢】xiāngféng 相互遇见（多指事先没有约定的）。例：老朋友意外～，彼此都很惊喜。

【重逢】chóngféng 长时间分开后，重新聚在一起。例：老同学久别～，格外高兴。

礼貌 近文明 反蛮横 粗野

【礼貌】lǐmào 言语动作谦虚谨慎。例：这孩子对客人很有～。

【文明】wénmíng 社会发展到较高文化阶段的；有涵养。例：这个孩子举止～。

【蛮横】mánhèng （态度）粗暴而不讲理。例：你这样大打出手也太～无礼了。

【粗野】cūyě 不文明；没有礼貌。例：小明一向说话～，大家都不太喜欢他。

理直气壮 近振振有词 反理屈词穷

【理直气壮】lǐzhí-qìzhuàng 理由十分充足，说话气势很盛。例：没有做什么亏心事，他说话当然就～了。

【振振有词】zhènzhèn-yǒucí 形容理由好像很充分，说个不停。例：你做错了事还～地辩解，简直不像话。

【理屈词穷】lǐqū-cíqióng 理由站不住脚，说不出话来。例：在事实面前他～，只好认错。

利落 近利索 麻利 反拖拉

【利落】lìluo（言语、动作）灵活而敏捷。例：他人虽老了，但动作却很～。

【利索】lìsuo 利落。例：消防队员个个手脚～。

【麻利】máli 敏捷。例：姐姐做事挺～。

【拖拉】tuōlā 办事迟缓；不及时。例：你写作业～的毛病一定要改正。

利益 近好处 益处 反坏处 害处

【利益】lìyì 好处。例：大家要自觉维护班集体的～。

L 【好处】hǎochù 对人或事物有利的因素。例：吸烟对身体一点儿～也没有。

【益处】yìchù 好处；有利的因素。例：青蛙对人类有～，要加以保护。

【坏处】huàichù 对人或事物不利的因素。例：我们要广泛宣传吸烟的～。

【害处】hàichù 对人或事物有害的因素。例：酸雨对农作物和建筑的～很大。

连忙 同赶快 赶紧 赶忙

【连忙】liánmáng 表示动作行为迅速急迫。例：见前面的小朋友摔倒在地上，小明～上前把他扶了起来。

【赶快】gǎnkuài 抓紧时间，加快速度。例：时候已经不早了，我们～走吧。

【赶紧】gǎnjǐn 抓紧时机，毫不拖延。例：天要下雨了，妈妈～把衣服收回去。

【赶忙】gǎnmáng 赶紧；连忙。例：上课铃响了，大家～往教室跑。

连续 近持续 反中断

【连续】liánxù 一个接一个。例：～几个小时的手术，把她累坏了。

【持续】chíxù 连续不断。例：受天气影响，近来菜价～上涨。

【中断】zhōngduàn 中途停止或断绝。例：警察刚找到的线索又～了。

辨析

“连续”和“持续”都是动词，都有“不间断”的意思。“连续”侧重指动作或某种情况的连接性；“持续”侧重指在某一确定时间内始终保持延续的状态。

脸庞 近面庞 面容

【脸庞】liǎnpáng 脸的形状、轮廓。例：她的～是鸭蛋形的。

【面庞】miànpáng 脸的轮廓。例：小外甥圆圆的～，水汪汪的大眼睛，真惹人喜欢。

【面容】miànróng 面貌；容貌。例：他阴郁的～给我留下了很深的印象。

恋恋不舍 近依依不舍 反一刀两断

【恋恋不舍】liànliàn-bùshě 形容非常留恋，舍不得离开。例：直到太阳落山，我们才～地告别这美丽的风景。

【依依不舍】yīyī-bùshě 形容舍不得离开。例：相处这么长时间，分别时我们都有些～。

【一刀两断】yīdāo-liǎngduàn 比喻坚决断绝关系。例：咱们俩从今往后～。

良策 同上策 上计 反下策 下计

【良策】liángcè 高明的计策；好的办法。例：怎样在短时间内完成计划呢？谁也没有～。

【上策】shàngcè 高明的计策或办法。例：遇到难题及时向老师请教才是～，千万不要不会装会。

【上计】shàngjì 上策。例：爱护地球，保护环境是人类造福子孙后代的～。

【下策】xiàcè 不高明的计策。例：出此～，也是迫不得已啊！

L

【下计】xiàjì 下策。例：实在没办法，只能用这个～了。

辨析

“良策”“上策”和“上计”是一组同义名词，都有“好的计策，好的办法”的意思。其中，“良策”只说明计策好，而“上策”与“上计”所表示的程度比“良策”深。“上策”与“上计”同义，可以互换。“良策”“上策”与“下策”词义相反，互为反义。“上计"与"下计"互为反义。事实上,"良策""上策"同"下计"以及"上计"与"下策"也都是反义,只因末一语素不是同字,一般不对举使用。

凉爽 同凉快 清爽 反炎热 闷热

【凉爽】liángshuǎng 清凉爽快。例:今天天气格外~。
【凉快】liángkuai 清凉爽快。例:打开空调,屋内~多了。
【清爽】qīngshuǎng 清洁凉爽。例:微风从湖面上吹来,好~啊!
【炎热】yánrè (天气)很热。例:在~的夏天,吸热玻璃能阻挡强烈的阳光,使室内比室外凉爽了许多。
【闷热】mēnrè 又闷又热。例:天气~,看样子又要下雨了。

辨析

"凉爽""凉快"和"清爽"都含有"清凉"的意思,都是形容词。"凉爽"强调因闷热被驱除而感到清爽舒适;"凉快"强调因清凉而感觉痛快,常用于口语;"清爽"强调干净凉快,令人感到舒服,并且"清爽"还可指心情轻松爽快,如"我把作业做完,心里感到很清爽"。

两全其美 同一举两得 一箭双雕 反顾此失彼 一举两失

【两全其美】liǎngquán-qíměi 顾及到事情的双方,使彼此都感到满意。例:改革开放政策,既可以强国,又可以富民,真是~。
【一举两得】yījǔ-liǎngdé 做一件事而得到两方面的好处。例:发展养鸭事业,既可丰富市场,又可增加收入,岂不是~吗?
【一箭双雕】yījiàn-shuāngdiāo 比喻做一件事可同时达到两个目的。例:在这一带修建水库,既能够防洪,又可以灌溉,确是

～之举。

【顾此失彼】gùcǐ-shībǐ 顾及到这个，又丢失了那个。形容难以全面照顾。例：如果计划不周密，工作就难免～，所以我们一定要事先订好计划。

【一举两失】yījǔ-liǎngshī 指一件事带来两方面的损失。例：这项工程偷工减料，不但楼房坍塌，而且死伤了数人，这不是～又是什么？

辨析

“两全其美”“一举两得”和“一箭双雕”都含有“事半功倍”的意思，是一组同义成语。但“两全其美”指的是一件事照顾到了双方的利益，而“一举两得”和“一箭双雕”指的是做一件事一方得到两重好处，因此，二者的意思更为接近。“顾此失彼”“一举两失”都含有“得不偿失”的意思，是一组同义成语。这二者的“失”各不相同：“顾此失彼”失的是一方，虽有失但也有得；“一举两失”失的是一方，又是“两失”，损失最大。“两全其美”和“顾此失彼”，“一举两得”和“一举两失”，词义相反，都是典型的反义词。“一箭双雕”和“一举两失”的词义也相反，但结构不同。

谅解 近原谅 反责怪 指责

【谅解】liàngjiě 了解实情后，原谅别人或消除意见。例：同学之间相处要互相～。

L

【原谅】yuánliàng 对别人的疏忽、过错，不加指责。例：只要你勇于承认错误并改正错误，大家就会～你。

【责怪】zéguài 责备、埋怨、指责（别人）。例：是我没说清，你不要～别人。

【指责】zhǐzé 批评、责怪（别人）。例：对待成绩差的同学大家要多帮助，不能一味～。

辽阔 近开阔 广阔 反狭窄 狭隘

【辽阔】liáokuò 广阔；宽广。例：一棵棵洋槐树正在茁壮成长，为～的大地撑起一柄柄绿色的大伞。

【开阔】kāikuò（面积、空间范围）宽广。例：走出森林，展现在眼前的是一片～的平原。

【广阔】guǎngkuò 广大宽阔。例：巨轮驶向～的海洋。

【狭窄】xiázhǎi（面积、空间）范围小。例：这种旧式住宅楼的过道很～。

【狭隘】xiá'ài（面积、空间）范围小，宽度小。例：山道～，只能一人通过。

寥寥可数 同屈指可数 反指不胜屈

【寥寥可数】liáoliáo-kěshǔ 形容很少，一数就清楚。例：图书馆里，看书的人～。

【屈指可数】qūzhǐ-kěshǔ 弯着手指一数就可以数得出来。形容数量很少。例：这次考试难度比较大，八十分以上的同学～。

【指不胜屈】zhǐbùshèngqū 扳着指头数也数不过来，形容数目非常多。例：在轻工业产品展销会上，新产品的数量之多真可谓～。

L

辨析

“寥寥可数”和“屈指可数”都形容数目很少。“寥寥可数”多形容某一方的“人”少，或者某种可数的“物”少，但不能形容具体的“日子”少；“屈指可数”既可以形容具体的“人”“物”少，也能形容具体的“日子”少。

嘹亮 同响亮 近清脆 反沙哑

【嘹亮】liáoliàng (声音)清晰而明亮。例：~的歌声回荡在校园上空。

【响亮】xiǎngliàng (声音)宏大。例：~的歌声传向四面八方。

【清脆】qīngcuì (声音)清楚悦耳。例：翠鸟鸣声~，而且特别喜欢贴着水面疾飞。

【沙哑】shāyǎ (嗓子)发音困难，说话低沉而不圆润。例：步话机员小李正用~的声音向上级报告情况。

料想 同预见 预料 意想 反不料

【料想】liàoxiǎng 猜想(未来的事)。例：我可没~到，一向吝啬的老王会捐钱。

【预见】yùjiàn 对未来事情预先料到。多指根据形势、事理、规律而推想到。例：可以~，我校的素质教育在今后将会取得更大的成果。

【预料】yùliào 事先料想到。例：这场比赛的结果，我早就~到了。

【意想】yìxiǎng 料想；想象。例：真~不到，一向胆小怕事的小明在关键时刻能挺身而出。

【不料】bùliào 没有料到。例：我们商量好下午去公园，~午饭后却下起了大雨。

辨析

“料想”“预见”“预料”和“意想”都是动词，都有“猜测或推想”的意思，都用于没有见到的事，彼此互为同义词。其中，“预见”“预料”除可以用作动词外，还可以用作名词，在句中充当主语或宾语，如“事实证明了他的预见是正确的”；而“料想”

和“意想”一般不这样用。从程度上来讲，“预见”更富有规律性，它不是主观上的想当然，而是根据事理、规律推想出来的，而且可以构成“预见性”，其他各词都不能。“料想”“预见”“预料”“意想”都有“猜想到”的意思，而“不料”是“没想到”的意思，彼此互为反义。

吝惜 近爱惜 反舍得 不惜

吝惜】lìnxī 过分爱惜，舍不得拿出或使用（自己的东西或力量）。例：做人要学会分享，学会毫不～地帮助别人。

爱惜】àixī 指因重视而不糟蹋。例：我们应当～公共财物。

舍得】shěde 毫不吝惜，愿意拿出。例：在学习上，～下功夫的人才会取得好成绩。

不惜】bùxī 不顾惜；舍得。例：为了祖国的安全，他～牺牲自己的生命。

辨析

“吝惜”和“爱惜”都是动词，都指舍不得。“吝惜”指该用而舍不得用，过分爱惜，含贬义；“爱惜”指疼爱或爱护而不糟蹋、不浪费，含褒义。

伶俐 近机灵 反鲁钝 迟钝

伶俐】língli 灵活，随机应变。例：这个小女孩聪明～，十分讨人喜欢。

机灵】jīling 聪明伶俐。例：～的猴子吸引了许多游人。

鲁钝】lǔdùn 反应迟缓；不敏锐。例：这孩子天性～，让父母操碎了心。

迟钝】chídùn 动作缓慢；不灵活。例：奶奶生病后反应～多了。

灵活 同灵巧 反呆板 死板

【灵活】línghuó 敏捷；不呆板。例：机器人的“机械手”远不如人手那样～。

【灵巧】língqiǎo 灵活而巧妙。例：他的手非常～，能捏出各种精致的小面人儿来。

【呆板】dāibǎn 生硬，死板；不灵活。例：他做事一向很～。

【死板】sǐbǎn 不活泼，不生动；办事不知变通，不灵活。例：这篇文章写得太～，缺乏新意，不吸引人。

辨析

“灵活”“灵巧”都是形容词，都指敏捷、不呆板。“灵活”着重指善于活动，不死板，常指动作、脑筋、方法、战术等，它可以构成新词“灵活性”；“灵巧”着重指灵便、精巧，不笨重、不笨拙，还可指小巧玲珑，多用于手艺、技术、工艺品等方面，而且“灵巧”还可以拆开构成“心灵手巧”。

领会 同领略

【领会】lǐnghuì 领略事物而有所体会。例：我们一定要认真～文件的精神。

【领略】lǐnglüè 了解事物的情况，进而认识它的意义，或者辨别它的滋味。例：这次旅游，我们终于～了异国风情。

辨析

“领会”和“领略”都是动词，都指了解、明白。“领会”是理解了其中的意思或了解其中的意味；“领略”除了有“领会”的意思外，还有“欣赏、体验”的意思，着重指感触。“领会”还可以拆开构成“心领神会”；“领略”不能。

留恋 同依恋 迷恋 反舍弃

【留恋】liúliàn 因有了感情而不愿离开。例:他非常～在农村的那段生活。

【依恋】yīliàn 舍不得离开。例:那几个小孩子总围在李老师身边问这问那,表现出对李老师的～之情。

【迷恋】míliàn 过分喜欢而不能割舍。例:这几个月来,李治～上了集邮,有事没事总要去邮局看看。

【舍弃】shěqì 丢开不要;抛弃。例:他～了国外的洋房、高薪,毅然回到了日夜思念的祖国。

辨析

“留恋”“依恋”和“迷恋”的共同语素是“恋”,都有“不忍离去”的意思。“留恋”语意较轻,对象可以是人,也可以是物或某段经历;“依恋”语意较重,对象一般为人;“迷恋”强调过分爱好,语意最重,对象一般为事物。

留神 同留心 留意 近介意

【留神】liúshén 注意;小心。例:车辆很多,你过马路要～。

【留心】liúxīn 注意。例:参观的时候,小冬很～,不放过每一件展品。

【留意】liúyì 注意;小心。例:下雪了,路面很滑,一不～,就会摔跤。

【介意】jièyì 把不愉快的事记在心里;在意。例:刚才这句话我是无心说的,你可别～。

辨析

“留神”“留心”“留意”和“介意”都是动词,都指注意。“留神”“留心”都有“仔细、小心、当心”的意思,常常放在表示具体动作的动词前边，一般情况下可以互换。“留心”可以带人或事物的对象作宾语，如“留心听讲”；“留神”很少有这种用法。此外，在口语中，“留神”可以说“留点儿神”；“留心”可以说“留点儿心”。“留意”指留心、在意，“介意”指放在心里，都有“注意”的意思，在这一点上同“留心、留神”可以相通，只是“留意”很少带宾语，“介意”一般不带宾语。

流畅 同流利 近通畅 畅达 反晦涩 生涩 艰涩

【流畅】liúchàng 形容说话、行文很顺畅、流利。例：这篇文章通俗易懂，语言简洁～。

【流利】liúlì 话说得快而清楚；文章读起来通畅。例：小华能说一口～的英语。

【通畅】tōngchàng 运行无阻；（文字或思路）通顺灵活。例：这篇文章修改后读起来就～多了。

【畅达】chàngdá （语言、文章、交通）通畅。例：这篇译文很～。

【晦涩】huìsè 指诗文、音乐、图画等文学艺术作品主题不明朗，不容易懂。例：这篇文章的语言太～了，我怎么看也不明白。

【生涩】shēngsè （言辞、文字等）生硬；不流畅。例：文学语言忌讳～不通。

【艰涩】jiānsè 文章语言不通，难以理解。例：文笔～的作品是没人喜欢读的。

L

辨析

“流畅”和“流利”都是形容词，都可指语言通畅，但“流畅”比“流利”的使用范围广。“流畅”“通畅”和“畅达”都可形容写作时文辞的通顺、流利，是一组近义词。“通畅”的使用范围较广，除上面所举例子外，还有“通畅无阻”等，用于写作时是比喻义，不是本义；"畅达"除用于文章外，还可以用于交通方面，如"交通畅达""航运畅达"等。这三个词如果作为文章的评语，"畅达"最好，其次为"流畅"，再次为"通畅"。"流畅""通畅""畅达"总的都是指文章写得好；而"晦涩""生涩""艰涩"总的都是说文章写得不好，两组词构成反义关系。

流动 近活动 反停滞 固定

流动】liúdòng （液体或气体）移动；变换位置。例：小河在山谷中静静地～。

活动】huódòng 为锻炼身体而运动；摇动。例：体育老师让大家自由～一会儿。

停滞】tíngzhì 指因受到阻碍，不能顺利地运动或发展。例：受金融危机影响，许多企业的生产陷于～状态。

固定】gùdìng 不变动或不移动。例：把挂衣架～在墙上。

辨析

"流动"和"活动"都是动词，都指改变原来的位置或状态。"流动"本义是水向低处流，引申为像水流一样地运动，常用来指事物位置的不固定，如"流动医院""流动大学"等；"活动"主要指物体运动，也可作名词，指有社会意义的实践，如"革命活动""社会活动"等，还可作形容词，指事物结构不固定、不稳定，如"活动房屋""活动衣架"等。

流芳百世 近永垂不朽 反遗臭万年

流芳百世】liúfāng-bǎishì 好的名声永远流传于后世，为人称颂。例：岳飞是一位～的英雄。

永垂不朽】yǒngchuí-bùxiǔ 好的名声、大的业绩永远流传而不磨灭。例：英雄的丰功伟绩～。

【遗臭万年】yíchòu-wànnián 死后坏名声一直流传下去。例：那些出卖国家利益的败类必将～。

辨析

“流芳百世”和“永垂不朽”都属褒义成语，都指名声、功业永远流传，属于近义成语。“流芳百世”多用于美名；“永垂不朽”既用于美名，也用于业绩。“流芳百世”“永垂不朽”都是褒义，都是美名永传；“遗臭万年”是贬义，指大恶大奸的人臭名永传，与前两个成语互为反义。其中“流芳百世”与“遗臭万年”从构词来看，都属补充结构，二者属于典型的反义成语。

流浪 近流离 流落 反安居

【流浪】liúlàng 生活没有着落，到处转移，随地谋生。例：离家出走后，他到处～。

【流离】liúlí 由于灾荒战乱而流转离散。例：多年来，他们为了躲避战乱，一直过着颠沛～的生活。

【流落】liúluò 穷困潦倒，漂泊外地。例：由于生活所迫，母女俩～他乡。

【安居】ānjū 安定地居住、生活。例：为了让受灾群众尽快～，各界人士纷纷捐钱捐物。

辨析

“流浪”“流离”和“流落”都是动词，都指因灾荒、战祸、压迫剥削等原因，被迫流动转移。“流浪”着重指没有固定的职业和住所，到处流转，可以构成“流浪者”“流浪汉”等；“流离”着重指离散，与亲人和家乡离别，可以构成“流离失所”“颠沛流离”“流离转徙”等；“流落”着重指漂泊在外，如“流落他乡”。

流行 同风行 盛行 反过时

【流行】liúxíng ①广为流传。②广为流传的。例:①这种款式的衣服很快～全国。②小明喜欢听～音乐。

【风行】fēngxíng 像风一样地流行开来。例:这本小说在校园里～一时。

【盛行】shèngxíng 广泛流行。例:现在～利用网络来交流沟涌。

【过时】guòshí 过了流行时期的;陈旧的。例:这件衣服的式样～了。

辨析

“流行”“风行”和“盛行”指的都是一件事物很快地时兴开来,是一组同义词。其中,“流行”“盛行”的意思更为接近,只是“盛行”比“流行”的程度更深一些;“风行”的“风”字从语法上来说属于名词作状语,在这一点上和“流行”“盛行”不同。此外,“风行”之前一般不用“不”“很”等修饰成分,如不说“不风行”“很风行”。“流行”“风行”“盛行”指的是风靡一时;“过时”指的是风靡期已过,是一组反义词。

路程 同行程

【路程】lùchéng 泛指道路的远近。例:从这里出发到目的地有三天的～。

【行程】xíngchéng 路程;进程。例:他们从北京出发,～近万里,终于到达了新疆。

辨析

“路程”和“行程”都是名词,本义都指道路,都可以引用为生活的道路,许多地方还可以互换,如“艰苦的路程”,也可以说“艰苦的行程”。不同的是:“行”作“行走”讲,因此在“行程”

之前后一般不加“行走”一类的字样，如可以说“在艰苦的路程上行进着”，却不能说“在艰苦的行程上行走着”。

露出 近显露 反隐藏

【露出】lùchū 显现出来。例：她的脸上终于～了笑容。
【显露】xiǎnlù 显示；表露；表现出来。例：她的脸上～出愉快的神情。
【隐藏】yǐncáng 隐蔽掩藏；藏起来不让人发现。例：小鸟～在浓密的枝叶下。

屡屡 同屡次 一再 反偶尔 间或

【屡屡】lǚlǚ 屡次。例：我们班这学期～受到表扬。
【屡次】lǚcì 一次又一次。例：我在作文比赛中～获奖。
【一再】yīzài 一次又一次。例：虽然～失败，但他仍旧不灰心，继续努力着。
【偶尔】ǒu'ěr 有时候；不经常。例：张大爷～也出去旅游一下。
【间或】jiànhuò 有时候；不经常。例：王老师喜欢打乒乓球，～也打打篮球。

辨析

“屡屡”“屡次”和“一再”都是副词，都表示一次又一次，彼此同义，而且可以互换。“偶尔”“间或”也可作副词，意思相近，都有“不经常”的意思。两组词互为反义关系。

L

乱七八糟 近乌七八糟 反整整齐齐 有条不紊

【乱七八糟】luànqībāzāo 形容混乱；没秩序，没条理。例：是谁把房间搞得～的？

【乌七八糟】wūqībāzāo 形容十分杂乱。例：大家不要看那些～的书。
【整整齐齐】zhěngzhěngqíqí 有条理；不凌乱。例：小明把自己的房间收拾得～。
【有条不紊】yǒutiáo-bùwěn 有条理，一点儿不乱。例：他做任何事情都～。

辨析

“乱七八糟”和“乌七八糟”都有“杂乱”的意思。“乱七八糟”重在“乱”，多用来形容没条理、混乱；“乌七八糟”重在“乌”“糟”，多用来形容恶劣、污秽、糟糕的情形。

乱糟糟 近乱哄哄 乱蓬蓬

【乱糟糟】luànzāozāo 形容事物杂乱无章或心情烦乱。例：这几天来发生了许多事，搞得他心里～的。
【乱哄哄】luànhōnghōng 形容声音嘈杂。例：大街上～的，也不知发生了什么事。
【乱蓬蓬】luànpéngpéng 形容须发或草木多而乱。例：他刚起床，头发还是～的。

辨析

“乱糟糟”“乱哄哄”和“乱蓬蓬”是一组近义形容词，都有“杂乱、没有条理与秩序”的意思，都显示出个“乱”字。在使用范围上有所区别：“乱糟糟”多用于形容事物的乱，心情的乱；“乱哄哄”多用于形容声音的乱；“乱蓬蓬”则多用于形容草木的乱，胡子、头发的乱。

掠夺 近掠取 反归还

【掠夺】lüèduó 夺取；抢劫。例：如果人类无情地～自然资源，最终的结果将是人类的自我毁灭。

【掠取】lüèqǔ 抢夺;夺取。例:有些不法经营者挖空心思推销伪劣商品,~不义之财。

【归还】guīhuán 把从别处得来的钱、物还回去。例:非法征用的东西要~原主。

络绎不绝 近接二连三 车水马龙 川流不息

【络绎不绝】luòyì-bùjué 前后相接,来往不断。形容人、马、车、船来往频繁。例:连日来,前来参加农产品交易会的客商~。

【接二连三】jiē'èr-liánsān 一个接着一个。形容不间断。例:他发球~失误,导致比赛失利。

【车水马龙】chēshuǐ-mǎlóng 车如流水,马如游龙。形容非常热闹繁华。例:每到上下班高峰期,这条街道~,热闹非凡。

【川流不息】chuānliú-bùxī 形容行人、车马等像水流一样连续不断。例:各种车辆在桥下来来往往,~。

落后 近落伍 反进步 领先 先进

【落后】luòhòu ①在行进中落在同行者后面。②发展水平较低不进步。例:①长跑比赛中,我一直~他几米。②~的管理方法已不适应时代的要求。

【落伍】luòwǔ ①掉队。②比喻人或事物跟不上时代前进的步伐。例:①在急行军中,始终没有人~。②有了现代交通工具畜力车就显得~了。

【进步】jìnbù ①(人或事物)向前发展,比原来好。②适合时代要求,对社会起促进作用的。例:①这学期小强在学习上~很大②她的思想一贯很~。

【领先】lǐngxiān ①共同行进时走在最前面。②比喻水平、成绩等处于最前列。例：①在百米赛上，她一路～，获得了第一名。②这项新技术处于国内～水平。

【先进】xiānjìn 进步比较快，水平比较高，可以作为学习的榜样的。例：这次大会表彰了～班集体。

辨析

“落后”和“落伍”都是动词，都可指落在后面。“落后”泛指落在先进水平或客观形势后面的；“落伍”着重指像掉队一样，落在行列的后面。“落后”使用范围大，可用于人、事物或物品；“落伍”多用于人。“落后”还可作形容词；“落伍”不能。

M m

麻木 近麻痹 反敏感

【麻木】mámù 比喻反应迟钝或没有反应。例：小明脸上的表情很～。

【麻痹】mábì 失去警惕性；疏忽大意。例：消防工作要常抓不懈千万不能～大意。

【敏感】mǐngǎn 生理上或心理上对外界事物反应很快。例：你只要一碰到蜗牛的触角，它就会～地将整个身子缩回到壳里去。

辨析

“麻木”和“麻痹”都可作形容词，都指知觉失灵或丧失，都有比喻义。“麻木”着重指反应迟钝，语意较重，常形容精神、灵魂、感觉、神情等，可用于口语和书面语；“麻痹”着重指丧失警惕性，语意最重，常形容思想、斗志等，多用于书面语。“麻木”可以构成“麻木不仁”；“麻痹”可以构成“思想麻痹”“麻痹大意”。

马虎 近草率 粗心 反细心 认真

【马虎】mǎhu 粗心大意，敷衍了事。例：小红总是改不掉做事～的毛病，这次测验的错题又不少。

【草率】cǎoshuài （做事）不认真；不仔细。例：学习上一定不

～，必须认真、仔细。

【粗心】cūxīn 疏忽；不细心。例：小明做作业太～，简单的题他都能做错。

【细心】xìxīn 用心细密。例：这次试验必须～，不能出任何差错。

【认真】rènzhēn 态度端正；不敷衍。例：我们要～做好每一件事。

满不在乎 近 大大咧咧 掉以轻心 漫不经心 反 郑重其事

【满不在乎】mǎnbùzàihu 丝毫不放在心上，不当一回事。例：他开车撞了人，还一副～的样子，激起了周围群众的愤怒。

【大大咧咧】dàdaliēliē 形容行为举止很随便。例：他办事～的，真叫人不放心。

【掉以轻心】diàoyǐqīngxīn 处理事情很大意，不当一回事。例：马上就要期中考试了，学习一定要抓紧，不能～。

【漫不经心】mànbùjīngxīn 随随便便，不放在心上。例：他一边看书，一边～地听别人谈话。

【郑重其事】zhèngzhòng-qíshì 形容对待事情认真严肃。例：我～地将红领巾戴在老师的脖子上。

满意 同 满足 中意 反 不满

【满意】mǎnyì 完全满足或符合自己的心愿。例：小明对自己画的这幅水彩画比较～。

【满足】mǎnzú 自己感到足够了。例：我们的心愿终于得到了～。

【中意】zhòngyì 满意；符合自己的心愿。例：小华～妈妈送给她的生日礼物。

【不满】bùmǎn 不满意。例：人们对不关心群众疾苦的干部极为～。

辨析

“满意”“满足”和“中意”都是动词，都有“符合自己的心愿”的意思。“满意”侧重指愿望达到了，可指自己对自己或自己对别人的感受；“满足”侧重指感到够了，多指自身的感受；“中意”侧重合乎自己的心意，多指自己对别人的感受。“中意”可以拆开用，如“这件衣服中她的意”；“满意”和“满足”不能。

谩骂 同咒骂 近叱骂 反赞美

【谩骂】mànmà 用轻慢、嘲讽的态度骂。例：～解决不了任何问题，大家还是要坐下来真诚沟通。

【咒骂】zhòumà 诅咒谩骂。例：用假药坑人骗钱的骗子遭人～。

【叱骂】chìmà 大声斥骂。例：对犯错误的学生我们要耐心劝导不能一味～。

【赞美】zànměi 表扬；赞扬。例：他在作文中～了家乡的山水。

辨析

“谩骂”“咒骂”和“叱骂”都是动词。“谩骂”是出声乱骂，对象不一定是确指的；“咒骂”不一定出声，对象是确指的；“叱骂”是当面大声斥骂，对象必定是确指的。

漫不经心 近漠不关心 反专心致志

【漫不经心】mànbùjīngxīn 随随便便，不放在心上。例：我把奖品递给他，他～地看了一眼，就把它放在桌子上了。

【漠不关心】mòbùguānxīn 形容对人或事一点儿也不关心。例：他对单位集资建房的事～。

【专心致志】zhuānxīn-zhìzhì 一心一意；集中精神。例：他～地研究这道难题。

辨析

“漫不经心”和“漠不关心”这两个成语结构相同，都有“不放在心上，毫不关心”的意思。“漫不经心”偏重在“随便”；“漠不关心”偏重在“冷淡”。“漫不经心”相当于“不留心”；“漠不关心”相当于“不关心”。“漫不经心”一般不以什么为对象；“漠不关心”却经常以人或事物作对象。“漫不经心”往往单独使用；而“漠不关心”前边往往和“对……”“对于……”等相搭配，表明“不关心”的对象，如果对象很明显，也可以不用介词结构。

漫谈 同闲谈 近闲聊 聊天儿

漫谈】màntán 对某些问题不拘形式地谈自己的体会意见。例：座谈会上，大家～国内国际形势。

闲谈】xiántán 随意地谈；没有目的地谈。例：村里的老太太们经常坐在一块儿～家常。

闲聊】xiánliáo 闲谈。例：我在老李家～了一阵便回家了。

聊天儿】liáotiānr 谈天说地。指随意地谈。例：他们经常凑在一起～。

辨析

“漫谈”“闲谈”“闲聊”和“聊天儿”四个词都有“不拘形式地谈话”的意思。“漫谈”“闲谈”“闲聊”都属偏正结构的动词，都可以带有宾语，如“漫谈问题”“闲谈家常”“闲聊烹饪”等都是带有宾语的例子；“聊天儿”与以上三个词不同，它是动宾结构，不能再带有宾语，它可以拆开在当中加字使用，如“聊了一会儿天儿”。“漫谈”是有中心地谈，但它可以是一种体会，也可以是一种文章体裁，如《漫谈酒文化》《戏剧漫谈》等；其他三个词是随意地谈，没有中心。

莽撞 同冒失 反稳健

【莽撞】mǎngzhuàng 鲁莽冒失。例：爸爸叮嘱哥哥，出门在外要小心谨慎，不可～行事。

【冒失】màoshi 鲁莽。例：爷爷说小弟是个～鬼，不带他去钓鱼。

【稳健】wěnjiàn 稳而有力。例：老师迈着～的步子走上讲台。

辨析

“莽撞”和“冒失”都是形容词，都有“不经考虑、做事轻率”的意思。从语意上看，“莽撞”的语意较重。“莽撞”多用于书面语；“冒失”多用于口语。

茂密 同旺盛 近茂盛 反稀疏

【茂密】màomì （草木）茂盛而浓密。例：清晨，鸟儿在～的树丛中婉转地歌唱。

【旺盛】wàngshèng 生命力强；情绪高涨。例：一些微生物尽管用肉眼不易看见，但它们也有着～的生命力。

【茂盛】màoshèng （植物）长得多而茁壮。例：这棵树枝叶～。

【稀疏】xīshū （物体、声音等）在空间或时间上的间隔远。例：沙漠中偶尔能看到～的几株红柳。

辨析

“茂密”“旺盛”和“茂盛”都是形容词，都有“茁壮成长”的意思。区别是：“茂密”专指草木长得又多又好；“旺盛”不仅可指生命力强，还可指其他事物的发达、兴盛；“旺盛”比“茂密”的语意重；“茂盛”侧重指植物长得多而茁壮。

冒火 同生气 恼火 恼怒 反高兴

【冒火】màohuǒ 生气；发怒。例：看他那不争气的样子真叫人～。

【生气】shēngqì 因不合心意而不愉快。例：一想起昨天那件事，我就～。

【恼火】nǎohuǒ 生气。例：他那种蛮不讲理的态度，不能不使人～。

【恼怒】nǎonù 因气恼而发怒；使发怒。例：面对这种不讲道德的人，他十分～，义正词严地斥责了他们。

【高兴】gāoxìng 喜欢；有兴趣地做某事。例：我～为灾区的孩子奉献爱心。

辨析

"冒火""生气""恼火"和"恼怒"都是动词，都有"不高兴"的意思。其中"恼怒"的语意较重，它既有表现出来的发怒，又有未表现在外的气恼；"生气"和"恼火"多表现尚未发作出来的不高兴；"冒火"只指表现在外的火气。

没精打采 同萎靡不振 反神采奕奕 神采飞扬 容光焕发

【没精打采】méijīng-dǎcǎi 形容不高兴，精神不振作。例：他今天～的，不知是不是生病了。

【萎靡不振】wěimǐ-bùzhèn 形容精神不振作，意志消沉。例：你要坚强，不要遇到一点儿挫折就～。

【神采奕奕】shéncǎi-yìyì 形容精神饱满，容光焕发。例：他站在领奖台上，手捧奖杯，～。

【神采飞扬】shéncǎi-fēiyáng 形容精神振奋，容光焕发。例：弟弟～地跟大家讲述了他们比赛得胜的经过。

【容光焕发】róngguāng-huànfā 脸上发出光彩。形容人身体健康、精神振奋。例：台上跳迪斯科的中老年人，个个～。

辨析

“没精打采”和“萎靡不振”都是形容词，都有“精神不振作”的意思。“没精打采”多形容外表；“萎靡不振”不仅形容人的外表，也形容人的精神状态。从语意程度上看，“萎靡不振”比“没精打采”重。

美丽 同漂亮 近美观 美妙 反丑陋

【美丽】měilì 好看；能给人一种美的感受的。例：这几朵花格外～。

【漂亮】piàoliang 好看；出色。例：你的字写得真～，我自愧不如。

【美观】měiguān （形式）好看；漂亮。例：这套家具式样～。

【美妙】měimiào 美好奇妙。例：台下的观众全部陶醉在这～、悠扬的音乐中。

【丑陋】chǒulòu 难看。例：不要讥笑那些相貌～的人。

辨析

“美丽”和“漂亮”是一组同义形容词，都就好看而言，有时还可以互换，如“真美丽”，也可以说“真漂亮”；“美丽的姑娘”，也可以说“漂亮的姑娘”。“漂亮”能作“出色”讲，如“这场仗打得很漂亮”，绝不能说“这场仗打得美丽”。在某种情况下，“漂亮”可以用作反语，含有贬义，如“净说漂亮话”中的“漂亮”含有贬义，有“心口不一”的意思；“美丽”一词不能这样使用。“美丽”“美观”“美妙”，共同语素是“美”，都有“好”的意思。“美丽”可用于人，也可用于物，一般指“看上去”很好看；“美观”多指事物的外表好看，不用于形容人的相貌；“美妙”是“美”而“奇妙”，可用于视觉上的美，也可用于听觉上的美。

门面 同门脸儿 近外貌

【门面】ménmian 商店、房屋沿街的部分。比喻外表。例：小明家楼下有几间～房。

【门脸儿】ménliǎnr 商店的门面。例：这～，临近街面，周围四通八达，真是块好地方。

【外貌】wàimào 事物的外表；人的长相。例：这个人的～很一般，看不出是个商业巨子。

辨析

“门面”“门脸儿”和“外貌”这三个词都是名词，都指表露在外部的样子。这三个词中，“门脸儿”的使用范围和“门面”相同；“门面”指商店临街部分，有时用来比喻人的外表，和“外貌”构成近义词。“门面”“门脸儿”多用于口语；“外貌”多用于书面语。

朦胧 近模糊 反清楚

【朦胧】ménglóng（月光）不明；不清楚，模糊。例：一层淡淡的薄云飘了过来，眼前～一片。

【模糊】móhu 不分明，不清楚。例：这张纸上字迹～。

【清楚】qīngchu 事物容易让人了解、辨认；对事物了解很透彻。例：他在报告中把事故的经过写得很～。

辨析

“朦胧”和“模糊”都有“不清楚”的意思。“朦胧”多形容月光、景色或某种环境；“模糊”可形容具体或抽象的事物，如字迹、印象、记忆等，使用范围比“朦胧”广。另外，“模糊”用作动词时当“混淆”讲，如“泪水模糊了她的视线”；“朦胧”不能作动词。

猛烈 近强烈 激烈 剧烈 反缓和 平缓 平和

【猛烈】měngliè 气势大，力量大。例：我走向船头，迎着～的海风望着那无边无际的大海。

【强烈】qiángliè 强大猛烈。例：～的飓风袭击了这座沿海小镇。

【激烈】jīliè 剧烈。例：双方展开了～的辩论。

【剧烈】jùliè 猛烈。例：饭后不宜做～运动。

【缓和】huǎnhé 平稳；不激烈。例：经过劝解，他的情绪～下来了。

【平缓】pínghuǎn 平稳缓和。例：渐渐地，老人说话的语气变得～了。

【平和】pínghé (药物)作用温和；不剧烈。例：这味中药药性～，药效不错。

梦想 同空想 幻想 近理想

【梦想】mèngxiǎng ①空想；渴望。②梦想的事情。例：①我～着能像鸟儿一样，在天空中自由自在地飞翔。②冬冬的～是长大后当一名宇航员。

【空想】kōngxiǎng ①凭空设想。②不切实际的想法。例：①你不要尽～，还是先调查一下情况吧。②离开了客观现实的想法就成了～。

【幻想】huànxiǎng ①对没有实现的事物有所想象。②虚构的想象。例：①他～着有一天能成为一名月球上的公民。②这是一个美丽的～。

【理想】lǐxiǎng 根据事理预想未来，在一定条件下可以实现的想法。例：他是个有～、有抱负的青年。

辨析

“梦想”“空想”“幻想”和“理想”都可作名词，都表示对未来事物的希望和想象。“梦想”可指妄想，也可指渴望，是中性词；“空想”着重指不切实际的想法，不能实现，是贬义词；“幻想”着重指虚幻的想象，有实现的可能，是中性词；“理想”着重指有根据的想象，是可以实现的，是褒义词。“梦想”“空想”“幻想”还可作动词；“理想”可作形容词，如“找份理想的工作”。“梦想”可用于好的方面，也可用于不好的方面；“空想”“幻想”多用在不好的方面；“理想”则一般用在好的方面。

迷惑 同迷惘 近诱惑 反清醒

【迷惑】míhuò ①辨不清是非，摸不着头脑。②使迷惑。例：①跟他说了半天，他还是~不解。②假象~不了我们的眼睛。

【迷惘】míwǎng 由于分辨不清而困惑不知怎么办。例：得不到他的回音，我心中无限~。

【诱惑】yòuhuò 使用手段，使人认识模糊而做坏事；吸引，招引。例：你不要拿花言巧语来~人。

【清醒】qīngxǐng （头脑）清楚；明白。例：考试时你一定要保持~的头脑。

辨析

“迷惑”和“诱惑”都是动词，共同语素是“惑”，都有“使人对是非分辨不清、上当受骗”的意思，都是贬义词。区别是词义侧重点不同：“迷惑”是指用花言巧语和行动使人辨不清是非、摸不着头脑；“诱惑”是指要弄手段，使人上当受骗。构词能力不同：“迷惑”能跟“性”结合构成“迷惑性”；“诱惑”则不能。“迷惑”作形容词时，和“迷惘”构成同义关系，都有“分辨不清”的意思。“迷惑”着重指“惑”，即不明底细；“迷惘”着重指"惘",即心中不知该怎么办。"迷惑"口语和书面语都可用;"迷惘"则多用于书面语。

迷茫 近渺茫 反清晰

【迷茫】mímáng 广阔而模糊的样子;(神情)迷离恍惚。例:晨雾弥漫,眼前一片~。

【渺茫】miǎománg 因距离远而看不清;因没有把握而难以预测。例:这次运动会上我们班获胜的希望很~。

【清晰】qīngxī 清楚。例:太阳出来了,大雾渐渐散去,远处的山的轮廓都~起来了。

辨析

"迷茫"和"渺茫"是一组近义形容词,共同语素是"茫",都有"看不清"的意思。其中,"迷茫"着重指广阔而模糊,多形容烟云、雾气等,也可形容人的感觉、神情;"渺茫"着重指因距离远而看不清,多形容湖水、声音等,"渺茫"还引申指因没有把握而难以预测,多用于书面语;"迷茫"没有这种用法。

秘密 同机密 近神秘 反公开

【秘密】mìmì ①有所隐蔽,不让人知道的。②秘密的事情。例:①侦察员~地跟在犯罪嫌疑人的后面。②你一定要信守诺言,保守这个~。

【机密】jīmì ①重要而秘密。②机密的事。例:①请妥当保管这份~文件。②保守国家~是每个公务员的职责。

【神秘】shénmì 使人摸不透;高深莫测的。例:科学技术并不是那么~,只要努力钻研,就可以掌握它。

【公开】gōngkāi ①不隐蔽的;面对大众的。②使公开。例:①中国网球～赛即将在上海举行。②他在同学间～了自己的 QQ 号码。

辨析

“秘密”“机密”和“神秘”都是形容词，都表示内部情况尚未被人知道。“秘密”是有所隐蔽，不让人知道；“机密”强调不准别人知道；“神秘”是使人摸不透，高深莫测。“秘密”和“机密”还可作名词；“神秘”不能。

密切 同亲密 反疏远

【密切】mìqiè ①关系近。②使关系接近。③严密。例：①他们几个的关系很～，经常聚在一起聊天儿。②～干群关系有利于工作的顺利进行。③我们要～注意对方的新动向。

【亲密】qīnmì 感情好。例：我们两个人的关系十分～。

【疏远】shūyuǎn ①关系、感情上有距离；不亲近。②使疏远。例：①自从发生了那场争执，他们之间越来越～了。②我们应该帮助有缺点的同学，而不应该～他们。

辨析

“密切”和“亲密”都是形容词，都指关系近、感情好，都可与“疏远”相对。“密切”指事物紧密相连或感情好；“亲密”指感情亲热、厚密，比“密切”语意重，可以重叠为“亲亲密密”。此外，“密切”还可作动词用；“亲密”不能。

绵里藏针 同笑里藏刀 反色厉内荏

【绵里藏针】miánlǐ-cángzhēn 形容柔中有刚。比喻外貌柔和，内心刻毒。例：他这人～，大家都对他敬而远之。

【笑里藏刀】xiàolǐ-cángdāo 比喻表面和善而内心奸险狠毒。例：张牙舞爪的敌人并不可怕，可怕的是～的阴谋家。

【色厉内荏】sèlì-nèirěn 外表强硬而内心怯懦。例：别看他气势汹汹的，实际上是～，不堪一击。

辨析

“绵里藏针”和“笑里藏刀”都是形容词，都有“外表和善而内心刻毒”的意思。从语意程度上看，“笑里藏刀”比“绵里藏针”语意重。另外，“绵里藏针”有时也形容柔中有刚，在感情色彩上有双重性；而“笑里藏刀”只有贬义。

勉强 反自然

【勉强】miǎnqiǎng 不是出于本意；凑合，将就。例：爸爸～答应带我去逛动物园。

【自然】zìran 不勉强。例：她神情～地坐在那里。

腼腆 反大方

【腼腆】miǎntiǎn 表情不自然，羞羞答答。例：他有些～，放不开。

【大方】dàfang 举止自然；不拘泥。例：她～地为大家唱了首歌。

面貌 同相貌 容貌 面容

【面貌】miànmào 脸的形状；相貌。例：从～来看，他不过三十岁。

【相貌】xiàngmào 脸部的长相。例：小王不仅～出众，而且才华横溢。

【容貌】róngmào 相貌。例：她～秀丽，举止端庄。

【面容】miànróng 面貌；容貌。例：这段时间，他没有休息好，～显得憔悴。

辨析

“面貌”“相貌”“容貌”和“面容”都是名词，都指人的面部。“面貌”指人面部的长相，不存在美与丑，也不存在面部的表情、气概，它还有比喻义用法，如“改变企业面貌”；“相貌”也指人面部的长相，但多用于书面语；“容貌”一词尽管也是指人的面部长相，但一般多用于美的方面；“面容”多指面部呈现或流露出的样子，如“面容和蔼”。

藐视 近蔑视 鄙视 反重视

【藐视】miǎoshì 轻视；小看。例：～困难会增强战胜困难的信心。

【蔑视】mièshì 小看；看不起。例：你这次比赛失利的原因是过于～对手。

【鄙视】bǐshì 看不起。例：言行不文明会遭人～。

【重视】zhòngshì 认为有价值而认真对待。例：他提的合理建议引起了领导～。

辨析

“藐视”“蔑视”和“鄙视”都是动词，都有“小看、轻视”的意思。“藐视”侧重把对方看得十分渺小；“鄙视”指把对方看得很低下，有嫌恶的意味；“蔑视”指根本不把对方放在眼里，态度十分高傲。

敏捷 近敏锐 反笨拙

【敏捷】mǐnjié （动作、思维）迅速而灵敏。例：小明头脑聪明，思维～。

【敏锐】mǐnruì （感觉）灵敏；（眼光）尖锐。例：要想写出好作文，首先得具备～的洞察力。

【笨拙】bènzhuō 笨；不聪明，不灵巧。例：熊那～的样子，常常引得游人大笑。

辨析

“敏捷”和“敏锐”都是形容词，都有“灵敏、迅速”的意思。“敏捷”着重指动作迅速而灵敏、利落，常形容人或动物的跳跃、躲闪等动作，有时也形容思想、办事等较抽象的事物，常作状语；“敏锐”着重指感官对外界事物的反应灵敏而迅速，有时特指眼睛对事物的观察灵敏、深刻、尖锐，常和感觉、眼光、洞察力、观察等搭配，常作定语。

名不虚传 同名副其实 近名实相副 反名不副实

【名不虚传】míngbùxūchuán 名声的传播没有虚假。指流传的好名声和事实相符合。例：这是一座～的艺术展览馆。

【名副其实】míngfùqíshí 名称或名声和实际相符合。例：昆明四季如春，是～的春城。

【名实相副】míngshí-xiāngfù 名称或名声和实际相符合。多指名高实也高。例：做广告不要浮夸，要～。

【名不副实】míngbùfùshí 名称或名声与实际不相符。例：这些假冒伪劣产品～。

辨析

“名不虚传”“名副其实”和“名实相副”都有“名与实同”的意思。“名不虚传”的“名”仅用于好的名声；“名副其实”和“名实相副”的“名”不仅指名声，而且还指名称。

名声 同名气 声誉 声望 近名望 名誉

【名声】míngshēng 在社会上流传的评价。例：这所学校被誉为

“技师的摇篮”，早已～在外。

【名气】míngqi 指人或物在社会上的知名度。例：他是一位很有～的医生。

【声誉】shēngyù 声望；好的名声。例：这样做恐怕会影响我们学校的～。

【声望】shēngwàng 为群众所仰望的名声。例：这个人～很高。

【名望】míngwàng 好的名声。例：老教授博古通今，在史学研究领域～很高。

【名誉】míngyù 名声。例：你这样做是在败坏自己的～。

辨析

“名声”“名气”“声誉”“声望”“名望”和“名誉”都是名词，都就人的社会评价的高低而言。“名声”指名气与声望，为中性词，常和“大、小、好、坏”等词语搭配，通用于口语和书面语；“名气”多用于褒义，常和“有、没有、大、小”等词语搭配，多用于口语；“声誉”侧重指有信誉，除用于人外，还可用于产品、企业、国家等；“声望”侧重指有威望，多用于贡献比较大的人；“名望”只指好的名声，常和“有、没有、高”等词语搭配，常用于书面语；“名誉”除了常和“好、坏、不好”等词语搭配以外，还可以跟“破坏、败坏、恢复、爱惜、珍惜”等动词搭配，常用于书面语。

明白 同清楚 明确 反糊涂

【明白】míngbai ①懂得。②容易了解；清楚。例：①老师的谆谆教诲使我～了学习的重要性。②这段话的意思是很～的。

【清楚】qīngchu ①懂得。②对事物了解得透彻。例：①老师～我们在想什么。②事情没有调查～以前，你不能轻易下结论。

【明确】míngquè 清晰明白而确定不移。例：大家～分工，各有专责。

【糊涂】hútu 头脑不清醒；事理不明白。例：这件事，他越解释，我越～。

辨析

“明白”和“清楚”都是形容词，也都能作动词，都有“明确、不含糊、知道、明了”的意思，都可以重叠。但同样作为形容词，词义侧重点不同：“明白”着重于明显、透彻，表示不含糊、不深奥，一听、一看就懂；“清楚”着重于明晰、有条理，表示不模糊、不混杂。搭配习惯不同：“清楚”可跟历史、账目、认识、线索、花纹等词语搭配；“明白”可跟内容、心情等词语搭配。构词能力不同：“清楚”可嵌入数词“一”“二”构成成语“一清二楚”；“明白”可拆开构成“不明不白”。“明白”和“明确”都既可作形容词，也可作动词，都有“清楚、明了”的意思，在句子中常作谓语、状语或补语。“明白”重点在“白”，表示事情明显、问题清楚，或者表示懂得；“明确”重点在“确”，着重指实在，比“明白”更进一层。“明白”可以重叠为“明明白白”；“明确”则不能。

明亮 同明朗 晴朗 反阴暗

【明亮】míngliàng 光线充足；发亮的。例：我们的教室宽敞～。

【明朗】mínglǎng 光线充足（多指室外）；明显，清晰；光明磊落；开朗；爽快。例：秋天的北京，天空显得格外～。

M

【晴朗】qínglǎng 日光充足，没有云雾。例：今天天气格外～，我们结伴去郊游。

【阴暗】yīn'àn 暗；阴沉。例：由于缺少阳光，地下室里～而潮湿。

辨析

“明亮”“明朗”和“晴朗”都是形容词，都可表示亮。但有区别：“明亮”常用来形容发光体或反光体的亮堂，引申指心中明白了、清楚了，可以构成“心明眼亮”，重叠为“明明亮亮”，跟它相对的是“黑暗”；“明朗”还有“明显清楚、光明磊落、开朗爽快”的意思，常用来形容人的思想、性格、立场、态度、胸怀等，与它相对的是“阴暗”“暧昧”；“晴朗”侧重指日光充足。

摸索 同探索 近探求

【摸索】mōsuǒ 试探着（行进）；寻找（方法、经验等）。例：他们在暴风雨的黑夜里～前进。

【探索】tànsuǒ 多方寻求答案，解决疑问。例：我们在不断～更好的学习方法。

【探求】tànqiú 探索追求。例：科学家们～宇宙奥秘的脚步不会停止。

辨析

“摸索”和“探索”“探求”都是动词，都表示试探、寻求。一般在对情况、规律、道理等的探求时，可以互换。“摸索”本指在黑暗中寻找，引申表示边做边学取得具体的经验、办法；“探索”比“摸索”进了一层，表示探求深刻的道理，乃至事物发展的规律；而“探求”指探索追求，比“探索”更进一步，行动更积极，对象较广，除了“摸索”“探索”的对象之外，还常是学问、学术等。

默默无闻 近无声无息 反大名鼎鼎 举世闻名 尽人皆知

【默默无闻】mòmò-wúwén 没有人听说过，不出名。例：他在一所农村中学里～地工作着。

【无声无息】wúshēng-wúxī 没有声音，没有气息。形容没有声响，不为人察觉。也比喻人默默无闻或对事物没有什么影响。例：他淡泊名利，～地过着平凡的日子。

【大名鼎鼎】dàmíng-dǐngdǐng 形容非常有名气。例：多才多艺的张老师在我们学校那可是～。

【举世闻名】jǔshì-wénmíng 在全世界都有名。形容名声非常大。例：秦始皇陵兵马俑～。

【尽人皆知】jìnrén-jiēzhī 所有的人都知道。例：经过多年努力，他终于成为～的电影明星。

目的 同目标 近宗旨

【目的】mùdì 想要达到的地点或境地；想要得到的结果。例：学习的最终～是要把知识应用于实践。

【目标】mùbiāo 射击、攻击或寻找的对象；想要达到的境地或标准。例：我这一学期的～是当上学习小标兵。

【宗旨】zōngzhǐ 主要目的或意图。例：读书会的～是让更多人养成爱读书的习惯。

辨析

“目的”“目标”这两个词都是名词，都有“想到达的境地”的意思。“目的”着重指行为所要达到的地点或境地，一般只用于抽象事物；“目标”着重指目的的尺度、行为的方向，还可指射击的对象，可用于抽象事物和具体事物；“宗旨”着重指办事的方针，一般用于重大的事件，如重要会议、组织等。

目空一切 同不可一世 近旁若无人 反虚怀若谷

【目空一切】mùkōngyīqiè 一切都不放在眼里。形容狂妄自大例：经过这次事件，他改掉了～的毛病。

【不可一世】bùkě-yīshì 自以为在当代没有一个人能比上他。形容极其狂妄自大。例：你不要取得一点成绩就盛气凌人，～。

【旁若无人】pángruòwúrén 好像旁边没有人。形容从容自然或态度傲慢。例：她霍地站了起来，～似的挤了出去。

【虚怀若谷】xūhuái-ruògǔ 胸怀像山谷一样深广。形容十分谦虚。例：老校长～的作风深受大家敬佩。

辨析

“目空一切”“不可一世”和“旁若无人”这三个成语都有“态度傲慢，狂妄自大”的意思。区别是：“不可一世”语意最重；“目空一切”次之；“旁若无人”又次之。“不可一世”“目空一切”是贬义的；“旁若无人”是中性的。“目空一切”“旁若无人”一般都用于人；“不可一世”则不限于人。“旁若无人”后边能加“似的”，跟其中的“若”互相呼应；“目空一切”“不可一世”则不能。“不可一世”前边能加“何等”“多么”等词语；“目空一切”“旁若无人”则不能。

N n

呐喊 近呼喊 高喊

【呐喊】nàhǎn 大声喊叫。例:每次足球比赛时,都会有许多球迷～助威。

【呼喊】hūhǎn 喊叫。例:运动场上,“加油! 加油!”的～声此起彼伏。

【高喊】gāohǎn 大声呼喊。例:不要在教室附近～。

纳贿 同受贿 反拒贿

【纳贿】nàhuì 接受目的不正当的财物赠送;进行贿赂。例:党员干部严禁～。

【受贿】shòuhuì 接受贿赂。例:他贪污～,最终受到了法律的制裁。

【拒贿】jùhuì 拒绝接受目的不正当的财物赠送。例:报纸上报道了老厂长廉洁奉公、～的事迹。

纳闷儿 近不解 反明白

【纳闷儿】nàmènr 疑惑不解。例:一大早就有人敲门,他心里不免有点儿～。

【不解】bùjiě 不懂,不明白。例:孩子的举动令阿姨感到～。

【明白】míngbai 了解;懂得。例:通过老师耐心地讲解,我～了其中的道理。

辨析

“纳闷儿”和“不解”都是动词，都有“不明白”的意思。“纳闷儿”比较偏重于疑惑，常用于口语；而“不解”偏重于不懂、不理解，多用于书面语。

耐心 同耐烦 反急躁

【耐心】nàixīn 心里不急躁；不厌烦。例：请大家～排队等候。

【耐烦】nàifán 不急躁；不怕麻烦；不厌烦。例：妈妈总是让她弹琴，她显得有点不～了。

【急躁】jízào 焦急烦躁；不冷静。例：提高写作水平不能～，要靠平时的点滴积累。

辨析

“耐心”和“耐烦”都是形容词，都有“不急躁、不厌烦”的含义。“耐心”形容人处理事情的态度，可以用于肯定，也可以用于否定；“耐烦”侧重指人的情绪，常用于否定式。

南辕北辙 同背道而驰

【南辕北辙】nányuán-běizhé 心里想往南去，车子却往北走。比喻行动和目的相反。例：靠打骂来教育孩子其实是一种～的做法。

【背道而驰】bèidào'érchí 朝着相反的方向走。例：如果方法不当，事情的结果很可能与初衷～。

辨析

“南辕北辙”和“背道而驰”都有“彼此相反”的意思。“南辕北辙”所指的“彼此”限于行动（措施）和目的（愿望）；“背道而驰”所指的“彼此”要广泛得多。也就是说，“南辕北辙”是就同一件事情的两个方面（行动与目的）说的；“背道而驰”是就两种不同的事物说的。“背道而驰”一般用作谓语，而且前边往往有表示对象的介词结构作状语；“南辕北辙”则不受此限制。

难熬 同难过 反好过

【难熬】nán'áo 因生活困难、处境艰难或精神极不愉快而觉得日子漫长。例：那贫困～的岁月，他至今记忆犹新。

【难过】nánguò 难以度过的。例：那时家里收入少、人口多，日子确实十分～。

【好过】hǎoguò 生活上顺利，困难少。例：今年大丰收，农民的日子～多了。

闹事 同滋事 惹事 肇事

【闹事】nàoshì 故意挑起事端，惹出是非。例：碰到有人聚众～时，大家不要围观。

【滋事】zīshì 制造纠纷、矛盾，惹起事端。例：她们这样做纯粹是～生非。

【惹事】rěshì 引来麻烦或祸害。例：他平时还好，但喝酒之后就要～。

N 【肇事】zhàoshì 引发事故；闹事。例：交警正在全力追查这起事故的～者。

辨析

“闹事”“滋事”“惹事”和“肇事”都是动词，都有“引起事端，制造混乱”的意思。“闹事”“滋事”“惹事”只用于贬义，指故意而为；“肇事”为中性词，可指因行动不慎而引发事故。

内涵 同内容 反外延

【内涵】nèihán ①概念的内容，事物本质属性的总和。②语言所包含的内容。例：①"人"这个概念的～就是有语言、会思维，能制造和使用工具进行生产劳动的高等动物。②这篇文章的～丰富。

【内容】nèiróng 事物所包含的内在实质。例：写文章必须讲求～与形式的统一。

【外延】wàiyán 概念所确指的对象的范围。例："人"这个概念的～是指古今中外的一切人。

辨析

"内涵"和"内容"都是名词，都指事物的内部本质。"内涵"可用作专门术语；"内容"可泛指事物。

内行 同行家 熟手 里手 反外行

【内行】nèiháng 对某种事情、工作或某种技艺有丰富知识和经验的人。例：玩扑克牌，他可是～。

【行家】hángjia 精通某一方面技艺的人。例：要论养花种草，我的爷爷可是～。

【熟手】shúshǒu 熟悉、了解某项工作的人。例：电脑程序操作，他是～。

【里手】lǐshǒu 具有某一方面知识和才能的人。例：他在企业管理方面是个行家～。

【外行】wàiháng 缺乏某一方面的知识和才能的人。例：我在做饭方面可是个～。

辨析

"内行""行家""熟手"和"里手"都是名词，都指具有某方面的知识和才能的人。但略有差异："行家""熟手""里手"词义接近，“熟手”“里手”常可以代替“行家”。“行家”常和“里手”连用为“行家里手”。“内行”既可作为名词，又可作为形容词，作形容词时，可以在前面加副词，如“很内行”“不内行”“样样内行”；“行家”“熟手”“里手”则不能这样使用。

逆境 同困境 近绝境 反顺境

【逆境】nìjìng 不顺利的境遇。例：～可以锻炼人的意志。

【困境】kùnjìng 困难的处境。例：因经费不足，乐团近几年人才流失严重，陷于～。

【绝境】juéjìng 没有出路的境地。例：受金融危机影响，这家小企业陷于～。

【顺境】shùnjìng 顺利的处境。例：人在～中待久了，容易失去拼搏奋斗的精神。

辨析

“逆境”“困境”和“绝境”都是名词，都指所处境遇不顺利、多磨难。“逆境”着重指阻碍多；“困境”着重指条件恶劣；“绝境”着重指危险，没有希望。

年青 同年轻 反年迈

【年青】niánqīng 年纪不大。一般就青年人的年纪而言，有时引申为焕发出的青春。例：～人，向来拥有火热的心。

【年轻】niánqīng 年纪不大。例：别看他已过花甲，走起路来却像个～人。

【年迈】niánmài 年纪老。例：母亲～体衰，再也不能胜任繁重的家务劳动了。

辨析

“年青”和“年轻”都是形容词，都有“年纪不大”的意思。在使用范围上有一定的区别：“年青”一词只能用于十几岁至二十几岁的年纪；“年轻”则不受此限制，可用于不同年纪的人，也可用于国家、组织等，使用范围较广。

鸟瞰 同俯视 反仰视

鸟瞰】niǎokàn 从高处向低处看。例：登上山顶，可以～城市全貌。

俯视】fǔshì 从高处向低处看。例：坐在飞机上，～全市，北京城的风光尽收眼底。

仰视】yǎngshì 从低处向高处看。例：～天空，天高云淡。

辨析

“鸟瞰”和“俯视”都是动词，都指从高向低看。“鸟瞰”还可用于指抽象事物；“俯视”只用于具体事物。

捏造 同伪造 臆造

捏造】niēzào 凭空虚构，无中生有。例：他讲的这个事情显然是～的。

伪造】wěizào 暗中模仿真的，造出假的。例：～人民币是犯法行为。

臆造】yìzào 凭主观想法编造。例：规律是客观存在的，而不是主观～的。

辨析

“捏造”“伪造”和“臆造”都指虚构，都是贬义词。“捏造”指虚构情况，无中生有，目的是进行诬蔑，常和事实、证据等词语搭配；“伪造”指造假，是一种隐蔽的行为，目的是以假充真，常和证书、货币等词语搭配。“臆造”指根据主观想象凭空编造，常和方针、政策、规律等词语搭配。

凝聚 同凝集 凝结 反涣散

【凝聚】níngjù 气体凝结聚合，由稀变浓，变为液体；聚集。例：清晨的树叶上还～着露珠。

【凝集】níngjí 凝结在一起；聚集。例：云层里的许多小水珠～成大水珠，降下来就是雨。

【凝结】níngjié 由气体变为液体或由液体变为固体（也用于比喻）。例：农民的汗水～成一粒粒粮食。

【涣散】huànsàn 使松弛散漫。例：散布谣言、～军心的人要受到严厉惩罚。

辨析

“凝聚”“凝集”和“凝结”都是动词，都指从某一状态变化到另一状态，三者也都可指抽象事物。“凝聚”可用于人，也可用于物，能构成“凝聚力”；“凝集”“凝结”多用于物。

凝视 同注视

【凝视】níngshì 集中精神地看。例：他一言不发，～着画面。

【注视】zhùshì 注意地看。例：她～着黑板，仔细地听老师讲解。

辨析

“凝视”和“注视”都是动词，都指聚精会神地看。“凝视”是目光集中在一点比较久地看，它的对象一般是具体的、静止的；“注视”是注意地看，时间可长可短，它的对象可以是静止的，也可以是活动的；可以是具体的，也可以是抽象的。“凝视”比“注视”语意重。

扭捏 同做作 反自然

【扭捏】niǔnie（言谈、举止）不自然；不大方。例：在众人面前，她显得非常～。

【做作】zuòzuo 故意做出某种表情、架势、腔调，令人感到不自然。例：这个演员的表演太～。

【自然】zìran（言谈、举止）不做作。例：待人接物应当大方～。

辨析

“扭捏”和“做作”都是形容词，都有“不自然、不大方”的意思。“做作”有贬义色彩；“扭捏”多为中性词，也可重叠为“扭扭捏捏”。

浓厚 同深厚 反淡薄

【浓厚】nónghòu（烟雾、云层等）很浓；（色彩、意识、气氛等）重；（兴趣）大。例：她对民族音乐有着～的兴趣。

【深厚】shēnhòu（感情）深；（基础）坚实。例：她们结下了～的友谊。

【淡薄】dànbó（感情、兴趣等）不浓厚。例：他从小寄养在姑妈家，对父母的感情有些～。

辨析

“浓厚”和“深厚”都是形容词，共同语素是“厚”，都有“不淡薄”的意思，在使用上都既可以作谓语，又可以作定语，是一组同义词。“浓厚”侧重指“浓”，常和意识、兴趣、烟云、色彩、气氛等词语搭配；“深厚”侧重指“深”，常和感情、基础等词语搭配。

浓郁 同浓重 近浓烈 反淡雅

【浓郁】nóngyù（花草的气味）浓；（情感、色彩、气氛等）浓重。例：阳台上的这盆夜来香，一到晚间便散发出～的香气。

【浓重】nóngzhòng（烟雾、气味、色彩等）很厚很密。例：虽然离开家乡多年了，但他的话语间仍不时流露出～的乡音。

【浓烈】nóngliè 浓重强烈。例：驻足在绍兴酒店的门前，一股～的酒香扑鼻而来。

【淡雅】dànyǎ 颜色、花样等素淡雅致。例：眼前的荷花清新～，让人赏心悦目。

辨析

“浓郁”“浓重”和“浓烈”都是形容词，共同语素是“浓”，都有“浓厚”的意思。区别在于词义的重点和适用的对象不同：“浓郁”重点在“郁”，有“繁盛”的意思，常用来形容香气或某种景象、某种感情、某种诗情画意等；“浓重”的使用范围较广，既可用于形容气味的浓，也可形容烟雾和色彩的浓，在形容气味的浓上，一般仅限于形容香气；“浓烈”重点在“烈”，有“强烈”的意味，既可用来形容气味，又可用来形容某种气氛。

驽钝 近迟钝 反灵敏

N

【驽钝】núdùn 愚笨，才能低。例：你要不嫌我～，咱们就一起来做这件事吧。

【迟钝】chídùn 反应慢；不灵敏。例：人上了年纪，反应就有点儿～了。

【灵敏】língmǐn 反应快。例：小明个头高，反应～，很适合打篮球。

辨析

“驽钝”和“迟钝”都是形容词。“驽钝”侧重指人没有能力,也可用作自谦之词;“迟钝”侧重指人的思维、感官、行动等灵活、敏捷的程度低。

努力 同尽力 近致力

【努力】nǔlì 尽量使出力量。例:这次考试成绩不好,只能说明你~得还不够。

【尽力】jìnlì 用尽一切力量。例:这件事我一定~而为。

【致力】zhìlì 把力量用在某一方面。例:他~于慈善事业已有许多年。

辨析

“努力”“竭力”和“尽力”都指用尽力量。“努力”侧重在“努”,即尽量使出;“尽力”侧重在“尽”,即用完;“致力”侧重在“致”,即集中。“努力”还可作形容词,如“努力学习”;“尽力”“致力”不能。

怒不可遏 同大发雷霆

【怒不可遏】nùbùkě'è 形容非常愤怒。例:听说小明又在学校打架了,他爸爸~。

【大发雷霆】dàfā-léitíng 形容大发脾气,高声训斥。例:这么简单的题都做错了,老师忍不住对我们~。

辨析

“怒不可遏”和“大发雷霆”都形容十分愤怒。区别是:“怒不可遏”重“形”不重“声”,形容愤怒的情绪从表情上流露出来不可遏止,往往跟写“形”的词语配合运用;“大发雷霆”重“声”

不重"形",多形容发怒时的高声斥责。"怒不可遏"用于肯定句式中;"大发雷霆"可用于否定句式中。

怒吼 同咆哮

【怒吼】nùhǒu 猛兽发威吼叫。比喻发出雄壮的声音。例:狮子一声～,吓跑了周围的小动物。

【咆哮】páoxiào (猛兽)怒吼。水流的奔腾轰鸣或人的暴怒喊叫。例:黄河大瀑布～着一泻而下,那景象实在壮观。

辨析

"怒吼"和"咆哮"都是动词,都指大声地叫。"怒吼"指猛兽发威吼叫,比喻(人、风、水、大炮等)发出雄壮的声音或愤怒的叫喊;"咆哮"指(猛兽)怒吼,形容水浪冲激声或人暴怒时的叫喊。用于人时,"怒吼"带褒义;"咆哮"带贬义。

暖和 同温暖 反寒冷 冰冷

【暖和】nuǎnhuo 气温不高也不低。例:今天的天气真～。

【温暖】wēnnuǎn 暖和。例:下课铃一响,同学们便飞奔到教室外,享受那～的阳光。

【寒冷】hánlěng 温度低。例:～的冬天终于过去了,温暖宜人的春天又来到了我们身边。

【冰冷】bīnglěng 很冷。例:～的雨水淋在身上好难受。

辨析

"暖和"和"温暖"都是形容词,形容不冷不热,使人感觉舒服。"暖和"指气温适中,温和;而"温暖"除了气候上的温和适宜外,还用来形容感情上得到的温存和体贴。

懦弱 同脆弱 软弱 近柔弱 反坚强

【懦弱】nuòruò 软弱；不坚强。例：她生性～，往往是逆来顺受。
【脆弱】cuìruò 经受不住挫折；不坚强。例：最近接二连三地遭遇不幸，原本～的她显得越发憔悴了。
【软弱】ruǎnruò 不坚强；缺乏力量。例：不要把别人的退让看作～可欺。
【柔弱】róuruò 软弱；不强壮。例：她从小身体就很～。
【坚强】jiānqiáng 强固有力，不可动摇或摧毁。例：他是一名意志～的战士。

辨析

"懦弱""脆弱""软弱"和"柔弱"都是形容词，都有"不坚强、缺乏力量"的意思。"懦弱"语意较重，多形容人的性格；"脆弱"侧重指不结实、不坚强，多形容人的感情；"软弱"侧重缺乏力量，常用来形容人的性格、态度、意志；"柔弱"侧重指细弱不强壮，一般形容人的身体或动植物体，也可形容人的性格。

O o

讴歌 同歌颂 反诋毁

【讴歌】ōugē 用唱歌、朗诵等形式来颂扬。例：伟大的祖国，我们尽情～你。

【歌颂】gēsòng 用诗歌颂扬，泛指用语言文字等形式颂扬。例：我们应该热情～社会新风尚。

【诋毁】dǐhuǐ 毁谤；诬蔑。例：真理是～不了的。

辨析

"讴歌"和"歌颂"都是动词，都有"颂扬"的意思。区别在于表达形式不同："讴歌"多以口头形式表达，如唱歌、朗诵等；而"歌颂"多用语言文字来表达。

偶合 同巧合

【偶合】ǒuhé 无意中相合。例：暑假去爬翠峰山，我俩的意见一致，这完全是～。

【巧合】qiǎohé （事情）凑巧相合或相同。例：我和我的同桌是同一天生日，真是～。

辨析

"偶合"和"巧合"都是动词，都有"相合、一致"的意思。"偶合"着重于"无意"，是不谋而合；"巧合"着重于"恰好"，是"正遇在某种机会上"。

偶然 同偶尔 反必然

偶然】ǒurán ①事理上不一定要发生而发生的；超出一般规律的。②偶尔。例：①一个～的机会，我得到了自己最喜欢的作家的签名。②我是～认识他的。

偶尔】ǒu'ěr ①有时候。②偶然发生的。例：①寂静的山林里～传来几声鸟鸣。②这只是～的事，你不必太在意。

必然】bìrán 事理上确定不移的。例：平时不努力，考试成绩不佳是～结果。

辨析

“偶然”和“偶尔”都是副词，都表示很不经常，在句中都可作状语，有时可以互换。“偶然”着眼于“意外”；“偶尔”着眼于“次数少”。“偶然”和“偶尔”都可作形容词，作形容词时，“偶然”强调事理上不一定发生，可作谓语、定语，前面可加“太”“很”等，常和事情、现象、原因、情况、机会等词语搭配；“偶尔”强调不经常发生的，不能单独作谓语，前面也不能加“太”“很”等。

藕断丝连 反一刀两断

藕断丝连】ǒuduàn-sīlián 比喻两者关系表面断绝，实际上还有牵连。例：“夹丝玻璃”非常坚硬，受到猛击仍安然无恙；即使被打碎了，碎片仍然～地粘在一起。

一刀两断】yīdāo-liǎngduàn 形容两者之间关系截然断绝。例：从今以后咱俩～，互不相干。

P p

爬行 同匍匐

【爬行】páxíng 昆虫、爬行动物等行动；人手脚并用向前移动。例：影片中，一名受了伤的战士在艰难地～。

【匍匐】púfú 身体贴着地面爬行；身体贴近地面。例：战士们正在～前进。

排斥 同排除 近排挤 反吸引

【排斥】páichì 不相容；使别的人或事物离开自己这方面。例：不要不经思考就轻易～不同意见。

【排挤】páijǐ 使不利于自己的人失去应有的地位。例：楚国统治者极力～屈原。屈原报国无门，愤而自投汨罗江。

【排除】páichú 除掉；消除。例：让我们一起努力来～困难。

【吸引】xīyǐn 把其他物体、力量或别人的注意力引到自己这边来。例：这篇小说情节曲折，～了许多读者。

辨析

“排斥”“排挤”和“排除”都是动词，都表示不能相容。“排挤”一般是指凭借势力或采取不正当的手段，把对方推挤出去，对象多为人；“排斥”是运用力量或手段，使对方离开或不能加入，它可以用于人，也可以用于事物；既能表示对外来的人或事物加以拒绝，不让参加进来，也能表示把内部的人或事物加以驱逐，使之退出去。后一点跟“排挤”有些相似，但意味不尽相同。“排除”的对象是人或组织。“排挤”是贬义词；“排斥”是中性词；“排除”一般表示把原有的东西除去，对人对事物都可以用，是中性词。

排山倒海 近 翻江倒海

排山倒海】 páishān-dǎohǎi 形容力量强，声势大。例：钱塘江大潮那万马奔腾、~之势极其壮观，令我终生难忘。

翻江倒海】 fānjiāng-dǎohǎi 形容水势浩大。比喻力量或声势非常强大。例：泄洪道的水闸一提，水流如~般倾泻下来。

辨析

“排山倒海”和“翻江倒海”这两个成语结构方式相同，而且都能表示声势浩大，力量巨大。“排山倒海”是“排除山岳，翻倒大海”的意思，强调声势浩大；“翻江倒海”也作“倒海翻江”，强调“激荡”，还能形容浩大的水势、激荡的心潮，其使用范围较宽。

徘徊 同 彷徨

徘徊】 páihuái 在一个地方走来走去。比喻犹豫不决。也比喻事物在某个范围内浮动。例：他在教室门口~了好长一段时间。

彷徨】 pánghuáng 来回走动，不知所向。例：她站在门口~了许久。

辨析

“徘徊”和“彷徨”都是叠韵词，都由联绵字组成，而且都有“犹疑不前”的意思，是一组同义词。不同的是：“徘徊”仅停留在“犹疑”的程度上；而“彷徨”则属于不知“何去何从”，语意较重。“徘徊”不能受程度副词修饰；“彷徨”可受“有点儿”“有些”“非常”等副词修饰。

盘踞 同占据 割据

【盘踞】pánjù 非法占据；霸占（地方）。例：传说这座山上从前~着一伙强盗。

【占据】zhànjù 用强力取得或保持（地域、场所等）。例：由于我军~了有利地势，战斗很快取得胜利。

【割据】gējù 一国之内，拥有武力的人占据部分地区，形成分裂对抗的局面。例：我国唐代曾出现过藩镇~的局面。

辨析

“盘踞”“占据”和“割据”都是动词，都有“占领某地”的意思，是一组同义词。其区别是：“盘踞”指非法占有，是贬义词，而且可以拆开使用，如“龙盘虎踞”；“占据”可用于大处，也可用于小处，作战中的占据某地是大处，游戏中占据某地是小处，可用于敌方占据某地，也可用于我方占据某地，是中性词；“割据”指一国之中政令不统一，拥有武力的集团各自独霸一方，互相对抗，属于贬义。

P

盘算 同打算 近计算

【盘算】pánsuan 心里算计或筹划。例：小李~了好久，觉得还是不买好。

【打算】dǎsuàn 计划、考虑行动的方向、方法等。例：我~早点儿回家。

【计算】jìsuàn 核算数目；考虑，筹划。例：这点儿钱你一定~着花。

辨析

“盘算”“打算”和“计算”都是动词，都指计划、考虑。“盘算”指心里反复地考虑，可以后附趋向动词“过来、过去、起来、下去”；“打算”重在方向、方法的考虑；“计算”指核算数目或考虑筹划，可以后附趋向动词“起来、下去”。此外，“盘算”“打算”一般在事情发生前；“计算”则事前事后都可能。“计算”还能构成“计算机”“计算尺”等词。

盘问 同查问 近盘诘

盘问】pánwèn 仔细查问。例：经过再三～，他才说出了事情的真相。

查问】cháwèn 调查询问；审查追问。例：你不知道他的电话号码，可以通过查询台～一下。

盘诘】pánjié 盘查追问。例：为了保证学校的安全和秩序，凡是从校门进出的陌生人，都要一一～。

辨析

“盘问”和“查问”都是动词，都指细问。区别是：“盘问”指反复、全面、仔细地查问，在盘问者的心目中，对象是“坏人坏事”；“查问”指调查询问或审查追问，在查问者的心目中，对象可以是“坏人坏事”，也可以是一般的人、事。“盘问”多是口头的；“查问”可以是口头或其他方式。“盘问”的语气比“查问”重。“盘问”和“盘诘”都是动词，都表示当面仔细询问。“盘问”所要问的可以是人，也可以是事情，书面语和口语都可用；“盘诘”一般只用于查问可疑的人，用于书面语。

P

判若天渊 同判若云泥 反不相上下

判若天渊】pànruòtiānyuān 像高空和深渊那样明显。形容差别很大。例:我们两家的生活水平～。

【判若云泥】pànruòyúnní 像天上的云和地上的泥那样明显。形容差别很大。例:他的思想觉悟和文化知识与小赵相比,真是～。

【不相上下】bùxiāng-shàngxià 不能分出高低、好坏。形容相差不大。例:我看他们俩的工作能力～。

盼望 近期望 企望 指望 反绝望

【盼望】pànwàng 殷切地期望。例:～你早日回到我们身边。

【期望】qīwàng 对未来的事物或人的前途有所希望和等待。例:我们～这一天早日到来。

【企望】qǐwàng 希望。例:农民～年年能有个好收成。

【指望】zhǐwang 一心期待;盼望。例:父母都～孩子长大后能有出息。

【绝望】juéwàng 不再抱有希望。例:在困难的时候我们要看到成绩,看到希望,不应该～。

滂沱大雨 同倾盆大雨 反牛毛细雨

P

【滂沱大雨】pāngtuó-dàyǔ 形容雨下得很大。例:昨天下了一整天的～,今天总算晴了。

【倾盆大雨】qīngpén-dàyǔ 形容雨下得大、猛,就像用盆倒一样。例:天上正下着～,不能出门办事。

【牛毛细雨】niúmáo-xìyǔ 指细而密的小雨。例:下午下了一阵～,天就放晴了。

抛弃 同摒弃 摈弃 反保留

【抛弃】pāoqì 丢掉不要。例:在生活上我们应该～依赖思想。

【摒弃】bìngqì 舍弃;不保留。例:我们要～一切不良习惯。

【摈弃】bìnqì 抛掉,排除掉。例:对于那些宣扬封建迷信的东西,我们必须坚决～。

【保留】bǎoliú 保存不变;留下。例:北京京剧院还～着传统的京剧剧目。

辨析

"抛弃""摒弃""摈弃"都是动词,都表示抛掉不要。"抛弃"的使用对象很广,可用于人或事物;"摒弃"一般用于较抽象的事物,如观点、作风、方法等,是书面用语;"摈弃"可用于人或事物,是书面用语。

培育 同培养 近培植 反摧残

【培育】péiyù 栽培养育。引申为对人的教育训练。例:在同学们的精心～下,校园里的一株株小树与我们一同成长。

【培养】péiyǎng 提供适宜的条件,使繁殖、生长;按照一定目的进行教育和训练,使成长。例:学校是～人才的地方。

【培植】péizhí 种植并精心管理;培养扶植。例:公园里有许多人工～的花草。

【摧残】cuīcán 使(人、生物或事物等)遭受严重损失。例:洪水～了地里的幼苗。

辨析

"培育""培养"和"培植"都是动词,共同语素是"培",都有"栽培"的意思。其中,"培育""培养"既可用于植物,又可用于人,基本上可以互换;"培植"一词稍有不同,其用于植物与"培养""培育"相同,用于人则有褒义、贬义之分,褒义如"培植人才",贬义如"培植亲信"。

佩服 同拜服 钦佩 敬佩

【佩服】pèifú 感到可敬而心里服气。例：张明品学兼优，同学们都～他。

【拜服】bàifú 敬辞，佩服。例：老兄的才干，令人～。

【钦佩】qīnpèi 敬重佩服。例：他这种舍己为人的精神令人～。

【敬佩】jìngpèi 敬重佩服。例：我～他的为人。

辨析

“佩服”和“拜服”都是动词，都有“敬佩”的意思。“佩服”着重在“佩”，对别人好的思想、品德、才干心悦诚服；“拜服”是敬辞，对于有权威的言行、才干表示折服并产生敬意。“佩服”“钦佩”“敬佩”都是动词，都是“对人的品德、才能心服”的意思，都含褒义，属于同义词。其中，“佩服”一词可以独自成句，表示赞叹，如“写得好，佩服！”“钦佩”“敬佩”义同“佩服”，但更突出了敬重。一般说来，“钦佩”“敬佩”可以互换。

P

鹏程万里 同前途万里 反穷途末路 走投无路

【鹏程万里】péngchéng-wànlǐ 形容前程远大。例：小明小小年纪就考上了大学，真是～。

【前途万里】qiántú-wànlǐ 形容前途远大。例：大叔拍着小江的肩膀对他说：“小伙子，好好干，你年轻有为，～。”

【穷途末路】qióngtú-mòlù 形容无路可走。例：他现在已经到了～的境地。

【走投无路】zǒutóuwúlù 无路可走，无处可投。比喻陷入绝境，找不到出路。例：小偷在群众的紧追下已～，只得束手就擒。

澎湃 近 汹涌

【澎湃】péngpài 形容大浪互相撞击的样子。比喻声势浩大。例:汹涌～的浪潮呼啸着冲向堤岸。

【汹涌】xiōngyǒng (水)猛烈地向上或向前涌。例:海面上波涛～。

辨析

"澎湃"和"汹涌"都是动词,都指大水猛烈激荡。"澎湃"着重于波涛冲击,比喻情绪、声势高涨;"汹涌"着重于向上或向前涌,也指感情冲动或激动。

批评 同 批驳 批判 反 表扬

【批评】pīpíng 指出人或事物的缺点、错误,并给予评断。例:她的这种行为受到了老师的严厉～。

【批驳】pībó 批评驳斥或否决别人的意见、要求。例:他的这种错误观点被～得体无完肤。

【批判】pīpàn 对错误的思想、言论或行为深入分析并加以否定。例:我们要～他那种错误观点。

【表扬】biǎoyáng 公开赞扬。例:他助人为乐,应该～。

辨析

"批评""批驳"和"批判"都是动词,都指对缺点或错误进行说理斗争的一种方法。"批评"用于指出人民内部的缺点、错误,常作谓语,并可带宾语,可与"教育"连用;"批驳"的语意较重,是指对某种错误的或反动的言论加以驳斥;"批判"比"批驳"语意更重,常和"斗争"连用,对象多是他人。此外,"批评"有"评论"的意思;"批判"还有"判定是非"的意思。

疲惫 同疲乏 疲倦 近疲劳

【疲惫】píbèi 过度疲乏。例：一连工作了三天三夜，此时的他显得很～。

【疲乏】pífá 因脑力或体力过多消耗而困乏无力。例：连日加班，她感到有些～。

【疲倦】píjuàn 疲乏，想睡觉。例：他拖着～的身子回到家里，倒头便睡着了。

【疲劳】píláo 疲乏劳累。例：过度～对身体非常有害。

辨析

“疲惫”“疲乏”“疲倦”和“疲劳”都是形容词，共同语素是“疲”，都有“劳累”的意思。“疲惫”侧重指劳累过度，语意最重，可构成“疲惫不堪”；“疲乏”侧重指困乏无力，语意较重；“疲劳”侧重指劳累，语意较轻；“疲倦”侧重指困倦，语意最轻。“疲惫”“疲乏”“疲倦”的对象是人；“疲劳”的对象可以用于人，也可以用于生理学、物理学等方面，如“视觉疲劳”“弹性疲劳”。

P

偏爱 同钟爱 反讨厌

【偏爱】piān'ài 在几个人或若干事物中特别喜爱一个或一种。例：在各项体育活动中，我～踢足球。

【钟爱】zhōng'ài 特别爱。例：张叔叔～他的小儿子。

【讨厌】tǎoyàn 令人厌烦；不喜欢。例：大家都～这个油腔滑调的人。

偏向 同倾向 偏差

【偏向】piānxiàng ①不正确的倾向。②倒向一方面。例：①学生在德、智、体方面要全面发展，不能产生任何～。②裁判要公正裁决，不能～某一方。

倾向】qīngxiàng ①发展的趋势、方向。②偏向于赞同(对立事物中的一方)。例:①尽管这本书存在一些缺点，但总的～是好的。②两种说法，我～于前一种。

偏差】piānchā 运动的物体离开确定方向的角度;工作中产生的差错。例:第一发子弹打歪了，修正一下～，再打第二发。

辨析

“偏向”和“倾向”都既是名词又是动词。作名词时，“偏向”指不正确的倾向;“倾向”泛指事物发展的趋势。作动词时，“偏向”含贬义;“倾向”是中性词，而且后面可跟“于”搭配。“偏差”只能作名词，在表示不正确时，与“偏向”构成同义关系，但“偏差”的使用范围比“偏向”广。

便宜 近低廉 反昂贵

便宜】piányi 价格低，花钱少。例:经过不懈的努力，爱迪生终于找到了价格～、使用时间长的灯丝。

低廉】dīlián 价格低，花钱少。例:厂里的食堂饭菜价格～。

昂贵】ángguì 价格很高。例:这条项链做工精细，但价格～。

辨析

“便宜”和“低廉”都指物价不贵。“便宜”偏重于价格不高，比较适中，常用在口语中;“低廉”常用在书面语中。“便宜”是个多义词，还有“好处”的意思;而“低廉”没有这方面的意思。

片段 同片断 反整体

片段】piànduàn 整体中的一部分。例:电视台播放了电视剧

《士兵突击》中的～。

【片断】piànduàn 零碎、不完整的一些内容。例：这部纪录影片记录了他们在北大生活的一个～。

【整体】zhěngtǐ 事物的全部或总和。例：我们班就是一个～。

辨析

“片段”和“片断”都是名词，都指事物的一部分，在引申指文章作品等的一个部分时，常可以通用。区别是：“片段”本指从整个事物中截取的一段，有一定的完整性；“片断”（断片）本指从整个物体中切割下来的一个平而薄的横断面（薄片），引申可以指事物的一点、一个画面，偏重于零碎、不完整。从容量上说，“片段”比“片断”大。

片面 近偏颇 反全面

【片面】piànmiàn 偏于某一方面的。例：某些广告～夸大药品的疗效。

【偏颇】piānpō 偏于一方面；不公平。例：这篇论文的观点失之～。

P

【全面】quánmiàn 顾及到各个方面的。例：分析问题应当～。

辨析

“片面”和“偏颇”都有“偏于某一方面”的意思。“片面”偏重于不全面、不完整，口语和书面语都可用；“偏颇”则偏重于不公平、不公允，多用于书面语。

漂泊 同漂流 反定居

【漂泊】piāobó 随水漂流或停泊。比喻生活不固定，四处奔走。例：一只小舟，随风浪～。

【漂流】piāoliú 浮在水面，随水流动。比喻生活不固定，四处奔走。例:我们看见几片树叶顺水~而去。

【定居】dìngjū 在某个地方固定地居住下来。例:他们申请在北京~。

辨析

“漂泊”和“漂流”都是动词,都指随水流动。“漂泊”侧重点是“泊”;“漂流”侧重点是“流”。“漂泊”和“漂流”都可比喻生活不固定,四处奔走,都可与“定居”构成反义。

飘拂 近飘动 飘扬 飘舞 飘荡

【飘拂】piāofú 轻轻飘动。例:今天天气真好,湛蓝的天空中~着几朵白云。

【飘动】piāodòng 随风摆动。例:胸前红领巾迎风~。

【飘扬】piāoyáng 飘动飞扬。例:五星红旗迎风~。

【飘舞】piāowǔ 随风飞舞。例:春风和煦,河边的柳枝随风~。

【飘荡】piāodàng 在空中随风摆动或在水面上随波浮动。例:嘹亮的歌声在操场上空~。

贫乏 近贫瘠

【贫乏】pínfá 贫穷;缺少,不丰富。例:知识~,是不能改变落后面貌的。

【贫瘠】pínjí (土地)不肥沃。例:在西北地区,还有很多~的土地没有开发。

辨析

“贫乏”和“贫瘠”都是形容词,都指物质缺乏,不丰富。区别是:“贫乏”的使用范围比“贫瘠”广,可指具体的人的生活(含贫穷的意义),也可指抽象的事物,如“思想贫乏”“资料贫乏”“知识贫乏”;“贫瘠”则只能指土地。

贫穷 近贫苦 贫寒 贫困 反富有

【贫穷】pínqióng 生产资料和生活物资缺乏，生活困窘。例：经过乡亲们几年努力，彻底改变了家乡的～面貌。

【贫苦】pínkǔ 缺衣少食，日子很苦。例：山里有许多人的生活还很～。

【贫寒】pínhán 穷苦。例：他出身～，小时候受了不少罪。

【贫困】pínkùn 生活困苦。例：爱心捐助使许多～儿童圆了上学梦。

【富有】fùyǒu 钱财多。例：他是当地最～的商人。

品尝 近品味

【品尝】pǐncháng 仔细地尝(滋味)。例：这是本地的一道名菜，欢迎大家～。

【品味】pǐnwèi 辨别味道的好坏。例：小王请我到夫子庙去～秦淮风味小吃。

P

辨析

“品尝”和“品味”都有“辨别”的意思，是一组近义词。“品尝”偏重于尝试的动作；“品味”偏重于品尝的对象。“品味”还有引申义，常用于欣赏诗文、艺术品等；“品尝”无此用法。

品行 同品德 品格 品质 近品性

【品行】pǐnxíng 有关道德的行为。例：他的～不端正。

【品德】pǐndé 品质道德。例：勤劳俭朴是中国人民的宝贵～之一。

【品格】pǐngé 品质人格。例：他是一个～高尚的人。

【品质】pǐnzhì 品行上所表现的本质。例:她和王大妈的性格虽不相同,可是都有同样高尚的~。

【品性】pǐnxìng 品质性格。例:我最喜欢与~忠厚的人打交道。

辨析

"品行""品德""品格"和"品质"都是名词,共同语素是"品",都就与"道德"有关的思想、行为方面的表现而言。其中,"品质"除用于人外,还可以用于物,指物品的质量,如"产品的品质",其他的词不能这样用。"品质"侧重于"质",如憨厚、纯洁等是属于"品质"方面的表现,不属于"品行"等方面的表现。"品格"有时所指不属于好与坏的范畴。"品性"常和恶劣、坏等词语搭配。

平常 同平凡 反稀奇

【平常】píngcháng 一般,常见;不特别。例:虽说这只不过是几句~的话语,却给我留下了深刻的印象。

【平凡】píngfán 普通;不特殊,不稀奇。例:艺术常常能够把~的事物变得不~。

【稀奇】xīqí 稀少而新奇。例:我在动物园看见了一只~的动物。

辨析

"平常"和"平凡"都是形容词,都有"普通、一般、不特别、不出奇"的意思。但是,"平常"侧重指不特别,常形容人或事物;"平凡"侧重指不稀奇,常形容人的品行,也用于对事物的评价,常和"不"构成否定式。"平常"还有名词的意义和用法;"平凡"没有。

平静 同宁静 反喧哗

【平静】píngjìng (心情、环境等)没有动荡。例:接到录取通知书那天，他激动的心情久久不能～。

【宁静】níngjìng （环境、心情）安静。例：山村的夜晚多么～。

【喧哗】xuānhuá 声音大而杂乱。例：会议室中笑语～。

平易近人 近和蔼可亲 和颜悦色 反盛气凌人

【平易近人】píngyì-jìnrén 对人态度谦和，使人容易接近。例：老师对待每个同学都～。

【和蔼可亲】hé'ǎi-kěqīn 态度温和，使人愿意亲近。例：王老师～，我们都十分喜欢他。

【和颜悦色】héyán-yuèsè 态度温和可亲。例：妈妈和我说话时总是～。

【盛气凌人】shèngqì-língrén 态度傲慢，气势逼人。例：他～的态度让人厌烦。

平整 近平坦 反坎坷

【平整】píngzhěng 平展整齐；平坦整齐。例：新修的柏油路又直又～。

P

【平坦】píngtǎn （地势等）无高低凹凸。例：一条～的大路通向远方。

【坎坷】kǎnkě ①道路不平的样子。②比喻波折多；不得志。例：①道路～，车子无法前行，我们只能步行过去。②他虽一生～，却乐观豁达，从不怨天尤人。

评说 同评议 评论 评价 评定

【评说】píngshuō 评论。例：对这件事情谁都可以～。

【评议】píngyì 商讨后提出意见。例：专家们正在～那份报告。

【评论】pínglùn 批评或议论。例：在没有充分了解事情真相的情况下，请不要随便～。

【评价】píngjià 评定价值的高低。例：我们要实事求是地～一个人的功过是非。

【评定】píngdìng 以评判审核的方式来决定。例：我们学校被～为先进单位。

辨析

"评说""评议""评论""评价"和"评定"都是动词，都有"讲评"的意思。"评论"除作动词外，还有名词用法，指批评或议论的文章，如"发表评论""文学评论""重要评论""写评论"；"评价"也有名词用法，指评定的价值，如"评价合理""做出评价""专家的评价""科学的评价""公正的评价""一贯的评价"；"评说""评议""评定"都只能作动词，在用法上也比较接近。

凭据 同凭证 证据

【凭据】píngjù 作为凭证的事物。例：你受骗了，这张～是假的。

【凭证】píngzhèng 证据。例：你这样说有什么～吗？

【证据】zhèngjù 可以证明情况属实的依据。例：警方已对受害人提供的～一一查实。

迫不及待 近心急如焚 反从容不迫

【迫不及待】pòbùjídài 急迫得再也不能等待了。例：饭刚做好，他就～地吃了起来，看样子是饿坏了。

【心急如焚】xīnjí-rúfén 心里急得像火烧一样。形容十分焦急。例：飞机就要起飞了，还不见他的孩子，他～。

【从容不迫】cóngróng-bùpò 态度镇定，不慌不忙。例：虽然头一次登上舞台，但他显得～。

迫在眉睫 近 燃眉之急

【迫在眉睫】pòzàiméijié 形容事情已到眼前，十分紧迫。例：事情已经～，大家赶紧想办法。

【燃眉之急】ránméizhījí 像火烧眉毛似的。指十分紧迫的情况。例：我这点钱，全给你吧，以解～。

辨析

“迫在眉睫”和“燃眉之急”都有“事情犹如就在眉睫之间”的意思，都形容紧急万分。区别是：“迫在眉睫”形容事情紧迫；“燃眉之急”指紧迫的事情。“迫在眉睫”多用作谓语、定语；“燃眉之急”的作用相当于名词，多用作“救”“解”“解除”一类动词的宾语。

破坏 同 毁坏 反 爱护

【破坏】pòhuài 使事物受到损坏或损害。例：我们决不允许任何人～交通设施。

【毁坏】huǐhuài 弄坏；使事物受到损失。例：严禁～花草树木。

【爱护】àihù 爱惜并保护。例：我们要～公园里的一草一木。

辨析

“破坏”和“毁坏”都是动词，共同语素是“坏”，都含有“使事物受到损坏”的意思。“破坏”和“毁坏”的对象，既可以指具体事物，又可以指抽象事物，都是中性词。区别是：一、词义侧重点不同。“破坏”着重在“破”，是使事物受到损害；“毁坏”着重在“毁”，指使事物毁掉。二、词义轻重不同。“破坏”和“毁坏”都表示人的动作行为，但“破坏”的词义轻些，“毁坏”重些。三、构词能力不同。“破坏”跟“性”“分子”结合构成抽象名词“破坏性”“破坏分子”；“毁坏”没有这种构词能力。

魄力 同气魄

【魄力】pòlì 处理事情所具有的胆识和果断的作风。例：他工作善于创新，很有～。

【气魄】qìpò 魄力；气势。例：新领导上任后，工作很有～。

朴素 同朴实 反华丽 轻浮 浮夸

【朴素】pǔsù 不华丽；节俭；不虚假，不浮夸。例：她一向衣着～。

【朴实】pǔshí 朴素；讲究实际，不浮夸。例：她在这部电影里扮演一个勤劳、～、善良的农妇。

【华丽】huálì 华贵美丽。例：这位女明星年轻貌美，衣着～，是众人追捧的对象。

【轻浮】qīngfú 举止随便；不庄重。例：通过与她交谈，李书记知道她不是一个～的姑娘。

【浮夸】fúkuā 夸大；不切实际。例：毫不～，这次运动会我一定能拿上名次。

辨析

“朴素”和“朴实”都是形容词，都有“不加修饰”的意思，都是褒义词，都可受程度副词的修饰。“朴素”着重在“素”，指不华丽，不奢侈，多形容色彩、衣着、陈设、思想、感情等；“朴实”着重在“实”，指不浮夸，多形容人的作风、文章的语言特色。

普遍 反个别

【普遍】pǔbiàn 范围很广大；具有共同性的。例：改革开放后，人民的生活水平得到了～提高。

【个别】gèbié 单个；少数的。例：领导在会后与他进行了长达两个小时的～会谈。

普通 近平常 一般 反杰出 突出

【普通】pǔtōng 一般的；平常的。例：我是一个～人，做着人人都能做的平凡事。

【平常】píngcháng 普通；不特殊。例：他穿的衣服很～。

【一般】yībān 普通；平常。例：她的成绩很～。

【杰出】jiéchū 远远超出一般。例：李白是位～的诗人。

【突出】tūchū 超过一般。例：他在工作中表现～，赢得了公司上下的赞扬。

Q q

期间 同时期 近时代 时间

【期间】qījiān 某个时期里面。例：春节～，家家都是喜气洋洋。

【时期】shíqī 一段时间（多指具有某种特征的）。例：青春期是每个人身体生长发育的重要～。

【时代】shídài 历史上以经济、政治、文化等状况为依据而划分的某个时期；个人生命的某个时期。例：我们的社会已进入信息～。

【时间】shíjiān 有起点和终点的一段时间。例：修建这所房子需两个月～。

辨析

“期间”“时期”“时代”和“时间”都是名词，都有“时间的一大段”的意思。区别在于：“期间”专指有明显界限的一段时间，不能以长短来论；“时期”专指包含事情因素在内的一段时间，可指较长的一段，也可指较短的一段；“时代”指历史、社会、国家、民族发展中的一段时间，或指个人成长中的一段时间，时间一般较长；“时间”泛指有起点和终点的一段时间，长短有明确性。

期望 同希望 反失望

【期望】qīwàng 对未来的事物或人的前途有所希望和等待。

例：我～着你的新作早日问世。

【希望】xīwàng 心中希图、想望。例：我～她快点恢复健康。

【失望】shīwàng 感到没有希望，失去信心；希望落了空。例：一连几天找不到心爱的小狗，他彻底～了。

辨析

“期望”和“希望”都是动词，都指想望。“期望”是对未来事物和前途的殷切期待，语意比“希望”重，它只能对别人，一般用于上对下、集体或组织对个人、长对幼；“希望”是希图、想望，心里想要达到某种目的或使某种情况出现，它可以对别人，也可以对自己，如“希望自己早日成才”。“希望”还可作名词，如“我给你们提两点希望”。用“期望”的地方可以换成“希望”，但用“希望”的地方却不一定都能改用“期望”。

欺负 同欺凌 欺侮 近欺压

【欺负】qīfu 用蛮横无理的手段侵犯、压迫或侮辱。例：不许～小同学。

Q

【欺凌】qīlíng 欺负；凌辱。例：～弱小是一种不道德的行为。

【欺侮】qīwǔ 欺负。例：他性格倔强，不会任人～。

【欺压】qīyā 欺负压迫。例：只有强国不～弱国，世界才会走向和平。

辨析

“欺负”“欺凌”“欺侮”和“欺压”都是动词，都指用蛮横无理的手段侵犯、压迫或侮辱。“欺负”着重指仗恃自己的力量比别人强而侵犯，使用范围广，口语和书面语都常用；“欺凌”着重指凌辱，是严重地侵犯、侮辱，语意较重，常用于书面语；“欺侮”着重指侮辱，多指用轻慢的态度欺负人，语意比“欺凌”轻，多用于书面语；“欺压”着重指压迫，依仗权势欺负人，语意比“欺负”重。

欺骗 近欺瞒 欺诈

【欺骗】qīpiàn 用虚假的言语或行动来掩盖事情的真相,使人上当。例:缺斤少两是一种~顾客的行为。

【欺瞒】qīmán 欺骗蒙混。例:偷税漏税者妄图用假账~税务人员。

【欺诈】qīzhà 用狡猾奸诈的手段骗人。例:他惯于使用~的手段,真是个奸商。

奇怪 同古怪 离奇

【奇怪】qíguài 跟平常的不一样;出人意料。例:昨天晚上我做了一个~的梦。

【古怪】gǔguài 与一般情况很不同,使人觉得诧异的;稀奇罕见的。例:他的样子很~。

【离奇】líqí 异乎寻常的。例:这个故事的情节非常~。

辨析

"奇怪""古怪"和"离奇"都是形容词,都有"不一般、不平常、不为人们所常见"的意思。其中,"奇怪"一词有时表示出乎意料,如"奇怪,他怎么走了",它可以重叠为"奇奇怪怪",也可以拆开使用,如"千奇百怪""奇谈怪论",有时还可作动词用,如"人们奇怪她从哪里来的这么大的勇气";"古怪"一般用来形容人的性格、行为、外表及器物等;"离奇"多用来形容故事情节。

企图 同妄图 意图

【企图】qǐtú ①图谋;打算。②意图。例:①小明犯了错还~掩盖事情真相。②奸商以次充好的~被识破了。

【妄图】wàngtú 狂妄地谋划。例：小偷～逃跑，结果正好被赶来的保安逮个正着。

【意图】yìtú 希望达到某种目的的打算。例：他的～很明显，是想要那本书。

辨析

“企图”“妄图”都是动词，都指打算。区别是：“企图”是中性词，但用于贬义。“企图”还可作名词，指想法，如“一个企图”，这时与“意图”构成同义关系，但感情色彩不同：“企图”多含贬义；“意图”为中性词。

启迪 同启发 近启示

【启迪】qǐdí 开导；启发。例：好书能够拓宽读者的知识面，～读者的聪明才智。

【启发】qǐfā 使发现并领悟。例：王老师常常在课堂上～学生的思维。

Q

【启示】qǐshì 启发提示，使有所领悟。例：无数历史事实～人们：落后就要挨打。

辨析

“启迪”“启发”和“启示”都是动词，都有“开导、指点，使有所领悟”的意思。不同的是：“启迪”侧重指开启智力，引发思考，使人有所领悟，多用于书面语；“启发”侧重指通过一定的事例或事物，打开思路，引起联想，使人领悟，口语和书面语都可用；“启示”侧重指直接揭示道理，使人领悟，有名词用法，多用于书面语。

恰当 同适当 反失当

【恰当】qiàdàng 妥当；适宜。例：提意见要采取～的方式。

【适当】shìdàng 合适；妥当。例：这项工作由他负责，我看比较～。

【失当】shīdàng 不合适，不妥当。例：今天这事，因为处理～，才会激起大家的不满。

辨析

“恰当”和“适当”都是形容词，都有“合适、妥当”的意思。“恰当”多用于遣词造句、处理事情；而“适当”多用于人员的选用、时机、工作等。

千变万化 近 变化多端

【千变万化】qiānbiàn-wànhuà 形容变化很多。例：天空中白云的姿态～。

【变化多端】biànhuà-duōduān 形容变化多种多样。例：孙悟空神通广大，常常～。

千方百计 同 想方设法

【千方百计】qiānfāng-bǎijì 形容想尽或用尽种种方法。例：要将全体医务人员动员起来，～地抢救食物中毒的民工。

【想方设法】xiǎngfāng-shèfǎ 想尽一切办法。例：我正在～地解决这个难题。

辨析

“千方百计”和“想方设法”都有“想尽种种办法”的意思，很多时候可以相通。区别是：“千方百计”语意比“想方设法”重。“千方百计”常用作“想”的状语；“想方设法”不能这么用。“千方百计”有时有相当于名词的意义和用法；“想方设法”没有这种意义和用法。“想方设法”可以用作谓语，如“我们正在想方设法”；“千方百计”不能这么用。

牵挂 近挂念 惦念 惦记 记挂 反忘记 忘掉 忘却

【牵挂】qiānguà 挂念。例:父母时刻~着在外地上学的孩子。

【挂念】guàniàn 因想念而放心不下。例:"到外地读大学了,要专心读书,不要~家中的事。"妈妈语重心长地说。

【惦念】diànniàn (对人或事物)心里老想着,放不下心。例:家中的人时刻~着在外地的他。

【惦记】diànjì 惦念。例:我们全家都~着您,不知您近来身体好些了吗?

【记挂】jìguà 惦念。例:我~着你母亲的身体,祝她早日康复。

【忘记】wàngjì 不记得。例:我~把这本书放在哪儿了。

【忘掉】wàngdiào 忘记。例:别后悔了,把这件事~吧!

【忘却】wàngquè 忘记。例:父母的教诲让我至今难以~。

Q

谦虚 同谦逊 反骄傲

【谦虚】qiānxū 虚心,不自满,肯接受批评。例:他~地接受了别人的意见。

【谦逊】qiānxùn 谦虚恭谨。例:他为人~淳朴。

【骄傲】jiāoào 自负;看不起人。例:只有克服~自满的心理,学习成绩才能稳步提高。

辨析

"谦虚"和"谦逊"都是形容词,都有"不自满,不骄傲,不自以为是"的意思。区别在于:"谦虚"只是指虚心、不自满,肯接受批评,常形容人的思想、品质、态度、作风等。"谦逊"除了谦虚外,更侧重恭敬谨慎,常用于书面语。

前功尽弃 近功败垂成 功亏一篑 反大功告成

【前功尽弃】qiángōng-jìnqì 以前的努力完全白费。例：如果没有您的指点，这次试验将～了。

【功败垂成】gōngbàichuíchéng 事情到了快成功的时候，遭到失败，含有惋惜的意思。例：王教授的实验因加的元素量不足而～。

【功亏一篑】gōngkuī-yīkuì 比喻一件事只差一点儿，结果未能完成。例：因为一点小疏忽，他的整个计划～。

【大功告成】dàgōng-gàochéng 大工程、大事业或重要任务宣告完成。例：这座大坝的主体工程历经数年终于～了。

前途 同前程 前景

【前途】qiántú 前面的路程。比喻未来的光景。例：改邪归正后，他感到～一片光明。

【前程】qiánchéng 前途。例：中国人民正奔向现代化建设的锦绣～。

【前景】qiánjǐng 不久的将来会出现的景象。例：改革开放的～大好。

辨析

"前途""前程"和"前景"都是名词，都就未来的光景而言。其中，"前途""前程"除基本义外，多用其比喻义；"前景"一般用的是基本义。"前途""前程"可以互换之处很多；"前景"与"前程"很多地方不能互换，如"规划的前景"不能作"规划的前程"。

浅显 同浅近 浅易 反深奥

【浅显】qiǎnxiǎn （内容、字句）简明易懂。例：这本书内容～

易懂。

【浅近】qiǎnjìn 浅显。例：这本儿童读物内容～，思想深刻。

【浅易】qiǎnyì 浅显。例：如此～的东西，让人一看就懂。

【深奥】shēn'ào（含义、道理）高深不易了解。例：再～的道理，经王老师一讲，我就明白了。

强大 近强劲 反弱小 微弱

【强大】qiángdà（力量）坚强雄厚。例：～的人民解放军是保卫祖国的钢铁长城。

【强劲】qiángjìng 强有力的。例：面对～的对手，我们绝不能胆怯。

【弱小】ruòxiǎo 又弱又小。例：帝国主义强国总是仗势欺负～的国家。

【微弱】wēiruò 小而弱。例：我们借着～的月光艰难前进。

强盛 近富强 昌盛 鼎盛

【强盛】qiángshèng 强大而昌盛。例：伟大的社会主义祖国日益～，民族复兴的理想即将实现。

【富强】fùqiáng（国家）富足强大。例：我们的祖国一天比一天～。

【昌盛】chāngshèng 兴盛。例：祝愿我们伟大的祖国繁荣～。

【鼎盛】dǐngshèng 正当兴盛。例：在中国共产党的领导下，我们将会迎来一个～的时代。

强制 同强逼 强迫 反自愿

【强制】qiángzhì 用政治或经济力量强迫。例：他拒不服从生效判决，被人民法院～执行。

【强逼】qiǎngbī 使用强力逼迫对方。例：不要～别人做不情愿做的事情。

【强迫】qiǎngpò 施加压力逼迫对方服从。例：家长不应该～孩子学习那些他不喜欢的东西。

【自愿】zìyuàn 自己愿意。例：他～去西藏兴教办学。

辨析

“强制”“强逼”和“强迫”都是动词，都有“用强力迫使对方服从”的意思。不同的是：“强制”常指用政治、经济或其他力量强迫、压制并制服，语意比“强迫”重，施动者一般是国家、政府、组织等；“强迫”语意比“强制”轻，施动者可以是个人；“强逼”语意最轻，多用于口语。

侵略 近侵占 侵犯

【侵略】qīnlüè 国与国间在军事上、经济上、政治上、文化上的入侵、掠夺。例：许多国家都有被别国～的历史。

【侵占】qīnzhàn 用不法手段不合理地占有（别人的财产）；用侵略手段占有（别国的领土）。例：不得以任何理由～他人财物。

【侵犯】qīnfàn 非法干涉，损害他人权益；入侵他国。例：我国的领土神圣不可～。

辨析

“侵略”“侵占”和“侵犯”都是动词，都指用强力夺取或损害。“侵略”常指帝国主义、霸权主义用武力掠夺或用政治、经济、文化等方式夺取他国的领土或主权利益，宾语常常是国家、领土；“侵占”着重指占领，不仅可用于国与国之间，还可用于人与人之间，它的宾语常常是土地、领土、财产等；“侵犯”是触犯、危害，用于国与国或人与人之间，它的宾语更为广泛，有领土、边境、领海、领空、主权、人权、自由等。

亲近 同亲密 亲切 近亲热 亲昵 反疏远

【亲近】qīnjìn 因感情好、亲密而接近。例：我和我的同桌关系十分～。

【亲密】qīnmì 感情很好，关系密切。例：共同的理想和事业使他俩成为～的朋友。

【亲切】qīnqiè 亲近，亲密；热情而关心。例：校外辅导员同我们～地谈话。

【亲热】qīnrè 亲密而热情。例：兄弟俩阔别三年，这一相见，别提有多～了。

【亲昵】qīnnì 十分亲密。例：阿姨十分～地抱着她的宠物小狗。

【疏远】shūyuǎn 关系、感情上有距离；不亲近。例：自从吵了一架后，他们的关系就～起来。

Q

辨析

“亲近”“亲密”“亲切”“亲热”和“亲昵”都是形容词，都有“因感情好而接近”的意思。“亲近”着重指关系、感情很近，有时活用为动词；“亲密”着重指关系密切，互相友好；“亲切”着重指内心感到亲近、情意真挚，也指热情而关心，常形容对人或事物的感受；“亲热”着重指感情热烈，常形容态度、表情、行动等，有时还作动词用；“亲昵”指十分亲密，使用范围窄，一般只形容感情。

勤奋 同勤劳 近勤恳 勤勉 反懒惰

【勤奋】qínfèn 不懈地努力（工作、学习）。例：王冬是个～好学的人。

【勤劳】qínláo 不怕辛苦，努力劳动。例：小明的父母靠～使家里过上了富裕生活。

【勤恳】qínkěn 勤劳踏实。例：一直到晚年，他仍旧在田间～地劳动着。

【勤勉】qínmiǎn 不懈地去做。例：他总是非常～地学习和工作。

【懒惰】lǎnduò 不爱劳动和工作；不勤快。例：～是成功的绊脚石。

辨析

“勤奋”“勤劳”“勤恳”和“勤勉”都是形容词，都指劳动不间断或尽力做。“勤奋”侧重指振作精神，多用于学习、工作方面；“勤劳”侧重指吃苦耐劳，可用于个人，也可用于民族；“勤恳”侧重指踏实肯干，多用来形容工作或学习的态度；“勤勉”指力量不够却还是尽力去做，多形容人的作风，可构成习惯语“勤勉好学”。

轻快 同轻捷 反沉重

Q

【轻快】qīngkuài （动作）不费力；轻松愉快。例：～的乐曲在音乐厅内回旋。

【轻捷】qīngjié 轻快敏捷。例：特警战士～地攀上楼顶。

【沉重】chénzhòng 分量大；（心情）不愉快。例：得知高考落榜的消息后，他心情～。

辨析

“轻快”和“轻捷”都是形容词，都有“不费力”的意思。“轻快”主要指动作迅速；“轻捷”主要指动作灵敏。“轻快”为口语；“轻捷”为书面语。“轻捷”比“轻快”更为突出“敏捷”，语意比“轻快”重。

情况 同情形 状况

【情况】qíngkuàng 情形。例：赛场上出现了意外～。
【情形】qíngxíng 事物呈现出来的样子。例：少年时在小河边钓鱼的～，我至今还记得。
【状况】zhuàngkuàng 情形。例：他家的经济～不太好。

辨析

“情况”“情形”和“状况”都是名词，都指事情进行中的样子，在许多情况下可以互换。“情况”还指事情的发生存在、急剧变化等或人的行动、事情的动静；“情形”是指某一事情发生的经过或进行中的样子；“状况”指事物或现象在较长时间里所呈现的状态或形势。这三个词中“情况”的使用范围最广。一般来说，“情况”都可以取代“情形”“状况”；但是“情形”“状况”却不能任意取代“情况”。

Q

庆贺 同庆祝 祝贺 反哀悼

【庆贺】qìnghè 为共同的喜事表示庆祝或向有喜事的人道喜。例：今天是值得～的好日子，让我们共同举杯。
【庆祝】qìngzhù 为共同的喜事进行一些活动表示快乐或纪念。例：我校师生隆重～建校一百周年。
【祝贺】zhùhè 庆贺。例：～你们超额完成了计划。
【哀悼】āidào 悲哀地悼念。例：广大民众自发来到广场沉痛～地震中的遇难同胞。

辨析

“庆贺”“庆祝”和“祝贺”都是动词，都有“对共同的喜事，以一定的方式表达美好的心意”的意思。“庆贺”着重指贺喜，方式很多，对象较广，不限于重大的喜事，还可以是个人的功绩、生日、喜事，集体或单位的丰收、超产等，不限用于隆重的场合；“庆祝”着重指表示喜庆、纪念等，方式是进行群众性的某种活动，如集会、游行、演出、献礼等，有时只是用言语表示祝愿，对象较窄，多是有关党、国家、军队、社会的重大事件，如纪念日、节日、胜利等，用于隆重的场合；“祝贺”着重指表示良好的愿望，方式是常用语言、文字等，可以说“致……的祝贺”，对象一般是群众、集体或个人的喜事，使用的场合较广。

屈辱 同耻辱 羞辱 反光荣

【屈辱】qūrǔ 受到的压迫和侮辱。例：越王勾践战败后，在吴国受尽了种种～。

【耻辱】chǐrǔ 名誉上所受的损害；可耻的事情。例：香港回归祖国，洗刷了中华民族的百年～。

【羞辱】xiūrǔ 耻辱。例：她下决心不再受那种～。

【光荣】guāngróng 荣誉。例：我的爸爸～地加入了中国共产党。

Q

趋势 同动向 趋向

【趋势】qūshì 事物发展的动向。例：从野蛮走向文明是历史发展的必然～。

【动向】dòngxiàng 活动或发展的方向。例：经济学家必须能够预测经济发展的新～。

【趋向】qūxiàng 趋势。例：农村经济有了新的发展～。

辨析

“趋势”“趋向”和“动向”都有“发展的方向”的意思。其中，“趋向”除作名词外，又可作动词，如“趋向繁荣”；“趋势”

"动向"不能用作动词。"趋向"作名词用时，义同"趋势"，如"改革的趋向"与"改革的趋势"的意思相同；"动向"除指发展的方向外，还有"活动的方向"的意思，如"文坛动向"（文坛上的活动情况，并不一定指其发展的情况）。

权利 近权力 反义务

【权利】quánlì 公民或法人在法律允许范围内依法行使的权力和享受的利益。例：每个儿童都享有受教育的～。

【权力】quánlì 政治上的强制力量；职责范围内的支配力量。例：领导干部不能滥用手中的～。

【义务】yìwù 公民或法人按法律规定应尽的责任。例：子女有赡养父母的～。

辨析

"权利"和"权力"都是名词，都是可以支配、使用和控制的。区别是："权利"指依法享受的权力和利益；"权力"指一种可以管辖、统治、支配别人的力量（主要是职权）。

Q

全神贯注 同聚精会神 反心不在焉

【全神贯注】quánshén-guànzhù 把全部精力都投入到某项事情中。形容注意力高度集中。例：全班同学都在～地听老师讲课。

【聚精会神】jùjīng-huìshén 集中精神。例：考场上，考生们都在～地答题。

【心不在焉】xīnbùzàiyān 心思不在这里。指思想不集中。例：司机开车要精神集中，切不可～，粗心大意。

辨析

“全神贯注”和“聚精会神”都有“精神很集中，注意力不分散”的意思，很多时候相通。区别是：“全神贯注”侧重于把精力集中在某一点；“聚精会神”则强调精神集中。“全神贯注”可以用介词结构“在……”或“在……上”作补语，说明精神集中在哪一个方面；“聚精会神”没有这种用法。

全心全意 近一心一意 反三心二意

全心全意】quánxīn-quányì 用全部的精力。例：他～为人民服务的精神，给我留下了深刻的印象。

一心一意】yīxīn-yīyì 形容没有其他念头。例：汪华正～操作电脑，我连喊他几声他都没听见。

三心二意】sānxīn-èryì 形容拿不定主意或意志不坚定。例：对于这次是否去郊游，他有些～。

辨析

“全心全意”和“一心一意”都有“心思专一，没有杂念”的意思。“全心全意”偏重于“忠诚”，色彩较庄重；“一心一意”偏重于“专一”，即一个心眼儿。“全心全意”是褒义的，所指的事一定是好事；“一心一意”是中性的，所指的事可以是好事，也可以是坏事。

Q

劝导 同劝告 近劝说 反训斥

劝导】quàndǎo 规劝开导。例：学生犯了错误，老师应该耐心～。

劝告】quàngào 用道理说服，使人改正缺点或听取意见。例：老师一再～他不要迟到早退。

劝说】quànshuō 说明道理，使人同意。例：在爸爸的一再～

下，小明决定向妈妈承认错误。

【训斥】xùnchì 训诫和斥责。例：作为教师一味～学生是不行的。

辨析

“劝导”“劝告”和“劝说”都是动词，都有“拿道理劝人，使人改正错误、接受意见”的意思。区别在于：“劝导”重在开导；“劝说”重在规劝；“劝告”重在告诉、告诫。“劝告”还可作名词；“劝导”“劝说”不能。

缺点 同缺欠 缺陷 反优点

【缺点】quēdiǎn 欠缺或不完善的地方。例：对工作中存在的～我们欢迎大家批评指正。

【缺欠】quēqiàn 缺点。例：这篇作文的～是主题不鲜明。

【缺陷】quēxiàn 欠缺或不够完备的地方。例：请不要欺侮那些有生理～的同学。

Q

【优点】yōudiǎn 好处；长处。例：对工作认真负责，这是她最大的～。

辨析

“缺点”“缺欠”和“缺陷”都是名词，都指欠缺的地方，可用于事物或人的言行、生理等方面。不同的是：“缺点”语意较重、较抽象，可用于各种事物及人的言行、思想、性格等，常和改正、克服等词语搭配；“缺欠”语意较轻，指有所欠缺或不太完备的地方，使用范围较窄，一般用于某些事物；“缺陷”语意较轻、较具体，常用于人的生理方面。

确实 同切实 近确切

【确实】quèshí 真实可靠。例：这个情况是我亲眼所见，～可信

【切实】qièshí 切合实际。例:各级政府要~抓好防汛工作。
【确切】quèqiè 准确,恰当;确实。例:这个消息非常~。

辨析

“确实”“切实”和“确切”都是形容词,都指实在。“确实”着重指事实的真实可信,它还可作副词,表示的确如此,常放在句首或句中,它还可以重叠成“确确实实”;“切实”着重指符合实际,踏踏实实,它只能修饰动词,不能修饰形容词,可以重叠成“切切实实”;“确切”指符合实际,切合恰当,常用于比较正式的语言文字的表达方面。

R r

燃烧 同焚烧 反熄灭

【燃烧】ránshāo 因物质剧烈氧化而发光、发热。比喻某种感情、欲望高涨。例：篝火在～，同学们在篝火旁尽情地歌唱。

【焚烧】fénshāo 烧毁；烧掉（含有故意把东西烧掉的意味）。例：这次没收的伪劣产品全部被～掉了。

【熄灭】xīmiè 物质燃烧停止；灭（灯火）。例：三天之后，这场森林大火终于～了。

热爱 近酷爱 喜爱 反痛恨 仇恨

【热爱】rè'ài 热烈地爱。例：我们～中国共产党。

【酷爱】kù'ài 强烈地爱好。例：高尔基从小就～读书。

【喜爱】xǐ'ài 对人或事物有好感或产生兴趣。例：刘浩很～抒情的流行歌曲。

【痛恨】tònghèn 深深地憎恨。例：大家都～口是心非的人。

【仇恨】chóuhèn 因利害矛盾而产生的一种强烈的憎恨情绪例：他一向～那些为非作歹的家伙。

热忱 同热诚 热情 热心 反冷淡 冷漠

【热忱】rèchén 热烈而真诚。例：～欢迎大家对我们的工作提出意见或建议。

【热诚】rèchéng 热心而诚恳。例:她～地表示要办一个家属幼儿园。

【热情】rèqíng 感情热烈。例:她待人很～。

【热心】rèxīn 有热情,有兴趣,肯尽力。例:我病了,～的李奶奶赶忙过来看望。

【冷淡】lěngdàn 不热情;不关心;不热闹。例:不知为什么,他今天待我很～。

【冷漠】lěngmò (对人对事)冷淡;不关心。例:他～的态度让我伤心。

辨析

“热诚”“热忱”“热情”和“热心”都可作形容词,都有“情感热烈”的意思,都是褒义词,存在同义关系。“热诚”除表示情感热烈以外,还表示感情真挚、待人诚恳;“热忱”和“热情”侧重于感情热烈;“热心”侧重于对人对事尽心尽力。“热诚”只作形容词;“热忱”主要用作形容词,也有名词用法,如“爱国热忱”;“热情”既作名词,也作形容词,如“工作热情”;“热心”主要用作形容词,有时也能用作动词,带宾语,如“热心街道工作”。

R

热闹 近喧闹 红火 反冷清 冷静 僻静 荒凉

【热闹】rènao (景象)繁盛欢跃。例:节日的广场上十分～。

【喧闹】xuānnào 喧哗热闹。例:下课了,操场上顿时～起来。

【红火】hónghuo 形容旺盛、兴隆、热闹。例:夫子庙小商品市场购销两旺,场面十分～。

【冷清】lěngqing 冷落而凄凉。例:过去这一带很～,现在却变得非常热闹了。

【冷静】lěngjìng 寂静;不热闹。例:我喜欢在这条～的小路上散步。

【僻静】pìjìng 偏僻、寂静。例：公园的西北角有一个～的角落，我常去那儿背英语单词。

【荒凉】huāngliáng 人烟少；冷清。例：沙漠戈壁一片～。

人间 同人世 人寰 近世间

【人间】rénjiān 人类社会；人们生活的世界。例：我们要坚信，～自有真情在。

【人世】rénshì 人间。例：他的病情十分严重，恐怕将不久于～。

【人寰】rénhuán 人间。例：抗战时期，侵华日军对南京人民进行了惨绝～的大屠杀。

【世间】shìjiān 现实世界当中，社会上。例：只要每个人都奉献一点爱，这～将会充满爱。

R

辨析

“人间”“人世”“人寰”和“世间”都是名词，都指人类赖以生存的地方。“人间”和“人世”侧重于指人类生活环境，常和来到、降临、离开等动词搭配。“人间”使用频率较高，口语、书面语都常用；“人世”多用于书面语，使用频率不如“人间”高；“人寰”多用于书面语，使用频率较低；“世间”侧重指在现实世界当中，如“世间还是好人多”。

人民 近公民

【人民】rénmín 以劳动群众为主体的社会基本成员。例：～是创造历史的主体。

【公民】gōngmín 取得某国国籍，并根据该国法律规定享有权利和承担义务的人。例：保卫祖国，抵抗侵略，是每个～应尽的崇高职责。

辨析

“人民”和“公民”都是名词，都指人。“人民”包括的范围很广，在各个不同的国家的历史阶段，有着不同的范畴；“公民”的范围比“人民”小，指在一国内有该国国籍，享受法律上规定的公民权利并履行公民义务的人。“人民”是集体名词，前面不能加量词，可以加表示多数的数词，如“八亿人民”“两国人民”，是一般用语；“公民”是个体名词，可以加数量词，可以加“们”表示多数，是法律用语。

认为 近 以为

【认为】rènwéi 对人或事物确定某种看法，做出某种判断。例：我～教育子女要从幼儿开始。

【以为】yǐwéi 认为。例：我～这件事情做得对。

辨析

“认为”和“以为”都是动词，都指表明自己的看法，对人或事物做出判断，宾语可以是主谓词组。但“认为”指对某一种事物经过分析、思考后的理解、认识和主张，表示肯定的看法、判断；“以为”常表示猜想、估计或推断，相当于“觉得”“当作”，也可以表示自己肯定的主张、见解，语气不大肯定。“认为”的施动者是人或组织；“以为”的施动者一般是个人。

仍旧 同 仍然 依旧 依然

【仍旧】réngjiù 照旧。例：这几年家境富裕了，他的穿着～很朴素。

【仍然】réngrán 表示情况不变或恢复原状。例：尽管生病了，他～坚持去上课。

【依旧】yījiù 照旧;跟当初一样。例:上了大学以后,他学习～很刻苦。

【依然】yīrán 依旧;跟过去一样。例:这位农民出身的县长,～保持着勤劳朴素的生活作风。

辨析

“仍旧”“仍然”“依旧”和“依然”是一组同义副词,都有“和原先一样”的意思。有时可以互换,如“家乡的一切,仍旧(仍然、依旧、依然)是过去的样子”。其中,“仍旧”“依旧”书面语和口语都常用;“仍然”“依然”则多用于口语。“仍旧”强调跟从前一样;“仍然”除有“仍旧”的意思外,还有“原来的想法、做法不改变”的意思,是个文言词。另外,“依然”可组成“依然如故”“依然故我”等成语;其他三个词语不能。

R

容易 同轻易 反费事

【容易】róngyì 做起来不费事的;发生某种变化的可能性大。例:这篇文章写得很通俗,～看懂。

【轻易】qīngyì 容易简单。例:谁的成功都不是～得来的,必须付出艰辛的劳动。

【费事】fèishì 事情复杂,不容易办。例:要不太～的话,倒是可以试一试。

辨析

“容易”和“轻易”都是形容词,都指不费力。“容易”侧重指不难,一般指事物内容的深浅和办事的难易程度,能构成“好容易”“好不容易”等,表示不容易;“轻易”除指容易简单外,还指处理事情态度不慎重、随便,甚至轻率,它可以构成“轻而易举”,重叠成“轻轻易易”,两个词不能互换。

融化 近熔化 溶化 反凝固

【融化】rónghuà 指冰、雪、霜等变成水。例：天气太热了，冰淇凌快～了。

【熔化】rónghuà 指固体物质加热到一定温度后变成液体。例：铁块在烈火中～成了铁水。

【溶化】rónghuà 指固体放在液体里溶解开。例：糖在水里～了。

【凝固】nínggù 指物体由气体或液体变成固体。例：冬天，水放在院子里就会～成冰。

辨析

“融化”“熔化”和“溶化”都是动词，都指化开并成为液体。“融化”侧重指冰、雪化为液体，也指几种物质加在一起成为均匀的状态，如“水跟乳融化在一起”；“溶化”指固体物质在水或酒精等液体中溶解，它一定要有能使物体溶解的液体，否则不能溶化；“熔化”指固体加热到一定温度变成液体。

柔和 近温柔 温和 反粗暴 暴躁 强烈

【柔和】róuhé 温顺；温和而不强烈；软和，令人有舒适的感觉。例：你跟人说话要～一点儿，不要太强硬。

【温柔】wēnróu 温和柔顺。例：妈妈是一位性格～、心地善良的家庭妇女。

【温和】wēnhé 不严厉，不粗暴，使人感到亲切。例：我的班主任老师像妈妈一样～可亲。

【粗暴】cūbào 暴躁，鲁莽。例：态度～的人，使人难以接近。

【暴躁】bàozào 遇事容易发急，不能控制感情。例：近年来，他的脾气～，动不动就会发火。

【强烈】qiángliè 极强的；力量大的。例：不要在～的光线下看书，以免损害视力。

锐利 同锋利 犀利

【锐利】ruìlì（刃锋等）尖而快；（目光、言论等）尖锐，深刻有力。例：他言辞～，几句话就驳倒了对方。

【锋利】fēnglì 武器或工具等的头尖或刃薄，容易刺入或切入物体。比喻言论、文笔等尖锐有力。例：小明的这篇文章文笔～。

【犀利】xīlì 锐利；锋利。例：他谈锋～，一下就切中对方要害。

辨析

“锐利”“锋利”和“犀利”都是形容词，都可指言论、文笔尖锐。“锐利”本指器物的前端尖而快，易穿透物体；“锋利”本指器物的侧刃极薄，易切断物体。“锐利”常和刺刀、目光、言论、文笔等词语搭配；“锋利”常和匕首、谈吐、笔锋等词语搭配。形容目光时，“锐利”强调对事物观察敏锐；“锋利”强调有锋芒。“犀利”同“锐利”用法基本相同。

若隐若现 近隐隐约约 反一目了然

【若隐若现】ruòyǐn-ruòxiàn 形容隐隐约约。例：远处，几座山峰在淡淡的云雾中～。

【隐隐约约】yǐnyǐnyuēyuē 看起来或听起来不很清楚；感觉不很明显。例：走进山谷里，～地听到歌声从山头传来。

【一目了然】yīmù-liǎorán 一眼就能看清楚。例：名片虽小作用大，姓名、电话、地址等全在上面，让人～。

S

S

洒脱 近自然 潇洒 反拘束 拘谨

【洒脱】sǎtuō（言谈、举止）自然；不拘束。例：他举止～，给人留下很好的印象。

【自然】zìran（言谈、举止）不拘束。例：这位演员的表演轻松～。

【潇洒】xiāosǎ（神情、举止）自然大方。例：她的舞姿很～。

【拘束】jūshù（言谈、举止）放不开。例：由于准备不足，他上台后显得很～。

【拘谨】jūjǐn（言谈、举止）放不开。例：你不要～，心里怎么想就怎么说。

三心二意 近犹豫不决 反一心一意 当机立断

【三心二意】sānxīn-èryì 形容拿不定主意或意志不坚定。例：要想做好一件事情必须坚定信念，决不能～。

【犹豫不决】yóuyù-bùjué 形容拿不定主意。例：不要再～了，快拿定主意吧。

【一心一意】yīxīn-yīyì 一个心眼，没其他念头。例：学习时就必须～，不要想其他的事。

【当机立断】dāngjī-lìduàn 抓住时机，立刻做出决断。例：消防队员～，爬上楼顶，奋力扑灭大火。

扫兴 近败兴

【扫兴】sǎoxìng 正高兴的时候，遇到不愉快的事情而兴致低落。例：我和朋友们去游香山，刚下车就下大雨了，真是～。

【败兴】bàixìng 遇到不如意的事而情绪低落。例：我专程去找她，她家却锁着门，我只好～而归。

辨析

“扫兴”和“败兴”都是形容词，都有“兴致不高、情绪低落”的意思。“扫兴”强调正在兴头上遇到了不愉快的事而情绪低落，语意较轻；“败兴”则强调原有的兴致被完全破坏了，语意较重。

煞费苦心 近挖空心思

【煞费苦心】shàfèi-kǔxīn 形容费尽了心思。例：为了组织好这次趣味运动会，社区主任真是～。

【挖空心思】wākōng-xīnsī 形容费尽心机，想尽一切办法。例：他～去陷害别人，到头来却是搬起石头砸了自己的脚。

辨析

“煞费苦心”和“挖空心思”这两个成语都有“用尽心思”的意思。“煞费苦心”是中性的，可以指在坏事上用尽心思，也可以指在好事上用尽心思；“挖空心思”是贬义的，多指在坏事上用尽心思。

闪烁 近闪耀

【闪烁】shǎnshuò （光亮）动摇不定，忽明忽暗。例：今夜星空灿烂，繁星～。

【闪耀】shǎnyào 闪烁;光彩耀眼。例:夜幕下的闹市灯光～。

辨析

“闪烁”和“闪耀”都是动词,有时可换用。“闪烁”侧重于光亮的忽明忽暗,动摇不定;“闪耀”侧重于闪闪发光,光芒四射,光彩耀眼。“闪烁”还比喻说话躲躲闪闪,吞吞吐吐,可以构成“闪烁其词”“闪闪烁烁”,这跟“闪耀”的区别是较明显的。

善良 近和善 慈善 反凶恶 凶狠

【善良】shànliáng 心地纯洁,没有恶意。例:这位～的老人生活节俭,却资助了两名失学儿童。

【和善】héshàn 温和善良。例:库尔班大叔是一位～可亲的维吾尔族老人。

【慈善】císhàn 对人关怀,有同情心。例:季奶奶非常～,人人都尊敬她老人家。

【凶恶】xiōng'è 性情、行为或相貌凶狠可怕。例:鳄鱼的样子看上去十分～。

【凶狠】xiōnghěn 凶恶狠毒。例:他们摆出一副横行霸道的架势,样子十分～。

辨析

“善良”“和善”和“慈善”都有“正直、温和”的意思。“善良”着重于心地纯洁;“和善”着重于态度、表情的温和友善;“慈善”着重于对人关怀,有同情心。

擅长 同善于 长于 近精通

【擅长】shàncháng 在某方面有特长。例:那位画家～山水。

【善于】shànyú 在某方面具有特长。例:小刚～模仿他人的口音。

S

【长于】chángyú （对某事）做得特别好；擅长。例：她～速写。
【精通】jīngtōng 深入地了解；熟练地掌握。例：他～医理。

辨析

“擅长”“善于”和“长于”都有“在某方面有特长”的意思，宾语常是动词或动词性词组。“擅长”一般只用于某一技能，宾语还可以是名词或名词性词组；“善于”泛指在某一方面具有特长，多就工作经验而言，除了“善于辞令”等习惯用法以外，它的宾语不能是名词或名词性词组。另外，“擅长”“善于”之前能加表示程度的副词，如“不擅长（不善于）”；“长于”不能加。

S

擅自 近私自

【擅自】shànzì 对不在自己职权范围的事情自作主张。例：任何人不得～改变安全操作规程。
【私自】sīzì 背着组织或有关的人，自己（做不合规章的事）。例：上班时间，不准～离开岗位。

辨析

“擅自”和“私自”都是副词，都带有贬义色彩，共同语素是“自”，表示对事情自专自为。“擅自”指对不在自己的职权范围以内的事自作主张；“私自”指背着别人，做不合乎规章制度的事，如说“这是公物，不能私自拿走”。“擅自”带有责备的感情，语意较重；“私自”语意较轻。

商量 同商榷 商讨 商议

【商量】shāngliang 交换意见。例：这件事要跟小组的同学～一下。
【商榷】shāngquè 商讨。例：这个问题值得～。

【商讨】shāngtǎo 商量讨论。例:会谈中他们～了两国的经济合作问题。

【商议】shāngyì 为了对某些问题取得一致意见而进行讨论。例:这个方案大家反复～后才确定下来。

辨析

"商量""商榷""商讨"和"商议"都是动词,都指互相讨论。"商量"指为办好事情交换意见,多用于口语;"商榷"指讨论问题,常用于学术方面,多用于书面语;"商讨"多用于政治、经济、文化等比较重大的问题,用于较庄重的场合;"商议"强调有所议论,多指比较重大、复杂的事情,召集较多人开会讨论,发表意见,然后做出决定,含有严肃、慎重的意味。"商量""商讨""商议"可以带对象作宾语;"商榷"有对象,一般不带宾语。

申明 同申述 申说 反隐瞒

【申明】shēnmíng 郑重说明。例:小明一再～他的观点。

【申述】shēnshù 详细说明。例:他有条不紊地～自己的理由。

【申说】shēnshuō 说明(原因、理由)。例:他向我们反复～了这样做的原因。

【隐瞒】yǐnmán 掩盖真相,不让人知道。例:做了错事要敢于承认,不要试图～。

辨析

"申明""申述"和"申说"都是动词,都有"把自己的理由、观点向别人说清楚,使别人明白"的意思。"申明"侧重于郑重说明,有"申辩、解释"的意思;"申述"侧重于在正式场合详细述说;"申说"只表示把自己的意愿、理由等说明一下,不如"申明"郑重,也不如"申述"详细、正式,比较随便。

伸展 同舒展 反蜷缩 蜷曲

【伸展】shēnzhǎn 向一定方向延长或扩展。例：这只小乌龟四肢～，在舒服地晒着太阳。

【舒展】shūzhǎn 展开。例：小明的书法字体～，笔画严整，受到老师表扬。

【蜷缩】quánsuō 弯着身体缩在一起。例：小狗睡觉时总喜欢把身体～成一团。

【蜷曲】quánqū 弯曲（多指人或动物的肢体）。例：他总是～着身子。

S

辨析

“伸展”和“舒展”都是动词，都有“展开”的意思，都能重叠使用，即伸展伸展（四肢）、舒展舒展（翅膀）。“伸展”侧重于向外延伸或扩展；“舒展”侧重于使皱着的或蜷缩的展开来，如“皱着的眉头舒展开了”。“舒展”还有“（身心）安适、舒服”的意思；“伸展”没有。

深厚 近深重 深沉 反浅薄

【深厚】shēnhòu （感情）浓厚；（基础）坚实。例：我和我的同桌结下了～的友情。

【深重】shēnzhòng 程度高。例：地震灾区的群众遭受了～灾难。

【深沉】shēnchén 程度深；（声音）低沉；思想感情不外露。例：他那眉目神情，就像秋天的高空一样，又清朗，又～。

【浅薄】qiǎnbó 缺乏学识或修养；（感情、交往等）不深厚。例：我和他刚认识不久，关系～。

辨析

“深厚”“深重”和“深沉”都是形容词，都有“程度深”的意思。“深厚”常用于形容人的感情、友谊以及基础等；“深重”常用于形容罪孽、灾难、危机、苦闷等；“深沉”常用于形容人的神态和言谈举止，也用来形容思想感情以及人的声音、暮色、黑夜等。

深刻 近深切 深入 反肤浅 淡薄

【深刻】shēnkè 深入，透彻；程度深。例：这次失败给了我们一个～的教训。

【深切】shēnqiè 深厚而亲切；深刻而切实。例：我～地感到，群众的智慧是无穷的。

【深入】shēnrù 深刻；透彻。例：对这个情况要进行～的调查研究。

【肤浅】fūqiǎn （学识）浅；（理解）不深。例：我对这个问题有一点儿～的认识。

【淡薄】dànbó 记忆不深，印象不深。例：童年的一些事，在我印象中已经逐渐～了。

辨析

“深刻”“深切”和“深入”都表示程度深。“深刻”和“深切”只作形容词；“深入”除作形容词外，还作动词。“深刻”多形容印象、感受、感觉等；“深入”多形容调查、分析等动作行为；“深切”强调程度深，含有“深厚而亲切”的意思。

深谋远虑 近深思熟虑 反少谋寡断

【深谋远虑】shēnmóu-yuǎnlǜ 谋划、考虑得十分深远周密。例：他～，人们都很佩服他。

【深思熟虑】shēnsī-shúlǜ 指深入细致地反复思考。例：经过～后，他才做出了自己的决定。

【少谋寡断】shǎomóu-guǎduàn 指缺少谋略，疏于判断。例：鸿门宴上，项羽～，为日后留下了祸患。

辨析

"深谋远虑"和"深思熟虑"都有"深入、周密地考虑"的意思。"深谋远虑"偏重在"远谋"；"深思熟虑"偏重在"熟思"。"深思熟虑"只有考虑、思考这一层意思；"深谋远虑"除了考虑、思考这一层意思外，还有策划、计划这一层意思。两者都有"考虑"的意思，但"深谋远虑"偏重在考虑得周密长远；"深思熟虑"偏重在考虑得深入透彻。"深思熟虑"可以带宾语；"深谋远虑"一般不可以带。"深谋远虑"用作定语时，中心词一般往往是人；"深思熟虑"用作定语时，中心词一般不是人，而是结果、过程等，或表示结果、过程的词。

神奇 近神秘 神异 反一般 普通

【神奇】shénqí 非常奇妙。例：黄山景色秀丽～，尤其是那些怪石，有趣极了。

【神秘】shénmì 使人摸不透，高深莫测的。例：变色龙为什么会变色，不懂其中奥妙的人感到很～。

【神异】shényì 神奇。例：用电脑设计的电影镜头，观众们感到十分～。

【一般】yībān 普通；平常。例：这里的景色很～，没有什么特别的地方。

【普通】pǔtōng 不特殊。例：我是一名～的小学生。

慎重 近谨慎 小心 反轻率 随便

【慎重】shènzhòng 小心仔细；不随便。例：这道题很容易出错你一定要～考虑。

【谨慎】jǐnshèn 小心认真。例：这次行动，大家必须～行事，不能出一点儿差错。

【小心】xiǎoxīn 仔细；不马虎。例：这是装有玻璃器皿的箱子，大家抬动时要～。

【轻率】qīngshuài 随便，不经过慎重考虑。例：凡事要认真思考，不要～地发表自己的看法。

【随便】suíbiàn 不多考虑，想怎么做就怎么做。例：事情得到证实之前，不要～乱说。

生动 同活泼 反呆板 死板

【生动】shēngdòng 具有活力能感动人的。例：这篇小说的故事情节～感人。

【活泼】huópō 生动自然；不呆板。例：这篇作文的语言生动～。

【呆板】dāibǎn 死板；不灵活，不自然。例：他脸上的表情显得很～。

【死板】sǐbǎn 不活泼，不生动。例：这幅画上的人物太～，没有一点儿艺术性。

辨析

“生动”和“活泼”都是形容词，都指新鲜的、活动的、有生命力的，都与“呆板”“死板”意思相对。二者常常连用，相互补充，使意义更加丰富明确，如“生动活泼的政治局面、生动活泼的语言”等。“生动”是充满活力的、具体的、不是死板的，它侧重于内容的表现；“活泼”指生动自然、不呆板，侧重于人物的描写。

生活 近生计 生涯

【生活】shēnghuó 衣、食、住、行等方面的情况。例：现在，我们的

～多美好呀!

【生计】shēngjì 维持生活的办法。例:迫于～,他不得不加班加点地工作。

【生涯】shēngyá 从事某种活动或职业的生活。例:他十分怀念教育～中和孩子们在一起的日子。

辨析

“生活”“生计”和“生涯”都是名词,都可指人进行的活动。“生活”的使用范围大,泛指人的各种活动,还可作动词;“生计”单指谋取生存资料,也就是人们日常说的“挣口饭吃”,是书面语;“生涯”侧重指人的生活环境、境遇或谋生的事业。“生活”的对象可以是人,也可以是动物;“生计”“生涯”的对象只能是人。

S

生机勃勃 近 生气勃勃 生意盎然 反 死气沉沉

【生机勃勃】shēngjī-bóbó 形容生命力旺盛,充满活力。例:春天来了,大地呈现出一片～的景象。

【生气勃勃】shēngqì-bóbó 形容富有朝气,充满活力。例:青年人应当是～、热情向上的。

【生意盎然】shēngyì-àngrán 形容充满生命力。例:杨柳轻拂,鸟语花香,大地上～。

【死气沉沉】sǐqì-chénchén 形容没有朝气、活力,精神消沉、不振作。例:青年人应该朝气蓬勃,不应该～、老气横秋。

辨析

“生机勃勃”“生气勃勃”和“生意盎然”这三个成语都有“生命力旺盛”的意思,都形容有生气,充满活力。它们的使用范围不同:“生机勃勃”适用面比“生意盎然”稍广,不但能形容草木、自然景象,也能形容社会现象,但不能形容人;“生气勃勃”适用面最广，既能形容草木、自然景象、社会现象，也能形容人；“生意盎然”多形容草木长势旺盛，也能形容自然界蓬勃兴旺的景象，不能形容社会现象，更不能形容人。“生机勃勃”“生气勃勃”书面语、口头语都用；“生意盎然”多用于书面语。

生命 近 性命

【生命】shēngmìng 生物体所具有的活动能力。例：为了解救地震中受灾的群众，这位年轻的战士献出了宝贵的～。

【性命】xìngmìng 人和动物的生命。例：幸亏抢救得及时，否则他～难保。

辨析

“生命”和“性命”都是名词，指人和动物所具有的活动能力。“生命”意义范围广，泛指一切生物的，还有比喻用法，如“政治生命”“艺术生命”等，一般用于庄重场合；“性命”主要指人，是口语，比较通俗，常说“性命攸关”，没有比喻义。

声音 同 声响 音响 声息

【声音】shēngyīn 由物体振动而发出的波通过听觉所产生的印象。例：睡意蒙眬中我听到小猫发出异样的～。

【声响】shēngxiǎng 声音。例：山谷里瀑布发出巨大的～。

【音响】yīnxiǎng 声音。例：这个舞台的～效果很好。

【声息】shēngxī 声音。例：夜深了，万籁俱寂，听不到一丝～。

辨析

“声音”“声响”“音响”和“声息”是一组同义名词，都表示听觉器官所感受到的物体振动发出的声波。“声音”适用范围较广，一切振动波被听觉感知的都可以应用；“声响”侧重于发出的声音，并强调响度；“音响”也表示发出的声音，但多用于听觉效果方面，强调音色，所以多用于音乐领域；“声息”含有“声音响度较小”的意思，而且多用于否定方面。“声音”书面语、口语都常用；“声响”“声息”多用于书面语；“音响”在音乐领域里，口语、书面语都可以运用。“声息”还有“消息”的意思，如“声息相闻”“声息相通”“通声息”。

声援 近支援 反反对

S

【声援】shēngyuán 公开发表声明表示支持。例：世界人民都在～正义的斗争。

【支援】zhīyuán 支持援助。例：我们要大力～灾区重建。

【反对】fǎnduì 不赞成，不同意。例：我们坚决～霸权主义行径。

辨析

“声援”和“支援”都是动词，都有“帮助、支持”的意思。“声援”侧重于以公开发表声明的方式，在政治上、道义上、舆论上给予支持；“支援”侧重于在经济、军事等方面予以人力、物力、财力等的援助。

省吃俭用 近节衣缩食 反大手大脚 挥金如土

【省吃俭用】shěngchī-jiǎnyòng 处处节约，不浪费。形容过日子非常节省。例：爱迪生～，重新做起化学实验来。

【节衣缩食】jiéyī-suōshí 省穿省吃。形容生活节俭。例：她平常～，省下的钱都捐给了希望小学。

【大手大脚】dàshǒu-dàjiǎo 形容用钱不节省。例：注意节俭，不要～的。

【挥金如土】huījīn-rútǔ 花钱像抛撒泥土一样随便。形容极端挥霍浪费。例：这个贪官用公款豪赌，～，受到了党纪国法的严惩。

施行 近实行 反废止

【施行】shīxíng 法令、规章等公布后从某时起发挥效力；执行。例：新的作息时间从下周开始～。

【实行】shíxíng 用行动来实现纲领、计划等。例：这样的话他不止说过一次，但从没见他～过。

【废止】fèizhǐ 取消；停止实行（法令、制度）。例：这种不合理的制度早该～了。

辨析

“施行”和“实行”都是动词，都有“行动、做”的意思。但“施行”侧重指使规章、法令等发挥效力，也指按照某种方式或办法去做，对象还可以指手术；“实行”指用行动使思想上的东西变成现实，对象比较广，但不能用于手术。

湿润 近潮湿 反干燥

【湿润】shīrùn 潮湿润泽。例：我的家乡气候温和～，是有名的鱼米之乡。

【潮湿】cháoshī 含有比正常状态下多的水分。例：这间屋子阴暗～，怎么能住人？

【干燥】gānzào 没有水分或水分很少。例：天气太～，能下点雨该多好！

辨析

“湿润”和“潮湿”都是形容词，都有“水分较多”的意思。“潮湿”指湿度过大，含的水分过多；“湿润”指湿度适宜。“潮湿”常形容土地、空气、物体等；“湿润”很少形容由人工制造的物体，如衣服等，除了形容土壤、空气以外，还常形容人的眼睛。

时光 同光阴

【时光】shíguāng 指时间；光阴；时期。例：妈妈常常告诫我，千万不要虚度大好～。

【光阴】guāngyīn 时间。例：青年时代的～是最宝贵的。

辨析

“时光”和“光阴”是一组同义名词，都表示时间。“时光”常和幸福、美好、宝贵等词语搭配；“光阴”常和珍贵、宝贵等词语搭配。“时光”的使用范围较广；“光阴”的使用范围较窄。“时光”多用于口语；“光阴”多用于书面语。

时候 近时刻 时辰 时分

【时候】shíhou 一段时间里的某一点；有起点和终点的一段时间。例：上课的～每个人都应该认真听讲。

【时刻】shíkè 时间里的某一点。例：当五星红旗在赛场升起的庄严～，他流下了热泪。

【时辰】shíchen 时候。例：～不早了，该起床了。

【时分】shífēn 时候。例：黄昏～，一辆汽车载着许多货物驶进了村子。

辨析

“时候”“时刻”“时辰”和“时分”都是表示时间的名词。“时候”所表示的时间可以是确指，也可以是泛指，一般较长，使用范围最广；“时刻”所表示的时间是定点时间，多用于表示紧急、危险、幸福等不平常时候，一般较短；“时辰”所指的时间介于“时候”“时刻”之间，还可以用作计时单位；“时分”侧重于某个大约的钟点，不确指，书面色彩较浓。“时刻”可以作副词，有“每时每刻”的意思；“时候”“时辰”和“时分”不能作副词。

时事 近时势

【时事】shíshì 最近期间的国内外大事。例：学校邀请有关专家给我们做了～演讲。

【时势】shíshì 某一时期的客观形势。例：这是当时～的需要，青年人都热烈响应。

辨析

“时事”和“时势”都是名词，都表示一段时期的事情。“时事”侧重“事”，指的是国内外大事；“时势”侧重“势”，指的是客观形势、潮流、趋势。“时事”的“时”指的是最近期间，与当下的时间相近的时段；“时势”的“时”指的是不定的某一时期、时代，不一定是最近的、当下的。

实际 同现实 反理论

【实际】shíjì ①客观存在的事物或情况。②实有的，具体的；合乎事实的。例：①看问题要从～出发。②请你举出一个～的例子来说明一下。

【现实】xiànshí ①客观存在的事物。②合乎客观情况的。例：①我们要敢于正视～。②这是一个比较～的办法。

【理论】lǐlùn 人们由实践概括出来的关于自然界和社会的知识的有系统的结论。例：我们要注意～联系实际。

辨析

“实际”“现实”都是名词，又都可作形容词。“实际”指真实情况或人们的行动、实践；“现实”是当前存在的事实和状况，也指合乎客观情况，可以实现的。另外，用“实际”形容人的作风，有“不空谈”的意思；用“现实”形容人的思想，有“不空想”的意思，但也有“眼光短浅、不顾长远利益”的意思。

实验 近 实践 试验

S

【实验】shíyàn ①为了检验某种科学理论或假设而进行某种操作或从事某种活动。②实际检验的工作。例：①～结果表明，他的推断是正确的。②他做～的器具是一些废弃的瓶子、罐子。

【实践】shíjiàn ①实行（自己的主张）；履行（自己的诺言）。②人们改造自然和改造社会的有意识的活动。例：①小明用优异的成绩～了对父母的承诺。②～是检验真理的唯一标准。

【试验】shìyàn 为了察看某事的结果或某物的性能而从事某种活动。例：经过反复～，他终于培育出了玉米新品种。

辨析

“实验”和“实践”都是名词，都指的是一种有目的的活动，是一组近义词。“实验”的目的是为了检验某一科学理论或假设；“实践”的目的是为了改造自然和社会。“实验”指在实验室中或某个特定环境中进行有关科学研究的活动；“实践”指到实际生活中去做、去参加变革现实的活动。另外，“实验”还可以作动词，此时，它和“实践”“试验”构成近义关系，区别是：“实验”侧重指检验理论或假设；“实践”侧重指实行自己的主张或履行自己的诺言；“试验”侧重指察看某物的性能或某事的结果。

实质 同本质 近性质 反现象 表象

【实质】shízhì 本质。例:这才是问题的～所在。
【本质】běnzhì 事物本身所固有的,决定其性质、面貌和发展的根本属性。例:分析问题要透过现象看其～。
【性质】xìngzhì 一种事物区别于其他事物的根本属性。例:拾到财物不交还失主与偷盗从～上讲是有区别的。
【现象】xiànxiàng 事物在发展、变化中所表现的外部的形态和联系。例:冰受热会融化是一种自然～。
【表象】biǎoxiàng 事物的表面形象、特征。例:我们不应当被～所迷惑。

辨析

“实质”“本质”和“性质”都是名词,都指人或事物所具有的根本属性。“性质”指人或事物的特性(或特质),即一种事物区别于其他事物的特征;“本质”指事物本身所固有的,决定事物性质、面貌和发展的根本属性;“实质”就是事物的本质,它和“本质”都跟“现象”相对。由此可见,这三个词意义相近,只不过“性质”的词义范围广些,它包括“本质”和“实质”。“实质”常和“上”结合,构成“实质上”,作状语用。

实足 近十足

【实足】shízú 确实足数的。例:今天来了～一百人。
【十足】shízú 十分充足;成色纯。例:他拍拍胸脯,信心～地对我说:“保证完成任务。”

辨析

“实足”和“十足”都是形容词,都指达到完全的程度。“实足”多用于强调数量,指确实足数;“十足”强调充足,指达到顶点。另外,“十足”还指“成色纯”,如“十足的黄金”。

S

蚀本 同赔本 亏本 折本 反赢利

【蚀本】shíběn 赔本。例:这家商店由于～太多,只好停业。
【赔本】péiběn 本钱、资金亏损。例:～的生意是不会有人做的。
【亏本】kuīběn 损失本钱;赔本。例:做买卖最害怕的就是～。
【折本】shéběn 赔本。例:你这样做生意非～不可。
【赢利】yínglì 指获得利润。例:这家商店开张的当月就开始～。

辨析

"蚀本""赔本""亏本"和"折本"都有"亏损了本钱"的意思,是一组同义动词。但"赔本"还有比喻用法,如"我们本想拉他们一个过来,结果倒让他们挖去俩,这下可赔本了";"蚀本""亏本""折本"无此用法。

S

使用 同应用 运用 利用 反抛弃 荒废

【使用】shǐyòng 使人员、器物、资金等为某种目的服务。例:现在农民耕地都～农机了。
【应用】yìngyòng 使用。例:这种方法～得最为普遍。
【运用】yùnyòng 根据事物的特性加以利用。例:我们对这些词语应该灵活～。
【利用】lìyòng 使事物或人发挥效能;用手段使人或事物为自己服务。例:我们应充分～本地的地理优势,发展经济。
【抛弃】pāoqì 扔掉不要。例:这些陈腐的旧观念早该～了。
【荒废】huāngfèi 不利用;浪费。例:这个孩子沉迷于网络游戏,～了学业。

辨析

“使用”“应用”“适用”“运用”和“利用”都是动词，都指用。“使用”是使人员、财物等为某种目的服务，多用于比较具体的人和事物，如干部、机器、设备、资金等，可以构成“使用权”；“应用”是“适应某种需要而使用”，或者表示“把……应用到……上”，一般用于抽象事物，如理论、观点、原则、知识、成果等，也可用于具体事物，如工具、武器等；“运用”是根据事物特性灵活使用，多用于抽象事物，如立场、观点、方法、原则、公式等；“利用”是发挥人或事物的作用，使之于己有利。“利用”用于“诱惑、教唆别人做坏事为自己服务”的意义时，就只有贬义色彩了。

事情 近 事件 事故 事变

事情】shìqing ①人类生活中的一切活动和所发生的一切社会现象。②事故；差错。例：①趁着年轻，多做点儿～。②路上小心点，不要出什么～。

事件】shìjiàn 历史上或社会上发生的不平常的大事情。例：这起发生在校园内的暴力～，值得大家深思啊！

事故】shìgù 意外的损失或灾祸。例：今天早晨，本市发生了一起特大交通～。

事变】shìbiàn 突然发生的重大政治、军事性事件。例：卢沟桥～标志着抗日战争从此爆发。

辨析

“事情”“事件”“事变”和“事故”都是名词，都指发生的情况。“事情”指一切情况，使用范围最广；“事件”指不平常或比较重大的事情，使用范围比较广；“事变”指突然发生的重大事件，多用于政治、军事方面，使用范围小，有时也指事态的变化；“事故”指意外的损失或灾祸，多用于交通、工作、生产等方面，使用范围也小。

侍奉 同侍候 伺候 服侍

【侍奉】shìfèng 侍候奉养（长辈）。例：父母年龄都大了，就靠他～。

【侍候】shìhòu 服侍。例：她坚持到医院～生病的母亲。

【伺候】cìhou 在人身边供使唤，照料饮食起居。例：王大妈卧病在床，需要人～。

【服侍】fúshì 伺候；照料。例：在母亲重病期间，他尽力～，大家都夸他是个孝子。

辨析

"侍奉""侍候""伺候"和"服侍"是一组同义动词。"侍奉"强调非常孝敬有礼；"服侍"和"侍候"强调尊重对方，尽心尽力认真照料；"伺候"强调殷勤而周到。"侍奉""侍候"和"伺候"常用于对长辈或高层人物；"服侍"除用于对长辈外，还用于平辈之间，如"他疗伤期间，同事们都轮流地去服侍他"。

适合 同符合 适应

【适合】shìhé 符合（实际情况或客观要求）。例：你的学习经验未必全部～他。

【符合】fúhé （数量、形状、情节等）相合。例：这些产品不～质量标准，不能出厂。

【适应】shìyìng 适合（客观条件或需要）。例：初来乍到，我很不～这里的环境。

辨析

"适合""符合"和"适应"都是动词，都有"相合"的意思，可互换。"适合"侧重于没有抵触，表示彼此适应、协调；"符合"

侧重于没有出入或差别，表示彼此一致；“适应”的重点在“应”，有“与之相应”的意思，表示互相配合，彼此相称。

收集 同搜集 收罗 反分散

【收集】shōují 把分散的东西聚集在一起。例：他从报纸、杂志上～了不少养生方面的资料。

【搜集】sōují 到各处寻找，使聚集在一起。例：他花费了很长时间才～全这套生肖邮票。

【收罗】shōuluó 把人或物聚集在一起。例：这家公司十分注重～各方面的人才。

【分散】fēnsàn 使散开；散发。例：你马上把这些宣传材料～到各班去。

辨析

“收集”“搜集”和“收罗”都是动词，都有“集中起来”的意思，对象可以是材料、情况、言论、物品等。“收集”着重指收拢、聚集，对象常是不在一起的具体事物；“搜集”着重指到处搜寻、寻找，有时包括一定程度的选择，对象是不在一起而需要到处寻找才能得到的事物，如标本、文物等；“收罗”着重指多方寻求人或物。

收容 近收留

【收容】shōuróng （有关组织、机构等）收留或容纳。例：这里是～难民的地方。

【收留】shōuliú 把生活困难或有特殊要求的人接收下来并给予帮助。例：她～了一个孤儿。

辨析

“收容”和“收留”都是动词，都有“接受并留下”的意思。“收容”指收留下来并做一定的安排，时间一般不很长，对象是人；“收留”指留下来并照管其生活，时间较长，一般是生活上有困难或特殊要求的人。“收容”能构成“收容站”“收容所”；“收留”无此用法。

手段 同手法 手腕 近伎俩

【手段】shǒuduàn 为达到某种目的而采取的具体方法；本领；待人处世所用的不正当的方法。例：在拉帮结伙方面她是很有～的。

S

【手法】shǒufǎ （艺术品或文学作品的）技巧；手段。例：这人惯于使用两面～。

【手腕】shǒuwàn 手腕子；待人处世所用的不正当方法。例：这些骗子的～并不高明，却使许多贪心的人上了当。

【伎俩】jìliǎng 不正当的手段。例：她识破了小商贩骗人的～。

辨析

“手段”“手法”“手腕”和“伎俩”都是名词，在表示为达到目的而采用的不正当的方法时，是同义词。“手段”“手法”“手腕”是多义词；“伎俩”是单义词。“手段”侧重在为私利而不惜损害他人或公共的利益；“手法”强调事先想好的方式、方法，具有多变性；“手腕”着重指方式、方法的狡猾、隐蔽、灵活；“伎俩”侧重指不正当的手段。当“手段”表示“为达到目的而采用的具体方法，或者本领、能耐”时，如“法律手段”“经济手段”“经营管理手段”，与“手法”“手腕”“伎俩”不是同义词。“手法”用于文学艺术领域时，如“白描手法”；“手腕”表示“手腕子”时；与“手段”“伎俩”也不是同义词。

舒服 同舒适 近舒畅 反难受

【舒服】shūfu 身体或精神上感到轻松、愉快。例：这个新沙发坐上去很～。

【舒适】shūshì 舒服安适。例：教室里明亮、温暖而～。

【舒畅】shūchàng 舒服痛快。例：炎热的天气，吹来一股凉爽的风，使人非常～。

【难受】nánshòu 身体不舒服；心里不痛快。例：小莉高考落榜了，心里很～。

辨析

“舒服”“舒适”和“舒畅”都是形容词，都指安适、愉快。“舒服”指因精神上、物质上的满足或身体健康而感到愉快；“舒适”指因环境适宜、生活如意而感到舒服；“舒畅”指人的精神愉悦，痛快之极，语意最重。此外，“舒服”可重叠成“舒舒服服”；“舒适”“舒畅”不能。

疏忽 近忽略 反小心

【疏忽】shūhu 粗心大意，忽略。例：这个问题我确实～了。

【忽略】hūlüè 没有注意到。例：他～了括号里的提示，造成了非常严重的失误。

【小心】xiǎoxīn 注意；留神。例：过马路时一定要～汽车。

辨析

“疏忽”“忽略”和“粗心”都是动词，都有“大意”的意思。“疏忽”指做事不细心，不认真对待，因而出差错；“忽略”指对事物的某些方面没有注意到，因而有所欠缺。

疏通 同疏浚 近疏导 反堵塞 淤塞

【疏通】shūtōng 疏浚;使途径畅通。例:小区物业工作人员不嫌脏、不怕累,义务帮居民～下水道。

【疏浚】shūjùn 清除淤塞或挖深河槽使水流通畅。例:由于河水中泥沙太多,每年都要～一次河道。

【疏导】shūdǎo 疏通引导。例:交警正在～交通。

【堵塞】dǔsè 阻塞;使不畅通。例:有些人随意停放汽车导致这条路经常被～。

【淤塞】yūsè (水道)被沉积的泥沙等堵塞。例:为保证航运通畅,今春必须解决河道的～问题。

S

辨析

"疏通""疏浚"和"疏导"都是动词,都有"使畅通"的意思。"疏通"侧重于"通",多用于堵塞的管道或淤塞的航道等;"疏浚"侧重于"浚",多用于挖深河床、清理航道;"疏导"侧重于"导",泛指引导使畅通,多用于水道、交通等。"疏浚"是单义词;"疏通"是多义词,还有"沟通双方的意见,调解双方的争执"的意思,如"他们哥俩的矛盾,需要你从中疏通疏通"。"疏通"口语、书面语都常用;"疏浚"多用于书面语。"疏通""疏导"可以重叠;"疏浚"不能。

熟悉 同熟识 熟习 反陌生 生疏

【熟悉】shúxi ①清楚地知道。②知道得清楚。例:①她和这里的每一个人都是那么～。②～的乡音又勾起了他对故乡亲人的思念。

【熟识】shúshi 对某人认识得比较久或对某种事物了解得较透彻。例:我们彼此早已～。

【熟习】shúxí 学习得很熟练或了解得很深刻。例：他～果树栽培知识。
【陌生】mòshēng 生疏；不熟悉。例：我们虽是第一次见面，但并不感到～。
【生疏】shēngshū 没有接触过或很少接触的；因长期不用而不熟练；不亲近。例：毕业多年，她对这些知识已经很～了。

辨析

“熟识”“熟悉”和“熟习”都是动词，都指对事物了解得深刻透彻。“熟识”多指视觉方面的活动，因为接触或看见多次而熟悉，对象多为具体的人或事物；“熟悉”意义较广，常指视觉、听觉和其他方面的认识活动，对象可指有形的（这时常和“熟识”通用）和有声的（这时跟“熟识”不通用），如声音、语言、曲调等，多用于抽象事物，如情况、心理、思想等；“熟习”多指记忆、运用、掌握等实际活动，对象常是技艺、语言、学问、知识、业务、工作等。

S

鼠目寸光 同目光如豆 反目光远大

【鼠目寸光】shǔmù-cùnguāng 形容眼光短浅。例：自私自利的人往往～。
【目光如豆】mùguāng-rúdòu 眼光像豆子那样小。形容目光短浅。例：这种人～，不会有大作为的。
【目光远大】mùguāng-yuǎndà 形容有远见。例：王强是一个～并具有开拓精神的人。

辨析

“鼠目寸光”和“目光如豆”都比喻眼光短浅，看不到远处、大处，是一组同义成语。“鼠目寸光”偏重于眼光“近”，强调看不到将来，看不到远处；“目光如豆”偏重于眼光“小”，强调看不到全局，看不到大处。

束手无策 近无计可施 一筹莫展 反急中生智

【束手无策】shùshǒu-wúcè 像手被捆住了一样，一点儿办法也没有。例：刚学电脑的人一旦碰上复杂的程序问题，往往会～。

【无计可施】wújì-kěshī 没有计策可以施展。形容没有一点儿办法。例：在这种极其复杂的情况下，我们都～。

【一筹莫展】yīchóu-mòzhǎn 筹：古代用来计数的小木棍、小竹片等，引申指计谋。展：施展。任何计谋也施展不出。形容一点儿办法也没有。例：在这种～的时候，不能不静下心来想想："我到底错在哪里呢？"

【急中生智】jízhōng-shēngzhì 在紧急时忽然想出了好办法。例：司马光～，砸破水缸，救出了小伙伴。

S

辨析

"束手无策""无计可施"和"一筹莫展"都形容没有一点办法。"束手无策"偏重于受条件所限而没有办法；"无计可施""一筹莫展"则指主观上想不出什么办法。

衰败 同衰落 衰退

【衰败】shuāibài 衰落。例：这个国家的经济日渐～。

【衰落】shuāiluò （事物）由兴盛转向没落。例：比赛失利后如果不及时打气鼓劲，士气很容易～。

【衰退】shuāituì 衰弱减退。例：长期的战乱使这个国家的经济严重～。

衰弱 近虚弱 反健壮 壮实 强壮

【衰弱】shuāiruò （身体）不强健。例：长期用脑过度就会引起神经～。

【虚弱】xūruò（身体）不结实。例：久病初愈，身体～，你要注意多休息。

【健壮】jiànzhuàng（身体）健康强壮。例：咱们要练就～的身体。

【壮实】zhuàngshi（身体）强壮结实。例：小明的身体越来越～。

【强壮】qiángzhuàng（身体）结实，有力气。例：只有身体～，才能精力充沛地投入到学习中。

衰亡 同死亡 灭亡 反生长 诞生 出生 存在

【衰亡】shuāiwáng 衰落以至死亡。例：这本书记载了一个民族～的全过程。

【死亡】sǐwáng 失去生命。例：这个人因失足落水而～。

【灭亡】mièwáng（国家、种族等）不再存在或使不存在。例：战国时期，在秦国的进攻下，其余六国相继～。

【生长】shēngzhǎng 生物体在一定的生活条件下，体积和重量逐渐增加；出生和成长；产生和增长。例：田里的庄稼～得十分旺盛。

【诞生】dànshēng（人）出生；也泛指事物产生。例：1949 年 10 月 1 日，中华人民共和国～了。

【出生】chūshēng 胎儿从母体中分离出来。例：我的小侄女是三天前～的。

【存在】cúnzài 事物持续地占据着时间和空间；实际上有，还没有消失。例：地球上曾经～过恐龙这种庞然大物。

辨析

“衰亡”“死亡”和“灭亡”都是动词，都指失去了生命。“衰亡”指人或事物由发展转向微弱、趋于消亡，往往是事物本身发展到一定阶段所引起的，通常有较长的时间，跟“生长”相对；“死亡”多用来指人丧失了生命，可以是外力影响，也可以是自身发展的结果，引申指事物没有生命力，跟“诞生、出生”等相对；“灭亡”多指事物突然不存在了，着重于外力的影响，跟“存在”相对。“死亡”“灭亡”都指人时，可以互换；“死亡”“衰亡”不能。“死亡”可以构成“死亡线”；“灭亡”“衰亡”没有这种构词能力。

爽快 同爽直 直率 直爽 反油滑

【爽快】shuǎngkuai 舒适痛快；直截了当。例：小明说话办事都很～。

S

【爽直】shuǎngzhí 直爽。例：他是个～的人。

【直率】zhíshuài 直爽。例：他～地说出了自己的心里话。

【直爽】zhíshuǎng 心地坦白，言语、行动没有顾忌。例：妈妈性情～，心里怎么想的，嘴上就怎么说。

【油滑】yóuhuá 不诚恳，说话圆滑。例：这人很～，办事不可靠。

辨析

“爽快”“爽直”“直率”和“直爽”都是形容词，都有“直来直去”的意思，是一组同义词。“爽快”侧重于“快”，指言行利索；“爽直”“直爽”词义相同，都侧重于表示言行无顾忌，心地坦然；“直率”则侧重于耿直。“爽快”还有“舒适痛快”的意思；“爽直”“直爽”“直率”没有。“爽快”“直爽”“直率”书面语、口语都常用；“爽直”多用于书面语。

睡觉 同入睡 反失眠

【睡觉】shuìjiào 进入睡眠状态。例：门关得紧紧的，里面没有灯光，她肯定～了。

【入睡】rùshuì 睡着(zháo)。例:在妈妈甜美的摇篮曲中,小宝宝安然～。

【失眠】shīmián 夜间睡不着或醒后不能再入睡。例:父亲做生意亏了本,心里很是着急,夜夜～。

辨析

"睡觉"和"入睡"是一组同义词。"睡觉"可用于口语、书面语;"入睡"多用作书面语。另外,"睡觉"可在其中间插入词,如"睡了觉""睡午觉""睡懒觉"等等;"睡眠"没有这种用法。

顺水推舟 近 因势利导

【顺水推舟】shùnshuǐ-tuīzhōu 顺着水流的方向推船。比喻顺应趋势办事。例:他～,同意了大家的意见。

【因势利导】yīnshì-lìdǎo 顺着事情的发展趋势加以引导。例:客观规律是不以人的意志为转移的,只能～,无法任意改变。

辨析

"顺水推舟"和"因势利导"这两个成语都有"顺应趋势办事"的意思。"顺水推舟"有"针对当时的情势而灵活地(变通原来的想法)应付事态"的意思;"因势利导"没有这种意思。"因势利导"有"引向适当的道路"的意思,"顺水推舟"没有这种意思。"顺水推舟"多指处理人与人之间一些事情时无原则的态度;"因势利导"多指人对客观规律、形势等重大问题的原则立场。"顺水推舟"有时还有"随声附和"的意思,这样用时跟"因势利导"区别更明显。

顺序 同 次序

【顺序】shùnxù 次序。例:不要把英语字母的～写错了。

S

【次序】cìxù 指事物在空间或时间上排列的先后。例：大家一定要按照～进场。

辨析

“顺序”和“次序”是一组近义名词。“顺序”着重先后的条理，即从左到右、从上到下、从前到后的序列，常用于人名、数目、字母的排列或处理问题的时间上的先后；“次序”强调事物在时间或空间上排列的从前到后，即一个接一个地挨次排列。

思考 同思索 思量

S

【思考】sīkǎo 进行比较深刻、周到的思维活动。例：我们应该学会独立～。

【思索】sīsuǒ 思考探求。例：我们正在苦苦～问题的答案。

【思量】sīliang 考虑。例：他反复～，想找一个好办法。

辨析

“思考”“思索”和“思量”都是动词，都指进行思维活动。“思考”一般指进行深刻、周到的思维活动；“思索”还有“探索”的意思，语意比“思考”重；“思量”一般指考虑。另外，“思考”口语、书面语都常用；“思索”多用于书面语；“思量”多用于口语。

饲养 同喂养 豢养

【饲养】sìyǎng 喂养(动物)。例：王大伯～着两头牛。

【喂养】wèiyǎng 给幼儿或动物东西吃，并照顾其生活，使其成长。例：姥姥～了一只小猫。

【豢养】huànyǎng 喂养(牲畜)。比喻收买并利用。例：这只小猎豹从小被人类～，丧失了猎食的本能。

辨析

“饲养”“喂养”和“豢养”都是动词，都能指喂养动物。“饲养”只适用于动物；“喂养”既适用于动物，又适用于人；“豢养”本指喂养牲畜，后用来比喻，比喻义用于人、人群、国家等，表示被豢养的是豢养者驱使利用的工具，含有贬义。此外，“饲养”可以构成“饲养员”“饲养量”等词；“喂养”“豢养”不能。

松懈 同松弛 松散 反紧张

松懈】sōngxiè 注意力不集中，做事不抓紧；纪律不严格，意志不坚定；人与人之间关系不密切，动作不协调。例：纪律～是军队的大忌。

松弛】sōngchí 不紧张；（制度、纪律）执行得不严格。例：小明班里的纪律有些～。

松散】sōngsǎn （事物结构）不紧密；（精神）不集中。例：这篇文章的结构有些～。

紧张】jǐnzhāng 精神处于高度兴奋状态，不平静；激烈，紧迫；供应不足，难于应付。例：第一次跳伞，队员们免不了有些～。

辨析

“松懈”“松弛”和“松散”都是形容词，都有“不紧张”的意思。“松懈”一般含贬义；“松弛”指精神、肌肉、力气、绳子等的放松时不带贬义，但指制度、纪律不严时带贬义；“松散”除指精神不紧张外，还可指事物结构的不紧密，另两个词没有这层意义。此外，“松弛”“松散”都可重叠使用；“松懈”一般不这样用。

耸人听闻 同危言耸听

耸人听闻】sǒngréntīngwén 故意说夸大或惊奇的话，使人震惊。例：随着比赛情况的变化，他们介绍球场上的气氛时，开始使用"混战""白热化""球台上的原子爆破"等等～的字句。

【危言耸听】wēiyán-sǒngtīng 故意说吓人的话使听的人吃惊
例：他这人向来是～，你别太信他。

辨析

"耸人听闻"和"危言耸听"都有"使人听了感到吃惊"的意思。"耸人听闻"多指夸大或捏造的事情；"危言耸听"多指吓唬人的、歪曲事实的言辞。

肃清 近清除 反保留 保存

【肃清】sùqīng 彻底清除（坏人、坏事、坏思想）。例：一定要～黄、赌、毒的恶劣影响。

S

【清除】qīngchú 彻底扫除；全部去掉。例：清洁工在～路上的积雪。

【保留】bǎoliú 保存不变；暂时留着不处理；留下，不拿出来
例：大家有什么意见尽管提出来，不要～。

【保存】bǎocún 使事物、性质、意义、作风等继续存在，不受损失或不发生变化。例：这张照片，请你好好～。

辨析

"肃清"和"清除"都是动词，都有"把不好的东西除掉"的意思。"肃清"是把坏的人、事或思想消灭干净；"清除"既可用于坏人、坏事、坏思想，也可用于垃圾、积雪等具体事物。"肃清"比"清除"的语意重。

素养 同素质

【素养】sùyǎng 平日的修养。例：我们老师的文学～很高。

【素质】sùzhì 事物本来的性质；素养。例：作为军人，一定要提高自己的军事～。

辨析

“素养”和“素质”都是名词，都指理论、知识、道德等方面的一定水平，有时可以互换，如“他的素质（素养）很好”。“素养”侧重于“养”，指平常表现出来的一定的水平；“素质”侧重于“质”，指人平日的品质修养、本质。“素养”只用于个人；“素质”不限于个人，如“我海军素质越来越好”。“素养”多用于书面语；“素质”既用于书面语，也用于口语。

随便 近大方 反拘谨

【随便】suíbiàn ①不加限制，不受拘束；自由地做。②自由散漫，不守纪律。例：①在茶话会上，大家～闲谈。②他这个人说话太～，惹出了不少麻烦。

【大方】dàfang ①（对金钱、财物）不吝啬；不小气。②言谈、举止不做作；很自然。例：①他是个出手～的人，从不与别人斤斤计较。②那位美丽的姑娘～地从门口走了进来，开始自我介绍。

【拘谨】jūjǐn 言行过分谨慎；不自然。例：她很～地站在那里，两颊绯红。

随波逐流 近同流合污 反洁身自好

【随波逐流】suíbō-zhúliú 随着波浪起伏，顺着水势漂动。比喻没有立场，没有主见，随大流。例：他从来不～，是一个勇于坚持真理的人。

【同流合污】tóngliú-héwū 随着坏人一起做坏事。例：他居然与那伙人～，也干起了偷窃的勾当。

【洁身自好】jiéshēn-zìhào 保持自身的纯洁，不同流合污。例：为人处世要～，不要受不良风气的影响。

辨析

“随波逐流”和“同流合污”都是贬义词，都有“随着人走”的意思。“随波逐流”的“波”和“流”比喻时势，不指具体的人；“同流合污”的“流”和“污”是指具体的人。“随波逐流”前边没有表示对象的介词结构（也不能加）作状语；“同流合污”前边一般都有表示对象的介词结构作状语（即使没有的，也能加）。“随波逐流”强调“没有主见”；“同流合污”不一定没有主见。“随波逐流”不一定做坏事；“同流合污”强调做坏事。

损害 近伤害 危害 反维护 保护

S

【损害】sǔnhài 使事业、利益、健康、名誉等蒙受损失。例：爱护花草树木从我做起，同学们一定不能做任何～花草树木的事情。

【伤害】shānghài 使身体组织或思想感情受到损害。例：他出言不逊，～了朋友的感情。

【危害】wēihài 使受破坏；损坏。例：吸烟会～身体的健康。

【维护】wéihù 维持并加以保护；使免于遭受破坏。例：我们要坚决～社会的安定和谐。

【保护】bǎohù 尽力照顾，使不受损害。例：我们要～益鸟益虫。

辨析

“损害”“伤害”和“危害”都指损伤破坏。“损害”着重于“损”，即破坏事物的完整性，使受（局部的）损失，对象是事业、利益、健康、名誉等；“伤害”是使受到损害，对象是人或动物的身体、思想感情等；“危害”常指从整体上、根本上毁坏人或事物，如生命、和平、秩序等，它可以构成“危害性”。

损人利己 近损公肥私 反舍己为公 克己奉公 舍己为人

【损人利己】sǔnrén-lìjǐ 损害别人的利益使自己获得好处。例：～的行为是可耻的。

【损公肥私】sǔngōng-féisī 损害公众的利益使自己获得好处。例：那些～的贪官污吏受到了严厉惩处。

【舍己为公】shějǐ-wèigōng 舍弃自己的利益，一心为公众、为集体。例：他这种～的精神值得大家学习。

【克己奉公】kèjǐ-fènggōng 严格约束自己，一心为公众、为集体。例：党员干部要～，为人表率。

【舍己为人】shějǐ-wèirén 为了他人而舍弃自己的利益。例：～的精神应该大力弘扬。

损失 近损耗 损伤 反获得

【损失】sǔnshī ①无代价地失去。②无代价地失去的东西。例：①这场大火～了几千亩森林。②这批食品因质量不合格而销毁，使工厂蒙受了巨大～。

【损耗】sǔnhào 失去；消耗。例：由于操作失误，这道工序白白～了大量原料。

【损伤】sǔnshāng ①损失。②损害；伤害。例：①敌军在这次战斗中～了不少战机。②打骂孩子会～他们的自尊心。

【获得】huòdé 得到（多用于抽象事物）。例：他曾多次～上级的表彰和嘉奖。

T t

塌台 同倒台 垮台 反上台

【塌台】tātái 垮台。例：在公安干警的打击下，这个犯罪团伙终于～了。

【倒台】dǎotái 垮台；崩溃。例：新党执政才三个月就～了。

【垮台】kuǎtái 比喻瓦解、崩溃。例：这个公司经营不善，债台高筑，终于～了。

【上台】shàngtái 比喻出任官职或掌权。例：新一届政府～了。

辨析

“塌台”“倒台”和“垮台”的共同语素是“台”，都属动宾结构，在句中多用作谓语。使用时都可以拆开，如“倒不了台”，“塌了台”。三个词不仅同义，而且基本上都能互换。从使用频率来说，“塌台”较少使用；从语意程度来说，“垮台”比“倒台”重。

泰然自若 近悠然自得 反惶恐不安

【泰然自若】tàirán-zìruò 形容在异常情况下镇定、从容、不慌张。例：紧急关口，他～的神情稳定了大家的情绪。

【悠然自得】yōurán-zìdé 形容悠闲、舒适、不紧张的神情。例湖边垂柳下，几位老者在～地散步。

【惶恐不安】huángkǒng-bù'ān 惊慌害怕，心神不定。例：儿子走失使这位母亲~。

辨析

“泰然自若”和“悠然自得”都形容不慌张、不紧张的神情。“泰然自若”多指在非常情况下或面对非常事件时所采取的态度;“悠然自得”多指平常的悠闲情态。“悠然自得”有时有偏义的用法,偏在“悠然”上,只取“悠闲”“舒适”的意思;“泰然自若”没有这种用法。

贪污 近贪占 反满足 知足

【贪污】tānwū 指利用职权非法地取得财物。例:他利用职权~公款,受到了法律的制裁。

【贪占】tānzhàn 利用职务之便非法占有;贪污。例:任何人都不得~集体财物。

【满足】mǎnzú 感到已经足够了;使满足。例:他从无非分之想,是个容易~的人。

【知足】zhīzú 对自己已经得到的感到满足。例:所谓~者常乐,可见贪得无厌是有害于身心健康的。

辨析

“贪污”和“贪占”都是贬义词,都有“贪污、不知足”的意思。“贪污”强调利用职权非法谋取;“贪占”强调非法占有。“贪污”“贪占”一般用于掌握职权的人。

忐忑不安 同七上八下 反心安理得

【忐忑不安】tǎntè-bù'ān 形容心神很不安定。例:他做贼心虚,坐在那儿~。

【七上八下】qīshàng-bāxià 形容心神慌乱不安。例:她把门闭得紧紧的,心里仍感觉~的。

【心安理得】xīn'ān-lǐdé 自认为做事符合情理，心里很坦然。例：花自己靠劳动挣来的钱，当然～。

辨析

“忐忑不安”和“七上八下”都形容心神不定，有时可以通用。“忐忑不安”可以形容心情，也可以形容表情；“七上八下”只能形容心情，不能形容表情。“七上八下”要跟“心中”“心里”等词配合运用，一般不单独运用；“忐忑不安”不受这种限制。“忐忑不安”可以用作宾语；“七上八下”一般不用作宾语。“忐忑不安”多用于书面语；“七上八下”多用于口语。

滔滔不绝 近口若悬河 喋喋不休 反张口结舌 哑口无言 噤若寒蝉

【滔滔不绝】tāotāo-bùjué 形容说话接连不断。例：小明～地向家人讲述参加夏令营活动的趣事。

【口若悬河】kǒuruòxuánhé 形容能言善辩。例：演讲赛上，选手们～。

【喋喋不休】diédié-bùxiū 形容说话啰嗦，没完没了。例：这个人已经在这儿～了半天。

【张口结舌】zhāngkǒu-jiéshé 张着嘴说不出话来。例：警察一连串的问话问得他～，无言以对。

【哑口无言】yǎkǒu-wúyán 像哑巴一样说不出话来。形容理屈词穷，无话可说。例：人赃俱获，窃贼～。

【噤若寒蝉】jìnruòhánchán 像深秋的蝉一样不再鸣叫。形容因害怕而不敢说话。例：在这么多陌生人面前，我们一个个～，谁也不敢先开口。

淘气 近顽皮 调皮 反规矩 老实

【淘气】táoqì 顽皮。例：这个～的小孩儿惹得他的妈妈哭笑不得。

【顽皮】wánpí （儿童）爱玩爱闹，不听教导。例：这孩子真～。

【调皮】tiáopí 顽皮。例：小明从小就特别～。

【规矩】guīju （行为）端正老实，合乎标准。例：这孩子很～，一点儿也不淘气。

【老实】lǎoshi 守规矩；顺从管理。例：他是个～的孩子，从不惹是生非。

特别 同特殊 反一般 普通 平常

【特别】tèbié 不同于一般；异乎寻常。例：他穿的衣服款式很～。

【特殊】tèshū 不同于同类的事物或平常的情况。例：这种房屋是用～材料建造的。

【一般】yībān 普通；不突出。例：小亮的学习成绩很～。

【普通】pǔtōng 一般的；平常的。例：我是一名～的小学老师。

【平常】píngcháng 普通；不特别。例：他中等个头，相貌～。

辨析

“特别”指不同于一般时，与“特殊”同义，与“一般”“普通”“平常”意思相对。“特别”表示的是与一般不同的事物，常常是个别的；“特殊”则不一定是个别的。“特别”有副词用法，是“格外”的意思，如“天气特别好”“走得特别快”；“特殊”没有这个用法。

特点 同特色 特性 特征

【特点】tèdiǎn 人或事物所具有的独特的地方。例：荔枝蜜的～是成分纯，养分多。

【特色】tèsè 事物所表现出来的独特的色彩、风格。例：巴黎的建筑物很有～。

T

【特性】tèxìng 某人或某事物所特有的性质。例:石棉的~是纤维构造而又不易燃烧。

【特征】tèzhēng 可以作为事物特点的征象、标志等。例:个人为集体利益牺牲一切,这就是我们这个伟大时代的一个~。

辨析

"特点""特色""特性"和"特征"都是名词,都指人或事物独特的地方。"特点"意义范围较广,泛指独特的地方,可以表现在性质或内容上,也可以表现在形式或外形上,可以指抽象的,也可以指具体的;"特色"专指独特的风格、格调、样子或情景等,是显而易见的特点,指具体的居多,指抽象的较少,可用于书面语;"特性"专指内在的特殊的性质,一般指物品的性能、性质;"特征"专指独特的征象或标志,即具有代表性的、能象征整体的容易辨认的特点,指具体的特别是外表的或形式上的居多,指抽象的较少。

T

提纲 近 大纲 纲要

【提纲】tígāng (写作、发言、学习、研究等)内容的要点。例:下午的班会上,我要发言,现在必须拟订一个发言~。

【大纲】dàgāng (著作、讲稿、计划等)系统排列的内容要点。例:为创作一部作品,作家动笔之前都要先列个~。

【纲要】gāngyào 提纲;要领。例:这本书前边有个~,以便读者先了解本书的大致内容。

辨析

"提纲""大纲"和"纲要"都是名词,都指书或文章等的内容要点。"提纲"侧重指能够反映内容全貌的一些要点;"大纲"则侧重指内容的系统排列,以及从系统排列中体现出来的主要内容或总的精神;"纲要"则着重指内容的概要,通过纲要可以对整个内容有较详细的了解。

提心吊胆 近心惊胆战 反处之泰然

【提心吊胆】tíxīn-diàodǎn 形容十分担心或害怕。例:小明做了错事,一连几天都～,生怕被老师知道了。
【心惊胆战】xīnjīng-dǎnzhàn 形容十分害怕。例:向崖下一望,真叫人～。
【处之泰然】chǔzhī-tàirán 对待发生的紧急情况或困难沉着冷静,从容应对。例:情况再复杂,他也能～。

题目 同标题

【题目】tímù 概括内容的词句;练习或考试时要求解答的问题。例:这张试卷上一共有三个～。
【标题】biāotí 标明文章、作品等内容的简短语句。例:刚看了一眼大～,她就把报纸从我手中取走了。

辨析

“题目”和“标题”都是名词,都指文章或作品的名称或提要性的文字(一般放在最引人注意的位置),有时可以互换。“题目”指文章或作品的名称,可用题材、主要人物或代表主题思想的象征的名称做题目,但看了题目后,不一定就会知道作品的内容;“标题”指用引人注目的字体标出的新闻报道内容的最精练的提要性的文字,看了“标题”,就可以知道这段新闻的主要内容。

体会 同体味 体验

【体会】tǐhuì 体验领会。例:我终于～到读书的重要性。
【体味】tǐwèi 仔细体会。例:我已经～到他的快乐心境了。

【体验】tǐyàn 在实践中体会了解。例：他决定去山西农村～生活。

辨析

“体会”“体味”和“体验”都是动词，都指从自己的感受中认识、了解事物。“体会”的对象常是文件、方针、政策、指示等的思想内容、精神实质，也常是别人要表达的意思、感情、心理等；“体味”的对象常是语言文字所包含的意味，人的情意、趣味等；“体验”的对象常是生活、现象等。此外，“体会”还有名词的意义和用法，指所体会的内容，如“在座谈会上他谈了几点较深的心得体会”；“体验”不常作名词用；“体味”不能作名词用。

天经地义 近 理所当然

【天经地义】tiānjīng-dìyì 指非常正确的道理。也形容理所当然，不容置疑。例：遵守课堂纪律是每个学生～的事情。

【理所当然】lǐsuǒdāngrán 从道理上说应当这样。例：你做了好事，～要受到表扬。

辨析

“天经地义”和“理所当然”这两个成语都有“理当如此”的意思。“天经地义”有两层意思：一是非常正确的道理，一是“按照道理应当如此”的意思；“理所当然”只与“天经地义”的第二个意思相近。“天经地义”多用作形容词，一般都用来作“事”“事理”“道理”的定语，有时构成“的”字结构；“理所当然”的用法相当于形容词，形容事理非常正确，它的适用面比“天经地义”广得多。“天经地义”的第二个意思有“不容怀疑，无可辩驳”的意思，肯定，庄重，语意较重；“理所当然”有时只有“当然”“应当”之类的意思，只是一般的肯定，语意较轻。

天然 近自然 天生 反人造

【天然】tiānrán 自然存在的;非人工的。例:九寨沟的~景色让人流连忘返。
【自然】zìrán 原本就有的;天然的。例:~景观是人类的财富。
【天生】tiānshēng 自然生成的。例:~的溶洞里的景物奇妙极了。
【人造】rénzào 人工造的;非天然的。例:苏州园林中有些~景观的构思巧妙极了。

天渊之别 近截然不同 反大同小异

【天渊之别】tiānyuānzhībié 一个在天上,一个在深渊。形容极为悬殊的差别。例:这里的幽静同城市的喧嚣相比简直是~。
【截然不同】jiérán-bùtóng 完全不相同。例:他们两人的观点~。
【大同小异】dàtóng-xiǎoyì 大体相同而略有差异。例:这里的风俗同我们家乡~。

辨析

"天渊之别"和"截然不同"都有"差别极大,完全不同"的意思。"天渊之别"一般用作动词"有"的宾语;"截然不同"多用作谓语和定语。用作谓语的"截然不同"不能跟"天渊之别"互换,却可以跟"有天渊之别"互换;同样,作宾语用的"天渊之别"也不能换作"截然不同",只有连它前边的"有"一起,才能换作"截然不同"。

甜美 近甜蜜 甘美 反苦涩 辛酸

【甜美】tiánměi 甜而可口。例:这种鲜榨果汁色彩诱人、味道

～、营养丰富。

【甜蜜】tiánmì 形容感觉幸福、愉快。例：孩子们笑得多么～。

【甘美】gānměi 甜美。例：这里的山泉水特别～。

【苦涩】kǔsè 味道又苦又涩。形容内心痛苦。例：这种野果味道有点儿～。

【辛酸】xīnsuān 又辣又酸。形容痛苦悲伤。例：爷爷回忆了往日那段～的生活。

辨析

“甜美”“甜蜜”和“甘美”都是形容词，都有“甜”的意思。“甜美”除形容味道外，还可形容人的心情、音色；“甜蜜”侧重于幸福、愉快的感觉；“甘美”则主要指香甜的味道。

T

调整 同调节 调剂 近调理 反打乱

【调整】tiáozhěng 改变使适应客观环境或要求。例：我们班每个月～一次座位。

【调节】tiáojié 从数量上或程度上调整、控制，使适合要求。例：水能～动物的体温。

【调剂】tiáojì 把多和少、忙和闲等加以适当调整。例：适度的休息可以～精神。

【调理】tiáolǐ 调配；料理。例：你应该认真～孩子们的生活。

【打乱】dǎluàn 破坏常规；弄乱。例：他的来访～了我的计划。

辨析

“调整”“调节”和“调剂”都是动词，都有“使均匀、平衡”的意思。“调整”着重指重新整顿、整理，使混乱的变为不混乱的，不合理的变为合理的，不平衡的变为平衡的，对象常是经济、计划、政策、机构等；“调节”着重指节制，在一定数量或程度范围内调整，对象常是气候、温度、物价、机器等；“调剂”着重指适当的互相搭配，多用于数量或者程度上的调整，如多和少、大和小、好和坏、强和弱、忙和闲等。

挑拨 同挑唆 调唆 近离间 反调和 调解

【挑拨】tiǎobō 搬弄是非，引起纠纷。例：你不要～我们的关系。

【挑唆】tiǎosuō 调唆，背地使人闹纠纷。例：这两个孩子打架都是他～的。

【调唆】tiáosuō 引诱教唆。例：他受人～，正在跟妻子闹矛盾。

【离间】líjiàn 从中挑拨，使不团结、不和睦。例：～他人的关系是一种不道德的行为。

【调和】tiáohé 排解纠纷，使双方重归于好。例：亏得他从中～，我俩的矛盾才缓和下来。

【调解】tiáojiě 劝说双方消除纠纷。例：在王大妈的耐心～下，这两家常年不和的邻居终于言归于好。

辨析

“挑拨”“挑唆”“调唆”和“离间”都是动词，都有“搬弄是非，使双方产生矛盾”的意思。“挑拨”侧重于有意制造矛盾，使双方产生争执，被挑拨的可以是国家、集体，也可以是个人；“挑唆”和“调唆”除了搬弄是非，还有“唆使别人干坏事”的意思，对象主要是个人；“离间”侧重于搬弄是非，使双方不和，很少单用，常和“挑拨”连用。“挑唆”和“调唆”意义相同，经常可以互换，只是“调唆”的书面语色彩更浓一些。

眺望 同瞭望 远眺 远望

【眺望】tiàowàng 从高处往远处看。例：站在阳台上～，节日的夜景多么迷人。

【瞭望】liàowàng 登高远望。例：站在高处，极目～，远处水天相接，一片迷茫。

【远眺】yuǎntiào 向远处看。例：举目～，隐隐约约地望见古老的城楼和白塔。

【远望】yuǎnwàng 往远处看。例：他～着归来的渔船，仿佛看见父亲疲惫的身影。

辨析

“眺望”“瞭望”“远眺”和“远望”都是动词，都有“往远处看”的意思。“眺望”和“瞭望”都有“登高”的意思；“远眺”和“远望”侧重于望得远，并不一定要登高。“眺望”“远眺”“远望”观看的目的有随意性，对象往往是景色；“瞭望”则是仔细认真地观察，对象往往是敌营、阵地等。“眺望”“瞭望”口语、书面语都常用；“远眺”多用于书面语；“远望”多用于口语。

T

停顿 同停留 近停止 停滞 中止 反进展 发展 前进

【停顿】tíngdùn（事情）中止或暂停。例：他在这场马拉松比赛中表现顽强，自始至终没有～。

【停留】tíngliú 暂时停止前进。例：我们要一鼓作气爬上山顶，不要在中途～。

【停止】tíngzhǐ 不再进行。例：天已经很晚，商店都～营业了。

【停滞】tíngzhì 因受阻而不能顺利地运动或发展。例：这个厂的生产处于～状态。

【中止】zhōngzhǐ 中途停止。例：由于停电，电脑课被迫～。

【进展】jìnzhǎn 前进发展。例：新的工程～很快。

【发展】fāzhǎn 事物由小到大、由简到繁、由低级到高级不断变化。例：科学技术迅猛～，人类社会日新月异。

【前进】qiánjìn 向前推进。例：体育老师一声令下，同学们便向目的地～。

辨析

“停顿”“停留”“停止”“停滞”和“中止”都是动词，都有“不前进”的意思，与“进展”“发展”意思相反。但“停顿”一般指暂停，时间一般不长，常用于语言、思想和某些事物（如车船、工作、研究、经济等）；“停留”着重指暂时停止而不离开某地方，多指人的活动暂时不再继续进行，有时也指事物暂时不再变动；“停止”可指暂停或永远止住不动，使用范围很广，可用于人的言行和很多事物，可带宾语，“停留”“停顿”“停滞”等不能；“停滞”表示因受阻碍不能顺利发展，常说“停滞不前”，常用于某些抽象的、正在发展的事物（如思想、社会、政治、经济、生活、文化等），有时用于具体动作（指受阻碍暂时停止），有时用于流体物质，如“血流停滞”（指其不流通，这是“停滞”的本义）；“中止”着重指中途停止，间隔时间可长可短，可带宾语。

同日而语 同相提并论 近混为一谈

【同日而语】tóngrì'éryǔ 把两件事或两种情况放在同一时间里来谈论。例：老华侨一面走，一面在心中感叹这座城市与他当初离开时的面貌已经不可～了。

【相提并论】xiāngtí-bìnglùn 把不同的人或不同的事物混在一起谈论或看待。例：在作者笔下，宝钗和黛玉这两个姑娘，常常是被～，加以评比的。

【混为一谈】hùnwéiyītán 把不同的事物混在一起，说成是同样的事物。例：这是两个不同的概念，稍不留意就很容易～。

辨析

“同日而语”“混为一谈”和“相提并论”都有“把不同的两个人、两种事物不加区别地放在一起谈论”的意思。“同日而语”是“把不是‘同一日’的水平的两个人或两种事物放在一起谈论，不加区别”的意思，所指的两个人或两种事物不但有本质上的不同，还往往有时间上的差别，多用于否定。“混为一谈”和“相提并论”是指把根本不相同的两种事物或两个人放在一起议论，并不强调时间上的差别，也不限于在否定句里，这与“同日而语”不同。“混为一谈”多指不分好坏，不分是非；“相提并论”多指不分彼此，不分上下。

T

同一 近统一 反不同

【同一】tóngyī 共同一致。例：我们迈着～的步调走进会场。
【统一】tǒngyī 一致的；集中的。例：老师要求我们穿～的服装参加比赛。
【不同】bùtóng 不一样。例：他们两人的性格完全～。

辨析

“同一”和“统一”都有“一致”的意思，是一组同义词。但“统一”还有动词用法，表示把对立或分裂的变为一致或整体的；“同一”没有这层意思。

同意 同赞成 赞同 反反对 否决

【同意】tóngyì 对某种主张表示相同的意见；赞成；准许。例：我完全～你的意见。
【赞成】zànchéng 同意（别人的主张或行为）。例：我～你的主张。

【赞同】zàntóng 赞成；同意。例：他的行动得到大家一致～。
【反对】fǎnduì 不赞成；不同意。例：我们坚决～铺张浪费。
【否决】fǒujué 否定(议案、意见等)。例：大会～了这一议案。

辨析

“同意”“赞成”和“赞同”都是动词，都指对别人的行为或主张表示相同的意见。“同意”侧重意见相同而认可，意义不及“赞成”积极；“赞成”不仅意见相同，而且有积极支持、赞许的意思，语意比“同意”重；“赞同”表示“赞成”并“同意”。“同意”还有“准许”的意思，多用于对自己或别人的事，对下级的请求、意见等。此外，“同意”“赞成”使用范围都广，口语、书面语都常用；“赞同”多用作书面语。

痛苦 同难受 近痛楚 反愉快 幸福

【痛苦】tòngkǔ 身体或精神感到非常难受。例：这位老人给我们讲起了他～的遭遇。
【难受】nánshòu 身体不舒服；心里不痛快。例：听到这个不幸的消息，我心里很～。
【痛楚】tòngchǔ 悲痛；苦楚。例：听着她～的呻吟声，我躺在床上怎么也睡不着。
【愉快】yúkuài 快意；舒畅。例：校园里响起～的歌声。
【幸福】xìngfú (生活、境遇)称心如意。例：他的生活很～。

辨析

“痛苦”“难受”和“痛楚”都指身体或精神不舒服、不好受，一般可以互换。“痛苦”的使用范围较广，有名词用法，指难受的事情，如“把幸福建立在别人的痛苦上”；“难受”比“痛苦”和“痛楚”口语中运用多一些；“痛楚”强调由于病痛或打击而内心悲痛苦楚，语意比另外两个词重。

偷安 同偷生 苟安 苟活

【偷安】tōu'ān 只顾眼前的安逸。例:南宋王朝～于临安(今杭州),但最终还是灭亡了。

【偷生】tōushēng 苟且地活着。例:这名逃犯～于山林的日子结束了。

【苟安】gǒu'ān 只顾眼前,暂且偷安。例:南宋王朝只能～于一时。

T

【苟活】gǒuhuó 苟且生存。例:在这民族危亡之际,我们岂能～于一隅。

辨析

"偷安""偷生""苟安"和"苟活"都是动词,都有"得过且过地活下去"的意思,都是贬义词。"偷安"与"偷生"都能与"苟且"组成成语"苟且偷安""苟且偷生";"苟安"与"苟活"本身就包含这两个成语的意思。"偷安"侧重于贪图安逸,使用对象可以是人,也可以是某一政权;"偷生"侧重于贪图活下去,只限用于人;"苟安"侧重于"安",贪图安逸,适用对象是人或政权;"苟活"侧重于"活",只图活下去;适用对象仅仅是人。"偷安""偷生"侧重于躲起来以求得安逸、生存;"苟安""苟活"侧重于在困境中不图上进,只求得过且过地消极地活着,并且有"只顾目前享受而不顾将来"的意思。

头绪 近眉目

【头绪】tóuxù 复杂纷乱的事情的条理。例:这件事茫无～,我不知该如何下手。

【眉目】méimù 事情的头绪。例:这件事情总算有了些～。

辨析

“头绪”和“眉目”都是名词。“头绪”侧重指事情的条理、基本线索；“眉目”侧重指事情的轮廓、概貌。“头绪”还有“事项、项目”的意思，如“最近工作头绪太多”；“眉目”无此含意。“眉目”还有表示“文章的条理、纲目”的意思，如“这部小说虽然人物众多，情节复杂，但眉目很清楚”；“头绪”无此义项。

投入 近投资 反抽调

【投入】tóurù （把资金、人力等）投放进去。例：这个项目已～了大量的人力、物力。
【投资】tóuzī 投入资金。例：他准备～建一所乡镇图书馆。
【抽调】chōudiào 从中抽出一部分（人员、物资等）。例：我军从西线～了两个师，以加强东线的防御。

辨析

“投入”和“投资”都是动词，都有“放进去”的意思。但所涉及的对象不同：“投入”是一个多义词，除用于资金外，还可用于不同的情况和场合，如“把信投入邮筒”“投入战斗”“投入生产”“投入建设高潮”等；“投资”则专指投入资金，使用范围较窄。

突起 同崛起

【突起】tūqǐ 突然出现；高耸。例：泰山上奇峰～，风景秀丽。
【崛起】juéqǐ （山峰等）突起；兴起。例：在齐鲁大地上～一座青翠的山峰。

辨析

“突起”和“崛起”都有“兴起”的意思，是一组同义动词。“突起”侧重于“突”，有“突然”的意思；“崛起”没有“突然”的意思，可以和“逐渐”组合，如“我国网球事业逐渐崛起”。“突起”是中性词；“崛起”含有褒义。“突起”书面语、口语都可以用；“崛起”多用于书面语。“突起”还可以表示“生物体上长得像瘤子的东西”，是名词，此时与“崛起”不是同义词。

团结 同结合 反分裂

【团结】tuánjié 为了集中力量实现共同理想或完成共同任务而联合或者结合。例：班干部一定要注意～同学。

【结合】jiéhé 人或事物间发生密切联系。例：生产与劳动相～。

【分裂】fēnliè 整体的事物分开；使整体的事物分开。例：我们在显微镜下仔细观察细胞～。

辨析

“团结”和“结合”都是动词，都指互相联合起来，与“分裂”相对。“团结”指进步的、革命的群众或团体为了共同的目标而联合起来，是褒义词；“结合”指人或事物联系在一块儿，是中性词。“团结”有时可作形容词，意思是“和睦；友好相处”，如“很团结”；“结合”没有这个用法。

团聚 近团圆 反分离 离别

【团聚】tuánjù 相聚。例：分离了多年的老朋友又重新～了。

【团圆】tuányuán 家人离散后团聚。例：我们一家人终于～了。

【分离】fēnlí 别离；离散。例：经过多年～后，他们终于团聚了。

【离别】líbié 长时间地跟熟悉的人或地方分开。例：他们～了家乡，长年在外打工。

辨析

“团聚”和“团圆”都有“聚在一起”的意思。“团聚”指分别后再聚在一起，既可用于亲人，也可用于熟人；“团圆”指家庭成员分散各地，又聚在一起，只用于亲人。

推测 同推想 近猜想 猜度

【推测】tuīcè 根据已知的事想象未知的事。例：据长期积累的数据～，全球仍将持续变暖。

【推想】tuīxiǎng 推测。例：看他高兴的样子，我～他一定取得了好成绩。

【猜想】cāixiǎng 猜测。例：等了好久也不见他回来，我～他大概是路上堵车耽搁了时间。

【猜度】cāiduó 猜测揣度。例：他心里在～，这位老人家是谁？

辨析

“推测”“推想”“猜想”和“猜度”都是动词，都表示不能确知。“推测”侧重于根据客观事实或已有经验加以推论，从而捉摸未知事物的情况；“推想”则着重于根据少量或不明显的线索，借助人的主观想象，判断、估计未知事物；“猜想”偏重于“想”，强调人的主观因素；“猜度”则侧重于“度”，强调根据已有线索进行权衡、推敲，做出较理性的判断。

推辞 同推却 推托 近推卸 推脱 反接受

【推辞】tuīcí 表示拒绝（任命、邀请、馈赠等）。例：她婉言～了他的邀请。

【推却】tuīquè 推辞；拒绝。例：我出于感激，给他送了点礼物，他却再三～。

【推托】tuītuō 借故推辞。例：他～家里有事没有来参加聚会。

【推卸】tuīxiè 拒绝承担(某种责任或义务等)。例:任何情况下都不能～自己的责任。

【推脱】tuītuō 推卸。例:他一再狡辩,企图为自己～罪责。

【接受】jiēshòu 对事物容纳而不拒绝。例:他虚心～了老师的批评。

辨析

“推辞”“推却”“推托”“推卸”和“推脱”都是动词,都有“拒绝,不肯承担”的意思。“推辞”指用言语拒绝,对象是任命、邀请、馈赠等;“推却”侧重用言语或行动拒绝,对象是别人让自己做的事;“推托”专指借故拒绝,即婉言表示不接受,后面常常带上托词或拒绝的原因;“推卸”着重指不肯承担,对象是应该承担的责任、义务等;“推脱”着重指摆脱、开脱,对象是与己有关的事情,多为责任、错误。

T

推动 同推进 反阻挠 阻止

【推动】tuīdòng 用力使事物移动或使工作展开。例:流水～轮子转起来。

【推进】tuījìn 推动使前进。例:要进一步～国有大中型企业改革。

【阻挠】zǔnáo 阻止或暗中破坏,使不能顺利进行。例:保守派极力～进一步的改良。

【阻止】zǔzhǐ 使停止运动;使不能前进。例:别～他,让他去吧。

辨析

“推动”和“推进”都是动词,都指用力使事物移动或发展。“推动”的本义是“推之使动”,使事物从静止的状态开始运动,引申开来,也可以指使事情有发展或有进步;“推进”指用力使行进中的事物加速前进。“推动”后面可带宾语,如“工作”;“推进”常带补语,如“一步”“到一个新阶段”。

推翻 近颠覆 反建立

【推翻】tuīfān 指用武力打垮旧政权。例:～了反动统治,被压迫的人民获得了自由。

【颠覆】diānfù 采取阴谋手段从内部推翻合法政权。例:他们妄图～人民政权的阴谋没有得逞。

【建立】jiànlì 开始成立;开始产生;开始形成。例:中国共产党领导全国人民～了一个崭新的社会主义国家。

辨析

“推翻”和“颠覆”都是动词。“推翻”本指推倒,引申指用各种手段去打倒某个阶级或政权,是中性词,“推翻”的使用范围比“颠覆”广,它还可以指取消某个原则、协定、结论、定律、言论等;“颠覆”原指倾覆、翻倒,引申指采取各种阴谋手段推翻某个合法政权,是贬义词。

推敲 同斟酌

【推敲】tuīqiāo 指反复琢磨,斟酌字句。例:这篇作文中的许多字句还需要～。

【斟酌】zhēnzhuó 考虑事情或文字等是否可行或是否适当。例:这段文字,我总觉得有点儿别扭,你再～～吧。

辨析

“推敲”和“斟酌”都有“反复考虑字句是否得当”的意思,是一组同义词。在表示选择字词方面可以互换,如“这篇文章在遣词造句方面,有几处还值得推敲(或斟酌)”。“斟酌”不仅用于推敲语言文字得当与否,还可以用于考虑事情的得失利弊;“推敲”有“字斟句酌”的意思,语意要比“斟酌”重。

推行 同推广 反禁止 取缔

【推行】tuīxíng 普遍实行。例：只有积极～岗位责任制，才能真正做到责任到人。

【推广】tuīguǎng 扩大事物使用的范围或起作用的范围。例：这种纸原料来源少，成本高，不易～。

【禁止】jìnzhǐ 不许可。例：为了最大限度地减少交通事故，我们每一位公民都应该遵守交通规则，尤其要严格～骑车带人的违章行为。

【取缔】qǔdì 明令取消或禁止（非法、不合理事物）。例：政府明令～那些非法发售彩票以牟取暴利的机构。

辨析

“推行”和“推广”都是动词，都指使事物遍及各地，与“禁止”“取缔”意思相对。“推行”的对象多为路线、方针、政策、方案等；“推广”的对象多为经验、做法、成果等。“推行”可用于好的方面，也可用于不好的方面；“推广”多用于好的方面。

颓唐 同颓废 颓丧 反振作

【颓唐】tuítáng 精神萎靡。例：他一辈子做了许多大事，没想到老年竟如此～。

【颓废】tuífèi 精神萎靡不振，意志消沉。例：不要遭受一点儿挫折就精神～。

【颓丧】tuísàng 情绪低落，消沉沮丧。例：看着他那副～的样子，肯定是挨批评了。

【振作】zhènzuò 情绪高涨，精神振奋。例：越是遇到困难越是要精神～。

辨析

“颓唐”“颓废”和“颓丧”都表示精神萎靡不振，都是贬义词。“颓唐”在表情上、态度上、行动上明显地表露出没有好情绪、不振作的样子；“颓废”表示意志消沉，长时间消极、放任；“颓丧”表示丧气，情绪低落。在使用范围上，“颓唐”主要指人的精神；“颓废”“颓丧”除了指人的思想、意志、情绪低落，还可以用于描写诗文的情调，如“小说情调颓丧”。

退步 近后退 反进步

【退步】tuìbù 向后倒退，比原来差。例：他的成绩～了。
【后退】hòutuì 向后移动；退回(后面的地方或以往的发展阶段)。例：汽车迎面而来，他忙～了几步。
【进步】jìnbù ①(在原有基础上)发展；提高。②适应历史潮流，促进社会发展的。例：①经过一个多月的努力，他的学习～了。②这些符合时代潮流的～思想应该广泛宣传。

脱离 同离开 近脱节 反加入

【脱离】tuōlí 离开(某种环境或情况)；断绝(某种关系)。例：～群众的干部不是称职的干部。
【离开】líkāi 跟人、物或地方分开。例：他～北京去了上海。
【脱节】tuōjié 原来连接着的物体分开；借指事物不相衔接或失去联系。例：理论与实践不能～。
【加入】jiārù 参加进入。例：他～了中国共产主义青年团。

辨析

“脱离”“离开”和“脱节”都是动词，都指互相分开。“脱离”指从有关系、有联系的变成没关系、没联系的，是中性词，可以用于正当行为，也可用于不正当行为；“离开”除指与人或物断绝关系外，还指与人、物、地方分开，还可能再回来；“脱节”指本来联系在一起的事物，现在分开了，有“赶不上、联系不紧”的意思。“脱离”“离开”可带宾语；“脱节”不带宾语。

妥协 近让步 退让 反对抗

【妥协】tuǒxié 为避免冲突或争执而适当让步。例：这是原则问题，我们不能～。

【让步】ràngbù 在争执中全部或部分地向对方妥协。例：双方都不肯～，谈判陷入僵局。

【退让】tuìràng ①后退让路。②妥协；让步。例：①大家～一下，不要挡路。②在大是大非问题上，我们决不能～。

【对抗】duìkàng 对立起来相持不下；抵抗；抗拒。例：下周，我们将和他们进行乒乓球～赛。

T

W

挖苦 近奚落 反奉承

【挖苦】wāku 用尖刻的话讥笑别人。例：我不是～你，如果不服输，你可以再同他赛一次。

【奚落】xīluò 用尖刻的话数说别人的短处，使人难堪。例：你怎么能这样～别人？

【奉承】fèngcheng 用好听的话恭维人，向人讨好。例：有人就喜欢别人～自己。

辨析

“挖苦”和“奚落”都有“用尖刻的话讥笑别人”的意思。“挖苦”指说话尖刻，使人难受，含有故意使人难堪丢脸的意味，语意较重；“奚落”指用含蓄、诙谐的方式来笑话别人的短处，使人难堪，语意稍轻。

瓦解 近崩溃 反聚合

【瓦解】wǎjiě 像瓦器一样碎裂。比喻崩溃或分裂。例：我军将计就计，来了个里应外合，守城的敌人很快被～了。

【崩溃】bēngkuì 完全破坏；垮台。例：连日暴雨，河上堤坝有～的危险。

【聚合】jùhé 聚集在一起。例：五位红军战士最后在山崖后的一块大石头下～了。

辨析

“瓦解”和“崩溃”都是动词，都指垮台。“瓦解”着重指分离、溃散，可以带宾语，还能构成成语“土崩瓦解”；“崩溃”着重指倒塌、毁坏，比“瓦解”猛烈，不能带宾语。“瓦解”多就国家政权或敌军而言；“崩溃”多就国家政治、经济、军事等而言。

外表 近 外貌 表面 外观 反 内部 内心

W

【外表】wàibiǎo 表面；人的仪表。例：这款手机不但～美观，而且功能齐全。

【外貌】wàimào 事物的外表；人的相貌。例：这几年，城市～变化很大。

【表面】biǎomiàn 物体最外面的一层；事物的外在现象。例：地球～大部分被水覆盖。

【外观】wàiguān 物体从外面看到的样子。例：悉尼歌剧院的～像一艘正在启航的大帆船。

【内部】nèibù 一定范围之内。例：这座寺庙～结构很复杂。

【内心】nèixīn 心里头。例：我们通过人物的语言、动作、神态等，能了解人物的～。

外强中干 同 色厉内荏 反 外柔内刚

【外强中干】wàiqiáng-zhōnggān 外表看似乎很强大，实际上很空虚。例：我们的对手～，没有必要惧怕。

【色厉内荏】sèlì-nèirěn 形容外表强硬而内心怯弱。例：他真是一个～的蠢货！

【外柔内刚】wàiróu-nèigāng 外表柔弱，实质上刚强。例：别小瞧她，她是位～的女性。

辨析

“外强中干”和“色厉内荏”这两个成语都有“外表上很强大、凶猛，实质上很软弱、空虚”的意思。在语体风格上，“色厉内荏”多用于书面语；“外强中干”则书面语、口语中都可用。“色厉内荏”侧重于形容表里不一；“外强中干”侧重于形容某种力量或人物的实质。

完好 同完整 近完美 反残破

【完好】wánhǎo 没有损坏，没有残缺；完整。例：经过修补，破裂的花瓶～如初。

【完整】wánzhěng 应有的部分都具有；没有损坏或残缺。例：我终于把这首古诗～地背诵下来了。

【完美】wánměi 完备而美好。例：这位女杂技演员的精湛技艺，已达到十分～的程度。

【残破】cánpò 残缺破损。例：这本～的古书有很高的研究价值。

辨析

“完好”“完整”和“完美”都是形容词，都有“完全”的意思。“完好”侧重于“好”，强调齐全而不残缺；“完整”侧重于“整”，强调应有的都有，整体不残缺；“完美”侧重于“美”，强调完备，合乎理想，多用于技巧、艺术、设计及对人的评价等。

完善 同圆满 完满

【完善】wánshàn 完备美好。例：这里的管理制度非常～。

【圆满】yuánmǎn 没有欠缺、漏洞，使人满意。例：两国会谈～结束。

【完满】wánmǎn 没有欠缺；圆满。例：问题已经～解决了。

辨析

“完善”“圆满”和“完满”都是形容词，都指齐全不缺。“完善”是既齐备又良好，多形容组织、结构或对事情的处理；“圆满”指没有欠缺、完备周全，多形容会谈、会议进行顺利或问题的答复、陈述的理由使人满意；“完满”多指问题解决得完好，没有缺欠，使人满意。

顽固 同固执 反开明 开通

【顽固】wángù 思想保守，不愿意接受新鲜事物。例：有些人就是思想～，不愿接受新鲜事物。

【固执】gùzhi 坚持己见，不肯改变。例：这人很～。

【开明】kāimíng 思想开通进步，不顽固保守。例：我爷爷思想～，很乐意接受新鲜事物。

【开通】kāitong（思想）不守旧，不拘谨固执。例：别看他年龄大，思想可～了。

辨析

“顽固”和“固执”都有坚持不变的意思。“顽固”是保守落后，执迷不悟或死硬到底的意思，是贬义词；“固执”一般表示坚持自己的想法、做法，不肯接受别人的意见和劝告，含贬义，但语气不如“顽固”重。

挽救 同拯救 挽回

【挽救】wǎnjiù 从危险中救回来。例：医生～了病人的生命。

【拯救】zhěngjiù 救助。例：让我们一起努力，来～那些濒危动物。

【挽回】wǎnhuí 扭转不利局面；收回已失去的东西。例：他正设法~败局。

辨析

“挽救”和“拯救”都是动词，都有“援助人或物，使之免于灾难或危险”的意思。“挽救”着重在“挽”，表示从危险中抢救出来的意思，是中性词；“拯救”着重在“拯”，就是救助的意思，是褒义词，多用于好的方面。“挽救”和“挽回”都指设法使坏的局势恢复正常。“挽救”指对生命或险情设法抢救，使之恢复常态，转危为安，对象是危急的，时间是短促的，措施是异常的。“挽救”的对象可以是具体事物，也可以是抽象事物，如“挽救生命”“挽救民族命运”；“挽回”指对危急的局势、严重的损失设法补救，避免危机的加深、扩大，多用于抽象的事物，如“挽回局面”“挽回危机”等。

万籁俱寂 近 鸦雀无声

【万籁俱寂】wànlài-jùjì 各种声音都静下来了。形容环境寂静。例：冬日，在北方从深夜到清晨这段时间，真正是~，寒冷异常。

【鸦雀无声】yāquè-wúshēng 形容非常静。例：人们一下子变得~，再没有一个说笑的。

辨析

“万籁俱寂”和“鸦雀无声”这两个成语都形容“非常静”，有时可以相通。“鸦雀无声”有两个意思：一是表示非常静，多形容人们的安静，或人群聚集、活动场所的安静；二是“默不作声，一声不响”的意思。前一意义与“万籁俱寂”相近，后一意义则是“万籁俱寂”所没有的。“万籁俱寂”一般用来形容自然环境；“鸦雀无声”一般用来形容公共场所或人群。“万籁俱寂”一般指清静、静寂；“鸦雀无声”一般指安静。

妄自菲薄 近自暴自弃 反妄自尊大 自高自大

【妄自菲薄】wàngzì-fěibó 过分地看轻自己。例：妄自尊大是错误的，同样，～也是要不得的。

【自暴自弃】zìbào-zìqì 自己损害自己，自己鄙弃自己。形容自甘废弃或堕落，不求上进。例：我们要勤勉上进，不能一遇困难就悲观失望，～。

W

【妄自尊大】wàngzì-zūndà 狂妄地自高自大。例：～、谁也瞧不起的人，很难交到真正的朋友。

【自高自大】zìgāo-zìdà 自以为了不起，看不起别人。例：他改掉了自私自利、～的毛病，学会了尊重他人，宽厚地对待别人。

辨析

"妄自菲薄"和"自暴自弃"这两个成语都跟"妄自尊大""自高自大"相对，都有过分轻视自己的意思，都适用于人。"妄自尊大""妄自菲薄"多指心理状态、精神面貌；"自暴自弃"兼指行动表现。"妄自菲薄"语意较轻；"自暴自弃"语意较重。

忘怀 同忘记 忘却 反纪念 记住

【忘怀】wànghuái 忘记。例：那次旅游遇到的动人场面使人不能～。

【忘记】wàngjì 不记得；没有记住。例：我～带笔记本了。

【忘却】wàngquè 忘掉。例：我们不会～，今天的幸福生活是先烈们用生命和鲜血换来的。

【纪念】jìniàn 用一定的方式对人或事表示怀念。例：我们要用实际行动来～先烈。

【记住】jìzhù 牢牢地记着。例：我们一定要～这个伟大的日子。

辨析

“忘怀”“忘记”和“忘却”都是动词，都有“不记得”的意思。“忘怀”的对象只能是以往的值得怀念的人或事，与“纪念”相对，常说“不能忘怀”“难以忘怀”，多半不带宾语，常用于书面语；“忘记”的对象不限于以往的，还可以是将要做的事情或某种道理，带宾语和不带宾语的用法都常见，口语中也常用，与“记住”相对；“忘却”的语意比“忘记”重，常用于书面语。

微不足道 同微乎其微 反硕大无朋

【微不足道】wēibùzúdào 非常渺小，不值得一谈。例：这点小事，～。

【微乎其微】wēihūqíwēi 形容非常少或非常小。例：这些错漏对于整部书稿来说虽说是～，却逃不过编辑的眼睛。

【硕大无朋】shuòdà-wúpéng 形容非常大，无与伦比。例：这具恐龙化石是至今所发现的最大的化石，超出一般恐龙化石的三倍，真可谓是～。

辨析

“微不足道”和“微乎其微”都有“极其微小”的意思，一般可以通用。“微乎其微”的“微”总是就具体数量而言的；“微不足道”的“微”，可以指具体数量，也可以指不具体的数量。“微不足道”有“不值得一谈”的意思；“微乎其微”没有这种意思（即使有，也是不强调的）。“微不足道”前边能加“多么”等词；“微乎其微”不能。

为所欲为 近随心所欲 反规行矩步

【为所欲为】wéisuǒyùwéi 原指做自己想做的事。现指任意妄为，想干什么就干什么。例：这伙人～，干尽坏事。

【随心所欲】suíxīnsuǒyù 随着自己的心意，想怎样就怎样。例：凡事都有个规则，你不能～地蛮干。

【规行矩步】guīxíng-jǔbù 按规矩走路。比喻言谈举止合乎规矩，不随意；也比喻僵化死板，不知变通。例：他这人一向小心谨慎，～。

辨析

“为所欲为”和“随心所欲”都有“想怎样就怎样”的意思。“为所欲为”以第一个“为”为骨干，所以“为所欲为”的动作性比“随心所欲”强。“为所欲为”是想干什么就干什么，清楚表明“干”；“随心所欲”是想怎样就怎样，并不一定指“干”。“为所欲为”多作贬义用；“随心所欲”是中性的。

违背 同违反 违抗 近违犯 反听从

【违背】wéibèi 背离；不遵守；不实行。例：我们坚决不能～这个基本的原则。

【违反】wéifǎn 不遵守；与原则、规章、制度等相对立。例：这起事故是有关人员～操作规程造成的。

【违抗】wéikàng 违背抗拒。例：谁也不能～上级命令。

【违犯】wéifàn 违背和触犯。例：他～军纪，受到了处罚。

【听从】tīngcóng 依照别人的命令或意思去行动。例：达芬奇～老师的话，用心画鸡蛋。

辨析

“违背”“违反”“违抗”和“违犯”都是动词，都指不遵从。“违背”强调背离，不符合；“违反”强调相对立、不遵守，语意比“违背”重，涉及的对象是方针、原则、政策、精神、规章制度等；“违犯”强调违反并触犯，语意比“违背”“违反”重，涉及的对象是党纪国法等；“违抗”强调违反并抗拒，是有意识的行动，语意最重，涉及的对象是命令、指示、意志等。

委屈 近冤枉 冤屈

【委屈】wěiqu ①受到不应有的指责或待遇,心里难过。②使人委屈。③指委屈的心情。例:①老师不知实情批评了她,她觉得很~。②他宁可~自己,也不愿看到朋友伤心的样子。③我有一肚子的~要向你倾诉。

【冤枉】yuānwang ①受到的待遇不公正,被加上的罪名不成立。②使无罪者有罪。③不值得;吃亏。④被加上的不应有的罪名或过错。例:①他被取消了参赛资格,真是~。②你说话要有证据,别~好人。③这里的快餐色、香、味俱佳,顾客花钱不会觉得~。④在这件事情上,她受了一辈子~。

【冤屈】yuānqū ①使无罪者承担罪名,使无过错者承担过错责任。②不公平的待遇,不应受的损害。例:①那场浩劫~了许多好人。②你可以把你受到的~全部告诉我。

辨析

"委屈""冤枉"和"冤屈"都有"受到不应有的对待"的意思。"委屈"指受到不应有的指责和不公平的待遇心里难过,也指使人受委屈,但没有"不值得""吃亏"的含义;"冤枉""冤屈"则指没有事实根据被人加上罪名,也指受到不公平的待遇。"冤枉"还有"不值得""吃亏"的含义,如"跑了一上午的冤枉路"。此外,"冤枉""冤屈"所表达的语意比"委屈"重。"冤枉"可直接同某些名词结合,构成"冤枉钱""冤枉路""冤枉气"等词;其他两个词没有这种构词能力。

委托 同托付 反承办

【委托】wěituō 请别人或别的机构代办。例:这件事就~你了。

【托付】tuōfù 委托别人照料或办理。例：孩子就～给你了。

【承办】chéngbàn 接受办理。例：这家大公司～了这宗出口贸易。

辨析

“委托”和“托付”都是动词，都有“托别人办理”的意思。二者都与“承办”意思相对。“委托”请别人代办，有尊重和郑重的态度色彩，常用于正式场合；“托付”指把人或要办的事交给对方照料或办理，有信任和郑重的态度色彩，可用于不同场合。

W

未必 近似乎 也许 反必定 肯定

【未必】wèibì 不一定；不见得。例：我想自己将来～能到非洲或南北极去，只好在影片上得到一点儿见识了。

【似乎】sìhū 仿佛；好像。例：我～在哪儿见过他，这么面熟。

【也许】yěxǔ 表示不很肯定。例：你再仔细找一找，～能找到。

【必定】bìdìng 必然；一定会。例：只要努力去做，你～会取得好成绩的。

【肯定】kěndìng 一定；必定。例：你去找一下张老师，他～会帮你的。

辨析

“未必”“似乎”和“也许”都有“不肯定”的意思。“未必”用在动词、形容词前面，表示对动作、行为或事理委婉地否定；“似乎”还可以用在动词前面，对某一行为、状况或事情加以想象和夸张，如“她直盯着我，似乎看透了我的内心”；“也许”用在动词前，表示一种不肯定的主观认为。它们共同与表示肯定判断的“必定”“肯定”构成反义关系。

温柔 同温顺 温和 温存 反粗暴

【温柔】wēnróu 温和柔顺。例：她是个～的女孩。

【温顺】wēnshùn 温和顺从。例：小妹～地跟在母亲后边。

【温和】wēnhé （性情、态度、言语等）不严厉、不粗暴，使人感到亲切。例：母亲用～的口气告诉弟弟以后要听话，不要惹老师生气。

【温存】wēncún 温柔体贴。例：“别着急，慢慢来。”刘阿姨用～的口气说。

【粗暴】cūbào 鲁莽暴躁。例：你用那么～的态度教育孩子，考虑过后果吗？

辨析

“温柔”“温顺”“温和”和“温存”都是形容词，都有“不严厉、粗暴”的意思。“温柔”着重指柔和，不强硬，多形容女性；“温顺”着重指顺从，可用于人，也可用于动物；“温和”着重指和气、平和；“温存”着重指体贴，多用于对异性。它们都可以同“粗暴”构成反义关系。

稳定 同稳固 固定 反动摇 动荡

【稳定】wěndìng 平稳安定，没有变动。例：这几天，长江水位很～。

【稳固】wěngù 安稳而牢固。例：我们现在要努力学习文化知识，为将来发展打下～的基础。

【固定】gùdìng 不变动或不移动的。例：他没有～职业。

【动摇】dòngyáo 不稳固；不坚定。例：我们必须坚持走社会主义的道路，绝不～。

【动荡】dòngdàng 不稳定；不平静。例：这个国家局势～不安，居民纷纷外逃躲避战乱。

辨析

“稳定”“稳固”和“固定”都是形容词，都有“稳当、不动摇”的意思。“稳定”指局势、市场、物价、立场、情绪等的安定；“稳固”指事物基础牢固；“固定”指位置、工作、收入等的稳定。“稳固”“稳定”有时虽可通用，但着眼点不同：“稳固”从基础上着眼，“稳定”从变化的情况着眼。

稳如泰山 近安如磐石 反岌岌可危 摇摇欲坠

【稳如泰山】wěnrútàishān 像泰山一样稳固。形容情势或地位十分稳固。例：加固后的大坝～，经受住了洪峰的考验。

【安如磐石】ānrúpánshí 像磐石一样安稳。形容政权、地位等安全、稳固。例：那～的堤坝挡住了来势汹汹的洪水。

【岌岌可危】jíjí-kěwēi 形容非常危险。例：在大地震中，大片的楼房坍塌，情势～。

【摇摇欲坠】yáoyáo-yùzhuì 形容情势危急或地位不稳。例：这座木桥年久失修，～。

乌黑 近漆黑 反雪白 洁白

【乌黑】wūhēi 深黑。例：一身～的羽毛，光滑漂亮，一对俊俏轻快的翅膀，加一个剪刀似的尾巴，凑成了那样活泼可爱的小燕子。

【漆黑】qīhēi 像漆一样黑。形容非常黑或很暗。例：洞里一片～，伸手不见五指。

【雪白】xuěbái 像雪一样白。例：～的棉花堆成山。

【洁白】jiébái 纯白，没有杂色。例：丑小鸭望着～美丽的天鹅，又惊奇又羡慕。

辨析

“乌黑”和“漆黑”都是形容词，都形容黑的程度。“乌黑”指黑得深而重，可用于毛发、手、脸、皮肤等；“漆黑”强调黑的程度很深，还可用于形容抽象事物。二者都与“雪白”“洁白”构成反义关系。

诬蔑 同污蔑 反歌颂

【诬蔑】wūmiè 捏造事实毁坏别人的名誉。例：为了自身利益，她造谣～竞争对手。

【污蔑】wūmiè 诬蔑；玷污。例：他的话完全是造谣～。

【歌颂】gēsòng 用诗歌颂扬；泛指用语言文字等赞美。例：我们要大力～好人好事，以树立良好的社会风气。

辨析

“诬蔑”和“污蔑”都是动词，都指毁坏他人的名誉，都与“歌颂”意思相对。“诬蔑”指无中生有地硬说别人做了坏事；“污蔑”指用污辱性的话来毁坏、玷污他人的名誉。

诬陷 同诬枉 诬赖

【诬陷】wūxiàn 诬告陷害。例：你们不要～好人。

【诬枉】wūwǎng 诬蔑冤枉。例：大家不要相信他这些～别人的言论。

【诬赖】wūlài 毫无根据地说别人做了坏事或说了坏话。例：你这纯粹是～好人。

辨析

“诬陷”“诬枉”和“诬赖”都是动词，都有“捏造事实冤枉别人”的意思。“诬陷”是用无根据的事情来陷害别人，语意最重；“诬赖”是硬说别人有过错，竭力开脱自己；“诬枉”侧重于“冤枉”，多用于书面语。

无懈可击 近无隙可乘 反破绽百出 漏洞百出

【无懈可击】wúxiè-kějī 没有破绽或漏洞可以被攻击或挑剔。形容十分严密周全。例：这篇论文论证有力，逻辑严密，～。

W

【无隙可乘】wúxì-kěchéng 没有空子可钻。形容十分周密。例：法律健全了，～，不法分子偷税漏税的案件就会大大减少。

【破绽百出】pòzhàn-bǎichū 比喻说话、做事不周密，漏洞很多。例：他的话～，一定是在骗人。

【漏洞百出】lòudòng-bǎichū 比喻说话或做事等不严密的地方很多。例：这篇论文不能自圆其说，～。

辨析

“无懈可击”和“无隙可乘”都有“没有机会可让人利用”的意思。“无懈可击”的“懈”可指漏洞、破绽、弱点、毛病、机会等，范围较广；“无隙可乘”的“隙”仅指空子、机会，范围较窄。另外，“无懈可击”形容推理严密、毫无破绽时不能换用“无隙可乘”。“无懈可击”还有“客观事物本身很完美，没有可以让人攻击的地方”的意思；“无隙可乘”不能表示这个意思。

无心 同无意 反存心 故意

【无心】wúxīn 不是故意的。例：不要生气，他说这话是～的。

【无意】wúyì 不是故意的。例：他酒后失言，～透露了一个秘密。

【存心】cúnxīn 成心；故意。例：对不起，我不是～要骗你。

【故意】gùyì 有意识地（那样做）。例：他～把水喷到我身上。

辨析

“无心”和“无意”都表示不是故意的，与“存心”“故意”相对。“无心”还有“没有心思”的意思，如“无心看电影”；“无意”还表示没有做某事的愿望，如“无意写作”。

五体投地 同心悦诚服

【五体投地】wǔtǐ-tóudì 两手、两膝和头一起着地，是佛教表示恭敬的最高礼节。比喻敬佩到了极点。例：小王听他说完，佩服得～，大声欢呼：“妙，妙，真是妙极了啊！”

【心悦诚服】xīnyuè-chéngfú 诚心诚意地服从或佩服。例：他～地满口赞成我的意见。

辨析

“五体投地”和“心悦诚服”这两个成语都可以形容佩服。“心悦诚服”有“乐意”的意思；“五体投地”没有“乐意”的意思。两者都形容佩服，但“心悦诚服”偏重心理活动，强调真心诚意，不虚假；“五体投地”强调动作上的虔诚，比喻佩服之极。“五体投地”有时还有诙谐和讽刺的用法；“心悦诚服”一般不这么用。

侮辱 同污辱 近玷污 反尊敬

【侮辱】wǔrǔ 使对方人格或名誉受到损害，蒙受耻辱。例：不许你这样～人。

【污辱】wūrǔ 侮辱；玷污。例：你这样做，是在～我的人格。

【玷污】diànwū 使蒙受耻辱。例：你不能～他人的名誉。

【尊敬】zūnjìng 重视而且恭敬地对待。例：同学们都十分～刘老师。

辨析

“侮辱”“污辱”和“玷污”都有“用言行使人受到耻辱，损害他人名誉和人格”的意思。这三个词都与“尊敬”的意思相对。“侮辱”着重指用欺侮、轻慢的言行使人受耻辱、损害，一般是当面的；“玷污”着重指用不干净的语言或行为使他人或集体的名声、荣誉、形象等受到损害；“污辱”兼有“侮辱”和“玷污”的意思，着重指玷污，可能是当面的，也可能是背地的。

物质 近物资 反精神

【物质】wùzhì 资源、财物或生活资料等。例：我不是那种计较～待遇的人。

【物资】wùzī 生产上和生活上所需要的物质资料。例：改革开放以来，市场繁荣，～充裕，人民生活稳定。

【精神】jīngshén 指人的意识、思维活动和一般心理状态。例：我们应该学习运动员那种勇于拼搏的～。

辨析

“物质”和“物资”都是名词，都指生产或生活所需要的物品。“物质”意义范围大，可表示独立于意识之外的一切客观存在，也可指生活、生产所必需的金钱和物品，可以构成四字短语，如“物质损耗”“物质世界”“物质生活”“物质奖励”“物质文明”“物质利益”等；“物资”意义范围较窄，只指生产生活上所需要的物质资料，即作为人们财富的那部分物质，不包括金钱在内，只表示集合数量，可以构成四字短语，如“出口物资”“基建物资”“清仓物资”“物资交流”等。

误解 同误会 近曲解 反理解

【误解】wùjiě 理解得不正确。例：你们都～了我的意思。

【误会】wùhuì 错误地领会了对方的意思。例：他～了大家的好意。

【曲解】qūjiě 错误地解释客观事实或别人的原意。例：你若这样想就完全～了我的意思。

【理解】lǐjiě 懂得；了解。例：你的意思我完全～。

辨析

“误解”“误会”和“曲解”都是动词，都有“错误理解”的意思。“误解”侧重于理解，是对别人的意思作错误的理解；“误会”侧重于领会，是把别人的意思领会错了，有时可用于双方，而“误解”不能同时用于双方。“误解”是无意的结果，而“曲解”多是存心、故意的，都与“理解”在意义上相对。另外，“误解”和“误会”可作为名词；“曲解”没有名词用法。

X

吸收 同吸取 近汲取 反排泄

【吸收】xīshōu 吸取接纳；生物体把组织外部的物质吸到组织内部。例：植物主要从泥土中～水分。

【吸取】xīqǔ 吸收采用。例：树木用根～水分和养分。

【汲取】jíqǔ 从源泉中吸取有益的东西。例：植物只有不断地～营养才能生长得繁茂。

【排泄】páixiè 生物把体内的废物排出体外。例：狗用舌头来～汗液。

辨析

“吸收”“吸取”和“汲取”都是动词，都指从外边取进有用的东西，都是动词。“吸收”的使用范围较广，它的对象可以是抽象事物，也可以是具体的人或事物；“吸取”的“吸”有“引其入内”的意思，也可以指吮吸，对象多半是抽象事物，如经验、教训、精神、力量、意见等，“人”不能作“吸取”的对象；“汲取”的“汲”本指“汲水于井”，井是水的源泉，由此引申，凡从“源泉”中吸取有益的东西，都可用“汲取”。

习惯 近习性 习气

【习惯】xíguàn 长时期逐渐养成的，一时不容易改变的行为、倾向或社会风尚。例：他渐渐地养成了刻苦钻研的～。

【习性】xíxìng 长期在某种自然条件或社会环境下所养成的特性。例:兴趣小组认真研究了蝉的～。

【习气】xíqì 逐渐形成的坏习惯或坏作风。例:他沾染了一些不良～。

辨析

“习惯”“习性”和“习气”都指在长期生活中逐渐养成的行为、特点。“习惯”指不易更改的行为、倾向或风尚,是中性词;“习气”专指坏行为、坏作风,是贬义词;“习性”强调长期养成的特性,也属中性词。

喜悦 同喜欢 反忧愁

【喜悦】xǐyuè 喜欢,高兴。例:他怀着～的心情回到了阔别十多年的故乡。

【喜欢】xǐhuan 高兴。例:抱着新买的玩具,小明特别～。

【忧愁】yōuchóu 遇到困难或不如意的事而感到苦闷。例:长期～对身体健康十分不利。

辨析

“喜悦”“喜欢”都可作形容词,共同语素是“喜”,因而都有“愉快、高兴”的意思。词义侧重点不同:“喜悦”着重在“悦”,表示愉快、高兴;“喜欢”着重在“欢”,除了表示愉快、高兴外,还有“对人或事物有好感或感到有兴趣”的意思。“喜悦”的对象一般是抽象的东西,如心情、神情等;而“喜欢”的对象一般都是具体的人或事物。

细腻 同细密 近细致 反粗糙

【细腻】xìnì 质地精细光滑;做工细致。例:这件瓷制的工艺品做工非常～。

【细密】xìmì 精细紧密。例：这种布质地非常～。
【细致】xìzhì 细密精致。例：只有手工缝制，才能做出这么～的花纹来。
【粗糙】cūcāo 质料不精细，不光滑；（工作）不细致。例：这批服装做工很～，没有上一批质量好。

X

辨析

“细腻”“细密”和“细致”都是形容词，都形容“细”，与“粗”相对。“细腻”常用来形容事物光滑细致，也用来形容文艺作品的描写细致；“细密”多用来形容人对问题的思考、处理和对事物的观察仔细周密；“细致”常用来形容做事或考虑问题认真、仔细的态度，也可形容东西制作得很精巧。

细小 同微小 近细微 纤小 反粗大

【细小】xìxiǎo 很小。例：谁也没有注意到这个～的变化。
【微小】wēixiǎo 极小。例：细菌是～的生物。
【细微】xìwēi 细小，微小。例：这两个花瓶只有一些～的差别。
【纤小】xiānxiǎo 细小。例：在高倍显微镜下可以清楚地观察到～的微生物活动的情况。
【粗大】cūdà （人体、物体）粗。例：雄伟的大殿门外有十三根～的柱子。

辨析

“细微”“细小”“微小”和“纤小”都是形容词，都有“极小”的意思。“细微”强调小到几乎可以忽略不计，要留意才能发现；“细小”多用于事；“微小”则多用于物。“纤小”则强调又小又细。

鲜艳 近艳丽 反暗淡 淡雅

【鲜艳】xiānyàn 鲜明艳丽。例：五星红旗～夺目。
【艳丽】yànlì 鲜艳而美丽。例：满山的映山红开得十分～。
【暗淡】àndàn（色彩）不鲜艳；（光线）昏暗。例：这幅旧画的色彩显得～。
【淡雅】dànyǎ（颜色）素净雅致。例：这块花布花色～。

闲暇 同闲空 近空闲 空暇

【闲暇】xiánxiá 闲空。例：一有～，爷爷就去钓鱼。
【闲空】xiánkòng 没有事的时候。例：妈妈整天忙忙碌碌的，没有一点儿～。
【空闲】kòngxián 空着的时间；闲暇。例：这段时间任务多，我忙得一点儿～也没有。
【空暇】kòngxiá 没有事的时候。例：爸爸经常利用～搞设计。

辨析

“闲暇”“闲空”“空闲”和“空暇”都可作名词，都指有时间。“闲暇”“闲空”侧重指没有事可做的时候，多是客观上的时间；“空闲”“空暇”侧重指空出来的时间，既可指客观上的时间，也可指主观上故意留出来的时间。“闲暇”“空暇”多用于书面语；“闲空”多用于口语；“空闲”则通用于书面语和口语。

显露 近流露 反隐蔽

【显露】xiǎnlù 显示，表露。例：他脸上～出不屑一顾的神色。
【流露】liúlù 感情不自觉地表现出来。例：这首诗字里行间～了作者愤世嫉俗的感情。

【隐蔽】yǐnbì 在暗处隐藏。例：小玲～在树后，悄悄地看着小丽的一举一动。

辨析

“显露”和“流露”都是动词，都指显现出来。“显露”是事物明显地露出来或表现出来；“流露”是自然地表现出来，强调行为是不自觉的，其对象多为思想、感情等。

X

相干 同相关 近有关 反无关

【相干】xiānggān 互相关联或牵涉，有关联。例：这是完全不～的两件事。

【相关】xiāngguān 彼此关联。例：人才与企业的发展密切～。

【有关】yǒuguān 有关系。例：她说的这些事都和明明～。

【无关】wúguān 没有关系，不相干。例：这是我的事，跟他～。

辨析

“相干”“相关”都是动词，都指人或事物间互相联系。“相干”指彼此有关联，多用于否定句中；“相关”较多地用在肯定句中。

相信 同信任 近信赖 反怀疑

【相信】xiāngxìn 认为正确、确实而不加以怀疑。例：我～自己的判断。

【信任】xìnrèn 相信而敢于托付。例：他～自己的下属，放手让他们大胆工作。

【信赖】xìnlài 相信而依靠。例：他以出色的办事能力赢得了领导的～。

【怀疑】huáiyí 心存疑惑，不很相信。例：我丝毫不～他所说的话。

辨析

“相信”“信任”和“信赖”都是动词，都有“不怀疑”的意思。“相信”适用的对象可以是人、组织以及思想、行为，也可以是事物。用于人时，可以是自己对自己，也可以是对别人，使用范围较宽；“信任”“信赖”除表示不怀疑外，还有“敢于任用、托付与依靠、仰仗”的意思，语意比“相信”重。“信任”“信赖”的对象一般是别人或组织，不能用于自己，使用范围较窄。此外，“信任”“信赖”能作修饰成分，也可活用为名词作句子成分；“相信”一般不作修饰成分，也不能活用为名词。

详尽 同详细 反简略

【详尽】xiángjìn 详细而又全面。例：在这篇论文里他～地阐述了这个观点。

【详细】xiángxì 详尽细致。例：关于这台机器的使用方法，说明书上介绍得十分～。

【简略】jiǎnlüè 简单而粗略。例：老师～地向同学们介绍了本文作者的生平及写作特色。

辨析

“详尽”和“详细”都是形容词，都可用来表示“没有遗漏”。“详尽”指详细完备，其细致的程度已达到完备无遗了，语意比“详细”重；“详细”表示一一列举、周密完备，跟“简略”相对，一般就表达的内容或反映的情况而言。

想念 同怀念 近挂念 反忘怀

【想念】xiǎngniàn 希望见到；对别离的人或环境难以忘记。例：

他非常～自己的战友。

【怀念】huáiniàn 对远离或久别的人或环境等牢记在心。例：爷爷十分～在农村时那段美好的时光。

【挂念】guànniàn 对离开身边的人想念而放心不下。例：她十分～在外地上学的女儿。

【忘怀】wànghuái 忘记。例：他对在农村的那段生活经历难以～。

辨析

“想念”“怀念”和“挂念”都是表心理状态的动词，而且都有“心里想着”的意思。“想念”侧重于时时想起，希望见到，多用于健在的人或有可能再见到的环境，既可用于口语，也可用于书面语；“怀念”侧重于不能忘怀，对象是难以再见的人或环境，多用于书面语；“挂念”侧重于时常牵挂，多用于亲人、朋友之间，一般用于口语。

消除 同消释 近消弭 反保留

【消除】xiāochú 使不存在，除去（不利的事物）。例：我们要注意～火灾隐患。

【消释】xiāoshì （疑虑、嫌怨、痛苦等）消除，解除。例：经过他的解释，我们之间的误会～了。

【消弭】xiāomǐ 消除。例：只有彻底治理好河沟通道，才能～水患。

【保留】bǎoliú 保存不变；暂时留着不处理。例：屋内的陈设还～着他当初离家时的原貌。

辨析

“消除”“消释”和“消弭”都是动词，都有“除去、消失”的意思。“消除”是“使不存在或除去”的意思，多指解除不利的事物；"消释"是"消失或解除"的意思，多指解除疑虑、嫌怨、痛苦等；"消弭"是"消除、止息"的意思，多指使将要发生或正在发生的坏事停止。"消除""消释"既可用于口语，也可用于书面语；"消弭"一般只用于书面语。"消除"的使用范围比"消释""消弭"广。

消耗 近消磨 耗费 反积累 积聚

【消耗】xiāohào（精神、力量、东西等）因使用或受损失而渐渐减少。例：这是我院首例心脏移植手术，李医生在手术台上连续工作了十几个小时，精力～了不少。

【消磨】xiāomó 使（意志、精力等）逐渐消耗、磨灭。例：经历了多次的失败和挫折，他的意志逐渐被～了。

【耗费】hàofèi 消耗。例：我们必须保证工作重点，请不要在这些枝节问题上～时间。

【积累】jīlěi（事物）逐渐聚集。例：同学们把～起来的压岁钱捐给了灾区的小朋友。

【积聚】jījù 积累聚集。例：他们几个年轻人处于创业阶段，需要～资金来扩大规模。

消失 同消逝 反出现 显现

【消失】xiāoshī（事物）渐渐减少以至最后不存在。例：他的身影～在茫茫的夜色之中。

【消逝】xiāoshì 消除，失去。例：朝霞逐渐～，一轮红日从群峰顶上冉冉升起。

【出现】chūxiàn 显露出来。例：秋天，天空～了南飞的大雁。

【显现】xiǎnxiàn 显露；呈现。例：雾气慢慢消失，重叠的山峦一层一层地～出来。

X

辨析

“消失”和“消逝”都是动词，都有“逐渐减少以至没有了”的意思。“消失”侧重于不再存在，对象多指事物、现象，但变化过程历时较短；“消逝”侧重于过去了或不见了，所指对象多是抽象事物或现象，大部分用法与“消失”相似，但变化的过程没有“消失”那样短。

消瘦 同瘦削 近瘦弱 反肥胖

【消瘦】xiāoshòu（身体）极瘦。例：他病了一场，面容更加～了。

【瘦削】shòuxuē 形容身体或脸很瘦。例：小明身材～，看上去不是很健壮。

【瘦弱】shòuruò 肌肉不丰满，软弱无力。例：他大病初愈，看上去很～。

【肥胖】féipàng 胖。例：国外的一项研究报告显示，世界范围内的～儿童呈急剧上升的趋势。

辨析

“消瘦”“瘦削”和“瘦弱”都是形容词，共同语素是“瘦”，都指身体瘦。“消瘦”除了表示瘦、不丰满外，还有“受环境条件等因素影响而变瘦”的意思，常用来形容由于工作繁忙、疾病、营养不良等引起的“瘦”；“瘦削”多形容身体或脸很瘦，像被刀削过的样子；“瘦弱”指肌肉不丰满，软弱无力。

萧条 同萧疏 近萧瑟 反繁荣

【萧条】xiāotiáo 冷落而没有生气；（经济）不景气。例：由于长期战乱，这个地方呈现一片～的景象。

【萧疏】xiāoshū 稀稀落落的样子；不繁茂。例：严冬时节，林木～，景象苍凉。

【萧瑟】xiāosè 凄凉冷落。例：深秋的荷塘里，残枝败叶，满目～。

【繁荣】fánróng （经济、事业等）蓬勃发展；昌盛。例：我们要把祖国建设得更加～富强。

辨析

“萧条”“萧疏”和“萧瑟”都是形容词，都有“没有生气”的意思。“萧条”强调景象的冷落；“萧疏”指稀落不密；“萧瑟”强调凄楚荒凉。

笑容满面 近 笑逐颜开 笑容可掬 眉开眼笑 反 愁眉苦脸 愁眉不展

【笑容满面】xiàoróng-mǎnmiàn 满脸含笑的神情。例：一帮小孩～地在村口迎接我。

【笑逐颜开】xiàozhúyánkāi 由于高兴而眉开眼笑。例：公司年会上，同事们～，喜气洋洋。

【笑容可掬】xiàoróng-kějū 形容满脸堆笑的样子。例：辅导员老师～地迎接我们，大家立刻不再紧张。

【眉开眼笑】méikāi-yǎnxiào 眉头舒展，眼含笑意。例：听到邻居夸我，妈妈乐得～。

【愁眉苦脸】chóuméi-kǔliǎn 形容愁苦的神色。例：你不要整日～的，快打起精神来。

【愁眉不展】chóuméi-bùzhǎn 由于忧愁而双眉紧锁。例：近来他～，好像有什么心事。

效用 同 效力 近 效率 功效 作用

【效用】xiàoyòng 效力和作用。例：这台机器没有发挥它应有的～。

X

【效力】xiàolì 事物所产生的有利的作用。例:这种药的～很大。
【效率】xiàolǜ 单位时间内完成的工作量。例:要注意提高学习～。
【功效】gōngxiào 功能,效率。例:工人们正在安装一台～非常高的印刷机。
【作用】zuòyòng 对事物产生的影响;效果。例:班长要在班集体里起好的带头～。

辨析

“效用”和“效力”都有“功效”的意思。不同的是:“效力”还有“效劳”的意思,是动词用法;而“效用”没有这种用法。“效率”与“功效”都表示效果与作用。不同的是:“功效”还指功能,它一般只用于具体事物方面,使用范围较窄。

泄露 同泄漏 反保守

【泄露】xièlù 让人或外界知道了不应该知道的情况。例:他～了国家机密,造成了严重后果。
【泄漏】xièlòu 泄露。例:妹妹调皮地说:“千万不要～了这次的行动计划!”
【保守】bǎoshǒu 保持而不使失去或外扬。例:国家公务员必须～国家机密。

辨析

“泄露”侧重表示不该让人知道的事情却让人知道了,多指较重大的或机密性较强的事物;“泄漏”则侧重指有意无意地透露出来,使用范围较广。

心灵 近心扉 心弦

【心灵】xīnlíng 指人的内心世界。例:小姑娘美好的～,受到人们的一致赞扬。

【心扉】xīnfēi 指人的内心。例:朋友之间共事就应该敞开~,以诚相待。

【心弦】xīnxián 因受某种感动引起共鸣的内心。例:这场比赛十分激烈,场面扣人~。

辨析

“心灵”“心扉”和“心弦”都指人的内心。但“心灵”指的是思想;“心扉”指思考的门路;“心弦”指在特殊情况下的一种心态。

心胸 同胸怀 近襟怀 胸襟

【心胸】xīnxiōng 气量;志气,抱负。例:他是个~开阔的青年。

【胸怀】xiōnghuái 胸部;胸襟。例:他们的~是多么的宽广。

【襟怀】jīnhuái 胸襟;胸怀。例:做人应当~坦荡。

【胸襟】xiōngjīn 心胸,心怀;抱负;气量。例:开阔的~对一个人的成功十分重要。

辨析

“心胸”“胸怀”“襟怀”和“胸襟”都用作名词,都有“气量”的意思,可以与开阔、狭窄等词语搭配。所不同的是:“心胸”“胸襟”还有“志气、抱负”的意思;“胸怀”还有“胸部”的意思。另外,“胸怀”还有动词用法,如“胸怀大志”。

心绪 同心情 情绪

【心绪】xīnxù 心情。例:小明这两天~不佳。

【心情】xīnqíng 感情状态。例:他怀着激动的~双手接过了奖杯。

【情绪】qíngxù 人从事某种活动时产生的兴奋的心理状态；特指不愉快的心理反应。例：经他一番鼓动，大家的～十分高涨。

辨析

“心绪”“心情”和“情绪”都是名词，都指人的心理状态。“心情”指客观事物所触动的内心的感情；“心绪”指“萦回不断的思绪”，它可以是愉快的、有条理的，也可以是不愉快的、紊乱的，但后者用得多些；“情绪”是喜怒哀乐等各种思想感情的外露。“心情”“心绪”所表现的感情一般不如“情绪”所表现的显著、强烈。“心情”“情绪”通用于口语和书面语；“心绪”多用于书面语。

辛苦 同辛劳 近辛勤 勤劳

【辛苦】xīnkǔ 劳苦。例：爸爸每天起早贪黑地工作，非常～。

【辛劳】xīnláo 辛苦劳累。例：老师为了我们能多学些知识，日夜～。

【辛勤】xīnqín 勤劳。例：教师是～的园丁。

【勤劳】qínláo 努力劳动，不怕辛苦。例：她一直都过着～而节俭的生活。

辨析

“辛苦”“辛劳”“辛勤”和“勤劳”都是形容词，都有“由于不间断劳动而使身心劳苦”的意思。“辛苦”着重指身心劳苦，通用于书面语和口语，并可重叠为“辛辛苦苦”；“辛劳”着重指身心劳累，一般用于形容人，多用于书面语；“辛勤”着重于身心劳苦而勤恳，多用于形容人及工作、劳动等；“勤劳”着重指劳动多而不怕辛苦，多用于形容人、民族以及习惯、作风、品德等，使用范围较宽。

欣赏 同观赏 近鉴赏

【欣赏】xīnshǎng 享受美好的事物，领略其中的趣味。例：咱们一起来～这支曲子吧。

【观赏】guānshǎng 观看欣赏。例：我经常站在阳台上，～远处的风景。

【鉴赏】jiànshǎng 鉴定和欣赏。例：收藏文物，首先要有基本的～文物的知识和能力。

辨析

“欣赏”“观赏”和“鉴赏”都是动词，都有“通过视觉享受美好的事物，领略其中的趣味”的意思。“欣赏”可以指听觉的、味觉的、嗅觉的或精神方面的享受，对象不限于看得见的东西，还可以是音乐、美味、香气、美好的思想情感等，它还有“认为好、喜欢”的意思；“观赏”只指通过视觉享受美好的事物，对象只能是看得见的东西，使用范围窄；“鉴赏”则侧重于鉴定，它常指对艺术品和文物的鉴别、定性与欣赏。

欣欣向荣 近蒸蒸日上 反江河日下 气息奄奄

【欣欣向荣】xīnxīn-xiàngróng 比喻事业蓬勃发展。例：文艺界出现了百花齐放、～的局面。

【蒸蒸日上】zhēngzhēng-rìshàng 比喻事业天天向上发展，形势越来越好。例：出版事业～。

【江河日下】jiānghé-rìxià 比喻情况一天比一天坏下去。例：鸦片战争后，腐朽的清王朝便～了。

【气息奄奄】qìxī-yǎnyǎn 比喻事物衰败、没落，濒于死亡。例：腐朽的封建残余势力已～。

X

新颖 近新奇 反陈旧

【新颖】xīnyǐng 新而别致。例:公交车站~的站牌为乘客提供了更大便利。

【新奇】xīnqí 新鲜特别。例:这些小朋友大都是第一次进游乐园,什么都感到~。

【陈旧】chénjiù 旧的,过时的。例:这里的许多设施都已~。

辨析

"新颖"和"新奇"都是形容词,都有"很少见或刚出现"的意思。有时可以换用。"新颖"强调新鲜、别致,跟普通的、一般的不一样,多用于较抽象的事物,一般不用于描写动物、植物或食物,也不用于重大事件;"新奇"可用于描写具体事物,也可用于描写抽象事物,表现人的一般感受。

信仰 近信奉 信念

【信仰】xìnyǎng ①对某人或某种主张、主义、宗教极度相信并作为自己行动的榜样或指南。②指作为自己行动的榜样或指南的事物。例:①公民有~宗教和不~宗教的自由。②无论什么时候,我们都不能丢掉自己的~和理想。

【信奉】xìnfèng 信仰并崇奉;相信并奉行。例:这一带的人都~基督教。

【信念】xìnniàn 自己认为可以确信的看法。例:爱迪生怀着坚定的~,克服重重困难,终于取得重大成果。

辨析

"信仰"和"信念"都可表示对某种主张确信不疑。"信仰"强调对某种主张尊敬并用来指导自己的言行,语气严肃认真,多用于宗教、思想、科学等方面；“信念”则侧重强调思想认识，指坚信不疑的想法。

醒悟 近觉悟 反迷惑

【醒悟】xǐngwù 在认识上从迷惑中清醒过来。例：在残酷的现实面前，他才～过来。

【觉悟】juéwù 由迷惑不清到清楚明白，醒悟。例：要向他讲明利害，争取让他早点～。

【迷惑】míhuò 辨不清是非；理不出头绪。例：他对这个问题始终～不解。

兴高采烈 近欢天喜地 反没精打采

【兴高采烈】xìnggāo-cǎiliè 兴致很高，精神旺盛。例：弟弟第一次来海边，正～在沙滩上造“房子”呢。

【欢天喜地】huāntiān-xǐdì 形容非常欢喜。例：孩子们～地来到大草原。

【没精打采】méijīng-dǎcǎi 形容不高兴，不振作。例：小明刚刚睡醒，显得有些～。

兴致勃勃 近津津有味 反兴味索然 索然无味

【兴致勃勃】xìngzhì-bóbó 形容兴趣很浓。例：我们～地听导游讲赵州桥的历史。

【津津有味】jīnjīn-yǒuwèi 形容特别有兴趣。例：同学们正～地听老师讲历史故事。

【兴味索然】xìngwèi-suǒrán 形容没有兴趣。例：这本小说读起来令人～。

【索然无味】suǒrán-wúwèi 形容毫无意味和兴趣。例：这篇文章的内容～。

幸运 近侥幸 反倒霉

X

【幸运】xìngyùn 运气好，称心如意。例：在抽奖活动中，他抽中一台彩电，真够～的。

【侥幸】jiǎoxìng 由于偶然原因而得到成功或免去灾祸。例：在这起交通事故中，他～得以生还。

【倒霉】dǎoméi 遇事不利；遭遇不好。例：今天真～，走到半路车子就坏了。

辨析

“幸运”强调有运气，含有“意外地遇到了好机会而庆幸、喜悦”的意味；“侥幸”强调仅仅是偶然地得到了成功或免于灾祸，含有“按理会倒霉或遭遇不幸，只是碰巧才得以幸免”的意味。

雄伟 近宏伟 雄壮

【雄伟】xióngwěi 雄壮伟大。例：～的万里长城是我暑假旅行的第一个目标。

【宏伟】hóngwěi （规模、计划等）雄壮、伟大。例：看到气势～的跨海大桥，同学们都禁不住惊叹起来。

【雄壮】xióngzhuàng （声势、气魄等）强大。例：在～的乐曲声中，仪仗队通过主席台接受检阅。

辨析

“雄伟”“宏伟”和“雄壮”都是形容词，都有“宏大、强大”的意思。“雄伟”多用于形容高山或建筑物；“宏伟”既可用于事业、目标等抽象事物，也可用于建筑、结构等具体事物；“雄壮”多形容气势或声势，常和队伍、乐曲等词语搭配。

修长 同细长 反短小

【修长】xiūcháng 细长。例：这位舞蹈演员～的身材、优美的舞姿迷倒了不少观众。

【细长】xìcháng 又细又长。例：他正用一根～的竹竿打枣。

【短小】duǎnxiǎo 又短又小。例：这件衣服太～了。

辨析

“修长”和“细长”都是形容词，都有“长”的意思。“修长”侧重指“长”，多形容人的身材、眉毛等；“细长”侧重指“细”，既可形容人的身材、眉毛，也可形容比较细的木棍、绳子等。

修饰 同装饰 近粉饰

【修饰】xiūshì 修整装饰使整齐美观。例：我们利用休息时间把房子～一新。

【装饰】zhuāngshì 在身体或物体的表面加些附属的东西，使美观。例：她不爱～，衣着向来朴素。

【粉饰】fěnshì 涂饰表面，使美观。比喻掩盖污点或缺点。例：为了迎接校庆，他们正在～学校的大门。

辨析

“修饰”“装饰”和“粉饰”都是动词，都指经过加工、修整使外貌更好一些。“修饰”是修整装饰，使外表更加整洁、美观，可以指人，也可以指事物；“装饰”侧重指用好看的东西装点，常用于具体事物；“粉饰”侧重指以粉涂抹，常用于具体事物和抽象事物，一般不用于人。“修饰”和“装饰”都是中性词；“粉饰”则多用其比喻义（贬义）。“装饰”可作名词，指装饰品；“修饰”“粉饰”没有这种用法。

羞愧 同惭愧 近愧疚

X

【羞愧】xiūkuì 感到羞耻和惭愧。例：面对老师的批评，他～地低下了头。

【惭愧】cánkuì 因为自己有缺点、错误或未能尽到责任而感到不安。例：他一想到那件事，就感到十分～。

【愧疚】kuìjiù 惭愧不安。例：小华不慎打碎了王大爷的一个花瓶，心里感到很～。

辨析

“羞愧”“惭愧”和“愧疚”都是形容词，用来形容因自己的过失而感到羞耻不安。“羞愧”着重于因犯较大、较严重的错误而感到惭愧，多用于书面语；“愧疚”着重于内疚自责，只用于书面语；“惭愧”着重于因有缺点或做错了事而感到不安，书面语和口语中都常用。

虚构 近虚拟 编造 杜撰 反写真 写实

【虚构】xūgòu 凭想象造出来。例：新闻报道必须真实，不允许～。

【虚拟】xūnǐ 虚构。例：这篇小说里的一些情节是作者～的。

【编造】biānzào 凭主观想象创造（故事）；捏造。例：他～谎话来欺骗老师。

【杜撰】dùzhuàn 没有任何根据地编造；虚构。例：这些都是纪实报道，绝不是～的，是要对当事人和广大读者负责的。

【写真】xiězhēn 画或拍摄人像。例：在人物～方面，他有自己独特的见解。

【写实】xiěshí 描绘事物的真实情况。例:记者用～手法报道了灾后的重建工作。

辨析

“虚构”“虚拟”“编造”和“杜撰”都有“凭想象造出来”的意思。“虚构”侧重在“构”,所要创造出的对象在生活中有一定依据,多用于文学创作;“虚拟”侧重在“拟”,用法和“虚构”基本相同,但“虚拟”还可作形容词,如“虚拟语气”;“编造”侧重指凭主观想象创造;“杜撰”侧重指没有根据地造。“虚构”“虚拟”为中性词;“编造”“杜撰”在表示捏造时,多用于贬义。“虚构”可用于口语,也可用于书面语;“虚拟”“杜撰”多用于书面语;“编造”多用于口语。

虚假 同虚伪 反真实

【虚假】xūjiǎ 与实际不符合。例:在检查工作中,要注意识别～现象。

【虚伪】xūwěi 不真实;不实在;做假。例:大家都不喜欢同～的人打交道。

【真实】zhēnshí 与客观实际相符;不假。例:我把～的情况向班主任反映了。

辨析

“虚假”和“虚伪”都是形容词,都指不符合实际,表里不一致。“虚假”多指与事实、真相不符合,常用来形容事物的内容、实质,也可以形容人的行为态度,还可以嵌上别的字构成“弄虚作假”“虚情假意”等;“虚伪”多指为人处世缺乏诚意,口是心非,常用来形容人的作风、品质等。

X

虚心 同谦虚 反骄傲

【虚心】xūxīn 不自以为是，能够听取和吸收别人的意见的。例：他～好学，进步很快。
【谦虚】qiānxū 态度谦逊；不骄傲。例：学习要保持～谨慎的态度。
【骄傲】jiāo'ào 自以为了不起，看不起别人。例：不要才取得一点儿成绩就～起来，这对以后的发展很不利。

辨析

“虚心”和“谦虚”都是形容词，都有“不自满、不骄傲”的意思。“虚心”是个动宾结构合成词，表示能够接受、容纳他人的意见，或向人学习等；“谦虚”是个联合结构的合成词，表示态度谦逊，不骄傲。

栩栩如生 近活灵活现 跃然纸上 反死气沉沉

【栩栩如生】xǔxǔ-rúshēng 形容艺术形象生动逼真。例：屋檐四周上各有龙狮鱼犬等动物的形象，姿态优美，～。
【活灵活现】huólíng-huóxiàn 形容描述或模仿的人或事物生动逼真，好像就在眼前一样。例：小说中的人物个个～。
【跃然纸上】yuèrán-zhǐshàng 形容描写、刻画得非常逼真、生动。例：看了《水浒传》后，感觉书中人物形象～。
【死气沉沉】sǐqì-chénchén 形容缺少活力和生气。例：这一人物形象过于模式化，～，缺乏感染力。

宣扬 同宣传 近鼓吹

【宣扬】xuānyáng 广泛宣传，使大家知道；传播。例：这种见义勇为、助人为乐的事迹要在全社会～。

【宣传】xuānchuán 宣布传达。对群众说明讲解，进行教育。例：节假日是～交通规则的极好时机。

【鼓吹】gǔchuī ①宣扬；提倡。②吹嘘。例：①我们要大力～助人为乐的良好风气。②别老在别人面前～自己。

辨析

“宣扬”“宣传”和“鼓吹”都是动词，都指公开说出来。“宣扬”是公开说出来并传播出去；“宣传”是说明道理，传播事迹或真理，它可以构成名词“宣传员、宣传队、宣传车、宣传家”等；“鼓吹”本指打击乐和管乐合奏，引申指向外宣传。“鼓吹”有“吹嘘”之义，可用于贬义；“宣扬”“宣传”没有此用法。

旋转 同盘旋 近回旋

【旋转】xuánzhuǎn 物体围绕一个点或一个轴做圆周运动。例：飞机马上就要起飞，螺旋桨飞快地～着。

【盘旋】pánxuán 环绕着飞或走。例：我们顺着阶梯～而上，不一会儿就到了塔顶。

【回旋】huíxuán 盘绕。例：演奏已经结束，那优美的琴声仍在我耳际～。

辨析

“旋转”“盘旋”和“回旋”都是动词，都有“绕来绕去”的意思。“旋转”指要围绕一个点或轴转动，是单义词；“盘旋”是指不规则地环绕，它还有“徘徊、逗留或比喻某种想法反复萦绕在头脑中”的意思；“回旋”也是指不规则的环绕，在这个意义上它与“盘旋”可以互换。此外，“回旋”还有“可进退、可商量”的意思。

X

选择 同挑选 近选取

【选择】xuǎnzé 挑选。例:燕子～向阳的地方垒窝。
【挑选】tiāoxuǎn 从许多人或事物中把符合要求的挑出来。例:木工～了一些木料来制作家具。
【选取】xuǎnqǔ 挑选出来并采用。例:他从各色各样的书包中～了一个最喜欢的。

辨析

“选择”侧重于经过比较,决定适合需要的人或物;“挑选”侧重于从若干个中选出来;“选取”侧重于选出来加以应用。“选择”的对象可以是人,也可以是事物;“挑选”的对象则是具体的事物和人;“选取”的对象一般为事物。

雪中送炭 反趁火打劫 乘人之危

【雪中送炭】xuězhōng-sòngtàn 比喻在人急需的时候给予帮助。例:物资及时运到灾区,真是～啊!
【趁火打劫】chènhuǒ-dǎjié 比喻趁紧张危急的时候侵犯别人的权益。例:我们要谨防不法分子在灾难中～。
【乘人之危】chéngrénzhīwēi 趁着别人遇到危难时去要挟或侵害人家。例:那些歹徒惯于～。

熏陶 同陶冶 近熏染

【熏陶】xūntáo 长期接触的人或生活环境在生活习惯、思想行为、品行学问等方面对人逐渐产生好的影响。例:他在父亲的～下,也喜欢上了弹钢琴。
【陶冶】táoyě 烧制陶器和冶炼金属。比喻给人的思想、性格以有益的影响。例:经常练习书法,可以~人的性情。

【熏染】xūnrǎn 长期接触的人或事物对生活习惯逐渐产生某种影响。例:在一帮狐朋狗友的~下,他最终走上了犯罪的道路。

辨析

"熏陶""陶冶"和"熏染"都是指外界给人以影响,一般都用于书面语。"熏陶"着重指长期的接触所产生的好影响;"陶冶"是从烧制陶器和冶炼金属的本义出发,比喻给人以有益的影响;"熏染"则着重指长期接触所产生的不良影响。

寻找 同寻觅 近寻求 寻访

【寻找】xúnzhǎo 找。例:小明的钢笔不见了,他四下~。

【寻觅】xúnmì 寻找。例:孩子很晚了还没回家,妈妈赶紧出去~。

【寻求】xúnqiú 寻找追求。例:他一直在~人生的真谛。

【寻访】xúnfǎng 寻找探访。例:公安人员正在~目击证人。

辨析

"寻找""寻觅""寻求"和"寻访"都是动词,都有"为了找到所需求的人或事物而努力活动"的意思。"寻找"泛指找,对象可以是好的,也可以是不好的,通用于口语和书面语;"寻觅"一般用于文艺作品,有浓厚的书面语色彩;"寻求"侧重指追求,对象一般是没有显露的,常和真理、光明、友谊等词语搭配;"寻访"侧重指访查,对象一般是具体的人或事物。"寻觅"可以重叠为"寻寻觅觅";"寻找""寻求"和"寻访"则不能。

巡视 同巡查 近巡逻

【巡视】xúnshì 到各处视察;往四下里看。例:上级领导每年都要来基层～。

【巡查】xúnchá 一面走一面查看。例：他每天晚上都要去～营房。

【巡逻】xúnluó 巡查警戒。例：公安部门加强了在车站码头的～。

辨析

“巡视”“巡查”和“巡逻”都是动词，都指来回查看。“巡视”侧重指视察，多用于首长或工作人员执行任务去各处察看；“巡查”指一面走一面查看，多用于警卫工作方面；“巡逻”指在一定范围观察、警戒，多用于军事方面，可以构成“巡逻队”“巡逻舰”等。“巡逻”后一般不带宾语；“巡视”“巡查”能带宾语。

询问 近打听

【询问】xúnwèn 打听或征求意见。例：老刘在向工作人员～着什么。

【打听】dǎting 向别人探问、了解（消息、情况等）。例：他向同学～李老师的消息，才知道李老师生病住院了。

迅速 近敏捷 反缓慢

【迅速】xùnsù 速度高；动作快。例：发令枪响后，他～向前跑去。

【敏捷】mǐnjié （动作）迅速而灵敏。例：猴子在树枝上跳来跳去，动作十分～。

【缓慢】huǎnmàn 速度低；动作慢。例：这个地区经济发展～，原因之一是交通闭塞。

辨析

“迅速”和“敏捷”都是形容词，都指动作快。“迅速”着重指快，使用范围较大，不仅可以形容人和动物的动作行为，也可以形容事物、形势的发展变化；“敏捷”不仅指快，还有“动作灵敏、干净利落”的意思。

逊色 同差劲 反出色

【逊色】xùnsè 差劲。例：就这一产品而言，国内生产的同进口的相比，一点儿也不～。

【差劲】chàjìn（质量、品质、能力、表现等）差；不好。例：让你帮忙，你却只答应不行动，真～。

【出色】chūsè 超乎一般；突出的；格外好。例：她～的表演征服了在场的观众。

辨析

“逊色”和“差劲”都有“差”的意思。“逊色”就比较而言，是“不如”的意思，语意较重，它还有名词用法，指不及之处，使用范围较宽，一般用于书面语；“差劲”侧重指不好，对象可以是人，也可以是事物，语意较轻，多用于口语。

Y

Y y

压抑 同压制 近抑制 反发泄

【压抑】yāyì 对力量、情感等强加抑制，使不能充分发挥或流露。例：他～不住激动的心情，失声哭了起来。

【压制】yāzhì 竭力限制或制止。例：她～不住自己的愤怒，终于开始还击了。

【抑制】yìzhì 压下去；控制。例：站在领奖台上，他～不住内心的激动，眼泪夺眶而出。

【发泄】fāxiè 尽量发出，多指感情、情绪外露。例：他满腔怒火，却无从～。

辨析

“压抑”“压制”和“抑制”都是动词，都指用力控制，有时可以互换。“压抑”着重于压低、抑制，可以是由外力施压而抑制，也可以是自我控制，多用于情感、欲望、思想等方面；“压制”着重于以强力压服，语意重，一般对别人，不对自己；“抑制”侧重指按住、控制，多用于思想感情方面，也可用于某种力量。

延迟 近延长 反提前 提早

【延迟】yánchí 延长推迟。例：今天的会议～召开。

【延长】yáncháng 向长的方面发展。例：由于增加议题，会期～

了三天。

【提前】tíqián (把预定的时间)往前移。例:在大家的共同努力下,大楼～竣工。

【提早】tízǎo 提前。例:我要的材料你要～准备。

辨析

“延迟”和“延长”都是动词,都有“拉长、拖延”的意思。“延迟”专指在时间上往后推迟;“延长”是指物体向长的方面伸展,可指时间,也可指生命的持续、道路的加长等。这两个词用于时间方面时,意义也有差别:“延迟”指把时间、日期向后推迟;“延长”指把时间继续拉长。

延续 同继续 反中止

【延续】yánxù 照原来的状态继续下去。例:这样寒冷的天气还将～一周左右。

【继续】jìxù 连接下去,延长下去;不间断。例:我们要～保持艰苦朴素的优良作风。

【中止】zhōngzhǐ 中间停止。例:这两个公司之间的合同已经～。

辨析

“延续”和“继续”都是动词,都有“不间断”的意思。“延续”侧重于按原来的状态继续下去;“继续”则指动作不间断,多用于事物的发展变化,也可以用于某一项活动的开展。

严格 近严肃 严厉 反松弛

【严格】yángé 在遵守制度或掌握标准时认真不放松。例:我们要～遵守交通规则。

【严肃】yánsù 让人敬畏的;严格认真。例:对于考试作弊行为,有关方面一定要～处理。

【严厉】yánlì 严肃而厉害。例：老师的态度非常～。

【松弛】sōngchí 松散；（制度、纪律）执行得不严格。例：这个单位缺乏活力，纪律～，效率很低。

辨析

“严格”“严肃”和“严厉”都是形容词，都指认真、不放松。“严格”侧重指照一定的标准去做，一点也不放松，常和要求、遵守、训练等词语搭配，它有时也作动词用；“严肃”侧重指严格认真，形容态度、神情或气氛，使用范围较广；“严厉”除有“严格”“严肃”的意思外，还有“厉害”的意思，常和批评、教训、惩罚等词语搭配，多用来形容态度。

严谨 同周密 近严密 缜密 反轻率

【严谨】yánjǐn 严密谨慎。例：老教授的治学态度非常～。

【周密】zhōumì 周到细密。例：我们要～部署这次行动。

【严密】yánmì 周到；没有疏漏。例：我校的小足球队防守～，没有让对方攻进一个球。

【缜密】zhěnmì 周密细致。例：他考虑问题比较～。

【轻率】qīngshuài 不认真，不负责任。例：我们做事不能～。

辨析

“严谨”“严密”“周密”和“缜密”都是形容词，都有“周到，没有疏漏”的意思。“严谨”多形容态度；“严密”侧重没有空隙；“周密”侧重表示周到细密，多用于思考、计划、布置等；“缜密”侧重在细致，多用于文思、分析问题等。

严明 近严正

【严明】yánmíng 严格而公正（多指法纪）。例：做事～的领导群众会拥护他。

【严正】yánzhèng 严肃公正；严肃郑重。例：在对待祖国统一的问题上，我们一定要坚定自己的～立场。

辨 析

“严明”和“严正”都是形容词，都有“严肃”的意思。“严明”侧重指公正，多用来形容法纪，常和纪律、执法、赏罚、号令等词语搭配；“严正”侧重指严肃、郑重，多用来形容立场、态度，常和声明、立场、讲话等词语搭配。“严明”还可作动词，如“严明考试制度”；“严正”不能作动词。

研究 近 考虑 斟酌

【研究】yánjiū 探求事物的真相、性质、规律等；考虑或商讨。例：咱们来仔细～一下这个问题。

【考虑】kǎolǜ 思索问题，以便做出决定。例：这个问题让我～一下再答复你。

【斟酌】zhēnzhuó 考虑事情、文字等是否可行或是否适当。例：这件事你～着办吧。

辨 析

“研究”“考虑”和“斟酌”都是动词，都指思维活动，都有“思考”的意思。“研究”指深入反复探求（包括考察、实验）事物的规律和解决问题的办法，它的对象极为广泛，可以指自然科学、各种问题和现象等；“考虑”指对某个问题的初步意见和办法等仔细思考，它不包含考察、实验的过程，纯粹是一种思维活动，用于工作、学习、生活等方面的事情，不用于自然、社会现象或事物；“斟酌”是反复考虑，使用范围比“考虑”还要小，指办法已定，只是在取舍之间再想一想。

Y

掩饰 同掩盖 反揭穿

【掩饰】yǎnshì 设法掩盖(真实情况)。例:她毫无～地承认了自己的错误。

【掩盖】yǎngài 遮盖;隐藏,隐瞒。例:事情的真相是～不了的。

【揭穿】jiēchuān 彻底揭露。例:他的谎言被～了。

辨析

“掩饰”和“掩盖”都是动词,都指把真实情况遮盖起来。用来指坏的思想行为时,两个词一般可以通用。“掩盖”侧重指遮住(不给人看),使用范围较广,它的对象可以是具体的事物,也可以是思想意识和言论,多指不好的,甚至是最恶的东西,含贬义;“掩饰”是用假话或伪装的行动来掩盖真相,以蒙骗他人,对象多指坏人、坏事、坏思想,多用于贬义。

厌恶 同憎恶 反喜欢

【厌恶】yànwù (对人或事物)产生极大的反感。例:考试作弊的行为很令人～。

【憎恶】zēngwù 憎恨;厌恶。例:他非常～那些只为自己着想,不顾他人利益的人。

【喜欢】xǐhuan 喜爱;高兴。例:我最～看书。

辨析

“厌恶”和“憎恶”都是表示心理活动的动词,都指讨厌。“厌恶”着重于反感,对象多是不好的事情或人等;“憎恶”着重于“憎恨”,对象多是敌人、黑暗社会、反动势力、坏人坏事等,感情比“厌恶”强烈。

扬弃 近抛弃

【扬弃】yángqì 哲学上指事物在新陈代谢过程中，发扬旧事物中的积极因素，抛弃旧事物中的消极因素；抛弃。例：对待古代文化应采取～的态度。

【抛弃】pāoqì 舍弃；扔掉不要。例：他～了优裕的城市生活，来到这个偏僻的山村，献身于这里的教育事业。

辨析

"扬弃"和"抛弃"都是动词，都有"扔掉"的意思。"扬弃"的对象一般为事物；"抛弃"的对象可指人，也可指事物。"扬弃"所含意思除抛弃外，还有保留、继承的一面；而"抛弃"则只指丢弃、扔掉。

要求 同请求 近恳求 央求

【要求】yāoqiú ①提出具体愿望或条件，希望得到满足或实现。②所提出的具体愿望或条件。例：①我们一定要严格～自己。②这项工程的质量有很高的～。

【请求】qǐngqiú ①说明要求，希望得到满足。②所提出的要求。例：①他～上级给他最艰巨的任务。②经理接受了他的辞职～。

【恳求】kěnqiú 恳切地请求。例：小明承认了自己的错误并～老师原谅。

【央求】yāngqiú 恳求。例：经再三～，他才答应。

辨析

"要求""请求""恳求"和"央求"都是动词，都指求人帮助。"要求"是一般的用法，宾语是人（包括自己）或组织，施动者可以是自己、别人（长幼不拘）或组织，它还可作名词；"请求"语

Y

气比“要求”较为客气、郑重，宾语与“要求”相同，但不包括自己，也可作名词；“恳求”语意比“要求”“请求”重，一般适用于下对上或平辈之间，宾语只能是人；“央求”与“恳求”一样，表示一种深切的分外要求，并含有不得已的心情。“要求”“请求”可受一般、特殊、合理等词语修饰；“恳求”“央求”不能。

谣言 近谰言 流言 反事实

【谣言】yáoyán 没有事实根据的消息。例：他给竞争对手造了许多～。

【谰言】lányán 诬赖的话；没有根据的话。例：千万不要相信他的无耻～。

【流言】liúyán 没有根据的话。例：他们为了达到自己不可告人的目的，到处散布～。

【事实】shìshí 事情的实际情况。例：谁也否认不了这一历史～。

辨析

“谣言”是凭空造出来的不可信的话，如“散布谣言”；“谰言”是生造的用来诬蔑、陷害或抵赖的话，如“无耻谰言”；“流言”是暗中散布的诬蔑性、挑拨性的坏话，常和“飞语”在一起构成“流言飞语”。

摇曳 同摇晃 近摇摆

【摇曳】yáoyè 摇荡。例：微风吹来，垂柳～。

【摇晃】yáohuàng 摇摆。例：他～了几下，又站住了。

【摇摆】yáobǎi 向相反的方向来回地移动或变动。例：池塘里的荷叶随风～。

辨析

“摇曳”“摇晃”和“摇摆”都是动词，都指来回摆动。“摇曳”侧重指晃荡，多用于灯光、花木等；“摇晃”侧重指自身根基不稳或人失去平衡而晃动，多用于具体事物，它可重叠成“摇摇晃晃”；“摇摆”侧重指在外力作用下来回摆动，可用于具体事物，如钟摆、风铃等，也可指抽象事物，如思想、立场等，它可重叠成“摇摇摆摆”。

野蛮 近蛮横 反文明

【野蛮】yěmán 不文明；粗野；蛮横，残暴。例：他们的～行径理应受到谴责。

【蛮横】mánhèng （态度）粗暴而不讲理。例：有话好好说，不要这样～无理。

【文明】wénmíng 社会发展到较高文化阶段的；有涵养。例：北京是～城市。

辨析

“野蛮”侧重指粗野、不驯服，可指人的性格、行为；“蛮横”侧重指粗暴不讲理，多指人的态度。

一本正经 近不苟言笑 道貌岸然 反嬉皮笑脸

【一本正经】yīběn-zhèngjīng 形容表现得很规矩，很郑重。例：见妈妈回来了，小明立刻装出一副～看书的样子。

【不苟言笑】bùgǒu-yánxiào 形容态度庄重严肃。例：考官们个个正襟危坐，～。

【道貌岸然】dàomào-ànrán 形容神态庄严（多含讥讽意味）。例：这部小说辛辣地讽刺了那些～的伪君子。

【嬉皮笑脸】xīpí-xiàoliǎn 形容嬉笑而不严肃的样子。例：这是件严肃的事情，你不要～。

一致 近共同 反分歧

Y

【一致】yīzhì ①没有分歧。②一齐，一同。例：①对于这个问题，我和你的看法～。②代表们～通过了这个工作报告。

【共同】gòngtóng ①属于大家的；彼此都具有的。②大家一起（做）。例：①构建和谐社会是全国人民的～心愿。②任务很重，大家要～完成。

【分歧】fēnqí 不一致；有差别。例：讨论会上，大家的意见有～。

辨析

“一致”和“共同”都可作形容词，也可作副词。作形容词时，“一致”侧重于大家没有分歧；“共同”侧重于彼此都具有。“一致”可以单独作谓语，可以受程度副词修饰；“共同”不能。

依附 近依赖 依靠 反自立

【依附】yīfù 依赖；附着。例：你要学会自立，不要一味～于别人。

【依赖】yīlài 依靠别的人或事物而不能自立或自给。例：我们已经长大，不能再～父母了。

【依靠】yīkào 指望（某种人或事物来达到一定目的）。例：你要～组织来解决这个问题。

【自立】zìlì 不依赖别人，靠自己的劳动生活。例：家长应该从小树立孩子的～意识。

辨析

“依附”“依赖”和“依靠”都是动词，都有“靠某人或某物生活或办理某件事情”的意思。“依附”偏重于一方的主动依靠，自己被动地受另一方的关怀、帮助；“依赖”是两方都介于主动与被动之间，一方愿意依赖，另一方也默认；"依靠"着重指借助他人或事物来达到自己的目的，有一定的主动性。"依附""依赖"都为贬义词；"依靠"为中性词。

遗漏 同疏漏

【遗漏】yílòu 应该列入或提到而因疏忽没有列入或提到。例：这次获奖名单上，王勇的名字被～了。

【疏漏】shūlòu 疏忽；漏掉。多指对于整体中失去的一小部分。例：再检查一下，不要～了任何一个细节。

辨析

"遗漏"和"疏漏"都可作动词，都有"漏掉"的意思。"遗漏"主要指因不注意而漏掉；"疏漏"指因马虎大意而有所忽略。"遗漏"语意范围比疏漏要大；"疏漏"是遗漏的一种形式。

遗弃 同舍弃 近丢弃 反收藏

【遗弃】yíqì 抛弃；放弃。例：他在搬家时～了大量书籍。

【舍弃】shěqì 丢开不要。例：他～了国外的高薪职位，毅然回到了久别的祖国。

【丢弃】diūqì 丢掉。例：不要随意～杂物。

【收藏】shōucáng 收集保藏。例：他家里～了好多字画。

辨析

"遗弃""舍弃"和"丢弃"都是动词，都有"不要"的意思。但使用的情况不同："遗弃"可以是有意的，也可以是无意的，用于人或具体事物；"舍弃"是有意的，可用于具体事物，也可用于抽象事物；"丢弃"多为有意的，对象一般为具体事物。

Y

疑惑 近困惑 反坚信

【疑惑】yíhuò 心里不明白。例:我对他的做法感到～。

【困惑】kùnhuò 感到疑惑,不知该怎么做。例:他对这个问题一直～不解。

【坚信】jiānxìn 坚决相信。例:他对这一推断～不疑。

辨析

“疑惑”和“困惑”都是动词,都有“不明白、分辨不清对与不对”的意思。“疑惑”指对某人某事因似信非信,似明非明而加以猜测;“困惑”指完全陷入疑难不解之中,简直理不出一点头绪来。

已经 近曾经 反未曾 不曾

【已经】yǐjīng 表示动作、变化完成或达到某种程度。例:他～是一名大学生了。

【曾经】céngjīng 表示从前有过某种情况或行为。例:他～去过美国。

【未曾】wèicéng 不曾;从来没有。例:长这么大,她～出过远门。

【不曾】bùcéng 表示没有做过或发生过。例:我～看见王老师。

辨析

“已经”和“曾经”都是副词,都指时间上已经过去。“已经”指情况发生了,只表示过去,它不管过去时间有多久,也不管过去一直到说话时事情是否有变化;“曾经”表示过去发生过或经历过,不但说明事情发生在过去,同时还强调现在没有继续。“曾经”后边的动词常附时态助词“过”。比较起来,“已经”过去的时间短些、近些;“曾经”过去的时间长些、远些。

义务 近责任 反权利

【义务】yìwù 法律或道德上应尽的责任。例：依法服兵役是每个公民应尽的～。
【责任】zérèn 分内应做的事。例：保护居民的安全是小区保安人员不可推卸的～。
【权利】quánlì 公民或法人依法行使的权力和享受的利益。例：每个儿童都有受教育的～。

辨析

“义务”和“责任”都是名词，都指应该做的事。“义务”指法律上、道义上应尽的职责，还可作形容词，指不计报酬的；“责任”指分内应做的事。“责任”的使用范围比“义务”广。

异口同声 近众口一词 反众说纷纭

【异口同声】yìkǒu-tóngshēng 大家说同样的话。例：我们～地回答了老师的问题。
【众口一词】zhòngkǒu-yīcí 许多人说同样的话。例：对这个合理化建议，大家～，表示支持。
【众说纷纭】zhòngshuō-fēnyún 各种各样的说法很不一致。例：这部影片公映后，～，评论不一。

辨析

“异口同声”和“众口一词”都形容大家说法一致。“异口同声”一般用于说话的场合，侧重于“异”，常用作状语来表示同时说出，暗含不经过事先商量就说出同样的话；“众口一词”不一定用于说话的场合，不一定同时说出，侧重于“众”，多用作谓语，暗含许多人事先经过商量后说出了同样的话。

Y

阴郁 同阴沉 近阴暗 反痛快 开朗

【阴郁】yīnyù 天气阴暗沉闷;(气氛)不活跃;(心情)忧郁。例:会场内的气氛有些~。

【阴沉】yīnchén 天阴的样子;(表情)忧郁。例:他~的脸色令人不安。

【阴暗】yīn'àn 暗;阴沉。例:地下室里~而潮湿。

【痛快】tòngkuai 高兴,畅快。例:考上了市里的重点中学,小红心里~极了。

【开朗】kāilǎng 地方开阔,光线充足;(思想、心胸、性格等)乐观、畅快,不阴郁低沉。例:玲玲是个性格~的小女孩。

辨析

"阴郁""阴沉"和"阴暗"都是形容词,都有"昏暗、不明朗"的意思。"阴郁"侧重指人的心情愁闷,神色凝滞;"阴沉"侧重指云层低厚,也指人沉默的神情,可重叠为"阴沉沉";"阴暗"侧重指光线差,地方昏暗,也指人的心理。

隐藏 同隐蔽 近隐瞒 反暴露

【隐藏】yǐncáng 藏起来不让发现。例:她将~在心底的秘密告诉了妈妈。

【隐蔽】yǐnbì 借旁的事物来遮掩。例:松鼠经常~在树叶下。

【隐瞒】yǐnmán 掩盖真相,不让人知道。例:大家都知道了事情的真相,他还想~。

【暴露】bàolù 显露出来。例:这件事~出你的一些弱点。

辨析

"隐藏""隐蔽"和"隐瞒"都是动词,都指把事情真相或实际情况掩盖起来,不让人察觉、了解。"隐藏"重在"藏",可以用于人或事物，是中性词；“隐蔽”重在遮掩，多指把形体真面目遮掩起来，不让发觉，对人对事物都能用，还可作形容词，是中性词；“隐瞒”重在蒙骗，不说出真相，使人无从了解，多指不好的或非法的行为，是贬义词。此外，“隐藏”“隐蔽”的对象经常是具体的；“隐瞒”的对象经常是抽象的，如观点、身份等。

拥护 近拥戴 赞成 支持 反反对

【拥护】yōnghù 赞同并全力支持。例：我们坚决～中国共产党的领导。

【拥戴】yōngdài 拥护推戴。例：人民～自己的领袖。

【赞成】zànchéng 同意(别人的主张、行为)。例：同学们都～班长的主张。

【支持】zhīchí 给以鼓励或赞助。例：为了～丈夫的事业，她辞掉了自己的工作。

【反对】fǎnduì 不赞成，不同意。例：我们坚决～铺张浪费。

永久 同永恒 近久远 反短暂

【永久】yǒngjiǔ 永远；长久。例：这个物种在地球上～地消失了。

【永恒】yǒnghéng 永远不变。例：能量守恒定律告诉我们，能量是保持～不变的。

【久远】jiǔyuǎn 长久。例：由于时间～，有好多事情我都记忆模糊了。

【短暂】duǎnzàn (时间)短。例：昙花的开放时间极为～。

辨析

“永久”“永恒”和“久远”都有“长久”的意思。“永久”侧重指时间长久，语意较轻，常和合作、幸福、居住、结合等词语搭配；“永恒”侧重指永不改变，语意较重，常和友谊、真理、宇宙、规律等词语搭配；“久远”所指时间介于“永久”和“永恒”之间，常和年代、历史、流传、时间等词语搭配。

勇敢 近英勇 反胆怯

【勇敢】yǒnggǎn 不怕危险和困难；有胆量。例：他是个～的孩子，面对歹徒毫不畏惧。

【英勇】yīngyǒng 勇敢出众。例：他作战～顽强，立了一等功。

【胆怯】dǎnqiè 害怕困难危险，胆量小。例：在困难面前，她～了。

辨析

“勇敢”和“英勇”都指不畏艰险、不怕困难、敢于斗争的精神品质，都是褒义词。“勇敢”侧重指有勇气；“英勇”侧重有英雄气概。“勇敢”常和坚强、机智、战斗等词语搭配；“英勇”常和顽强、牺牲、就义等词语搭配。

优良 近优秀 优异

【优良】yōuliáng（品种、质量、成绩、传统等）十分好。例：这个厂的产品性能～。

【优秀】yōuxiù 非常好。例：她是我们班最～的学生。

【优异】yōuyì 特别好，很出色。例：他以～的成绩考入了全国重点大学。

辨析

“优良”“优秀”和“优异”都是形容词，都指好。但好的程度逐个递增：“优良”是十分好，“优秀”是出类拔萃地好，“优异”是异乎寻常地好。“优良”通常只用于事物，如成绩、作风、传统、品种等；“优秀”可用于物，也可用于人；“优异”一般只用于成绩。

幽静 近寂静 反热闹 喧闹

【幽静】yōujìng 幽雅寂静。例：岸边的垂柳倒映在水面，偶尔听得一两声鸟鸣，真是～极了。

【寂静】jìjìng 没有声音；很静。例：夜已很深了，整个楼区一片～。

【热闹】rènao （景象）繁盛活跃。例：正月十五那天晚上，广场上人山人海，十分～。

【喧闹】xuānnào 喧哗热闹。例：迪士尼乐园内处处是～的人群。

辨析

“幽静”和“寂静”都是形容词，都用来形容环境极其安静。“幽静”侧重于“幽”，指环境幽雅、宜人；“寂静”侧重于“静”，静的程度强于“幽静”。

悠闲 同安闲 近清闲 反繁忙 忙碌

【悠闲】yōuxián 闲适自得。例：繁忙的工作告一段落，总算可以～地享受生活了。

【安闲】ānxián 安静清闲。例：老爷爷神态～地坐在藤椅上。

【清闲】qīngxián 清静闲暇。例：他一时还过不惯～的退休生活。

【繁忙】fánmáng 没有空闲的时候；忙碌。例：爸爸工作～，很少有时间陪我玩。

【忙碌】mánglù 事情多，没有空闲。例：他最近非常～，没空和我们聚会。

Y

辨析

“悠闲”“安闲”和“清闲”都是形容词，都指没有事情可做。“悠闲”指闲适而悠然自得，心中无牵挂，多用来指人的生活；“安闲”指安静清闲，既可指人的心情、生活、神态等，也可以指动物自由自在地生活；而“清闲”指清静空闲，重在没有什么事做，一般只用于人。

友好 同友爱 近友善 反敌对

【友好】yǒuhǎo 亲近和睦。例：我们几家邻居多少年来一直～相处。

【友爱】yǒu'ài 友好亲爱。例：我们的班集体是一个团结～的集体。

【友善】yǒushàn 友好亲善。例：两国人民自古以来保持着～的关系。

【敌对】díduì 利害冲突不相容的；互相对抗的。例：父母要避免让孩子产生～情绪。

辨析

“友好”“友爱”和“友善”都是形容词，都有“亲近和睦”的意思。“友好”使用的范围广泛，个人之间、团体之间、国家之间都可以使用，它还有名词用法，是“好朋友”的意思；“友爱”使用的范围较窄，只限于有亲密关系的人之间，而且限于平辈，“友爱”还有动词用法，如“友爱同学”；“友善”用来表示人与人之间或国家之间的友好关系，多用于书面语。

愉快 同欢畅 近欢快 反不快 忧闷

【愉快】yúkuài 快乐；舒畅。例：游乐场上传来了孩子们～的笑声。

【欢畅】huānchàng 高兴;痛快。例:刚入夜的大草原上,不时飘来~的歌声。

【欢快】huānkuài 欢乐轻快。例:听到要去郊游的消息后,孩子们都~地跳了起来。

【不快】bùkuài (心情)不高兴;(身体)不舒服。例:第一轮比赛就被淘汰,小明的心里十分~。

【忧闷】yōumèn 忧愁烦闷。例:他心中~却无处倾诉。

辨析

"愉快""欢畅"和"欢快"都有"快乐、高兴"的意思。"愉快"指适意舒畅,形容人的心情特别好;"欢畅"除形容人的心情外,还可形容笑声、喧闹声等;"欢快"着重突出轻快、畅快的气氛,用于形容人的心情或乐章等。

预防 同提防 近防范

【预防】yùfáng 事先防备。例:对于疾病我们应当以~为主。

【提防】dīfang 小心防备。例:夜晚睡觉要盖好被子,~着凉。

【防范】fángfàn 防备;戒备。例:对于各种犯罪活动必须严加~。

辨析

"预防""提防"和"防范"都是动词,都用来指人的防备心理。但侧重点不同:"预防"指事先防范;"提防"指处处小心谨慎,以免遭到攻击或陷害;"防范"指非常警觉,随时准备应付突发事件的发生。它们的小心程度是逐步加深的。

渊博 近广博 反无知

【渊博】yuānbó 学识深而广。例:王教授是一个学识~的人。

Y

【广博】guǎngbó 范围大，方面多（多指学识）。例：他知识～，谈吐风趣，学生们都喜欢他。

【无知】wúzhī 没有知识；不明事理。例：你要努力学习，不要做～的人。

辨析

“渊博”和“广博”都是形容词，都指见识广，知识丰富。“渊博”指学识的精深，所指的对象常是比较深奥的学问，也涉及一些奇特的见识；“广博”常指知识范围广、方面多，所指的对象多是基础知识，也指生活经验丰富。

原谅 近谅解 宽恕 反责备 惩罚

【原谅】yuánliàng 对人的疏忽、过失或错误宽恕谅解，不加责备或惩罚。例：我来晚了，请～。

【谅解】liàngjiě 了解实情后原谅或消除意见。例：在这个问题上大家应当互相～。

【宽恕】kuānshù 宽容饶恕。例：他承认了自己的错误，并请求大家～。

【责备】zébèi 批评指责。例：大家都～他不遵守交通规则。

【惩罚】chéngfá 处罚。例：无论是谁，违法都要受到～。

圆滑 近圆通 反实在

【圆滑】yuánhuá 形容人善于敷衍讨好，各方面都应付得周到。例：他为人～，谁都不得罪，其实是一种不负责任的表现。

【圆通】yuántōng（为人、做事）灵活变通，不固执己见。例：她做事～，人缘较好。

【实在】shízài 诚实；不虚假。例：王伯伯这人很～，办事让人放心。

辨析

“圆滑”和“圆通”都是形容词，都有“善于应付”的意思。“圆滑”形容有些人为了不使自己吃亏或暂时能得到一点便宜，各方面敷衍讨好，不负责任；“圆通”形容为人、做事灵活变通，不固执己见。“圆滑”侧重不讲原则，使各方面应付得周到，是贬义词；“圆通”侧重灵活变通，是中性词。“圆滑”与“实在”构成反义关系。

约束 近束缚 反放纵

【约束】yuēshù 限制使不越出范围。例：大家在公共场所要自我～，不要太随便。
【束缚】shùfù 使受到约束限制；使停留在狭窄的范围里。例：不合理的体制～了经济的快速发展。
【放纵】fàngzòng 纵容，不加约束。例：孩子有错，做父母的应该及时教育，不能～不管。

辨析

“约束”和“束缚”都是动词，都指限制。“约束”多指必要的限制，可以自己对自己，是中性词，跟“放纵”相对；“束缚”指不应有的不恰当的限制，一般是外来的限制，是贬义词。“约束”一般用于规章、制度、纪律、法律等，“束缚”一般用于错误的思想意识、生产关系。

允许 同容许 近准许 反不许 不容 禁止

【允许】yǔnxǔ 许可。例：小区内不～长时间停放机动车。
【容许】róngxǔ 许可。例：原则问题决不～让步。
【准许】zhǔnxǔ 同意人的要求。例：这里～办理出境手续。
【不许】bùxǔ 不允许。例：这里～抽烟。

【不容】bùróng 不许。例:幼儿教育~忽视。
【禁止】jìnzhǐ 不准;不许。例:前方修路,机动车辆~通行。

辨析

"允许""容许"和"准许"都是动词,共同语素是"许",都指同意、许可。"允许"指答应、应允,语意较轻;"容许"指容纳、许可,语意较重;"准许"指允准、许可,一般用于上级对下级,语意比"允许"和"容许"都要郑重些。

蕴藏 同储藏 反挖掘 开采

【蕴藏】yùncáng 蓄积或深藏着而没有显露出来或发掘出来。例:海底~着丰富的矿产资源。
【储藏】chǔcáng 保藏;蕴藏。例:这个地区,煤的~量很大。
【挖掘】wājué 挖;开采。例:这些大型设备投入~作业后,工程进度将大大加快。
【开采】kāicǎi 挖掘(矿物)。例:小明爸爸是~石油的工人。

辨析

"蕴藏"指蓄积而未显露或发掘;"储藏"也有此意,但还有"保藏"的意思。在使用范围上,"蕴藏"比"储藏"广,它既指具体事物又可指抽象的事物;"储藏"的对象较为具体。

Z z

灾难 同灾害 近灾祸

【灾难】zāinàn 灾害给人带来的苦难。例:“5·12”大地震给汶川人民带来了一场大~。

【灾害】zāihài 自然的或人为的祸害。例:麦苗只要稍受~,就会影响麦子的产量。

【灾祸】zāihuò 灾难祸害。例:村民们根本没想到~会降临到他们头上。

辨析

“灾难”“灾害”和“灾祸”都是名词,都指较大的损害。“灾难”强调祸事给人带来的苦难;“灾害”一般指生物所受的天灾,有时指战祸或人祸;“灾祸”主要指意外的祸害。

栽培 近培植 培养

【栽培】zāipéi 种植并培育。比喻培养、造就人才;也指官场中对人的提拔。例:为了提高~技术,他到处求师问教。

【培植】péizhí 栽种并细心管理(植物);培养(人才);扶植(势力)使壮大。例:这种人工~的食用菌营养价值很高。

【培养】péiyǎng 以适宜的条件使繁殖;按照一定目的长期地教育和训练使成长。例:为~菊花新品种,他倾注了多年的心血。

Z

辨析

“栽培”“培植”和“培养”都是动词，都有“种植并培育”的意思。“栽培”侧重指种植培育，可用于植物，也可用于人，用于人时多表示感恩，如“承蒙老师栽培”；“培植”侧重指细心管理，多用于植物，常和品种、物种等词语搭配，也可用于人，用于人时多含贬义，如“培植党羽”；“培养”侧重指以适宜的条件使繁殖，对象既可以是具体的人或物，也可以是抽象的思想、感情等，使用范围大，用于人时指给予教育、训练，使之成才，含褒义。

再度 同再次 近重新

【再度】zàidù 第二次；又一次。例：她～获得戏剧表演梅花奖。

【再次】zàicì 第二次；又一次。例：小冬～当选班长。

【重新】chóngxīn 再一次；表示从头另行开始。例：小明把作文～抄写了一遍。

再见 近相会 相见 相逢 反永别 诀别

【再见】zàijiàn 客套话，用于分手时，表示希望以后再见面。例：在亲友们的一片～声中，满载新兵的列车驶出了车站。

【相会】xiānghuì 会面；见面。例：两个人约好在车站～。

【相见】xiāngjiàn 见面。例：在外地打工的妈妈和在家乡上学的女儿已经两年没有～了。

【相逢】xiāngféng 相互遇见。例：和分别多年的同学～，真是一件幸运的事情。

【永别】yǒngbié 永远分别，多指人死。例：雷锋虽然与我们～了，但他的精神永远激励着我们前进。

【诀别】juébié 分别(多指不易再见的离别)。例：没想到和朋友的最后一次见面竟成了～。

赞叹 同赞扬 赞许 近赞美 反嘲笑 贬斥

【赞叹】zàntàn 用语言表达对人或事物优点的喜爱。例：来北京的中外客人都对“国门第一路”——首都机场高速公路～不已。

【赞扬】zànyáng 称赞表扬。例：当地驻军纪律严明，深受老百姓～。

【赞许】zànxǔ 认为好而赞同、称许。例：他们舍己救人的精神值得～。

【赞美】zànměi 用美好的语言表达对人或事物的夸赞。例：游客们对黄山的～之情，溢于言表。

【嘲笑】cháoxiào 讥讽笑话对方。例：不要～那些身体有残疾的同学。

【贬斥】biǎnchì 贬低并排斥或指责。例：为了击败竞选对手，他处心积虑地～对方。

辨析

“赞叹”“赞扬”“赞许”和“赞美”都是动词，都有“夸奖”的意思。但侧重点略有不同：“赞叹”除夸奖外，有“发感慨”的意思；“赞扬”侧重指表扬，多为口头形式；“赞许”有“夸奖和认同”的意思；“赞美”突出了夸奖优点、长处。

糟粕 反精华

【糟粕】zāopò 酒糟、豆渣之类的东西。比喻粗劣而没有什么价值的事物。例：提高人们自身的文化修养，才能对古今中外的文化“去其～，取其精华”。

【精华】jīnghuá 物品中提炼出来的最有用的东西。也指事物中最重要、最好的部分。例：四大古典名著是我国乃至世界古典小说中的～。

Z

责备 同责怪 近责难 责问 反夸奖

【责备】zébèi 批评。例：老师～我做作业太粗心。
【责怪】zéguài 责备埋怨。例：这件事没有办好，大家都有责任，不能完全～他。
【责难】zénàn 指责非难。例：他缺乏职业道德，受到各方面的～。
【责问】zéwèn 用责备的口气问。例：她～的声音不高，但那几个做错事的孩子都低下了头。
【夸奖】kuājiǎng 当众表扬。例：老师～小明为班集体争得了荣誉。

辨析

“责备”语意比“责难”轻，只是一般的批评；“责怪”语意比“责备”轻，着重指埋怨；“责难”着重于向人发难，语意最重；“责问”着重于指出、批评别人的过错，语意较轻。

增添 近增加 反减少 削减 裁减

【增添】zēngtiān 在原有基础上加多。例：明天要降温，注意～衣服。
【增加】zēngjiā 在原有基础上加多或加强。例：我校学生人数在不断～。
【减少】jiǎnshǎo 在原有基础上去掉一部分。例：我们要尽量～洪灾造成的损失。
【削减】xuējiǎn 从已定的数目中减去。例：受金融危机的影响，许多单位都～了开支。
【裁减】cáijiǎn 削减（机构、人员、装备等）。例：由于效益不好，这家企业准备～人员。

辨析

“增添”和“增加”都是动词，都有“在原有基础上加多”的意思。“增加”强调加的数量可多可少，使用时一般有一个参照物；而“增添”着重指加上微小的数量。“增加”的使用范围比“增添”广。

扎实 同踏实 反虚浮

【扎实】zhāshi（工作、学问等）实在；结实。例：他文字功底～，善于写作，已发表十多篇文章了。

【踏实】tāshi（工作、学习态度）切实；不浮躁。例：小明学习～，成绩比较稳定。

【虚浮】xūfú 不踏实；不切实。例：我们在学习中要切忌～的作风。

辨析

“扎实”和“踏实”都是形容词，共同语素是“实”，都表示牢固、坚实，都可以重叠，如“扎扎实实、踏踏实实”。但是词义侧重点不同：“扎实”是形容人的工作作风、态度能深入实际、讲究实效；“踏实”形容人的工作作风、态度实事求是，不浮躁。

债务 反债权

【债务】zhàiwù 欠债单位或个人所负的还债义务。例：美国是世界上最大的～国。

【债权】zhàiquán 依法要求债务人偿还钱财和履行一定义务的权利。例：这个公司要撤销，需尽快把～、债务处理完毕。

Z

辨析

“债务”和“债权”是从权利与义务的角度构成反义关系。

斩钉截铁 近毅然决然 当机立断 反犹豫不决 优柔寡断 举棋不定

【斩钉截铁】zhǎndīng-jiétiě 形容说话办事坚决果断，毫不犹豫。例：他的话～，丝毫没有商量的余地。

【毅然决然】yìrán-juérán 形容意志坚定，毫不犹豫。例：越是关键时刻，越需要～地做出抉择。

【当机立断】dāngjī-lìduàn 抓住时机，立刻决断。例：战场形势千变万化，指挥员必须～，以免贻误战机。

【犹豫不决】yóuyù-bùjué 形容拿不定主意。例：因为性格的缘故，他办事总是～。

【优柔寡断】yōuróu-guǎduàn 办事迟疑，缺乏果断。例：～的人，什么事也办不好。

【举棋不定】jǔqí-bùdìng 迟疑动摇，拿不定主意。例：这件事情如何处理，他一直～。

崭新 近簇新 反陈旧 古旧

【崭新】zhǎnxīn 极新；簇新。例：一辆～的汽车开过来了。

【簇新】cùxīn 极新(指服装等)。例：小朋友们穿上～的衣服，欢度“六一”儿童节。

【陈旧】chénjiù 旧的；过时的。例：学校淘汰了一批～的教学设备。

【古旧】gǔjiù 古老而陈旧。例：这家商店专营～家具。

辨析

“崭新”和“簇新”都是形容词，都指极新。“崭新”既可用于具体事物，也可用于抽象事物，如“崭新的时代”“崭新的未来”；而“簇新”一般多用于具体事物，且多指衣着。

战争 同战事 近战斗 战役 战乱 反和平

【战争】zhànzhēng 为一定目的而进行的具有一定规模的武装斗争。是政治的继续，是流血的政治，是解决政治矛盾的最高形式。例：全世界爱好和平的人们都不希望看到～。

【战事】zhànshì 有关战争的各种活动，泛指战争。例：两国谈判破裂，～又起。

【战斗】zhàndòu 敌对双方所进行的武装冲突，是达到战争目的的主要手段。例：这里曾经发生过一场激烈的～。

【战役】zhànyì 根据战略需要，在一定区域和一定时间内进行的一系列战斗的总和。例：历史上发生过多次以少胜多的～。

【战乱】zhànluàn 战争状态下的混乱状况。例：饱受～之苦的人们，最渴望和平。

【和平】hépíng 指没有战争的状态。例：保卫～是世界各国的共同责任。

辨析

“战争”指一切武装斗争，它是由许多战役、战斗组成的，词义范围最大；“战事”泛指战争；“战斗”指具体的单个的仗，词义范围小，它不仅可用于战争方面，还可用于一切形式的斗争，它有时能作动词用，可以构成“战斗力”“战斗者”等；“战役”指为实现一定的战略目的，按照统一的作战计划，在一定的时间和地区内所进行的一系列战斗的总和，词义范围比“战斗”大；“战乱”侧重指战争状态下的混乱状况。

Z

真理 近真谛 公理 反谬论

【真理】zhēnlǐ 指真实的道理。例：实践是检验～的唯一标准。
【真谛】zhēndì 真实的意义或道理。例：这篇文章揭示了其作者的人生～。
【公理】gōnglǐ 经过人类长期反复实践的检验，不需要再证明的命题；公众普遍认同的道理。例：律师的职责是以法律为武器，维护正义和～。
【谬论】miùlùn 荒谬的言论。例：凡～必须加以驳斥，不能让它毒害人们的思想。

镇静 同镇定 反惊慌

【镇静】zhènjìng 情绪稳定、安静。例：在考场上一定要保持～。
【镇定】zhèndìng 遇到紧急的情况不慌乱。例：火灾发生时，他神色～地引导人们紧急疏散。
【惊慌】jīnghuāng 害怕慌张。例：野兔看见人，～地逃跑了。

辨析

“镇静”和“镇定”都可作形容词，都有“不慌乱”的意思。“镇静”指情绪稳定、平静；“镇定”指遇到紧急情况不慌不忙，心中有数，语意比“镇静”重。“镇静”还可以作宾语，如“保持镇静”，还可构成新词“镇静剂”；“镇定”没有这种用法。

郑重 同庄重 近隆重 反轻率

【郑重】zhèngzhòng 严肃认真。例：公司～声明，规章制度必须严格遵守。
【庄重】zhuāngzhòng 严肃；不轻浮。例：国旗班战士们神情～

地在天安门广场升起了五星红旗。

【隆重】lóngzhòng 盛大庄重。例:全国人民代表大会～地在北京举行。

【轻率】qīngshuài 随便;不慎重。例:这是关系全厂职工切身利益的大事,我们怎能～地做出决定呢?

辨析

“郑重”“庄重”和“隆重”都是形容词,都有“严肃”的意思。“郑重”侧重态度方面,多用于形容对人对事的严肃态度;“庄重”多形容人的姿态、举止、言语、容貌等方面;“隆重”侧重于仪式庄重。

知道 同知悉 近知情 了解

【知道】zhīdào 对于事实或道理了解、认识。例:我～这个问题的答案。

【知悉】zhīxī 知道。例:此事内情我已～。

【知情】zhīqíng 知道事情的情节、经过。例:几个～的人都来了,这件事终于有了结论。

【了解】liǎojiě 知道得清楚。例:这次讲座加深了我对天文知识的～。

辨析

“知道”“知悉”“知情”和“了解”都是动词,都有“了解事物”的意思。“知道”多用于口语;“知悉”多用于书面语;“知情”侧重指知道事情的经过、情节;“了解”比“知道”语意重。

指使 同指派 近唆使

【指使】zhǐshǐ 出主意叫别人去做某事。例:你这样做肯定是有

Z

人～。

【指派】zhǐpài 派(某人去做某事)。例:公司～李技术员负责工程的质检工作。

【唆使】suōshǐ 指使或怂恿(别人去做坏事)。例:～村民哄抢山中的林木是犯罪行为。

辨析

"指使""指派"和"唆使"都是动词,都指让人去做事。"指使"是暗中出主意叫人去做;"指派"是公开地派人去做;"唆使"是用语言挑动,怂恿他人去做事。"指使"所做的事多为不好的事;"指派"所做的事多为正当的事;"唆使"所做的事全是坏事。

咫尺 反天涯

【咫尺】zhǐchǐ 不到一尺。指极近的距离。例:近在～不相逢是经常的事。

【天涯】tiānyá 天边。比喻极远的地方。例:你就是远在～,我也要把你找回来。

辨析

"咫尺"和"天涯"是从距离的角度构成反义关系。

中心 同核心 近重心 反周围

【中心】zhōngxīn 跟四周的距离相等的位置;事物的主要部分。例:我们的～任务就是把学习成绩提高上去。

【核心】héxīn 中心。例:中国共产党是全国人民的领导～。

【重心】zhòngxīn 物理名词,指物体全部重量的集中点;事情的中心或主要部分。例:物体的～一般在物体中间。

【周围】zhōuwéi 环绕中心的部分。例:毛泽东望着～的山峰,写出了气势豪迈的《沁园春·雪》。

辨析

“中心”“核心”和“重心”都是名词，都指中间的平衡的或重要的位置。在“居于中心地位”这个意义上，“中心”同“核心”可以通用，如“中心人物”“核心人物”；“中心问题”“核心问题”。“中心”指中间，如“市中心”“河中心”“广场中心”等，也指某种事物的集中点，如“政治中心”“文化中心”“商业中心”等；“核心”本指果实中间硬的包含果仁的部分，即种子，引申指事物中起主导作用的中心部分，如“核心力量”“核心作用”“核心小组”等；“重心”是物理学名词，指物体全部重量的集中点，依靠它可以保持物体的平衡，引申指决定事情成败的关键、事物的主要部分或办事的重点。

忠诚 近 忠实

【忠诚】zhōngchéng 诚心诚意，尽心尽力。例：我们老师对教育事业无比～。

【忠实】zhōngshí 忠诚可靠，没有二心。例：他是我最～的朋友。

辨析

“忠诚”和“忠实”都是形容词，都有“真心实意”的意思。“忠诚”侧重指尽心尽力，多用于组织、朋友、领导、事业等；“忠实”指老实可靠的品质，用在对待事物的态度时，有“如实”的意思。“忠实”常作状语，修饰动词，如“忠实执行”“忠实履行”“忠实推行”等；“忠诚”一般不作状语。

衷肠 近 衷情

【衷肠】zhōngcháng 内心的话。例：几个好朋友久别重逢，聚在一处互诉～。

Z 【衷情】zhōngqíng 内心的情感。例：长久的思念使他想找朋友一诉～。

辨析

“衷肠”和“衷情”都是名词，表达的情感或诉说的话语都出于内心。不同之处是：“衷肠”侧重指内心的话；“衷情”侧重指内心的情感。

重地 近重镇

【重地】zhòngdì 需要重点防护、格外注意的地方。例：这是库房～，严禁外人进入。

【重镇】zhòngzhèn 在军事方面或其他方面占有重要地位的城镇。例：扬州是江南的～。

辨析

“重地”和“重镇”都指重要的地方。“重地”的范围较小；“重镇”多就军事或其他方面而言。

周密 同周全 近周到 反粗疏

【周密】zhōumì 周到细密。例：这个计划足够～，我没有补充的了。

【周全】zhōuquán 周到全面。例：这个问题考虑得不太～。

【周到】zhōudào 面面都照顾到；不疏忽。例：你们想得太～了，真应该感谢才是。

【粗疏】cūshū 不细心；（毛发、线条等）粗而稀疏。例：由于自己一时～，弄丢了身份证，只好去补办一个。

辨析

“周密”“周全”和“周到”都是形容词，都有“处处照顾到”的意思。“周密”侧重指没有疏漏；“周全”侧重指全面；“周到”侧重指都照顾到。“周全”还可作动词，有“帮助或成全”的意思；“周密”“周到”没有这种用法。

逐渐 近逐步 反忽然

【逐渐】zhújiàn 一点一点地。例：刚来这里工作时，我很不适应，后来～习惯了。

【逐步】zhúbù 一步一步地。例：我们一定能够～改造沙漠。

【忽然】hūrán 表示在短促的时间内很快发生，出乎意料。例：晚饭后，～刮起了大风，不一会儿就下起了大雨。

辨析

“逐渐”和“逐步”都是副词，都有“渐渐”的意思。“逐渐”没有明显的阶段性，多用于事物的变化；“逐步”指一步一步地发展，有很明显的阶段性，多用于实施计划方面。

主动 近自动 反被动

【主动】zhǔdòng 不等待外力推动就行动。例：做了错事就应该～承认。

【自动】zìdòng 主动；不凭借人的力量的。例：地震车里，仪表亮着红绿灯，～记录着数据。

【被动】bèidòng 受外力推动而行动。例：要摆脱这种～的局面，非花大力气不可。

辨析

“主动”和“自动”都是形容词，都可以跟“被动”相对，表示出于自愿，不待外力推动就动作起来。就地位而言，“主动”就

Z

是“不被动”，如“主动争取”；就态度而言，“主动”就是自觉地行动，如“主动承担责任”“工作积极主动”等。“自动”对人来说，就是不待外力推动而自己行动起来，如“自动组织起来”；对物来说，就是不靠人力，而靠动力开动，如“自动控制”等。“主动”可以构成“主动权”“主动性”；“自动”可以构成“自动化”。

主张 近主意 反反对

【主张】zhǔzhāng ①对于如何行动持有某种见解。②对于如何行动所持有的某种见解。例：①我～每个人做个小礼品，送给老师做纪念。②班会上，大家都支持班长的～。

【主意】zhǔyi 办法。例：大伙儿都觉得小明这个～不错。

【反对】fǎnduì 不赞成，不同意。例：我坚决～这种不公平的做法。

辨析

“主张”在作名词时和“主意”都指处理事情的见解、办法等。“主张”是明确的见解和完整的计划，比“主意”色彩庄重，既可用于一般事情，也可以用在重大的事情上；“主意”是确定的办法或内心的打算，多用于一般事情。另外，“主张”可作动词，指对如何行动有某种见解，带宾语，此时，和“反对”构成反义关系；“主意”没有动词用法。

注意 近留意 留神 反走神 分心

【注意】zhùyì 把意志放在某一方面。例：过马路时一定要～安全。

【留意】liúyì 注意；小心。例：路面很滑，一不～，就会摔跤。

【留神】liúshén 注意；小心。例：车辆很多，过马路时要～。

【走神】zǒushén 精神不集中，注意力分散。例：司机开车要专心，不能～。

【分心】fēnxīn 分散心思；不专心。例：你在学校里一定要专心学习，不要为家里的事～。

辨析

“注意”“留意”和“留神”都是动词，都表示把注意力放在某件事上。“注意”是把心思放在某一方面，使用范围较宽，对象可以是眼前突出的具体的东西，也可以是抽象事物；“留意”“留神”还有“小心”的意思，多指防备危险或错误，常用于口语。

祝福 同祝愿 近祝贺 反咒骂 诅咒

【祝福】zhùfú 祝愿他人平安、幸福。例：我～那些曾经帮助过我的人。

【祝愿】zhùyuàn 表示良好愿望。例：～您老人家健康长寿。

【祝贺】zhùhè 庆贺。例：～你在作文比赛中取得好成绩。

【咒骂】zhòumà 用恶毒的话骂。例：有话好好说，互相～是解决不了问题的。

【诅咒】zǔzhòu 原指祈祷鬼神加祸给所恨的人，今指咒骂。例：请不要这样恶毒地～别人。

辨析

“祝福”“祝愿”和“祝贺”都有“表达对他人的良好愿望”的意思。“祝福”“祝愿”是预祝；“祝贺”则用于已经取得成功的人或事情。

Z

著名 同有名 闻名 反无名

【著名】zhùmíng 有名。例:正在台上讲话的是我国~的经济学家。

【有名】yǒumíng 名字为大家所熟知。例:李白是唐代~的诗人。

【闻名】wénmíng 有名。例:苏州的刺绣以其制作精细、富于艺术气息而~世界。

【无名】wúmíng 没有名称的;名字不为世人知道的。例:晚会上,那些一直在后台工作的~英雄们被请到了台前。

辨析

"著名""有名""闻名"都有"名字被大家知道"的意思。"著名"强调名字突出、显著,给人以较深的印象;"有名"强调名字被大家熟知;"闻名"强调名称广为传布,大家都听说过,可在后面直接跟上"天下""全国""海外"等表示处所的词语。

专心 同专注 近专一

【专心】zhuānxīn 集中注意力。例:同学们上课要~听讲。

【专注】zhuānzhù 专心注意。例:做这种危险的工作,必须心神~。

【专一】zhuānyī 专心一意;不分心。例:他对爱情十分~。

辨析

"专心""专注"和"专一"都有"集中注意力"的意思。"专心"多用于工作、学习;"专注"多用于精神方面;"专一"多用于爱情。

转达 同转告 近传达

【转达】zhuǎndá 把一方的话转告给另一方。例：你放心，我一定把你的原话~给对方。

【转告】zhuǎngào 受人嘱托把某人的话、情况等告诉另一方。例：你妈妈让我~你，她明天要来看你。

【传达】chuándá 把一方的意思告诉另一方。例：会议室内王校长正在给教师们~文件。

庄重 同庄严 近稳重

【庄重】zhuāngzhòng 稳重严肃。例：他神态~地和我说了这句话。

【庄严】zhuāngyán 庄重严肃。例：五星红旗在天安门广场~地升起。

【稳重】wěnzhòng 沉着持重；不轻浮。例：你看这位姑娘多~。

辨析

“庄重”“庄严”和“稳重”都是形容词，都有“郑重、严肃”的意思。“庄重”表示端庄、持重，多指人的举止品行；“庄严”表示严肃、端重，不可侵犯，可以指人的神态，也可以指重大事物形成的气氛；“稳重”表示沉着、不轻浮，多指人的作风、态度。

卓著 同卓越 卓然

【卓著】zhuózhù 优异而显著。例：他是位成就~的生物学家。

【卓越】zhuóyuè 优秀杰出，超出一般。例：这位老人就是~的科学家竺可桢。

Z

【卓然】zhuórán 非常优秀、突出。例：她刚入大学半年，就因成绩～，闻名全系。

辨析

“卓著”“卓越”“卓然”都是形容词，都有“优秀、高明而超出一般人”的意思。“卓著”侧重指十分显著；“卓越”则侧重指超绝出众，语意比“卓著”要重；“卓然”侧重指相当优秀，语意较轻。

自信 近自负 反自卑

【自信】zìxìn 对自己有信心。例：其他不敢说，在电脑方面我很～。

【自负】zìfù 自以为了不起。例：这个人太～，总以为自己不会失败。

【自卑】zìbēi 自己轻视自己。例：由于成绩较差，他感到特别～。

辨析

“自信”和“自负”都是形容词，都有“自我肯定、对自己充满信心”的意思。但“自信”侧重于对自己有把握，是中性词；“自负”侧重于认为自己了不起，是贬义词。

阻挡 同阻拦 阻止 反放行

【阻挡】zǔdǎng 阻止；拦挡。例：要是没有防护林的～，这座城市早就被沙漠吞没了。

【阻拦】zǔlán 阻止。例：那么多人往前涌，根本～不住。

【阻止】zǔzhǐ 阻拦使停止。例：必须～那些违反交通规则的行为。

【放行】fàngxíng 许可通行。例：车辆被～通过。

辨析

“阻挡”“阻拦”和“阻止”都有“拦阻”的意思。“阻挡”强调挡住，不让其前进或发展；“阻拦”强调以较大力量拦截，使不能前进或发展；“阻止”强调使停止，是使某种行为或某项活动停下来。

尊重 同尊敬 近敬重 反鄙薄

【尊重】zūnzhòng 尊敬；敬重。例：人与人之间应当相互～。
【尊敬】zūnjìng 尊崇敬重。例：他是一位值得大家～的长者。
【敬重】jìngzhòng 尊敬和看重。例：大家都很～王教授。
【鄙薄】bǐbó 轻视；看不起。例：不要～那些外来务工人员。

辨析

“尊重”“尊敬”和“敬重”都有“很看重”的意思，一般用于年岁比自己大或地位比自己高、自己佩服的人。“尊重”还有“重视”的意思，对象可以是人，也可以是抽象事物，如知识、科学、历史、意见、风俗习惯等；“尊敬”还有“恭敬”的意思，对象主要是人，且多用于下级对上级、晚辈对长辈；“敬重”是“尊敬佩服”的意思，对象只能是人。

遵守 同遵从 近遵循 遵照 反违反

【遵守】zūnshǒu 按规定办事；不违反。例：同学们一定要～课堂纪律。
【遵从】zūncóng 遵照服从。例：～上级命令，部队连夜出发。
【遵循】zūnxún 遵照。例：我们必须～党的群众路线的方针。
【遵照】zūnzhào 依照。例：组织上决定的事，必须～执行。
【违反】wéifǎn 不遵守；与规定、原则、制度等相对立。例：～公司规定的，就按有关规定处理，谁也不能例外。

辨析

“遵守”“遵从”“遵循”和“遵照”都是动词，都有“服从并依照要求行事”的意思。“遵守”侧重恪守，不违反，多用于法规、纪律或盟约；“遵从”侧重服从、听从，多用于对人的教导、具体意见等；“遵循”侧重依照、不背离，多用于原则、规律或教导等；“遵照”侧重严格照办，多用于政策、上级指示等。

多音多义字

DUOYINDUOYIZI

凡　例

一、字头

1. 收录多音多义字600余个。

2. 字头按汉语拼音音序排列，同音字按笔画数由少到多排列。

二、注音

1. 依据《汉语拼音方案》和《普通话异读词审音表》为字头注音。

2. 多音字的不同读音，用㊀㊁㊂……分别标注。

3. 轻声字的注音不标调号。

4. 专有名词和姓氏的读音，第一个字母大写。

5. 释义或举例中出现的易混多音字及生僻字，标注其读音。

三、释义

1. 以现代汉语常用义项为主，酌情收录方言用义及文言用义。

2. 释义不止一项时，用①②③……分列；同一义项如果还需细分，用a)b)c)……分列。

3. 释义中，〈口〉表示口语用法，〈书〉表示书面用法，〈方〉表示方言用法。

4. 不同的读音及义项后分别列出其常见用例，用例中用"～"代替该字头，多个用例间用"|"间隔。

四、索引

正文前附有《音序索引》，以供查检。

音序索引

A

B

C

D

E

F

H

J

音序索引

M

N

O

P

Q

R

S

X

Y

音序索引

A ɑ

阿 ㊀ā ㊁ē

阿 ㊀ ā

〈方〉①用在某些亲属称谓的前面：～妈|～爸|～妹|～姐|～姨。②用在排行、小名或姓的前面，表示亲昵：～三|～毛|～刘。

阿 ㊁ ē

①屈从；迎合；偏袒：～附|～谀|刚直不～|～其所好。②〈书〉弯曲的地方：山～。③（Ē）指山东东阿：～胶。④（Ē）姓。

啊 ㊀ā ㊁á ㊂ǎ ㊃à ㊄a

啊 ㊀ ā

叹词。表示惊异或赞叹：～，下雪了|～，多么美好的夜色！

啊 ㊁ á

叹词。表示追问或要求再说一遍：～，你说谁？|～，你找什么？

啊 ㊂ ǎ

叹词。表示疑惑：～，怎么能说话不算数呢？

啊 ㊃ à

叹词。①表示答应：～，我这就去。②表示一下子明白过来：～，原来是这么回事！③表示赞叹或惊奇：～！黄河，你是中华民族的摇篮！|～，会有这样的事！

啊 ㊄ a

助词。①用在句末表示赞叹：这里的风景真美～！②用在句末表示肯定、辩解、催促、嘱咐等：你这事儿办得好～！|这不是我的错～！|快点走～！|以后再不能迟到～！③用在句中稍作停顿，让人注意下面的话：你～，怎么说你才好呢！④用在句中表示列举：肉～，菜～，买了一大堆。⑤用在句末表示缓和的疑问语气：这是怎么回事～？⑥用在重复的动词后面，表示过程

长：小明找～，找～，终于找到了那个电话号码。

多音多义字

腌 ㈠ ā ㈡ yān

腌 ㈠ ā

〖腌臜(za)〗〈方〉①肮脏；不干净：这条街道太～。②(心里)别(biè)扭；不舒畅：生意没谈成，心里～极了。③使难堪：你别再～他了。

腌 ㈡ yān

用盐、糖等浸渍食物：～咸菜｜～蒜。

挨 ㈠ āi ㈡ ái

挨 ㈠ āi

①靠着；靠近：～近｜～肩儿｜他们两家紧～着。②介词。依次：～家～户｜～个儿入场。

挨 ㈡ ái

①遭受；忍受：～骂｜～批｜～冻｜忍饥～饿。②拖延：～时间。③艰难地度过(岁月)：～日子｜～了一年又一年。

唉 ㈠ āi ㈡ ài

唉 ㈠ āi

①叹词。表示答应：～，我一定去！②拟声词。形容叹息的声音：他蹲在地上，～～地直叹气。

唉 ㈡ ài

叹词。①表示伤感或惋惜：～，头上的白发又多了｜～，这么好的一个机会又失去了。②表示失望：～，计划全泡汤了。

嗳 ㈠ āi ㈡ ǎi ㈢ ài

嗳 ㈠ āi

叹词。①表示提醒：～，前面有个坑。②表示惊讶或不满：～！想不到在这儿看见你｜～！你怎么乱动别人的东西呢？

嗳 ㈡ ǎi

叹词。表示否定或不赞成：～，这样做不对！｜～，你可不能这么说。

嗳 ㈢ ài

叹词。表示悔恨、懊丧：～，当时我怎么没想到这一点呢？

艾 ㈠ ài ㈡ yì

艾 ㈠ ài

①多年生草本植物，叶有香

气，可入药，又可制成艾绒，中医用于灸疗。茎、叶点燃后能驱蚊蝇。也叫艾蒿。②〈书〉停止：方兴未～。③〈书〉美丽：少（shào）～（年轻貌美的人）。④（Ài）姓。

艾 ㊁ yì

〈书〉①治理；改正：自怨自～。②安定。

熬 ㊀ āo ㊁ áo

熬 ㊀ āo

烹调方法，把蔬菜等放在水里煮：～白菜｜～豆腐。

熬 ㊁ áo

①把粮食放在锅里慢慢煮烂：～粥。②为提取有用的成分而久煮：～药｜～盐。③忍受；勉强（qiǎng）支撑：疼痛难～｜为了赶稿子，他～了整整一夜。④（Áo）姓。

拗 ㊀ ǎo ㊁ ào ㊂ niù

拗 ㊀ ǎo

〈方〉弄弯使折（zhé）断：他一用劲儿，把笔杆～断了。

拗 ㊁ ào

不顺；不顺从：～口令｜违～。

拗 ㊂ niù

固执；不顺从：执～｜脾气～得很。

B b

扒 ㊀ bā ㊁ pá

扒 ㊀ bā

①抓住(可依附的东西):～住树枝摘苹果。②刨(páo);挖:～坑。③拆除:～了旧房盖新房。④脱掉;剥(bāo):屋里太热,他把背心都～了|把榆树皮～下来。

扒 ㊁ pá

①用手或用工具使东西聚拢或散开:～树叶。②〈方〉用手搔;抓;挠:～痒。③烹调方法,用小火把食物煮烂:～鸡|～白菜|～牛肉。④从别人身上窃取(钱物):～窃|～手。

吧 ㊀ bā ㊁ ba

吧 ㊀ bā

①拟声词。形容枪声、物体断裂声:～～两声枪响|～的一声,弦断了。②英语 bar 的音译,指具备特定功能或设施的休闲场所:酒～|氧～|网～|陶～|文化～。

吧 ㊁ ba

助词。①用在祈使句末,表示商量、催促、请求、命令等:我们可以开始了～|快点去～|让我也参加～|你说给大家听听～! ②用在"好""可以""行"等后面或句末,表示同意或允许:好～,就这么办|我们按原计划执行～。③用在疑问句末,带有揣测的意味:他大概走了～? ④用在陈述句末,表示不敢肯定(不要求回答):他自己总该知道～。⑤在句中表示停顿,带假设语气(常对举,有左右为难的意思):说～,要得罪人;不说～,又实在看不下去。

把 ㊀ bǎ ㊁ bà

把 ㊀ bǎ

①拿着;端着:～玩|～盏|～酒问青天(宋·苏轼)。②掌握;操

纵:～持朝政。③看守;守卫:～门|～关。④为防止裂开而加以约束:～住裂缝。⑤车把:不要双手撒～骑自行车。⑥称某些扎成一束的东西:草～。⑦量词。a)用于手抓起的数量:一～米。b)用于有把手的器物:一～刀|一～伞。c)用于同手相关的动作:洗～脸。d)用于同手的动作有关的某些事物:一～鼻涕一～泪。e)用于某些抽象事物:加～劲|是～好手。⑧用在某些量词、数词后表示约略估计:个～月|百～块钱。⑨介词。和"将"相当:～青春献给祖国。⑩结拜兄弟:～兄|～弟。⑪(Bǎ)姓。

把 ㊁ bà

①器物的柄或便(biàn)于用手拿的部分:茶壶～儿。②植物上支撑着花、叶或果实的柄:花～儿。

耙 ㊀ bà ㊁ pá

耙 ㊀ bà

①用于碎土和平地的农具:圆盘～|钉齿～。②用耙碎土平地:～地。

耙 ㊁ pá

①耙子,聚拢和散(sàn)开柴草、谷物或平整土地的农具,有长柄,一端有铁齿、木齿或竹齿。②用耙子平整土地或使地上的柴草、谷物等聚拢或散(sàn)开:地～过了|把黄豆～开晒晒。

拜 ㊀ bái ㊁ bài

拜 ㊀ bái

〖拜拜〗①再见。②指结束某种关系。

拜 ㊁ bài

①行礼表示敬意:跪～。②行礼表示祝贺:～年|～寿。③拜访:～见。④通过一定的礼仪授予:～相|～将。⑤通过一定仪式结成某种关系:～师|～把兄弟。⑥敬辞,跟人交往时的客套话:～读大作。⑦(Bài)姓。

伯 ㊀ bǎi ㊁ bó

伯 ㊀ bǎi

〖大伯子〗〈口〉已婚妇女对丈夫哥哥的称呼。

伯 ㊁ bó

①在兄弟排行中代表老大:～兄|～仲叔季。②父亲的哥哥:大～。③称呼跟父亲辈分相同而年纪较大的男子:老～。④

封建五等爵位的第三等：～爵｜公侯～子男。⑤(Bó)姓。

柏 ㊀ bǎi ㊁ bó ㊂ bò

柏 ㊀ bǎi

①柏树，常绿乔木，叶多呈鳞片状。木材质地坚硬，可用来做建筑材料。②(Bǎi)姓。

柏 ㊁ bó

音译用字：～林（德国首都）｜～拉图（古希腊哲学家）。

柏 ㊂ bò

〖黄柏〗落叶乔木，夏季开黄绿色小花，果实黑色。木材坚硬，可供建筑、航空工业等用。茎可制黄色染料。树皮可制软木，也可做药材。现一般写作“黄檗(bò)”。

呗 ㊀ bài ㊁ bei

呗 ㊀ bài

〖梵(fàn)呗〗佛教徒念经的声音。

呗 ㊁ bei

助词。①表示事实或道理明显，很容易了解：你不会骑车，就学～。②表示勉强同意或勉强让步的语气：去就去～｜他想要就给他～。

般 ㊀ bān ㊁ bō ㊂ pán

般 ㊀ bān

①量词。种；类：百～劝解｜这～人。②助词。一样；似的：人如潮水～涌进车站。③(Bān)姓。

般 ㊁ bō

〖般若(rě)〗佛教用语，指智慧。

般 ㊂ pán

〈书〉欢乐。

膀 ㊀ bǎng ㊁ bàng ㊂ pāng ㊃ páng

膀 ㊀ bǎng

①胳膊与躯干相连的部位：～阔腰圆。②鸟类等的飞行器官。

膀 ㊁ bàng

〖吊膀子〗〈方〉指调情。

膀 ㊂ pāng

浮肿：～肿｜他的脸有点儿～。

膀 ㊃ páng

〖膀胱(guāng)〗人和高等动物体内储存尿的器官，囊状，位于盆腔内。有的地区叫尿脬(suīpāo)。

蚌 ㊀ bàng ㊁ Bèng

蚌 ㊀ bàng

软体动物，有两个可以开闭的椭圆形介壳（qiào）。生活在淡水中，种类很多，有的介壳内能产珍珠：鹬（yù）～相争，渔翁得利（比喻双方争持不下，让第三方从中获利）。

蚌 ㊁ Bèng

蚌埠（bù），地名，在安徽。

磅 ㊀ bàng ㊁ páng

磅 ㊀ bàng

①量词。英美制重量和质量单位，1 磅合 0.4536 千克。②磅秤，一种用金属制成的秤，底座上有承重的金属板：搁在～上称（chēng）一下。③用磅秤称（chēng）：～体重。

磅 ㊁ páng

〖磅礴（bó）〗①（气势）盛：气势～。②（气势）充满：～于天地之间。

炮 ㊀ bāo ㊁ páo ㊂ pào

炮 ㊀ bāo

①烹调方法，用锅在旺火上急炒（牛羊肉片等）。②用火烘（hōng）干：鞋湿了，在炉子上～一～吧。

炮 ㊁ páo

制作中药的一种方法，用火加热除去水分，使纯净并易于贮藏。

炮 ㊂ pào

①原指用机械发射石头或用火药发射弹丸的武器。现指口径在 20 毫米以上，能发射炮弹的重型射击武器，火力强，射程远。种类很多，有迫（pǎi）击炮、榴弹炮等。也叫火炮。②爆竹：鞭～。③爆破土石时，在凿（záo）眼里装上炸药后叫作炮：打眼儿放～。

剥 ㊀ bāo ㊁ bō

剥 ㊀ bāo

去掉东西的外皮或壳（ké）：～橘子|～了皮再吃。

剥 ㊁ bō

义同“剥（bāo）”，专用于合成词或成语：～削|生吞活～。

薄 ㊀ báo ㊁ bó ㊂ bò

薄 ㊀ báo

①物体厚度小（跟“厚”相对）：

～衣服|纸很～|脸皮～。②(感情)不深;冷淡(跟"厚"相对):我待他不～。③(味道)不浓(跟"厚"相对):这种酒味道～。④(土质)不肥沃:～田。⑤(家产)少;不富有(跟"厚"相对):家底儿～。

薄 ㊁ bó

①轻微;少:～技|～利|微～。②不强健;不雄厚:单～。③小看;轻视;慢待:菲～|厚此～彼。④轻浮;尖刻:轻～|尖嘴～舌。⑤淡;不浓厚:淡～|～雾浓云。⑥〈书〉迫近:日～西山。⑦(Bó)姓。

薄 ㊂ bò

〚薄荷〛多年生草本植物,茎方形,叶子对生。茎和叶子有清凉的香味,提炼出的化合物可以入药。

堡 ㊀ bǎo ㊁ bǔ ㊂ pù

堡 ㊀ bǎo

①堡垒,军事上的防御建筑:碉～|暗～。②旧时指用土石筑成的小城:城～。③(Bǎo)姓。

堡 ㊁ bǔ

堡子,围有土墙的城镇或乡村;泛指村庄(多用于地名):吴～(在陕西)|柴沟～(在河北)。

堡 ㊂ pù

用于地名:三十里～(在辽宁大连)。

刨 ㊀ bào ㊁ páo

刨 ㊀ bào

①刨子或刨床,刮平木料或金属材料的工具:槽～|～刃儿|牛头～。②用刨子或刨床刮平木料或金属材料等:～花|把案板～一～。

刨 ㊁ páo

①挖掘:～土|～树根。②〈口〉从原有事物中除去;减去:～去零头|～了皮,净重两千克。

趵 ㊀ bào ㊁ bō

趵 ㊀ bào

〈书〉跳跃:～突泉(泉名,在山东济南)。

趵 ㊁ bō

〈书〉踢。

暴 ㊀ bào ㊁ pù

暴 ㊀ bào

①突然而猛烈:～富|～风雨|

～增｜～饮～食。②凶残：残～｜～力｜～行。③急躁：脾气～。④突出：气得青筋～起。⑤显露：～露｜～晒。⑥〈书〉糟蹋：自～自弃。⑦(Bào)姓。

暴 ㊁ pù

〈书〉同"曝(pù)"。

瀑 ㊀ Bào ㊁ pù

瀑 ㊀ Bào

瀑河，水名，在河北。

瀑 ㊁ pù

瀑布，从悬崖或河床突然降落的地方流下的水，远看好像挂着的白布：飞～。

曝 ㊀ bào ㊁ pù

曝 ㊀ bào

〖曝光〗①使照相底片或感光纸感光。②比喻把隐秘的事情(多为不体面的)披露(lù)出来，让大家知道。

曝 ㊁ pù

〈书〉晒：～晒｜一～十寒。

背 ㊀ bēi ㊁ bèi

背 ㊀ bēi

①(人)用脊背(bèi)驮(tuó)：～包｜～孩子｜把柴草～回家里。②负担；承受：～债｜～责任。

背 ㊁ bèi

①躯干与胸腹相对的部分：～影｜后～。②物体的反面或后面：手～｜刀～。③背对着(跟"向"相对)：～光｜～水一战。④离开：～井离乡。⑤躲避；不让人知道：～人(避开别人)。⑥凭记忆念出：～课文｜～英语单词。⑦违背；违反：～约｜～信弃义。⑧偏僻：～街｜～静。⑨〈口〉倒霉：～运｜手气～。⑩〈口〉听力不好：耳朵～。⑪(Bèi)姓。

臂 ㊀ bei ㊁ bì

臂 ㊀ bei

见539页〖胳(gē)臂〗。

臂 ㊁ bì

肩膀以下手腕以上的部分：手～｜左膀右～｜一～之力。

奔 ㊀ bēn ㊁ bèn

奔 ㊀ bēn

①疾走；快跑：～驰｜～跑｜～走相告。②赶忙去做(某事)：～丧(sāng)。③逃跑：东～西窜。④(Bēn)姓。

奔 ㊁ bèn

①径直走向目的地：直～实验室。②介词。朝；向：汽车～飞机场开去。③年纪接近（四十岁、五十岁等）：他是～五十的人了。④追求；努力得到：～好日子。

绷 ㊀ bēng ㊁ běng ㊂ bèng

绷 ㊀ bēng

①张紧：弦～得太紧了。②衣物、衣料等张紧：衣服小了，紧～在身上。③急速弹起：盖子一打开，弹簧就～飞了。④针脚较粗疏地缝住或用针别（bié）上：～被头｜袖子上～着孝章。⑤〈方〉勉强（qiǎng）支持；硬撑：～场面。⑥〈方〉骗（财物）：坑～拐骗。

绷 ㊁ běng

〈口〉①板着：～着脸。②用力支撑：～住劲儿，别松手。

绷 ㊂ bèng

裂（liè）开：～瓷｜墙上～了一道缝儿。

泌 ㊀ bì ㊁ mì

泌 ㊀ bì

①〈书〉泉水涌出的样子。②（Bì）泌阳，地名，在河南。③（Bì）姓。

泌 ㊁ mì

分泌：～尿｜～乳。

秘 ㊀ bì ㊁ mì

秘 ㊀ bì

①音译用字：～鲁（国名，在南美洲）。②（Bì）姓。

秘 ㊁ mì

①不公开的；不让人知道的：～诀｜～方｜神～。②保守秘密：～而不宣。③罕见的：～本。

裨 ㊀ bì ㊁ pí

裨 ㊀ bì

〈书〉补益；益处：大有～益｜无～于事。

裨 ㊁ pí

〈书〉辅佐的；副：偏～｜～将（古代指副将）。

辟 ㊀ bì ㊁ pī ㊂ pì

辟 ㊀ bì

①〈书〉君主：复～（恢复帝制）。②〈书〉驱除；避免：～易｜～邪。③〈书〉君主召见并授

予官职：征～。④(Bì)姓。

辟 ㊁ pī

〖辟头〗同“劈头”。副词。一开头；起首：他进来～就问老板在不在。

辟 ㊂ pì

①开拓；开发：独～蹊径。②透彻：精～|鞭～入里。③批驳；驳斥或排除(不正确的言论或谣言)：～谣|～邪说。④〈书〉法律；刑法：大～(古代指死刑)。

扁 ㊀ biǎn ㊁ piān

扁 ㊀ biǎn

①物体的厚度比长度、宽度小；图形或字体上下的距离比左右的距离小：～豆|～平|～桃体。②(Biǎn)姓。

扁 ㊁ piān

〖扁舟〗小船：一叶～。

便 ㊀ biàn ㊁ pián

便 ㊀ biàn

①顺利；没有困难和阻碍：～民|方～|简～|～于携带。②方便的时候或顺便的机会：～车|听～|得～。③非正式的；简单平常的：～饭|～条儿。④屎；尿：粪～。⑤排泄屎、尿：大～|小～。⑥副词。就：一学～会|说完～走。⑧连词。纵使；即使：～是下大雨，也要坚持操练。

便 ㊁ pián

①〖便宜〗a)价钱低：～货。b)不应该得到的利益：这个人爱讨小～。c)使得到便宜：这事儿太～他了。②〖便便〗形容肥胖：大腹～。

骠 ㊀ biāo ㊁ piào

骠 ㊀ biāo

〖黄骠马〗一种黄毛夹杂着白点子的马。

骠 ㊁ piào

〈书〉①形容马快跑：～骑(古代将军的名号)。②勇猛：～勇。

瘪 ㊀ biē ㊁ biě

瘪 ㊀ biē

〖瘪三〗〈方〉上海人指城市中没有正当职业而以乞讨或偷窃为生的游民，他们通常是极瘦的。

瘪 ㊁ biě

皱缩；不饱满：～谷|车带～了。

别 ㊀ bié ㊁ biè

别 ㊀ bié

①分开;分离:～离|分～|话～。②另外的;其他的:～名|～人|～墅。③区分;辨别:识～|鉴～|分门～类。④不同之处;差异:差～|天渊之～。⑤依据特点所做的分类:性～|派～|级～。⑥固定住;卡(qiǎ)住:胸前～着校徽|腰带上～着手机。⑦副词。表示禁(jìn)止或劝阻,跟"不要"的意思相同:你～走了。⑧副词。表示揣测,通常跟"是"字合用:电视机不出图像,～是坏了吧?⑨拦挡正在行进的人或车辆:一伸腿把他～倒了。⑩(Bié)姓。

别 ㊁ biè

〖别扭(niu)〗①不好对付;不顺心:这人真够～的,好歹说不通|事情没办成,心里真～。②意见不相投:闹～。③(说话、作文)不通顺;不流畅:这段话读起来太～了。

槟 ㊀ bīn ㊁ bīng

槟 ㊀ bīn

〖槟子〗苹果树的一种。果实也叫槟子,比苹果小,紫红色,味酸甜带涩。

槟 ㊁ bīng

〖槟榔〗常绿乔木,生长在热带。果实也叫槟榔,可以吃,也供药用。

并 ㊀ Bīng ㊁ bìng

并 ㊀ Bīng

山西太原的别称:～州。

并 ㊁ bìng

①合在一起:～购|～轨|合～。②平列:～肩站立。③副词。a)表示不同的事物同时存在,不同的事情同时进行:～存|～举|相提～论|手脚～用。b)用在否定词前面加强否定的语气,表示不像预料的那样:他～不糊涂。④连词。表示并行或进而:上课认真听讲～做好笔记。

屏 ㊀ bīng ㊁ bǐng ㊂ píng

屏 ㊀ bīng

〖屏营〗〈书〉惶恐的样子(多用于奏章、书札等):～待命之至。

屏 ㊁ bǐng

①抑止:～着气。②除去;去

掉：～除｜～弃。

屏 ㊂ píng

①屏风，室内用来隔断视线或挡风的用具：画～。②屏条，成组的条幅：四扇～。③遮挡：～蔽。④类似画屏的东西：～幕｜荧光～｜孔雀开～。

蕃 ㊀ bō ㊁ fān ㊂ fán

蕃 ㊀ bō

〖吐蕃〗我国古代少数民族，在今青藏高原。唐时曾建立政权。

蕃 ㊁ fān

同"番(fān)"①。

蕃 ㊂ fán

〈书〉(草木)茂盛：～茂｜～盛。

泊 ㊀ bó ㊁ pō

泊 ㊀ bó

①停船或船靠岸：停～。②安静：淡～。③(Bó)姓。

泊 ㊁ pō

湖泽(多用于湖名)：水～｜湖～｜梁山～(在今山东)｜罗布～(在新疆)。

簸 ㊀ bǒ ㊁ bò

簸 ㊀ bǒ

①用簸(bò)箕(盛粮食等)上下抖动，扬去糠秕、尘土等：～谷子。②上下动荡：～动。

簸 ㊁ bò

〖簸箕〗①簸(bǒ)粮食或清除垃圾的器具。也叫畚(běn)箕。②簸箕形的指纹。

卜 ㊀ bo ㊁ bǔ

卜 ㊀ bo

〖萝卜〗二年生草本植物，主根肥大，为常见蔬菜，种子可入药。也叫莱菔(láifú)。

卜 ㊁ bǔ

①利用算卦、起课、求签等推断吉凶祸福(迷信)：占(zhān)～｜求签问～。②〈书〉推断；预料：生死未～。③〈书〉选择(住所)：～宅｜～邻。④(Bǔ)姓。

C

嚓 ㊀ cā ㊁ chā

嚓 ㊀ cā

拟声词。形容物体摩擦发出的声音：汽车～的一声停下了。

嚓 ㊁ chā

拟声词。形容物体断裂、摩擦等的声音：咔～|啪～。

偲 ㊀ cāi ㊁ sī

偲 ㊀ cāi

〈书〉多才：美～（漂亮多才）。

偲 ㊁ sī

〖偲偲〗〈书〉相互劝勉促进。

采 ㊀ cǎi ㊁ cài

采 ㊀ cǎi

①摘取（花儿、叶子、果子）：～摘|～花。②挖掘（矿物）：～油|～矿。③搜集：～访|～集|～标本。④选取：～购|～用。⑤神情；神色：神～奕奕|兴高～烈。⑥（Cǎi）姓。

采 ㊁ cài

〖采地〗古代诸侯分封给卿大（dà）夫的田地（包括耕种土地的奴隶）。也叫采邑。

参 ㊀ cān ㊁ cēn ㊂ shēn

参 ㊀ cān

①进入；加入：～展|～战|～股|～选。②参考：～看|～阅|～照。③进见；谒（yè）见：～见|～拜。④封建时代指弹劾（tánhé），向君主告发官吏的罪状：～他一本（"本"指奏章）。⑤〈书〉领悟；琢磨（道理、意义等）：～破|～透禅（chán）理。

参 ㊁ cēn

〖参差（cī）〗不整齐；不一致：～错落|～不齐。

参 ㊂ shēn

①中药名。有丹参、紫参、苦

参、人参、党参等。通常指人参：～茸（人参和鹿茸）。②星宿（xiù）名，二十八宿之一。

掺 ㊀ càn ㊁ chān ㊂ shǎn

掺 ㊀ càn

古代一种鼓曲：渔阳～。

掺 ㊁ chān

把一种东西混入另一种东西里去：～兑｜～假｜酒里～了水｜面里～点儿鸡蛋，做出来的面条更筋道。

掺 ㊂ shǎn

〈书〉持；握：～手。

孱 ㊀ càn ㊁ chán

孱 ㊀ càn

〖孱头〗〈方〉软弱无能的人（骂人的话）。

孱 ㊁ chán

瘦弱；懦弱：～弱（瘦弱；软弱无能）。

藏 ㊀ cáng ㊁ zàng

藏 ㊀ cáng

①躲避；隐蔽：～身｜埋～｜东躲西～。②收存；储积：收～｜～书。③（Cáng）姓。

藏 ㊁ zàng

①储存大量东西的地方：宝～。②佛教、道教等经典的总称：道～。③（Zàng）指藏族：～历｜～民｜～戏。④（Zàng）指西藏：～羚｜～红花｜青～高原。

曾 ㊀ céng ㊁ zēng

曾 ㊀ céng

副词。曾经，表示从前有过某种行为或情况：似～相识｜我～看过这部老电影。

曾 ㊁ zēng

①中间隔两代的亲属关系：～祖｜～孙｜～祖父｜～孙女。②（Zēng）姓。

叉 ㊀ chā ㊁ chá ㊂ chǎ ㊃ chà

叉 ㊀ chā

①一端有长齿而另一端有柄的器具：钢～。②用叉猎取东西：～鱼。③“×”形符号，一般用作错误或作废的标志：打个～。

叉 ㊁ chá

〈方〉堵住；卡（qiǎ）住：路口让围观的人～住了。

叉 ㊂ chǎ

分开成叉（chā）形：～着腿站着。

叉 ㊃ chà

〖劈（pǐ）叉〗武术、舞蹈、体操等的一种动作，两腿向相反方向分开，臀部着地，成“一”字形：练～。

杈 ㊀ chā ㊁ chà

杈 ㊀ chā

一种叉（chā）状农具，一端有两个以上的略弯的长齿，一端有长柄，用来挑（tiǎo）豆秸（jiē）、柴草等。

杈 ㊁ chà

植物的分枝：树～｜打棉花～。

差 ㊀chā ㊁chà ㊂chāi ㊃chài ㊄cī

差 ㊀ chā

①（与一定的标准）不相同：～别｜～异。②错误：～错｜偏～｜阴错阳～。③两数相减的结果：～额｜～价。④〈书〉副词。略微；大体：～强人意（大体上能让人满意）。

差 ㊁ chà

①义同“差（chā）”①，多用于口语：～不离儿｜～不多｜～得远。②错误；不正确：说～了｜走～路了。③缺欠：～一票没被选上｜还～一味药。④达不到标准；不好：～劲（jìn）｜成绩～｜条件～。

差 ㊂ chāi

①派遣：～遣。②被派去做的事：美～｜出～。③旧时指被派去做事的人：信～｜解（jiè）～（古代指押送犯人的人）。

差 ㊃ chài

同“瘥（chài）”。病愈。

差 ㊄ cī

见504页〖参（cēn）差〗。

喳 ㊀ chā ㊁ zhā

喳 ㊀ chā

〖喳喳〗拟声词。形容小声说话的声音：嘁嘁～。

喳 ㊁ zhā

①叹词。旧时仆役对主人的应（yìng）诺声。②拟声词。形容鸟的叫声：喜鹊在枝头～～地叫。

馇 ㊀ chā ㊁ zha

馇 ㊀ chā

①边拌边煮（猪、狗的饲料）：～

猪食。②〈方〉熬(粥)：～粥。

馇 ㊁ zha

见 542 页〖饹馇〗。

碴 ㊀ chā ㊁ chá ㊂ zhǎ

碴 ㊀ chā

〖胡子拉碴〗形容满脸胡子不加修饰的样子。

碴 ㊁ chá

①小碎块：冰～儿。②东西上的破口：碗上有个～儿。③〈方〉碎片碰破(皮肉)：小心，别让碎玻璃～了手。

碴 ㊂ zhǎ

〖道碴〗同"道砟"。铺在铁路路基上面的石子儿。

查 ㊀ chá ㊁ Zhā

查 ㊀ chá

①检查：～票|～账|～点。②了解证实：～证|～案。③翻检：～阅|～字典。

查 ㊁ Zhā

姓。

楂 ㊀ chá ㊁ zhā

楂 ㊀ chá

①同"茬"。②又硬又短的头发、胡须。

楂 ㊁ zhā

〖山楂〗落叶乔木，叶子近于卵形，开白花，果实球形，深红色，有小斑点，味酸甜。有的地区叫红果儿。

衩 ㊀ chǎ ㊁ chà

衩 ㊀ chǎ

〖裤衩儿〗短裤。

衩 ㊁ chà

衣服侧边开口的地方。

刹 ㊀ chà ㊁ shā

刹 ㊀ chà

佛教的寺庙(梵语音译"刹多罗"的缩语)：古～。

刹 ㊁ shā

止住(运行的车、机器等)：～车。

单 ㊀ chán ㊁ dān ㊂ Shàn

单 ㊀ chán

〖单于〗①古代匈奴君主的称号。②(Chányú)姓。

单 ㊁ dān

①一个(跟"双"相对)：～选|～人床。②奇(jī)数的(跟"双"相

对)：～数|～号|～月。③独自；不跟别的混在一起：～干|～枪匹马|～身贵族。④副词。只；仅：～说不做。⑤项目或种类少；结构或头绪不复杂：简～|～纯|～调。⑥薄弱：～薄|势～力薄。⑦(衣服等)只有一层的：～衣|～裤。⑧只有一层的铺(pū)盖用的大幅布：被～|床～。⑨分项记事的纸片：化验～|礼～|名～|～据。⑩连词。用在两个数之间，相当于"零"：一百～八将。⑪(Dān)姓。

单 ㊂ Shàn

①单县，地名，在山东。②姓。

禅 ㊀ chán ㊁ shàn

禅 ㊀ chán

①佛教用语，指排除杂念，静坐：坐～|参(cān)～|～宗。②泛指与佛教有关的事物：～林(寺院)|～杖|～院|～堂。

禅 ㊁ shàn

禅让，帝王把帝位让给别人：受～|～位。

颤 ㊀ chàn ㊁ zhàn

颤 ㊀ chàn

颤动；发抖：～抖|气得浑身直～。

颤 ㊁ zhàn

哆嗦。

倡 ㊀ chāng ㊁ chàng

倡 ㊀ chāng

①古代以演奏乐器和表演歌舞为业的人：～优。②〈古〉同"娼"。妓女。

倡 ㊁ chàng

①带头发起：～议|提～。②〈书〉同"唱"。

长 ㊀ cháng ㊁ zhǎng

长 ㊀ cháng

①两端的距离远(跟"短"相对)：～短|～途|～龙。②长度，两点之间的距离：周～|身～。③长处：特～|取～补短|一技之～。④擅长：他～于书法。⑤(Cháng)姓。

长 ㊁ zhǎng

①年纪较大：年～。②排行(háng)中的第一个：～子|～孙。③辈分大：～辈|师～。④领导人；负责人：会～|校～|首～。⑤生：～草|脸上～痘子。⑥生长；成长：庄稼～得好|牛羊～得壮。⑦增进；增

加；增强：～本领|～记性。

场 ㊀ cháng ㊁ chǎng

场 ㊀ cháng

①打粮食的平地：谷～|～院。②〈方〉集；市集：赶～。③量词。相当于"阵"：白忙一～|一～风波|大干一～。

场 ㊁ chǎng

①处所，有专门用途的比较开阔的地方或建筑：机～|操～|考～|广～|游乐～。②指某个特定的地点或范围：现～|官～|情～。③舞台：上～|下～|粉墨登～。④量词。戏剧中较小的段落，每场表演故事的一个片段：第一幕第二～。⑤量词。用于文娱体育活动：三～球赛。⑥有一定规模的生产单位：农～|林～|牧～。⑦物质存在的一种基本形式，具有能量、动量和质量，能传递实物间的相互作用：电～|磁～|引力～。

裳 ㊀ cháng ㊁ shang

裳 ㊀ cháng

古代的裙式下衣：霓～舞。

裳 ㊁ shang

〖衣裳〗〈口〉衣服。

玚 ㊀ chàng ㊁ yáng

玚 ㊀ chàng

古代祭祀用的一种玉器。也叫玚圭(guī)。

玚 ㊁ yáng

古代的一种玉。

吵 ㊀ chāo ㊁ chǎo

吵 ㊀ chāo

〖吵吵〗〈方〉许多人七嘴八舌地说话。

吵 ㊁ chǎo

①声音嘈杂烦人：～扰|把电视机的声音关小点儿，～死了。②因意见不合而发生口角(jué)：～骂|争～。

绰 ㊀ chāo ㊁ chuò

绰 ㊀ chāo

①抓取：顺手～起一根棍子。②同"焯(chāo)"。

绰 ㊁ chuò

①宽裕：～～有余。②〈书〉(体态)柔美：～约(形容女子

体态柔美的样子)。

焯 ㊀chāo ㊁zhuō

焯 ㊀chāo

把蔬菜放进开水里略煮一下就捞出来:~芹菜。

焯 ㊁zhuō

〈书〉明显;明白。

剿 ㊀chāo ㊁jiǎo

剿 ㊀chāo

抄袭(别人的思想或言行):~说。

剿 ㊁jiǎo

消灭;讨伐:围~|~除。

朝 ㊀cháo ㊁zhāo

朝 ㊀cháo

①朝廷,封建时代君主正式处理政事的地方(跟"野"相对):退~|上~|得胜回~|~野(旧时指朝廷和民间,今指执政的和不执政的)。②朝代:明~|唐~。③指一个君主的统治时期:乾隆~。④臣子拜见皇帝或宗教徒参拜神、佛、圣地:~见|~拜|~圣|~觐(jìn)。⑤面对着;向着:门~东。⑥介词。表示动作的方向:一直~北走。⑦(Cháo)姓。

朝 ㊁zhāo

①早晨:~气蓬勃|~夕相伴|~思暮想|~九晚五。②日;天:今~。

嘲 ㊀cháo ㊁zhāo

嘲 ㊀cháo

讥笑;讽刺:讥~|冷~热讽。

嘲 ㊁zhāo

〖嘲哳(zhā)〗〈书〉形容声音繁杂细碎。

车 ㊀chē ㊁jū

车 ㊀chē

①有轮子、能在陆地上行驶的交通运输工具:火~|汽~|赛~|~市|~模。②利用轮轴转动进行工作的机械:纺~|风~|水~|~床。③泛指机器:~间|试~。④用车床(一种机床)切削东西:~零件|~光。⑤用水车取水:~水。⑥〈方〉转动(多指身体):~过身来。⑦(Chē)姓。

车 ㊁ jū

象棋棋子的一种：炮打～。

尺 ㊀ chě ㊁ chǐ

尺 ㊀ chě

我国民族音乐音阶上的一级，乐谱上用作记音符号，相当于简谱的"2"：工～。

尺 ㊁ chǐ

①量词。市制长度单位。10寸等于1尺，10尺等于1丈。1尺合1/3米。②量长度的器具：直～｜卷～。③像尺的东西：角～｜计算～｜丁字～。

称 ㊀ chèn ㊁ chēng ㊂ chèng

称 ㊀ chèn

符合；相当：对～｜～心｜相～。

称 ㊁ chēng

①用秤测定物体轻重：～体重。②称呼；叫作：自～｜同学们都～他为故事大王。③名称：全～｜俗～｜职～。④用言语表示自己的意见和态度：～谢｜宣～｜连声～好。⑤赞扬：～许｜～赞。⑥〈书〉举起：～觞（shāng，古代称酒杯）祝寿。⑦（Chēng）姓。

称 ㊂ chèng

同"秤"。测定物体重量的器具。

铛 ㊀ chēng ㊁ dāng

铛 ㊀ chēng

烙饼用的平底锅：一会儿我给你们用～烙饼子。

铛 ㊁ dāng

拟声词。形容撞击金属器物的声音：小锣敲得～～响。

晟 ㊀ Chéng ㊁ shèng

晟 ㊀ Chéng

姓。

晟 ㊁ shèng

〈书〉①光明。②旺盛。

乘 ㊀ chéng ㊁ shèng

乘 ㊀ chéng

①骑；搭坐交通工具：～马｜～车。②趁着；利用：～机｜～便（顺便）｜～势｜～兴｜～胜追击。③佛教的教义：大～｜小～｜上～｜下～。④数学上指

进行乘法运算：3～3 得 9。⑤(Chéng)姓。

乘 ㊁ shèng

①春秋时晋国的史书叫"乘"；后泛指史书：史～|野～。②量词。古代一车四马为一乘：千～之国。

盛 ㊀ chéng ㊁ shèng

盛 ㊀ chéng

①把东西放进容器里去：～饭。②容纳：这个包～不下那么多东西。

盛 ㊁ shèng

①兴旺：～世|昌～。②大；强烈：～怒(大怒)|气～。③隆重：～典|～宴。④深厚：～情难却。⑤普遍：～行|～传。⑥丰富：～产|丰～。⑦极力：～赞。⑧(Shèng)姓。

澄 ㊀ chéng ㊁ dèng

澄 ㊀ chéng

①(水)非常清：～碧|～江。②使明净；使清楚：～清。

澄 ㊁ dèng

使液体里的杂质沉下去：这水太浑，要～一～才能用。

匙 ㊀ chí ㊁ shi

匙 ㊀ chí

小勺：汤～。

匙 ㊁ shi

见 636 页〖钥(yào)匙〗。

冲 ㊀ chōng ㊁ chòng

冲 ㊀ chōng

①交通要道：要～|首当其～。②迅猛向前，突破障碍：～锋|～浪|～出重围。③撞击；触犯：～突|～犯(语言、行动冒犯对方)。④以水、酒等浇：～鸡蛋|～茶。⑤用水撞击物体，使附着(zhuó)在上面的东西去掉：～刷|～澡|把碗～干净。⑥互相抵消：～账。⑦〈方〉山区的平地：～田|韶山～(地名，在湖南)。⑧(Chōng)姓。

冲 ㊁ chòng

①〈口〉猛烈；劲儿大：他干活有股～劲儿。②〈口〉气味浓烈刺鼻：酒味儿很～。③〈方〉斥责：他被～了一顿。④〈口〉向着；对着：大门～北开。⑤〈口〉介词。a)凭；根据：就～他，我也得去。b)表示动作的

方向：小明～妈妈扮了个鬼脸。⑥用冲床进行金属加工：～孔｜～零件。

涌 ㊀ chōng ㊁ yǒng

涌 ㊀ chōng

〈方〉河汊（多用于地名）：河～（在广东）。

涌 ㊁ yǒng

①水或云气冒出：喷～｜汹～。②像水涌一样冒出：云层中～出一轮明月。

种 ㊀ Chóng ㊁ zhǒng ㊂ zhòng

种 ㊀ Chóng

姓。

种 ㊁ zhǒng

①物种的简称：家犬是哺乳动物犬科犬属的一～。②动物、植物传代繁殖的物质：配～｜麦～｜谷～。③人种：黄～｜黑～｜白～。④指胆量或骨气（跟“有”“没有”连用）。⑤量词。用于人和事物：这～人｜三～颜色｜各～物品。⑥依据性质、特点划分的事物的门类：～类｜品～｜工～｜特～部队。⑦（Zhǒng）姓。

种 ㊂ zhòng

种植，把植物的种子、幼苗埋在或栽进土里：～田｜～菜｜～树。

重 ㊀ chóng ㊁ zhòng

重 ㊀ chóng

①重复；重叠：东西买～了｜～合｜～唱｜～阳。②副词。再次：～组｜～见光明｜～振雄风。③量词。层：云山万～｜突破～围。④（Chóng）姓。

重 ㊁ zhòng

①分量：体～｜超～｜这个南瓜有多～？②分量大（跟“轻”相对）：担子～｜老王比小刘～10千克。③程度深：～伤｜病～｜～灾区｜～拳出击。④重要：～点｜～任在肩。⑤重视；看重：敬～｜器～｜～理轻文。⑥不轻率：庄～｜郑～｜隆～。⑦（Zhòng）姓。

仇 ㊀ chóu ㊁ Qiú

仇 ㊀ chóu

①敌人；极端憎恨的人：～敌｜疾恶如～。②强烈的恨：～怨（仇恨；怨恨）｜～杀（因有仇恨而杀害）｜～视。

仇 ㈡ Qiú

姓。

臭 ㈠ chòu ㈡ xiù

臭 ㈠ chòu

①气味难闻(跟“香”相对):狐～|～味儿。②令人厌恶的:～美|～名昭著。③不高明:～棋。④副词。狠狠地:一顿～骂。⑤〈方〉(子弹)坏;失效:～子儿。

臭 ㈡ xiù

①气味:乳～未干。②同“嗅”。用鼻子辨别气味。

处 ㈠ chǔ ㈡ chù

处 ㈠ chǔ

①〈书〉居住;生活:穴居野～。②相交;交往:相～|～世哲学。③在某种条件下:地～山区|～变不惊。④治理;办理:～置|～理|论～。⑤惩罚:～治|并～罚金。⑥(Chǔ)姓。

处 ㈡ chù

①地方:～所|住～|存车～。②事物的某个方面或某一部分:短～|大～|小～。③机关或机关里的一个部门:售票～|财务～。

褚 ㈠ Chǔ ㈡ zhǔ

褚 ㈠ Chǔ

姓。

褚 ㈡ zhǔ

〈书〉①在衣服里铺丝绵。②口袋:～囊。

畜 ㈠ chù ㈡ xù

畜 ㈠ chù

禽兽,多指人饲养的:～肥|～力|六～|幼～|牲～。

畜 ㈡ xù

饲养(动物):～牧业|～产|～养牲口。

揣 ㈠ chuāi ㈡ chuǎi ㈢ chuài

揣 ㈠ chuāi

放在随身衣服里:把手～到口袋里。

揣 ㈡ chuǎi

①估计;推测:～测|～摩。②(Chuǎi)姓。

揣 ㈢ chuài

〖挣(zhèng)揣〗挣(zhēng)扎。

啜 ㊀ Chuài ㊁ chuò

啜 ㊀ Chuài

姓。

啜 ㊁ chuò

①〈书〉喝(茶、酒等):~饮。②抽噎的样子:~泣。

传 ㊀ chuán ㊁ zhuàn

传 ㊀ chuán

①由一方交给另一方;由上一代交给下一代:~话|~送|家~。②把知识、技能等教给别人:言~身教。③广泛散布;宣扬:~媒|消息很快~遍全校。④热或电在导体中流通:~电|~热。⑤表达;流露:~神|~情。⑥发出命令叫人来:~讯|~证人出庭。⑦传染:这种病~得快。⑧(Chuán)姓。

传 ㊁ zhuàn

①古代注释、阐述经文的著作:经~|《春秋》三~。②传记,记录人物生平事迹的文字:列~|别~|自~|树碑立~。③以描述人物为主,叙述历史故事的作品:《烈女~》|《儿女英雄~》。

创 ㊀ chuāng ㊁ chuàng

创 ㊀ chuāng

①杀伤;打击:重~敌人。②伤:~口|~面。

创 ㊁ chuàng

刚开始(做);(第一次)做;做(前所未有的事情):~业|~举|~意|~建|~刊。

幢 ㊀ chuáng ㊁ zhuàng

幢 ㊀ chuáng

①古代指旗子一类的东西:旗~|幡(fān)~。②佛教的一种标志物。在绸伞上写经的叫经幢,在石柱上刻经的叫石幢。

幢 ㊁ zhuàng

量词。用于房屋,相当于"座":一~房屋。

椎 ㊀ chuí ㊁ zhuī

椎 ㊀ chuí

同"槌(chuí)"。敲打东西的棒,大多一头较大或呈球形。

椎 ㊁ zhuī

椎骨,构成脊柱的短骨:脊~|

颈～|腰～。

刺 ㊀ cī ㊁ cì

刺 ㊀ cī

拟声词。形容撕裂、摩擦等声音：～啦一声，把布撕开了|～的一声，火柴点着了。

刺 ㊁ cì

①针或其他尖锐的东西进入、穿透：～穿|～绣。②刺激：～耳|～鼻|～眼。③暗杀：行～|遇～身亡。④侦察；暗中打听：～探。⑤用尖刻的话嘲讽：讽～|讥～。⑥像针一样尖锐的东西：鱼～|芒～在背。⑦〈书〉指名片：名～。⑧(Cì)姓。

兹 ㊀ cí ㊁ zī

兹 ㊀ cí

见 549 页〖龟(qiū)兹〗。

兹 ㊁ zī

〈书〉①指示代词。此；这个；这里：～事体大(这是件大事情)|～日。②今；现在：～介绍××同志前往贵处联系销售业务。③年：今～|来～。

伺 ㊀ cì ㊁ sì

伺 ㊀ cì

〖伺候〗供人使唤；照料：～生病的妈妈。

伺 ㊁ sì

探察；守候：窥～|～隙|～探。

枞 ㊀ cōng ㊁ Zōng

枞 ㊀ cōng

枞树，常绿乔木，叶子条形，扁平，果实呈卵形或圆柱形。木材可做火柴杆或造纸原料。也叫冷杉。

枞 ㊁ Zōng

枞阳，地名，在安徽。

卒 ㊀ cù ㊁ zú

卒 ㊀ cù

〈书〉副词。突然：～中(zhòng，中风)。

卒 ㊁ zú

①士兵：小～|士～|一兵一～。②差(chāi)役：狱～。③〈书〉完毕；终结：～业(毕业)|～岁。④〈书〉副词。到底；终于：～成伟业。⑤〈书〉死亡：

病～。⑥(Zú)姓。

蹴 ㊀ cù ㊁ jiù

蹴 ㊀ cù

〈书〉①踢：～鞠(鞠，古时一种革制的球)。②踏；踩：一～而就。

蹴 ㊁ jiù

〖圪(gē)蹴〗〈方〉蹲(dūn)：他～在那儿老半天了。

攒 ㊀ cuán ㊁ zǎn

攒 ㊀ cuán

凑集；聚在一起：～钱|人头～动|买零件～一台电脑。

攒 ㊁ zǎn

积聚；储蓄：积～|～钱。

衰 ㊀ cuī ㊁ shuāi

衰 ㊀ cuī

①差别；等级：等～。②按一定标准递减：～差(chā，按一定标准递减的差别)。

衰 ㊁ shuāi

(事物发展)由强转弱：～败|～老|兴～。

蹲 ㊀ cún ㊁ dūn

蹲 ㊀ cún

〈方〉腿、脚猛然落地，因震动而受伤：～了腿。

蹲 ㊁ dūn

①两腿尽量弯曲，像坐的样子，但臀部不着地：～下。②比喻闲待(dāi)着：～在家里|我在上海～了十来天了。

撮 ㊀ cuō ㊁ zuǒ

撮 ㊀ cuō

①聚合；聚拢：～合。②用簸(bò)箕等把东西聚在一起：～土|～豆子。③〈方〉用手指捏起细碎的东西：～些盐。④摘取(要点)：～要。⑤〈方〉吃：今天美美～了一顿。⑥量词。容量单位。10 撮等于 1 勺，1 市撮合 1 毫升。⑦量词。a)用于手指所能捏取的东西：一～盐。b)借指极少的坏人：一小～阴谋家。

撮 ㊁ zuǒ

量词。用于少量成丛或成束的毛发：一～胡子|一～头发。

D d

嗒 ㊀ dā ㊁ tà

嗒 ㊀ dā

拟声词。形容马蹄声、机枪声等:机枪~~~地不停射击|落地钟发出~~的声音。

嗒 ㊁ tà

〚嗒然〛〈书〉形容懊丧、失意的神情:~若失。

答 ㊀ dā ㊁ dá

答 ㊀ dā

义同"答(dá)"①,用于某些口语词:~应|~理。

答 ㊁ dá

①回答:作~|对~如流|~题。②受了别人的好处,回报别人:~谢|报~。③(Dá)姓。

打 ㊀ dá ㊁ dǎ

打 ㊀ dá

量词。用于某些物品,12个为1打:两~铅笔|一~手巾。

打 ㊁ dǎ

①撞击物体:~钟|~鼓。②器皿、蛋类等因撞击而破碎:玻璃杯~了|鸡飞蛋~。③斗殴;使用武器攻击:~架|攻~。④处理(与别人有关的)问题;与人交往:~官司|~交道。⑤建造;修筑:~墙。⑥制作(器物、食品):~沙发|~烧饼。⑦搅拌:~糨子。⑧捆:~行李。⑨编织:~草鞋|~毛衣。⑩涂抹;画;印:~鞋油|~钩|~戳子。⑪揭开;凿开:~瓶盖儿|~井。⑫举;提:~灯笼|~伞|~起精神来。⑬放射;发出:~雷|~枪。⑭书写或与书写有关的活动:~草稿|~报告。⑮除去:~枝杈|~假(jiǎ)|一网~尽。⑯舀取:~水|~粥。⑰买:~酒。⑱捉(禽兽等):~猎|~鱼。⑲用割、砍等方式来收集:~柴|~草。⑳定出;计算:满~满算300元够了。

㉑做；从事：～游击｜～埋伏。㉒进行某种文娱体育活动或表演：～牌｜～高尔夫球。㉓表示身体上的某些动作：～手势｜～哈欠。㉔采取某种方式：～官腔｜～比方。㉕注入；充灌：～针｜～气。㉖乘坐：～车。㉗介词。从：～这儿往西｜～今儿起｜～北京来。

沓 ㊀ dá ㊁ tà

沓 ㊀ dá

量词。用于叠在一起的纸张等：一～钞票｜一～稿件。

沓 ㊁ tà

〈书〉重复；繁多：杂～｜纷至～来。

瘩 ㊀ dá ㊁ da

瘩 ㊀ dá

〖瘩背〗中医称生在背部的痈。

瘩 ㊁ da

〖疙瘩〗①皮肤或肌肉上凸起的硬块：鸡皮～｜背上生了个～。②球形或块状的东西：土～｜线结成～了。③比喻想不通或不易解决的问题：思想～｜解开他们两人之间的～。④〈方〉量词。用于球形或块状的东西：一～石头｜一～肉。⑤〈方〉麻烦；别扭。也作"疙疸""圪垯"。

大 ㊀ dà ㊁ dài

大 ㊀ dà

①在体积、面积、数量、力量、强度等方面超过通常的情况或超过所比较的对象（跟"小"相对）：～巴（大型轿车）｜～额汇款｜～敌｜～片｜劲头～。②表示大小的程度：你穿多～的鞋？③副词。表示程度深：～吃一惊｜～跌眼镜｜～好形势。④用在"不"后，表示程度浅或次数少：这事不～好办｜不～舒服。⑤排行第一的；最高的：～儿子｜～哥｜～元帅。⑥年纪大的人：一家～小。⑦敬辞，称与对方有关的事物：～驾光临｜～作出版。⑧用在时令或节日前，表示强调：～热天｜～年初一。⑨时间更远些的：～前天｜～后年。⑩〈方〉父亲：俺～给俺买了辆电动自行车。⑪〈方〉伯父或叔父：三～是个农民企业家。⑫(Dà)姓。

大 ㊁ dài

义同"大(dà)"：～夫(医生)｜

～王（中国戏曲、旧小说中对国王或强盗首领的称呼）。

待 ㊀dāi ㊁dài

待 ㊀dāi

〈口〉耽搁；停留：～在家里。

待 ㊁dài

①等待：～命（等待命令）|～岗|～聘|守株～兔。②需要：尚～说明原因。③要；打算：～说不说|正～去找你，你就来了。④对待：宽～|～人接物|厚～。⑤招待：～客|款～。

逮 ㊀dǎi ㊁dài

逮 ㊀dǎi

捉：～蟑螂|猫～老鼠。

逮 ㊁dài

①〈书〉达到；及：力有未～。②捉拿：～捕。③（Dài）姓。

骀 ㊀dài ㊁tái

骀 ㊀dài

〖骀荡〗〈书〉形容景色使人心情舒畅：春风～。

骀 ㊁tái

〈书〉劣马：驽～。

担 ㊀dān ㊁dàn

担 ㊀dān

①用肩挑（tiāo）：～水。②担负；承当：～纲（在艺术表演中担任主要角色或在体育比赛中担任主力；泛指在工作中承担重任）|～责任|～风险。

担 ㊁dàn

①担子，扁担及其两头的东西；比喻承担的责任：货郎～|重～。②量词。市制重量单位。100 斤等于 1 担。③量词。用于成担的东西：一～粮|两～煤。

掸 ㊀dǎn ㊁Shàn

掸 ㊀dǎn

用掸子或别的东西轻轻地抽或扫，去掉灰尘等：～灰尘。

掸 ㊁Shàn

①我国古代对傣族的称呼。②缅甸民族之一，大部分居住在掸邦（自治邦名）。

石 ㊀dàn ㊁shí

石 ㊀dàn

量词。市制容量单位。10 斗

等于1石（在古书中读shí，如“两千石”“万石”等）。

石 ㈡ shí

①构成地壳的坚硬物质，是矿物的集合体：花岗～|～崖。②指石刻：金～。③（Shí）姓。

弹 ㈠ dàn ㈡ tán

弹 ㈠ dàn

①用弹弓弹（tán）射的球状物：～丸。②内装爆炸物，具有破坏、杀伤能力的东西：炸～|子～|信号～|枪林～雨。

弹 ㈡ tán

①利用一个物体的弹性把另一个物体发射出去：～射。②使弦振动：～琴|～琵琶。③利用有弹力的器械使纤维变松软：～棉花。④一个指头被另一个指头压住，然后用力挣（zhèng）开，借这个力量触击物体：～玻璃球儿。⑤物体受力后变形，失去外力后立即恢复原状的性质：～力|～簧。⑥抨击；检举（违法失职的官吏）：～劾（hé）。

澹 ㈠ dàn ㈡ Tán

澹 ㈠ dàn

〈书〉①水波起伏的样子。②安静：恬～。

澹 ㈡ Tán

〖澹台〗复姓。

当 ㈠ dāng ㈡ dàng

当 ㈠ dāng

①相称（chèn）：实力相～。②应当；应该：～断不断|～说就说。③介词。面对着；向着：～面|～众宣布。④介词。正在（那时候、那地方）：～今|～世。⑤担任；充当：～班长|选他～代表。⑥承当；承受：敢做敢～|～之无愧。⑦执掌；主持：～家|～政。⑧〈书〉阻挡：螳臂～车。⑨〈书〉顶端：瓦～。⑩拟声词。形容敲击金属器物的声音：～～～，上课铃响了。⑪（Dāng）姓。

当 ㈡ dàng

①用实物作抵押向专营抵押放贷的地方借钱：～铺|典～。②指抵押出去的实物：赎～。③适宜；合适：适～|处理不～。④顶；抵得上：一个～俩用。⑤当作；作为：零食不能～饭吃。⑥以为：我～你不想去了。⑦介词。指事情发生的时间：～年|～天。

挡 ㊀ dǎng ㊁ dàng

挡 ㊀ dǎng

①拦阻；抵抗：～道｜抵～｜拦～｜兵来将～。②遮蔽：～风｜遮风～雨。③遮挡用的东西：窗～子｜炉～。④排挡，汽车、拖拉机等用来改变牵引力的装置：挂～。

挡 ㊁ dàng

〖摒（bìng）挡〗〈书〉料理；收拾：～婚事｜～行李。

叨 ㊀ dāo ㊁ dáo ㊂ tāo

叨 ㊀ dāo

〖唠叨（láodao）〗没完没了地说（含厌恶意）：一点儿小事也整天～。

叨 ㊁ dáo

〖叨咕〗小声絮叨：他俩～老半天了。

叨 ㊂ tāo

领受（好处）：～光｜～教。

倒 ㊀ dǎo ㊁ dào

倒 ㊀ dǎo

①（人或立着的东西）横躺下来：打～｜～塌｜摔～｜墙～了。②失败；垮台：～闭｜工厂～了。③转移；更换：～车｜～班｜～手。④腾挪；挪动：地方太小，很难把家具～开。⑤买进卖出：～外汇｜～票｜～买～卖。⑥（食欲）变得不好：～牙｜～胃口。

倒 ㊁ dào

①上下或前后的位置弄反了：～影｜～立｜本末～置。②反面的；相反的：喝（hè）～彩｜～找钱。③使向后退：～退｜～计时。④反转或倾斜容器，使里面的东西出来；倾倒：～茶｜～垃圾。⑤副词。a）表示跟意料相反，相当于“却”“反而”：小小年纪，～挺有主见｜菜不好，～挺贵的。b）表示一种反说的语气：你说得～轻巧。c）表示让步：书～是好书，就是纸质差点儿。d）表示催促或追问：你～表个态呀！

嘚 ㊀ dē ㊁ dēi

嘚 ㊀ dē

拟声词。形容马蹄踏地的声音：～～的马蹄声。

嘚 ㊁ dēi

叹词。赶驴、骡等前进的吆喝

声：～儿驾，小驴向前跑开了。

得 ㊀ dé ㊁ de ㊂ děi

得 ㊀ dé

①获取（跟“失”相对）：～奖｜～失｜不可多～。②演算产生结果：二二～四。③适合：～用｜～体。④满意，符合心愿：志满意～。⑤〈口〉完成：菜～了。⑥〈口〉用于对话，表示同意或禁止：～，就照你说的办。⑦〈口〉用于事情不如意时，表示无可奈何：～，又停电了！⑧许可；能够：不～喧哗。⑨〈方〉用在别的动词前，表示可能这样（多用于否定式）：装修工作没有一个月不～完。

得 ㊁ de

助词。①用在动词后面，表示能够或可以：我们可粗心不～。②用在动词和补语中间，表示可能：办～到。③用在动词或形容词后面，连接表示结果或程度的补语：跑～快｜冷～打哆嗦。④用在动词后面，表示动作已经完成（多见于早期白话）：出～门来。

得 ㊂ děi

①〈口〉需要：这个工程～半年才能完成。②〈口〉必须；应该：有错误就～批评。③〈口〉表示揣测的必然：要不快走，我们准～迟到了。④〈方〉满意；舒适：这件衣服款式、质地都不错，穿在身上真～！

地 ㊀ de ㊁ dì

地 ㊀ de

助词。表示它前边的词或词组是状语：愉快～接受了任务｜很快～消失了｜严厉～批评。

地 ㊁ dì

①地球；地壳（qiào）：天～｜～表｜～理。②陆地：～面｜～势。③土地；田地：耕～｜下～干活。④地面：～板｜水泥～。⑤行政区划级别，地区的简称：～委｜～市级干部。⑥地点，所在的地方：目的～。⑦表示心意活动的领域：心～｜见～。⑧处境：设身处～。⑨花纹或文字的衬托面：白～红花儿的棉布。⑩路程（用于里数、站数后）：离家几十里～｜两站～。⑪指地方，即相对中央的各级行政区划的统称：～税局。

的 ㊀ de ㊁ dī ㊂ dí ㊃ dì

的 ㊀ de

助词。①用在定语的后面。a)定语和中心词之间是一般的修饰关系：艰巨～任务。b)定语和中心词之间是领属关系：我～祖国。c)定语是人名或人称代词，中心词是表示职务或身份的名词：这台晚会是你～主持人？d)定语是指人的名词或人称代词，中心词和前边的动词合起来表示一种动作：传达上级～指示。②用来构成没有中心词的“的”字结构。a)代替上文所说的人或物：这是他写～，那是我画～。b)指某一种人或物：女～｜查水表～｜我爱穿黑～。c)表示某种情况：无缘无故～，你哭什么？d)用跟主语相同的人称代词加“的”字做宾语，表示别的事跟这个人无关或这事儿跟别人无关：这里用不着你，你只管忙你～去。e)“的”字前后用相同的动词、形容词等，连用这样的结构，表示有这样的，有那样的：唱～唱，跳～跳。③用在谓语动词后面，强调这动作的施事者或时间、地点、方式等：谁钓～鱼？｜他是上月做～手术。④用在陈述句的末尾，表示肯定的语气：这件事儿我调查过～。⑤用在两个同类的词或词组之后，表示“等等”“之类”的意思：婆婆妈妈～，说了一大堆｜她一下班，买菜做饭～，忙了起来。

的 ㊁ dī

的士，指出租车：打～｜～哥。

的 ㊂ dí

确实；实在：～确如此。

的 ㊃ dì

箭靶的中心：目～｜有～放矢｜众矢之～。

底 ㊀ de ㊁ dǐ

底 ㊀ de

“底”在“五四”时期至 20 世纪 30 年代，用于表示领属关系，现已不用。

底 ㊁ dǐ

①物体的最下部分：～座｜碗～。②事情的根源或内情：～细｜摸～儿｜知根知～。③底子，可做根据的东西：～本｜～稿。④(年和月的)最后时间：年～｜月～。⑤花纹图案的衬托面：～色。⑥〈书〉达到：终～于成。⑦〈书〉疑问代词。

何;什么:~事。⑧(Dǐ)姓。

镫 ㊀ dēng ㊁ dèng

镫 ㊀ dēng

①古代盛熟食用的器皿。②〈书〉同"灯"。指油灯。

镫 ㊁ dèng

挂在马鞍两旁供骑马人脚蹬的铁制用具:马~。

蹬 ㊀ dēng ㊁ dèng

蹬 ㊀ dēng

①踩;踏:~在凳子上贴窗花。②穿(鞋、裤等):脚~新皮鞋。③腿和脚向脚底的方向用力:~自行车|~三轮车。

蹬 ㊁ dèng

〖蹭(cèng)蹬〗〈书〉遭遇挫折:一生~。

提 ㊀ dī ㊁ tí

提 ㊀ dī

①〖提防(fang)〗小心防备:路面很滑,骑车上学要~摔倒。②〖提溜(liu)〗提(tí):手里~着一个包。

提 ㊁ tí

①垂下手臂拿;拎着:~着网兜。②使事物由低往高移:~升|~速|~价|~高。③把期限向前移:~前。④指出;说出:~名|~意见。⑤取出:~货|把款~出来。⑥把犯人从关押的地方带出来:~审。⑦说起;谈起:不值一~。⑧长柄的圆筒形的器具:油~。⑨汉字的一种笔画,由左向右斜上,形状是"㇀"。也说挑(tiǎo)。⑩(Tí)姓。

嘀 ㊀ dī ㊁ dí

嘀 ㊀ dī

①〖嘀嗒(dā)〗拟声词。形容水滴落下或钟表摆动的声音:汗珠~~地掉。②〖嘀里嘟噜(dūlū)〗形容说话很快,使人听不清:两个人在那儿~了好半天。

嘀 ㊁ dí

〖嘀咕〗①小声说话;背地里说话:你们在~啥?②猜疑:这事儿让人心里犯~。

镝 ㊀ dī ㊁ dí

镝 ㊀ dī

金属元素,稀土元素之一,符号为 Dy。银白色,质软,用于原子能工业,也可做荧光体的激活剂。

镝 ㊁ dí

〈书〉箭头；箭：锋～｜鸣～（带响的箭）。

翟 ㊀ dí ㊁ Zhái

翟 ㊀ dí

①古书上指长尾的野鸡。②（Dí）姓。

翟 ㊁ Zhái

姓。

佃 ㊀ diàn ㊁ tián

佃 ㊀ diàn

①农民向地主租土地耕种：～户｜～农。②（Diàn）姓。

佃 ㊁ tián

〈书〉①耕种田地：～作。②同“畋（tián）”。打猎。

调 ㊀ diào ㊁ tiáo

调 ㊀ diào

①对原有工作、位置等加以变动；分派：～令｜～遣｜学校新～来一名语文老师。②调查；了解：～研（调查研究）。③乐曲以什么音做 do，就叫作什么调，例如以 C 做 do 就叫作 C 调，传统乐谱中用“工”做 do 就是“工”字调。④音乐上高低长短配合的成组的音：曲～｜这个～很悦耳。⑤说话的声音、语气等：南腔北～。⑥指言论或意见：论～｜陈词滥～。⑦指语音上的高低变化：声～｜～号。⑧指风格：笔～｜格～。

调 ㊁ tiáo

①和谐；配合得当：协～｜风～雨顺。②使配合得当：～匀｜～整。③使消除纠纷达到和谐：～停｜～处（chǔ）。④挑逗：～笑｜～戏。⑤挑拨：～唆。

喋 ㊀ dié ㊁ zhá

喋 ㊀ dié

①〖喋喋〗说话没完没了：～不休。②〖喋血（xuè）〗〈书〉血流满地。

喋 ㊁ zhá

〖唼（shà）喋〗〈书〉拟声词。形容成群的鱼、水鸟等吃东西的声音。

丁 ㊀ dīng ㊁ zhēng

丁 ㊀ dīng

①旧时指成年男子：成～｜壮

～。②指人口：～口|人～。③从事某种职业的人：园～。④天干的第四位。⑤蔬菜、肉类等切成的小块：黄瓜～儿|辣子炒鸡～。⑥〈书〉遭遇；碰到：～忧。⑦(Dīng)姓。

丁 ㊁ zhēng

〖丁丁〗〈书〉拟声词。形容伐木、弹琴等的声音。

钉 ㊀ dīng ㊁ dìng

钉 ㊀ dīng

①钉子，金属制成的细棍形的物件，一端尖锐，主要起固定或连接作用：铁～|眼中～(比喻心里最恨、最讨厌的人)。②紧跟着不放松：～住目标|～紧他，别让他跑了。③督促；催问：这事儿必须～着他快办。④同"盯"。目光长时间地集中在一点上；注视。

钉 ㊁ dìng

①把钉子捶打进别的东西中；用钉子、螺丝钉等把东西固定在一定的位置或把分散的东西组合起来：～钉(dīng)子|～鞋掌。②缝纫方法，用针线把带子、纽扣等缝住：～扣子。

洞 ㊀ dòng ㊁ tóng

洞 ㊀ dòng

①物体中间的穿通的或凹入较深的部分；窟窿：～穴|岩～|漏～。②数词。某些场合读数码时作"0"的代称。③透彻；清晰：～悉|～若观火。④〈书〉击穿：～穿。

洞 ㊁ tóng

洪洞，地名，在山西。

恫 ㊀ dòng ㊁ tōng

恫 ㊀ dòng

①〈书〉恐惧：～恐。②吓(xià)唬：～吓(hè)。

恫 ㊁ tōng

〈书〉病痛：～瘝(guān)在抱(把人民的疾苦放在心上)。

都 ㊀ dōu ㊁ dū

都 ㊀ dōu

副词。①全；完全：题～做对了|大家～同意。②跟"是"字合用，总括说明理由：～是你出的馊(sōu)主意，让大家跟着你受累。③表示加重语气：一滴水～没

有。④表示"已经":天～亮了。

都 ㈡ dū

①首都,国家最高政权机关所在的地方:古～。②大城市:～市|通～大邑。③(Dū)姓。

斗 ㈠ dǒu ㈡ dòu

斗 ㈠ dǒu

①量词。市制容量单位。10升等于1斗,10斗等于1石(dàn)。②量(liáng)粮食的器具,容量是1斗,多用木头或竹子制成。③形状略像斗的器物:漏～|风～。④圆形的指纹:～箕。⑤星宿(xiù)名,二十八宿之一。⑥指北斗星:～柄。⑦古代酒器:太白～酒诗百篇。⑧(Dǒu)姓。

斗 ㈡ dòu

①对打:搏～|～殴。②斗争,用揭发、控诉等方式打击敌对分子:～地主。③使动物斗(旧时常用来赌博):～牛|～鸡。④比赛;决胜负:～法|～不过他。⑤往一块儿凑;拼凑:～起来。

读 ㈠ dòu ㈡ dú

读 ㈠ dòu

旧时指诵读古文时文句中需要稍作停顿的地方(比"句"停顿要短):句～。

读 ㈡ dú

①照着文字念出声来:诵～|～秒|宣～。②阅读:～后感|～小说|精～。③指上学:走～|借～|～小学。④字的念法;读音:旧～|破～。

顿 ㈠ dú ㈡ dùn

顿 ㈠ dú

见590页〖冒(mò)顿〗。

顿 ㈡ dùn

①稍停:～号|抑扬～挫。②书法上指用力使笔着纸而暂不移动:写横时收尾要～笔。③向下叩或跺:～首|～足。④处理;安排:整～|安～。⑤副词。立刻:茅塞～开|～悟。⑥量词。用于吃饭、斥责等行为的次数:三～饭|被家长训了一～|痛打一～。⑦疲劳:困～|劳～。⑧(Dùn)姓。

肚 ㈠ dǔ ㈡ dù

肚 ㈠ dǔ

肚子,供食用的某些动物的胃:～丝儿|羊～儿。

肚 ㊁ dù

①人或动物的腹部：～子｜挺胸凸～。②物体圆而凸起像肚子的部分：腿～子。

度 ㊀ dù ㊁ duó

度 ㊀ dù

①计量长短：～量衡。②物质的有关性质所达到的程度：浓～｜热～｜湿～。③量词。计量单位名称：1～弧｜60～角｜100～电｜北纬38～。④事物所达到的境地：高～｜程～｜进～｜知名～。⑤限额；恰当的量：适～｜限～｜劳累过～。⑥哲学上指一定事物保持自己质的数量界限。⑦指人的气量：大～｜～量｜气～。⑧所考虑或计较的：置之～外。⑨量词。次；回：几～风雨。⑩过；经过(时间)：～假｜～日如年｜欢～国庆｜虚～光阴。⑪人的风貌或气质：态～｜风～。⑫一定范围的时间或空间：年～｜国～。⑬佛教、道教指使人出尘俗、超生死：剃～｜超～亡灵。⑭(Dù)姓。

度 ㊁ duó

揣测；估计：揣～｜忖(cǔn)～｜审时～势。

沌 ㊀ dùn ㊁ zhuàn

沌 ㊀ dùn

〖混(hún)沌〗愚昧无知。

沌 ㊁ zhuàn

用于地名：～口(在湖北)。

囤 ㊀ dùn ㊁ tún

囤 ㊀ dùn

①用竹篾、荆条等编成的或用席箔等围成的存放粮食的器具：谷～｜～里粮冒尖。②(Dùn)姓。

囤 ㊁ tún

积贮；储存：～积｜～粮。

垛 ㊀ duǒ ㊁ duò

垛 ㊀ duǒ

墙上向外或向上凸出的部分：～口｜门～子。

垛 ㊁ duò

①整齐地堆放；堆积：把麦秆儿～起来。②堆成的堆：麦～｜草～。③量词。用于堆积的东西：一～柴火｜两～砖。

驮 ㊀ duò ㊁ tuó

驮 ㊀ duò

①〖驮子〗牲口所负载的货物：把～卸下来。②量词。用于牲口驮（tuó）的货物：一～货。

驮 ㊁ tuó

牲口用背部负载人或物品：～运|骆驼背上～着几袋盐巴。

E e

哦 ㊀é ㊁ó ㊂ò

哦 ㊀é

〈书〉吟咏：吟～(低声地唱)。

哦 ㊁ó

叹词。表示将信将疑：～，怎么会有这样的人？｜～，是这样的吗？

哦 ㊂ò

叹词。①表示领会、醒悟：～，您就是这本书的作者。②表示承诺、答应：～，那我就先走一步。

蛾 ㊀é ㊁yǐ

蛾 ㊀é

蛾子，昆虫，腹部短而粗，有四个翅膀，多在夜间活动，常飞向灯光。其中很多种是农业害虫。

蛾 ㊁yǐ

〈书〉同“蚁”。昆虫的一科。

恶 ㊀ě ㊁è ㊂wū ㊃wù

恶 ㊀ě

〖恶心〗①想呕吐(tù)的生理反应：闻见油漆味儿就～。②使人厌恶：瞧她做那事，真让人～。③〈方〉故意使人难堪：你别说这话～人了。

恶 ㊁è

①很坏的行为；犯罪的事情(跟“善”相对)：无～不作｜罪大～极。②凶狠；凶猛：～棍｜～骂｜一场～战。③坏的；不好的：～习｜～果｜～意｜～感。

恶 ㊂wū

〈书〉①疑问代词。表示反问，相当于“何”“怎么”：～能治天下(怎么能治理天下)？②叹词。表示惊讶，相当于“啊”：～，是何言也(啊，这是什么话)！

恶 ㊃wù

讨厌；憎恨(跟“好 hào”相对)：

厌～|可～|好逸～劳。

呃 ㊀è ㊁e

呃 ㊀è

叹词。表示感叹、提醒等：～！你别忘了吃药。

呃 ㊁e

助词。用在句末，表示赞叹或惊异的语气：太阳一出照山崖～！

F f

发 ㊀ fā ㊁ fà

发 ㊀ fā

①放射;发射:~光|百~百中(zhòng)。②发生:~芽|~电。③引起:引~|~人深省(xǐng)。④显现:~白|~潮。⑤流露(感情):~怒|惹人~笑。⑥产生(某种感觉):~麻|嘴里~苦。⑦因得到许多财物而兴旺:~家|~财。⑧扩展:~扬|~展。⑨食物等因发酵(jiào)或水浸而膨胀:面~了|~海带。⑩起程;离开:出~|朝~夕至。⑪打开;揭示:~现|揭~|~掘。⑫分散;散开:蒸~。⑬表达;宣布;公布:~言|~誓|~榜|~命令。⑭送出;交付:~货|~信。⑮派遣;委派:~兵|~配|打~。⑯开始行动:~起|先~制人。⑰量词。用于枪弹、炮弹:一~子弹。⑱(Fā)姓。

发 ㊁ fà

头发:假~|须~|白~|理~。

番 ㊀ fān ㊁ Pān

番 ㊀ fān

①指外国或外族:~邦|~薯(甘薯)。②量词。a)种:别有一~滋味在心头。b)回;次:思考一~|三~五次。

番 ㊁ Pān

①番禺(yú),地名,在广东。②姓。

繁 ㊀ fán ㊁ Pó

繁 ㊀ fán

①繁多,种类多;复杂(跟"简"相对):纷~|~复|~星。②繁殖(牲畜):自~自养。

繁 ㊁ Pó

姓。

坊 ㊀ fāng ㊁ fáng

坊 ㊀ fāng

①古代把一个城邑划分成若

干区，通称为坊（多用于街巷名）：街～｜白纸～（在北京）。②牌坊，形状像牌楼的建筑物，旧时多用来表彰忠孝节义的人物：贞节～。

坊 ㈡ fáng

手工业制造或加工的地方：醋～｜染～｜磨（mò）～｜油～。

菲 ㈠ fēi ㈡ fěi

菲 ㈠ fēi

①形容花草茂盛、香气浓郁：芳～。②碳氢化合物的一类，无色有光泽的结晶，供制染料、炸药等。

菲 ㈡ fěi

〈书〉微薄（多用作谦词）：～礼｜～酌（不丰盛的酒饭）。

蜚 ㈠ fēi ㈡ fěi

蜚 ㈠ fēi

〈书〉同"飞"：～声（扬名）｜～语（没有根据的话）。

蜚 ㈡ fěi

〖蜚蠊（lián）〗蟑螂的别称。昆虫，身体扁平，黑褐色，能发出臭味。常咬坏衣物，传播疾病。是害虫。

芾 ㈠ fèi ㈡ fú

芾 ㈠ fèi

〖蔽（bì）芾〗〈书〉形容树干树叶微小。

芾 ㈡ fú

〈书〉①草木茂盛：～～。②同"黻（fú）"。古代礼服上绣的半青半黑的花纹。宋朝书画家米芾，也作"米黻"。

分 ㈠ fēn ㈡ fèn

分 ㈠ fēn

①使整体变成几部分或使相联系的事物隔开（跟"合"相对）：～家｜～居｜～离｜划～。②分配；分派：～红｜～任务。③分辨；辨别：～清敌我｜不～青红皂白。④从主体上分出来的：～公司｜～局。⑤数学上指分数：约～｜通～。⑥表示分数：五～之二｜百～之五。⑦（某些计量单位的）1/10：～米｜～升。⑧量词。计量单位名称。a）长度，10 厘等于 1 分，10 分等于 1 寸。b）地积，10 厘等于 1 分，10 分等于 1 亩。c）重量，10 厘等于 1 分，10 分等于 1 钱。d）货币，10

分等于1角。e)时间，60秒等于1分，60分等于1小时。f)弧或角，60秒等于1分，60分等于1度。g)经度或纬度，60秒等于1分，60分等于1度。h)利率，年利1分按1/10计算，月利1分按1/100计算。⑨评定成绩或胜负的计数单位：记～册｜得～｜打～。⑩(Fēn)姓。

分 ㊁ fèn

①成分：养～｜盐～。②指职责和权利等应有的范围；言语、行事等适宜的限度：～内｜过～｜恰如其～。③情谊：看在兄弟的～儿上，这笔钱不要了。④同"份"。指整体中的一部分。

葑 ㊀ fēng ㊁ fèng

葑 ㊀ fēng

古书上指蔓菁。

葑 ㊁ fèng

古书上指菰(gū)的根，即茭白根。

冯 ㊀ Féng ㊁ píng

冯 ㊀ Féng

姓。

冯 ㊁ píng

①马跑得快。②〈书〉徒步(涉水)：暴虎～河(空手打虎，徒步渡河。比喻有勇无谋，冒险蛮干)。③〈古〉同"凭"。凭借，依靠。

缝 ㊀ féng ㊁ fèng

缝 ㊀ féng

①用针线连接：～合｜～补｜～纫｜～衣裳｜～伤口。②(Féng)姓。

缝 ㊁ fèng

①接合的地方：无～钢管。②缝隙：墙上有道～。

佛 ㊀ fó ㊁ fú

佛 ㊀ fó

①佛陀的简称，佛教徒称释迦牟尼。②佛教徒称修行圆满的人：放下屠刀，立地成～。③佛教：～法｜信～。④指佛像：千～洞｜乐山大～。⑤指佛号或佛经：念～｜诵～。

佛 ㊁ fú

〖仿佛〗①副词。似乎；好像：他～没有明白你的意思。②类似；像：我俩的年纪相～。

否 ㊀ fǒu ㊁ pǐ

否 ㊀ fǒu

①副词。用在动词前，表示对这种动作行为的否定：～决｜～认（不承认）。②〈书〉副词。表示不同意，相当于口语的“不”：～，此非上策。③〈书〉助词。用在句尾表示询问：知～？④“是否”“能否”“可否”等表示“是不是”“能不能”“可不可”等意思：信是～收到？

否 ㊁ pǐ

①坏：～极泰来（坏的到了尽头，好的就来了）。②贬低：臧～人物（评论人的优劣）。

夫 ㊀ fū ㊁ fú

夫 ㊀ fū

①成年男子的通称：老～｜一～当关，万～莫开。②丈夫，女子的配偶（跟“妇”相对）：～妻｜～妇。③旧时称从事某种体力劳动的人：农～｜车～。④旧时指为官方或军队服劳役、做苦工的人：民～｜拉～。⑤（Fū）姓。

夫 ㊁ fú

〈书〉①指示代词。那；这：非～人之物而强假焉？②人称代词。他：使～往而学焉。③助词。a)用在一句话的开始：～战，勇气也。b)用在一句话的末尾或句中停顿的地方表示感叹：悲～！

服 ㊀ fú ㊁ fù

服 ㊀ fú

①衣裳：礼～｜校～。②丧（sāng）衣：有～在身。③穿（衣服）：～孝。④吃（药）：～药｜口～。⑤从事；承当：～务｜～刑｜～兵役。⑥相信；顺从：～从｜～气｜心悦诚～。⑦使信服；使听从：说～｜以理～人。⑧适应；习惯：不～水土。⑨（Fú）姓。

服 ㊁ fù

量词。用于中药：五～汤药。

洑 ㊀ fú ㊁ fù

洑 ㊀ fú

①〈书〉旋涡。②（Fú）姓。

洑 ㊁ fù

在水里游：～水｜～过河去。

父 ㊀ fǔ ㊁ fù

父 ㊀ fǔ

①〈书〉对老年男子的尊称：田～|樵～。②〈书〉同“甫”。古代加在男子名字下的美称，后来指人的表字。③(Fǔ)姓。

父 ㊁ fù

①父亲：～母|养～。②家族或亲戚中的长辈男子：岳～|叔～|外祖～。

脯 ㊀ fǔ ㊁ pú

脯 ㊀ fǔ

①肉干：兔～|鹿～。②蜜饯果干：桃～|果～。

脯 ㊁ pú

指胸部：鸡～|胸～。

G g

夹 ㊀ gā ㊁ jiā ㊂ jiá

夹 ㊀ gā

〖夹肢窝〗同"胳(gā)肢窝"。

夹 ㊁ jiā

①从相对的两边施加压力,使物体固定不动:腿上上了~板|给对方~菜。②胳膊用力贴紧肋部,使腋下的东西不掉:~着书包。③处在两者之间;从两旁控制住:~道欢迎|两座高山~着一条小河。④掺杂:正文里有~注|风声~着雨声。⑤夹东西的器具:皮~|讲义~。

夹 ㊂ jiá

里外两层的(衣被等):~袄|~被。

伽 ㊀ gā ㊁ jiā ㊂ qié

伽 ㊀ gā

音译用字:~马射线(镭等放射性元素的原子放出的射线。也叫丙种射线)。

伽 ㊁ jiā

音译用字:~倻(yē)琴(朝鲜族的弦乐器,有些像筝)|~利略(意大利天文学家、物理学家)。

伽 ㊂ qié

音译用字:~蓝("僧伽蓝摩"的省称,指僧众所住的园林;后泛指佛寺)。

呷 ㊀ gā ㊁ xiā

呷 ㊀ gā

〖呷呷〗同"嘎(gā)嘎"。拟声词。形容鸭子、大雁等的叫声:一群大雁~地叫着向南飞去。

呷 ㊁ xiā

〈方〉小口喝:~了一口茶。

咖 ㊀ gā ㊁ kā

咖 ㊀ gā

〖咖喱(lí)〗用胡椒、姜黄、番

椒、茴香、陈皮等制成的粉末状的调味品，味香而辣，色黄。

咖 ㊁ kā

〖咖啡〗常绿小乔木或灌木，果实深红色，种子炒熟制成粉，可以做饮料。产在热带和亚热带地区。也指用咖啡制成的饮料。

胳 ㊀ gā ㊁ gē ㊂ gé

胳 ㊀ gā

〖胳肢窝〗〈口〉腋窝的通称。也作“夹(gā)肢窝”。

胳 ㊁ gē

〖胳臂(bei)〗肩膀以下手腕以上的部分。也叫胳膊。

胳 ㊂ gé

〖胳肢〗〈方〉在别人腋下等处抓挠，使发痒、发笑。

嘎 ㊀ gā ㊁ gá ㊂ gǎ

嘎 ㊀ gā

拟声词。形容短促而响亮的声音：汽车～的一声停住了｜～巴一声，树枝断了。

嘎 ㊁ gá

〖嘎嘎〗同“尜(gá)尜”。①一种儿童玩具，两头尖，中间大。也说尜儿。②像尜尜的东西。

嘎 ㊂ gǎ

同“生(gǎ)”。①乖僻。②调皮。

轧 ㊀ gá ㊁ yà ㊂ zhá

轧 ㊀ gá

〈方〉①挤：～到人群里。②结交：～朋友。③核算；查对：～账。

轧 ㊁ yà

①碾；滚压：～棉花。②排挤：倾～。③拟声词。形容机器开动时发出的声音：～～～的机器声｜压路机～～～地响个不停。④(Yà)姓。

轧 ㊂ zhá

压(钢坯)：～钢(把钢坯压制成一定形状的钢材)。

盖 ㊀ gài ㊁ Gě

盖 ㊀ gài

①位于器物上部起遮蔽作用的东西：锅～｜饭盒～。②人体某些部位形状像盖子的骨骼；某些动物背部的甲壳(qiào)：膝～｜天灵～｜头～骨｜螃蟹～。③古指伞：华～

（古代车上像伞的篷子）。④遮挡；蒙（méng）上：遮～｜～锅｜掩～。⑤印上（印章）：～图章。⑥超过；压倒：～世无双。⑦建筑（房屋）：～楼房。⑧耢（lào），平整土地的一种农具。⑨〈书〉副词。大概：此塔～建于18世纪初。⑩〈书〉连词。承上文表示对原因的解释：有所不知，～未学也。⑪（Gài）姓。

盖 ㊁ Gě

姓。

干 ㊀ gān ㊁ gàn

干 ㊀ gān

①古代指盾：～戚（戚，古代像斧的一种武器）｜大动～戈。②牵连；关涉：～连｜～涉｜相～。③〈书〉触犯；冒犯：～犯。④〈书〉追求；求取（职位、俸禄等）：～禄（谋取官职）｜～进（在仕途中谋求进取）。⑤〈书〉水边；河岸：江～｜河～。⑥指天干，即“甲、乙、丙、丁、戊、己、庚、辛、壬、癸”的统称：～支（天干和地支的合称）。⑦没有水分或水分很少（跟“湿”相对）：～燥｜～旱｜油漆未～。⑧不用水的：～洗。⑨加工制成的干的食品：鱼～儿｜葡萄～儿。⑩枯竭；净尽：外强中～｜水喝～了。⑪虚假的；只具形式的：～笑｜～哭｜～股。⑫没有血缘关系或婚姻关系而拜认的亲属关系：～亲｜～女儿。⑬副词。白白地：～瞪眼｜～着急。⑭使净尽：～杯｜一口气～了一碗。⑮〈方〉慢待；不理睬：别把我一个人～在这儿。⑯（Gān）姓。

干 ㊁ gàn

①事物的主体或主要部分：树～｜～线。②指干部：～群关系。③做（事）：实～｜～事认真｜埋头苦～。④有能力的：～练｜～才。⑤担任：他～过村长。

杆 ㊀ gān ㊁ gǎn

杆 ㊀ gān

杆子，有一定用途的细长的木头或类似的东西（多直立在地上，上端较细）。

杆 ㊁ gǎn

①器物的像棍子的细长部分（包括中空的）：钢笔～儿｜秤～儿｜烟袋～儿。②量词。用于有杆的器物：一～秤｜两～枪。

扛 ㈠ gāng ㈡ káng

扛 ㈠ gāng

①〈书〉用双手举起(重物):力能~鼎。②〈方〉抬东西:~木头。

扛 ㈡ káng

用肩膀承担物体:~枪|~行李。

杠 ㈠ gāng ㈡ gàng

杠 ㈠ gāng

〈书〉①桥。②旗杆。

杠 ㈡ gàng

①较粗的棍棒:竹~。②体操运动的器械:单~|高低~。③机床上的一种棍状零件:丝~。④批改文字或阅读中作为标记所画的粗线:老师在病句下打了一道红~。⑤把不通的文字或错字用粗线划去或标出:这句话被~掉了。⑥比喻一定的标准、界限:条条~~。

岗 ㈠ gāng ㈡ gǎng

岗 ㈠ gāng

同"冈"。低平的山脊;泛指小山。

岗 ㈡ gǎng

①不高的山或高起的土坡:黄土~。②平面上凸起的长道:胸口上肿起一道~子。③站岗放哨的地方:~楼|门~|~哨。④泛指职位:在~|下~。⑤(Gǎng)姓。

钢 ㈠ gāng ㈡ gàng

钢 ㈠ gāng

铁和碳的合金,含碳量低于2%,并含有少量的锰、硅、硫、磷等元素:~板。

钢 ㈡ gàng

①把刀放在布、皮革、石头等上面磨(mó):~刀布|~菜刀。②在刀口上加上点儿钢,重新打造:这把刀该~了。

戆 ㈠ gàng ㈡ zhuàng

戆 ㈠ gàng

〈方〉愣;冒失:~头~脑。

戆 ㈡ zhuàng

〈书〉戆直,憨厚而刚直。

膏 ㈠ gāo ㈡ gào

膏 ㈠ gāo

①脂肪;油:~火|春雨如~。

②很稠的糊状物：软～｜牙～。③〈书〉肥沃：～腴。

膏 ㊁ gào

①加润滑油：～车｜给车链子～点儿油。②把毛笔蘸上墨，在砚台边上掭(tiàn)匀：～笔｜～墨。

镐 ㊀ gǎo ㊁ Hào

镐 ㊀ gǎo

镐头，刨土用的工具：十字～。

镐 ㊁ Hào

周朝初年的国都，在今陕西西安西南。

咯 ㊀ gē ㊁ kǎ ㊂ lo ㊃ luò

咯 ㊀ gē

①〖咯噔〗拟声词。形容皮鞋踏地或物体猛烈撞击的声音：～～的皮鞋声。也作格(gē)登。②〖咯吱〗拟声词。形容物体受挤压发出的声音：床被压得～～响。③〖咯咯〗拟声词。形容笑声、咬牙声等：逗得孩子～～地笑｜牙齿咬得～～响。

咯 ㊁ kǎ

用力把东西从嗓子里咳(ké)出来：～血｜～痰。

咯 ㊂ lo

助词。用法如“了(le)”②，语气较重：明白～。

咯 ㊃ luò

〖吡(bǐ)咯〗有机化合物，无色液体，供制药品。

饹 ㊀ gē ㊁ le

饹 ㊀ gē

〖饹馇〗一种风味食品，用绿豆面做成薄饼，切成块油炸或炒菜吃。

饹 ㊁ le

〖饸饹〗一种面食，把和(huó)好的荞麦面、高粱面等用饸饹床子(做饸饹的工具，底有漏孔)轧成长条，煮着吃。

格 ㊀ gē ㊁ gé

格 ㊀ gē

〖格登〗同“咯噔”。

格 ㊁ gé

①格子，隔成的方形空栏或框子：方～｜表～｜花～子｜空～。②标准；法式：规～｜合～｜破～｜不拘一～。③品质；风度：～调｜品～｜性～。

④〈书〉阻碍；限制：～于成例。⑤〈书〉推究：～物（探求事物的道理）。⑥打：～斗（激烈地搏斗）|～杀勿论。⑦某些语言中名词（有的包括代词、形容词）的语法范畴，用词尾变化来表示它和别的词之间的语法关系。⑧（Gé）姓。

搁 ㊀ gē ㊁ gé

搁 ㊀ gē

①安放；放置：把桌子～在屋子里。②添加；放进：牛奶里～点糖。③放着，暂缓进行：～置|耽～|这事先～一～，以后再说。

搁 ㊁ gé

承受：～得住|～不住压。

革 ㊀ gé ㊁ jí

革 ㊀ gé

①经过去毛和鞣（róu）制的兽皮：皮～|人造～|～履（皮鞋）。②改变：～新|改～|变～|洗新～面。③开除；除名；撤除（职务）：开～|～除。④（Gé）姓。

革 ㊁ jí

〈书〉（病情）危急。

葛 ㊀ gé ㊁ Gě

葛 ㊀ gé

①多年生草本植物，茎蔓生。根肥大，可制淀粉。②表面有花纹的纺织品，用丝做经，棉线或麻线等做纬：毛～。

葛 ㊁ Gě

姓。

蛤 ㊀ gé ㊁ há

蛤 ㊀ gé

〖蛤蜊（lí）〗一种有介壳（qiào）的软体动物，生活在浅海底，肉可食。

蛤 ㊁ há

〖蛤蟆（ma）〗青蛙和蟾蜍的统称。

颌 ㊀ gé ㊁ hé

颌 ㊀ gé

〈书〉口。

颌 ㊁ hé

构成口腔上部和下部的骨头和肌肉组织叫颌，包括上颌和下颌。

个 ㊀ gě ㊁ gè

个 ㊀ gě

〖自个儿〗〈方〉人称代词。自己：这事儿我～能处理好。

个 ㊁ gè

①量词。a)用于没有专用量词的名词（有些名词除了用专用量词之外也能用“个”）：三～梨｜一～想法｜两～人。b)用于约数的前面：走～两三天就回来了｜这包子吃～八九个没问题。c)用于带宾语的动词后面，有表示动量的作用（原来不能用“个”的地方也用“个”）：见～面｜说～话。d)用于动词和补语的中间，使补语略带宾语的性质（有时跟“得”连用）：吃～饱｜风刮～不停｜扫得～干干净净。②单独的；非普遍的：～别｜～人｜～体｜～例｜～唱。③量词“些”的后缀：这些～问题只能逐步解决｜那些～书我没看过。④〈方〉加在“昨儿”“今儿”“明儿”等时间词后面，跟“某日里”的意思相近。

合 ㊀ gě ㊁ hé

合 ㊀ gě

①量词。容量单位，10勺为1合，10合为1升。②量粮食的器具，容量是1合，方形或圆筒形。

合 ㊁ hé

①合拢：～上书｜一晚上没～眼。②聚集；共同（跟“分”相对）：～资企业｜同心～力。③总共；全：～计｜～家团聚。④符合；适合：～情～理｜～法经营。⑤相当于；折（zhé）合：1吨～1000千克｜这次装修连工带料～多少钱？⑥〈书〉应当；应该：理～（按理应当）退赔。⑦量词。旧小说中指交战的回合：大战五十～。⑧我国民族音乐音阶上的一级，乐谱上用作记音符号，相当于简谱的“5̣”。⑨（Hé）姓。

各 ㊀ gě ㊁ gè

各 ㊀ gě

〈方〉特别；与众不同：他的脾气有点儿～。

各 ㊁ gè

①指示代词。a)表示不止一

个：世界～地｜～位老师。b)表示不止一个并且彼此不同：～种野花都开了｜～人回～人的家。②副词。表示分别做或分别具有：～扫门前雪｜～有优点。③(Gè)姓。

给 ㊀ gěi ㊁ jǐ

给 ㊀ gěi

①交与；付出：～你一支笔｜这是爸爸～的生日礼物。②介词。为(wèi)：我～大家当导游｜医生～小朋友打预防针。③介词。引进动作的对象，相当于"向"：教练～运动员做示范动作。④叫；让。a)表示使对方做某件事：学校拨专款～他们奖励优秀学生。b)表示容许或致使：拿来～我看看｜留心别～他跑掉。c)多用于口语，表示被动，相当于"被"：东西～人偷了｜衣服～雨淋湿了。⑤助词。直接用在表示被动、处置等意思的句子的谓语动词前面，以加强语气：暖瓶叫孩子～打碎了｜书叫他～借走了。

给 ㊁ jǐ

①提供；供应：供～｜自～自足。②富裕：家～人足。

更 ㊀ gēng ㊁ gèng

更 ㊀ gēng

①改变；改换：～改｜～衣。②〈书〉经历；经过：少(shào)不～事。③旧时夜间计时单位，一夜分成五更，每更大约两小时：打～｜～夫。

更 ㊁ gèng

副词。①〈书〉表示动作行为的继续或重复，相当于"再""又"：～进一步｜～上一层楼。②表示程度加深；数量上进一步增加或减少，相当于"越发""愈加"：天～冷了｜学习～努力。

颈 ㊀ gěng ㊁ jǐng

颈 ㊀ gěng

〖脖颈子〗脖子的后部。

颈 ㊁ jǐng

①头和躯干相连接的部分；脖子：～椎｜长～鹿。②器物上像颈的部分：瓶～。

红 ㊀ gōng ㊁ hóng

红 ㊀ gōng

〖女红〗旧时指女子所做的纺

织、刺绣等手工及其制品。也作“女工”。

红 ㊁ hóng

①像鲜血的颜色：万紫千～|～领巾|～马甲。②象征喜庆的红布、红绸：披～|挂～。③象征顺利、成功：～运|满堂～|当～的明星。④象征革命或政治觉悟高：～军|又～又专|～色政权。⑤企业分给股东的利润或分给职工的额外报酬：分～。⑥(Hóng)姓。

供 ㊀ gōng ㊁ gòng

供 ㊀ gōng

①供给，拿出东西给需要的人用：～销|～不应求。②提供某种条件让人利用：有多种款式可～选择。③(Gōng)姓。

供 ㊁ gòng

①把香烛、祭品等放在神佛或先辈的像(或牌位)前面表示恭敬；祭祀时摆设祭品：～桌。②陈列的表示恭敬或纪念的东西；供品：摆～|上～。③受审者陈述案情：～认(被审讯的人承认所做的事情)。④口供；供词：～状(书面供词)|录～。

勾 ㊀ gōu ㊁ gòu

勾 ㊀ gōu

①用笔画出钩形符号，表示删除或截取：～掉名字|在书上～重点。②画出形象的轮廓；描画：～画|～勒。③用灰、水泥等涂抹砖石建筑物的缝：～墙缝。④调和使变稠：～芡。⑤引出；引起：～引|～起回忆。⑥结合；串通：～搭|～结|～通。⑦我国古代称不等腰直角三角形中较短的直角边：～股定理。⑧(Gōu)姓。

勾 ㊁ gòu

①〖勾当(dàng)〗事情，多指坏事：见不得人的～。②(Gòu)姓。

句 ㊀ gōu ㊁ jù

句 ㊀ gōu

①〈古〉同“勾(gōu)”。②用于人名：～践(春秋时越国国王)。③用于地名：高～骊(古代国名)。

句 ㊁ jù

①句子，由词和词组构成的能表达完整意思的语言单位：例～|名～|组词造～。②量词。

用于语言：说几～就走。

枸 ㊀ gōu ㊁ gǒu ㊂ jǔ

枸 ㊀ gōu

〖枸橘〗落叶灌木或小乔木。茎上有粗刺，果实味酸苦，可供药用。也叫枳（zhǐ）。

枸 ㊁ gǒu

〖枸杞（qǐ）〗落叶灌木，果实叫枸杞子，椭圆形，红色，中医入药，有滋补作用。

枸 ㊂ jǔ

〖枸橼（yuán）〗常绿小乔木，有坚硬的短刺，叶子卵圆形，开白色花，果实长圆形，有香味，可提制芳香油，也可入药。也叫香橼。

估 ㊀ gū ㊁ gù

估 ㊀ gū

大致地计算；揣测：～产｜不要低～了群众的力量。

估 ㊁ gù

〖估衣〗出售的旧衣服或质地次、加工粗的新衣服。

呱 ㊀ gū ㊁ guā ㊂ guǎ

呱 ㊀ gū

〖呱呱〗〈书〉拟声词。形容小儿哭声：～坠地（指婴儿出生）。

呱 ㊁ guā

〖呱呱〗拟声词。形容鸭子、青蛙等的响亮的叫声：青蛙～叫。

呱 ㊂ guǎ

〖拉（lā）呱儿〗〈方〉闲谈；聊天：老姐儿几个没事总在一起～。

骨 ㊀ gū ㊁ gǔ

骨 ㊀ gū

①〖骨朵儿〗〈口〉没有开放的花朵：花～。②〖骨碌（lu）〗滚动：一～从地上爬了起来。

骨 ㊁ gǔ

①骨头，人和脊椎动物支撑身体、保护内脏的坚硬组织：～感｜虎～。②物体内部起支撑作用的架子：伞～。③比喻人的精神、品格、气概等：傲～。④比喻诗文刚健有力的风格：建安风～。

谷 ㊀ gǔ ㊁ yù

谷 ㊀ gǔ

①两山或两处丘陵之间狭长而有出口的夹道或水道：～底｜河～。②粮食作物的总称：

～物|五～杂粮。③谷子：～草|～穗。④〈方〉稻或稻的籽实：稻～|糯～。⑤（Gǔ）姓。

谷 ㊁ yù

〖吐（tǔ）谷浑〗我国古代西部民族。

贾 ㊀ gǔ ㊁ Jiǎ

贾 ㊀ gǔ

①商人（古时候“贾”指坐商，“商”指行商）：商～。②经商；做买卖：多财善～（本钱多，生意容易做）。③〈书〉买：～牛。④〈书〉招来；引来：～祸。⑤〈书〉卖：余勇可～。

贾 ㊁ Jiǎ

姓。

鹄 ㊀ gǔ ㊁ hú

鹄 ㊀ gǔ

〈书〉箭靶的中心。

鹄 ㊁ hú

〈书〉天鹅，形状像鹅而较大，善飞，生活在海滨或湖边。

观 ㊀ guān ㊁ guàn

观 ㊀ guān

①注意地看：～日出|～赏|隔岸～火。②景象：奇～|壮～。③对事物的认识或看法：乐～|悲～|人生～|价值～。

观 ㊁ guàn

①道教的庙宇：白云～。②（Guàn）姓。

纶 ㊀ guān ㊁ lún

纶 ㊀ guān

〖纶巾〗古代配有青丝带的头巾。

纶 ㊁ lún

①〈书〉青色的丝带。②〈书〉钓鱼用的丝线。③指某些合成纤维：腈～|涤～。

冠 ㊀ guān ㊁ guàn

冠 ㊀ guān

①帽子：衣～整齐|怒发冲～|～冕堂皇。②形状像帽子或物体顶部的东西：～状动脉|花～。

冠 ㊁ guàn

①〈书〉把帽子戴在头上：沐猴而～（猕猴戴上帽子，装扮成人样。比喻虚有其表，而内里本质不好）。②在前面加上某种名号或称谓：姓名前面～上

经理的头衔。③超出众人，居第一位：勇～三军。④指冠军：夺～。⑤(Guàn)姓。

矜 ㊀ guān ㊁ jīn ㊂ qín

矜 ㊀ guān

〈书〉同“鳏(guān)”。没有妻子或妻子死亡的。

矜 ㊁ jīn

〈书〉①怜悯；同情：～惜。②自以为了不起；自夸：～伐｜自～自大。③慎重；拘谨：～持。

矜 ㊂ qín

古代指矛的柄。

莞 ㊀ guān ㊁ guǎn ㊂ wǎn

莞 ㊀ guān

古书上指水葱一类的植物。

莞 ㊁ guǎn

东莞，地名，在广东。

莞 ㊂ wǎn

〖莞尔〗〈书〉形容微笑的样子。

龟 ㊀ guī ㊁ jūn ㊂ Qiū

龟 ㊀ guī

爬行动物，身体长圆而扁，背部有坚硬的壳，多生活在水边，寿命很长。常见的有乌龟。

龟 ㊁ jūn

〖龟裂(liè)〗①同“皲(jūn)裂”。皮肤因寒冷干燥而开裂。②(田地等)裂开许多缝隙，出现许多裂纹。

龟 ㊂ Qiū

〖龟兹(cí)〗古代西域国名，在今新疆库车一带。

鲑 ㊀ guī ㊁ xié

鲑 ㊀ guī

鱼，身体大，呈纺锤形，鳞细而圆。种类很多，常见的有大麻哈鱼。

鲑 ㊁ xié

古书上指鱼类的菜肴。

柜 ㊀ guì ㊁ jǔ

柜 ㊀ guì

①柜子，收藏衣物、文件等用的器具，方形或长方形：书～｜保险～。②商店、旅店的账房，也指商店：营业款都交了～了。

柜 ㊁ jǔ

〖柜柳〗一种落叶乔木，羽状复

叶，果实两旁有翅，像元宝。也叫元宝枫。

桧 ㈠ guì ㈡ huì

桧 ㈠ guì

常绿乔木，幼树的叶子像针，大树的叶子像鳞片。也叫圆柏。

桧 ㈡ huì

用于人名：秦～（南宋奸臣）。

涡 ㈠ Guō ㈡ wō

涡 ㈠ Guō

涡河，水名，发源于河南，流入安徽入淮河。

涡 ㈡ wō

旋涡，水流旋转形成的中间低洼的地方：卷进旋～（比喻被牵进纠纷、是非里）。

H h

哈 ㈠ hā ㈡ hǎ ㈢ hà

哈 ㈠ hā

①张口呼气：～气｜～欠。②拟声词。形容笑声（大多叠用）：～～大笑。③叹词。表示得意或满意（大多叠用）：～～，鱼上钩了。④〈口〉弯（腰）：～腰。

哈 ㈡ hǎ

①〈方〉斥责：被人～了一顿。②（Hǎ）姓。

哈 ㈢ hà

〖哈巴〗〈方〉走路时两膝向外弯曲。

咳 ㈠ hāi ㈡ ké

咳 ㈠ hāi

叹词。表示惊讶、后悔或惋惜：～！原来是你呀！｜～！这次试验又失败了。

咳 ㈡ ké

〖咳嗽〗喉部或气管的黏膜受到刺激而引起的一种反射动作，把吸入的气强烈地呼出，声带振动发声。

嗨 ㈠ hāi ㈡ hēi

嗨 ㈠ hāi

〖嗨哟〗叹词。集体劳动时的喊号声：大家加油干呀，～！

嗨 ㈡ hēi

同“嘿（hēi）”。叹词。①表示招呼或提起注意：～，小明，你的电话！｜～，说你呢！②表示得意：～，咱们班又得第一啦！③表示惊异：～，下雪了！

还 ㈠ hái ㈡ huán

还 ㈠ hái

副词。①仍旧；依然：雪～在下｜他～是老样子。②更加：今天比昨天～冷。③用在形容词前，表示勉强达到一般的程度：质量～可以｜成绩～不错。④尚且：一个星期～做不完呢，三天就别说了。⑤居然：一句玩笑话他～当真了。⑥表示早已如此：～在上中学时，他就发表过很多诗歌了。

还 ㊁ huán

①返回（原地）：～乡｜生～。②恢复（原状）：～原｜～俗。③把钱物送归原主：偿～｜～书｜～本付息。④回报：～礼｜～手｜～击｜讨价～价。⑤（Huán）姓。

汗 ㊀ hán ㊁ hàn

汗 ㊀ hán

见 575 页〖可（kè）汗〗。

汗 ㊁ hàn

人和高等动物从皮肤排泄出来的液体：～水｜冷～｜～流浃（jiā）背｜～牛充栋（形容书很多）。

行 ㊀ háng ㊁ hàng ㊂ héng ㊃ xíng

行 ㊀ háng

①行列，人或物排列成的“一”字形：单～｜第三～｜～距。②兄弟姐妹的长幼顺序、次第：排～。③行业，工商业中的类别；泛指职业：同～｜各～各业｜三百六十～，～～出状元。④某些营业机构：银～｜商～。⑤某种行业的内情、知识：懂～｜在～。⑥量词。用于成行的东西：一～字｜两～柳树｜一目十～。

行 ㊁ hàng

〖树行子〗排列成行（háng）的树木；小树林。

行 ㊂ héng

〖道行〗僧道修行的功夫。比喻技能本领：～不浅。

行 ㊃ xíng

①走；向前开进：～走｜～驶｜日～千里。②出行：不虚此～｜欧洲之～。③跟出行有关的：～装｜～期。④不常驻的；流动性的：～商｜～营。⑤流通；推行：～销｜风～一时。⑥做；办；从事某项活动：试～｜～事｜～医。⑦进行：另～通知｜即～评比。⑧受思想支配的或体现人品的举止：～为｜～径｜品～｜暴～｜德～｜兽～。⑨可以：～，就这么说定了。⑩能干；有本事：老王你真～！⑪〈书〉副词。快要：～将就木（指临近死亡）。⑫指行书：～草。⑬（Xíng）姓。

吭 ㊀ háng ㊁ kēng

吭 ㊀ háng

喉咙：引～高歌（放开喉咙，高声歌唱）。

吭 ㊁ kēng

出声；说话：～气｜一声不～。

巷 ㊀ hàng ㊁ xiàng

巷 ㊀ hàng

巷道，采矿或探矿时在山体中或地面以下挖掘的大致成水平方向的坑道。

巷 ㊁ xiàng

①狭窄的街道：深～｜一条小～。②（Xiàng）姓。

号 ㊀ háo ㊁ hào

号 ㊀ háo

①拉长声音大声呼叫：呼～｜～叫。②大声哭：～啕｜哀～。③比喻风声大而长：狂风怒～。

号 ㊁ hào

①名称：国～｜年～。②原指名和字以外另起的别名，后来也包括名以外另起的字：王安石～半山。③商店：商～｜银～｜宝～。④标志；信号：符～｜记～｜问～｜暗～｜掷杯为～。⑤号码；排定的次序：挂～｜编～。⑥表示等级：头～｜小～。⑦量词。表示次序（多放在数字后）。a）一般的：第三～通报｜门牌54～。b）特指一个月里的日子：六月一～是国际儿童节。⑧量词。a）用于人数：今天有一百多～人植树。b）用于成交的次数：做了几～买卖。⑨标上记号：～房子｜把这些椅子都～一～。⑩切（脉搏）：～脉。⑪发出的命令：发～施令。⑫军队或乐队里所用的喇叭：～手｜～角。⑬用号吹出的表示特定意义的声音：起床～｜熄灯～｜冲锋～。⑭出现某种特殊情况的人员：病～｜伤～。⑮（Hào）姓。

貉 ㊀ háo ㊁ hé ㊂ Mò

貉 ㊀ háo

义同"貉"（hé）：～绒（拔去硬毛的貉子皮）｜～子。

貉 ㊁ hé

哺乳动物，毛棕灰色，栖息在山林中。通称貉（háo）子。

貉 ㊂ Mò

①同“貊”。我国古代称东北方的民族。②姓。

好 ㊀ hǎo ㊁ hào

好 ㊀ hǎo

①有利的；优点多的；使人满意的（跟“坏”相对）：～戏连台｜～书｜花～月圆。②用在动词前，表示效果好：～看｜～听。③友爱；和睦：友～｜关系～｜言归于～。④（身体）健康；（疾病）痊愈：身体比以前～多了。⑤见面时问候的话，也用于书信：您～！⑥用于套语：～睡｜您～走。⑦用在动词后，表示动作已经完成：信写～了｜车修～了。⑧表示赞许、同意或结束等：～，听你的｜～了，不要再说了。⑨反话，表示不满意：～，这一下你算捅了马蜂窝啦。⑩容易：这道题～做。⑪便于：早点休息，明天～上学。⑫〈方〉可以：这本书我～看一下吗？⑬副词。用在数量词、时间词前面，表示多或久：～多｜～久｜～几个。⑭副词。用在形容词、动词前，表示程度深：～冷｜价钱～贵｜～一顿骂。

好 ㊁ hào

①喜爱（跟“恶 wù”相对）：嗜～｜～逸恶劳。②副词。表示容易（发生某种事情）：年老体弱的人～感冒。

喝 ㊀ hē ㊁ hè

喝 ㊀ hē

①把水、酒等吸进嘴里咽下去：～茶｜～果汁。②特指喝酒：～多了。

喝 ㊁ hè

高声喊叫：～彩｜～问｜～令（大声命令）｜大～一声。

和 ㊀ hé ㊁ hè ㊂ hú ㊃ huó ㊄ huò

和 ㊀ hé

①平缓；不激烈：～缓｜～暖｜柔～｜～风细雨｜～蔼。②协调（tiáo）；融洽：～睦｜～美｜～谐。③结束战争或平息争端：讲～｜～谈｜～平。④比赛打成平手，不分胜负：～棋｜～局。⑤连带，连同：～衣而卧｜～盘托出。⑥介词。引进相关、比较的对象：不愿～你谈｜这台电冰箱正好～他一般高。⑦连词。连接并列的事物，相当于“跟”“与”：学校～家庭。

⑧两个或两个以上的数加起来的总数。⑨介词。对；向：你要～大家解释清楚。⑩(Hé)指日本(日本自称大和民族，简称和)：～服(日本式的服装)。⑪(Hé)姓。

和 ㊁ hè

①跟着唱或说：一唱一～|随声附～。②依照别人的诗词的题材和格律作诗、填词：～诗。

和 ㊂ hú

打麻将或玩纸牌时某家牌的组合达到规定的要求，取得胜利：连～三盘。

和 ㊃ huó

在(土、面粉等)粉状物中加水等搅拌或揉弄使有黏性：～泥|～面包饺子。

和 ㊄ huò

①粉状或粒状物掺和在一起：～药|搅～。②加水搅拌使成较稀的东西：～稀泥(比喻不讲原则地调解或折中)。③量词。用于洗衣物换水的次数或一服中药煎的次数：洗了三～|头～药较浓。

荷 ㊀ hé ㊁ hè

荷 ㊀ hé

①莲，多年生草本植物，生在浅水中。地下茎叫藕，种子叫莲子，都可以吃：～花|～塘。②(Hé)指荷兰。③(Hé)姓。

荷 ㊁ hè

①背(bēi)或扛(káng)：～锄|～枪实弹。②负担：负～|重～。③表示承受恩惠(书信用语)：感～(感谢)。

核 ㊀ hé ㊁ hú

核 ㊀ hé

①桃、李、梅等果实中心的坚硬部分，里面有果仁：桃～|杏～。②物体中心像核的部分：细胞～|～酸。③特指原子核、核能或核武器：～装置|～辐射|～电站。④仔细地对照；检查：复～|～算。

核 ㊁ hú

〖核儿〗同"核(hé)"①②，用于某些口语词：梨～|冰～。

吓 ㊀ hè ㊁ xià

吓 ㊀ hè

①威胁，使人害怕：威～|恐～。②叹词。表示极为不满：～，你搞什么名堂！

吓 ㊁ xià

使害怕：～唬。

嘿 ㊀ hēi ㊁ mò

嘿 ㊀ hēi

①叹词。用于招呼或提醒注意：～，你的电话！②叹词。表示得意或赞叹：～，现在村村都通了水泥路！③叹词。表示惊异：～，这西瓜有二三十斤呢！

嘿 ㊁ mò

〈书〉同“默”。不说话；不出声。

横 ㊀ héng ㊁ hèng

横 ㊀ héng

①与地面平行的（跟“竖”“直”相对）：～批｜～幅。②地理上东西向的（跟“纵”相对）：～渡太平洋。③左右方向的（跟“竖”“直”“纵”相对）：～写｜站成～排。④与物体的长的一边垂直的（跟“竖”“直”“纵”相对）：～剖面｜人行～道。⑤使物体成横向：把竹竿～过来。⑥交错；杂乱：血肉～飞｜老泪～流。⑦凶恶；蛮不讲理：～行霸道。⑧汉字的一种笔画，形状是“一”。⑨（Héng）姓。

横 ㊁ hèng

①粗暴：专～｜强～。②不正常的；意想不到的：～事｜～财（意外得到的钱财）。

哄 ㊀ hōng ㊁ hǒng ㊂ hòng

哄 ㊀ hōng

①拟声词。形容许多人的大笑声或喧哗声：～堂大笑。②许多人同时发出声音：乱～～。

哄 ㊁ hǒng

①哄骗，用假话或手段骗人：别～我了。②逗引别人高兴：～孩子玩｜她生气了，快去～～她。

哄 ㊂ hòng

吵闹；搅扰：起～｜一～而散。

虹 ㊀ hóng ㊁ jiàng

虹 ㊀ hóng

天空中的小水珠经日光照射发生折射和反射作用而形成的弧形彩带，由外圈至内圈呈红、橙、黄、绿、蓝、靛、紫七种颜色。

虹 ㊁ jiàng

〈口〉义同“虹（hóng）”，限于单用。

侯 ㊀ hóu ㊁ hòu

侯 ㊀ hóu

①古代五等爵位的第二等：～爵|王～。②封为侯爵的人，泛指达官贵人：～门似海。③(Hóu)姓。

侯 ㊁ hòu

闽侯，地名，在福建。

糊 ㊀ hū ㊁ hú ㊂ hù

糊 ㊀ hū

用较浓的糊(hú)状物涂抹缝隙或物体表面：用灰浆把砖缝～上|～了一层泥。

糊 ㊁ hú

①用黏性物把纸、布等粘在一起或粘在别的物体上：～信封|～风筝。②用粥类食品充饥：～口。③同"煳(hú)"。食品或衣物等经火烧或烤后变黄、变黑。

糊 ㊂ hù

样子像稠粥的食物：玉米～。

浒 ㊀ hǔ ㊁ xǔ

浒 ㊀ hǔ

〈书〉水边。

浒 ㊁ xǔ

用于地名：～湾(在江西)|～墅关(在江苏)。

唬 ㊀ hǔ ㊁ xià

唬 ㊀ hǔ

〈口〉虚张声势以吓(xià)人或蒙(mēng)人：你别～人，我不吃你那一套。

唬 ㊁ xià

同"吓(xià)"。

哗 ㊀ huā ㊁ huá

哗 ㊀ huā

拟声词。形容撞击、水流淌、下雨等的声音：卷帘门～的一声拉上了|水～～地流|雨～～～下个不停。

哗 ㊁ huá

喧哗；喧闹：～然(形容许多人吵吵嚷嚷)。

划 ㊀ huá ㊁ huà

划 ㊀ huá

①拨水前进：～船|～桨。②〈口〉合算；上算：～得来|～不来。③用刀或其他尖锐的东

西把另一物体割裂或在表面上擦过去：～玻璃|手给～了。

划 ㊁ huà

①确定界限范围等：～界|行政区～。②划拨：～付|～款|～账。③计划：规～|策～。

华 ㊀ huá ㊁ Huà

华 ㊀ huá

①美丽而有光彩的：～美|～灯。②繁盛：繁～|荣～富贵。③事物最好、最重要的部分：英～|精～。④光辉；光彩：光～|日～(太阳周围的光环)。⑤时间；光阴：年～|韶～。⑥(头发)花白：～发。⑦〈书〉敬辞，用于跟对方有关的事物：～翰|～诞(称人的生日)。⑧(Huá)指中国：～夏|海外～人|～商|驻～大使。⑨(Huá)指汉语：～语广播|～文报纸。

华 ㊁ Huà

①华山，山名，在陕西华阴。②姓。

豁 ㊀ huá ㊁ huō ㊂ huò

豁 ㊀ huá

〖豁拳〗今规范作“划拳”。饮酒时，两人伸出手指叫数，说出两人所伸手指数的和的人为胜，负者饮酒。

豁 ㊁ huō

①裂开：城墙～口|～嘴(上唇裂开)|扣眼儿～了。②不惜代价；狠心舍弃：～出几天工夫|把性命都～出去了。

豁 ㊂ huò

①开阔；开通；通达：～然开朗|～达|显～。②免去：～免农业税。

晃 ㊀ huǎng ㊁ huàng

晃 ㊀ huǎng

①(亮光)闪耀：强光～眼。②快速地闪过：一～而过。

晃 ㊁ huàng

摇；摆：摇头～脑|身子～了一下。

会 ㊀ huì ㊁ kuài

会 ㊀ huì

①聚合；会合：～商|～谈|～师|～演。②见面：～面|～见|约～|再～。③有一定目的的集会：～展|晚～|开～|报告～|文山～海。④某些社会

团体：红十字～|工～|新闻工作者协～。⑤庙会：赶～。⑥为祭神、祈祷而组织的集体活动（迷信）：香～|迎神赛～。⑦旧时民间小型经济互助组织，参加的人按期平均交款，分期轮流使用：搭～。⑧中心城市：都～|省～。⑨时机：机～|适逢其～。⑩理解；明白：～心|误～|领～|意～。⑪通晓；能掌握：～两门外语。⑫表示具有某种能力：我不～游泳|他～跳舞。⑬表示擅长（做某事）：能说～道。⑭表示有可能实现：我想他～来的|淋了雨～感冒的。⑮（在饭店、茶馆等处）付款：～账|我～过了。⑯不长的时间：请等一～儿。

会 ㊁ kuài

计算；总计：财～。

浍 ㊀ Huì ㊁ kuài

浍 ㊀ Huì

浍河，水名，发源于河南，流入安徽。

浍 ㊁ kuài

〈书〉田间的水沟。

溃 ㊀ huì ㊁ kuì

溃 ㊀ huì

（疮或伤口）溃（kuì）烂：～脓。

溃 ㊁ kuì

①大水冲破堤坝：～堤|大坝～决。②〈书〉突破（包围）：～围。③（军队）被打垮；逃散：敌军～逃|～退|不战自～。④肌肉腐烂：～烂。

混 ㊀ hún ㊁ hùn

混 ㊀ hún

同"浑"。①污浊。②糊涂；不明事理。

混 ㊁ hùn

①掺杂；掺和（huò）：～杂|～凝土|～合|～为一谈。②冒充：～充|鱼目～珠。③苟且；只顾眼前，得过且过：～日子。④副词。胡乱地；随便：～说|别～支使人。⑤相处；交往：不久就～熟了。

J j

几 ㊀ jī ㊁ jǐ

几 ㊀ jī

①一种矮小的桌子：茶～｜条～｜窗明～净。②〈书〉副词。几乎；近乎：庶～｜～遭暗算。③（Jī）姓。

几 ㊁ jǐ

①疑问代词。用于询问数目的多少：现在～点了？②数词。表示不定的数目：二十～岁｜四十～个。

其 ㊀ jī ㊁ qí

其 ㊀ jī

用于人名：郦食（yì）其（汉朝人）。

其 ㊁ qí

①人称代词。他（她、它）的；他（她、它）们的：出～不意｜人尽～才。②人称代词。他（她、它）；他（她、它）们：任～发展。③指示代词。那个；那样：若无～事。④指示代词，虚指：忘～所以。⑤〈书〉副词。表示揣测、反问：岂～然乎？⑥〈书〉副词。表示希望、命令：君～行也！⑦词尾：尤～｜极～。⑧（Qí）姓。

奇 ㊀ jī ㊁ qí

奇 ㊀ jī

①单的；不成双的（跟“偶”相对）：～数不能被 2 整除。②〈书〉数目的零头：～零（零数）｜三十有～。

奇 ㊁ qí

①不常见的；特殊的：～闻｜～迹｜～妙｜～观｜～形怪状。②出人意料的：～兵｜～袭｜～招。③感到奇怪：惊～｜不足为～。④（Qí）姓。

期 ㊀ jī ㊁ qī

期 ㊀ jī

〈书〉一整年；一整月：～年｜

~月。

期 ㊁ qī

①预定的时间：定~|任~|~房。②一段时间：假~|发芽~。③量词。用于分时间阶段的事物：上~培训班学员|第五~《人民画报》。④约定时间：如~而至。⑤等待；盼望：~待|~盼|~望。

缉 ㊀ jī ㊁ qī

缉 ㊀ jī

搜查捉拿(犯罪的人)：~查|~获|通~。

缉 ㊁ qī

一种缝纫方法，一针挨着一针地缝，针脚细密：~边儿|~鞋口。

稽 ㊀ jī ㊁ qǐ

稽 ㊀ jī

①考核；核查：~查|~核|无~之谈。②计较；指责：反唇相~。③〈书〉停留：~留|~迟不进。④(Jī)姓。

稽 ㊁ qǐ

〖稽首〗古时的一种跪拜礼节，叩头到地。

亟 ㊀ jí ㊁ qì

亟 ㊀ jí

〈书〉副词。急迫地：~待调整|~须纠正。

亟 ㊁ qì

〈书〉副词。多次；屡次：~请(多次请求)。

藉 ㊀ jí ㊁ jiè

藉 ㊀ jí

①〈书〉践踏；凌辱。②杂乱；众多：杯盘狼~。③(Jí)姓。

藉 ㊁ jiè

①〈书〉垫在下面的垫子：草~。②垫；衬：枕~。③同"借"。凭借，依靠。

纪 ㊀ Jǐ ㊁ jì

纪 ㊀ Jǐ

姓。

纪 ㊁ jì

①纪律：军~|党~|违法乱~。②义同"记"，主要用于"纪念、纪年、纪元、纪传"等，别的地方用"记"。③古时以12年为1纪，现在以100年为

1世纪：上了年～|世～。④地质年代分级的第三级，在"代"之下：第四～|侏罗～。

济 ㊀ jǐ ㊁ jì

济 ㊀ jǐ

①济水，古水名，发源于今河南省，流经山东省入渤海。现在黄河下游的河道就是原来济水的河道。今河南济源，山东济南、济宁、济阳，都因济水得名。②姓。

济 ㊁ jì

①过河；渡：同舟共～。②救；救济：接～。③（对事情）有益；成：无～于事。

齐 ㊀ jì ㊁ qí

齐 ㊀ jì

〈书〉①调味品。②合金（此义今读 qí）。

齐 ㊁ qí

①整齐：～刷刷。②达到；跟……一般平：水～了槽。③同样；一致：～名|～声。④副词。一起；同时：百花～放|～唱。⑤全；应当有的一个不少：～备|～全。⑥介词。跟某一作标准的东西取齐：～着根儿剪断。⑦指合金（此义旧读 jì）：锰镍（niè）铜～。⑧（Qí）周代诸侯国名，战国七雄之一，在今山东北部和河北东南部。⑨（Qí）朝代名。a）南朝之一，公元479—502年，萧道成建立，史称南齐。b）北朝之一，公元550—577年，高洋建立，史称北齐。⑩（Qí）姓。

系 ㊀ jì ㊁ xì

系 ㊀ jì

打结；扣：～红领巾|～围裙|把鞋带～上。

系 ㊁ xì

①有连属关系的：～统|～列|水～|直～亲属|语～。②高等学校中按学科所分的教学单位：历史～。③年代地层单位的第三级，在界以下，跟地质年代分期中的"纪"相对应：石炭～。④联结；联系（多用于抽象的事物）：维～|安危～于一身。⑤挂念：心～祖国|～念|～恋。⑥把人或东西捆住后往上提或向下送：从井底～上来。⑦〈书〉拴；绑：～马。⑧〈书〉扣押；监禁：～狱。⑨〈书〉是：确～冤案。⑩（Xì）姓。

荠 ㊀ jì ㊁ qí

荠 ㊀ jì

荠菜，一年生或二年生草本植物，叶子呈羽状分裂或不分裂，开小白花。嫩叶可以吃，全草入药。

荠 ㊁ qí

〖荸(bí)荠〗多年生草本植物，通常栽培在水田里，地下茎扁圆形，肉白色，可以吃，也可制淀粉。

茄 ㊀ jiā ㊁ qié

茄 ㊀ jiā

〖雪茄〗直接用烟叶卷成的烟，比普通香烟粗、长。

茄 ㊁ qié

〖茄子〗一年生草本植物，叶椭圆形，花紫色，果实球形或长圆形，是普通蔬菜。

假 ㊀ jiǎ ㊁ jià

假 ㊀ jiǎ

①不真实的；伪造的(跟“真”相对)：～钞|～面具|～货|～证件。②人工造的；非天然的：～山|～牙|～肢。③假定：～设|～说。④连词。假如：～若|～使。⑤〈书〉借用：～手于人|狐～虎威。⑥(Jiǎ)姓。

假 ㊁ jià

按照国家或企事业单位的规定或经过批准暂时不工作或不学习的时间：休～|暑～|放～|～日经济|春节长～|请～。

间 ㊀ jiān ㊁ jiàn

间 ㊀ jiān

①中间：同志之～。②一定的空间或时间范围之内：田～|人～|晚～。③房间；屋子内隔成的各个部分：套～|车～。④量词。用于房屋：一～卧室|三～房子。⑤(Jiān)姓。

间 ㊁ jiàn

①缝隙；空(kòng)隙：～隙。②隔阂；思想感情上的距离：亲密无～。③隔开；断开：～种|～隔。④挑拨关系；使人不和：离～|反～计。⑤去掉(多余的幼苗)：～萝卜苗。

浅 ㊀ jiān ㊁ qiǎn

浅 ㊀ jiān

〖浅浅〗〈书〉拟声词。形容水流很急的声音：流水～。

多音多义字

浅 ㊁ qiǎn

①从上面到底部或从外到里的距离小(跟"深"相对):水～|坑挖得～。②易懂(跟"深"相对):～近|～显。③(学问、见识等)不深(跟"深"相对):～薄|～见(浅薄的见解)|才疏学～。④不密切;不深厚(跟"深"相对):缘分～|交情～。⑤(颜色)淡(跟"深"相对):～红色。⑥(时间)短;(阅历)少:日子～|资历～。⑦分量轻;程度低:～尝辄止|你这样做真是害人不～。

监 ㊀ jiān ㊁ jiàn

监 ㊀ jiān

①从旁察看;督察:～守(看管)|～督|～考|工程～理。②监狱,监禁犯人的地方:～牢|探～|坐～。

监 ㊁ jiàn

①古代官府名:钦天～|秘书～。②古代官名:中书～|少～。③(Jiàn)姓。

渐 ㊀ jiān ㊁ jiàn

渐 ㊀ jiān

〈书〉①浸泡:～染(因接触久了而逐渐受到影响)。②流进:东～于海。

渐 ㊁ jiàn

①副词。逐步;渐渐:天气～热|声音～远|循序～进。②(Jiàn)姓。

见 ㊀ jiàn ㊁ xiàn

见 ㊀ jiàn

①看到:罕～|所～所闻|喜闻乐～。②接触;碰到:～火就着。③看得出;显示出:～效|日～好转。④指明文字、图表等的出处(多用于文章的注释中):～上|～下|～图一。⑤会见;会面:召～|一～如故。⑥对某种事物的看法或观点:～地|高～|真知灼～。⑦(Jiàn)姓。

见 ㊁ xiàn

〈书〉显现;露在外面:图穷匕首～|书读百遍,其义自～。

槛 ㊀ jiàn ㊁ kǎn

槛 ㊀ jiàn

①关牲畜、野兽的栅栏:圈～|兽～。②囚车:～车(古代运送囚犯的车)|～送。③栏杆。

槛 ㊁ kǎn

门槛，门框下部贴着地面的横木（也有用石头的）。

将 ㊀ jiāng ㊁ jiàng ㊂ qiāng

将 ㊀ jiāng

①〈书〉搀扶；带领：挈妇～雏。②保养：～养｜～息。③〈书〉施行；做（事）：慎重～事。④下象棋时攻击对方的“将（jiàng）”或“帅”：～军。⑤拿话刺激：别用这种话～他。⑥介词。相当于“拿”“用”：～功补过｜～鸡蛋碰石头。⑦介词。相当于“把”：～他请来｜～门打开。⑧副词。表示情况或动作不久即要发生：天色～晚。⑨副词。又；且（连用）：～信～疑。⑩〈方〉助词。用在动词和“进来”“出去”等表示趋向的补语中间：走～进去｜打～起来。⑪（Jiāng）姓。

将 ㊁ jiàng

①将官，将级军官，低于元帅，高于校官：少～｜中～。②泛指军官：三军～士。③〈书〉统率；带领：韩信～兵，多多益善｜不善～兵。

将 ㊂ qiāng

〈书〉愿；请：～子无怒（请你不要生气）。

浆 ㊀ jiāng ㊁ jiàng

浆 ㊀ jiāng

①较浓的液体：豆～｜纸～｜止咳糖～。②用粉浆或米汤浸纱、布或衣服使干后变得坚硬、平整：～洗缝补。

浆 ㊁ jiàng

同“糨”。液体很稠。

降 ㊀ jiàng ㊁ xiáng

降 ㊀ jiàng

①由高处往低处；落下（跟“升”相对）：～落｜～雪｜温度下～。②使落下；降低（跟“升”相对）：～价｜～级。③（Jiàng）姓。

降 ㊁ xiáng

①投降：宁死不～。②制服：～伏。

强 ㊀ jiàng ㊁ qiáng ㊂ qiǎng

强 ㊀ jiàng

（性格）强硬；（态度）固执：倔～。

强 ㊁ qiáng

①力量大（跟“弱”相对）：富～｜～壮｜～势｜能力～。②用强

力(做):～渡|～占。③标准高;程度高:要～|责任心～。④优越;好(多用于比较):今年的收成比去年～。⑤使强大;使强健:～化|富国～兵|～身健体。⑥用在数字后,表示略多(跟“弱”相对):实际产量超过原计划12%～。⑦(Qiáng)姓。

强 ㊂ qiǎng

迫使;勉强:～迫|牵～|～求|～颜欢笑。

教 ㊀ jiāo ㊁ jiào

教 ㊀ jiāo

传授(知识或技能):～书|～唱歌|～书法|包～包会。

教 ㊁ jiào

①教导;教育:管～|请～|言传身～。②宗教:佛～|伊斯兰～|信～|～士。③使;让:～她无可奈何|你这是存心～我难堪。④(Jiào)姓。

矫 ㊀ jiáo ㊁ jiǎo

矫 ㊀ jiáo

〖矫情〗〈口〉指无理取闹,强(qiǎng)词夺理:犯～|这个人太～。

矫 ㊁ jiǎo

①把歪的或弯的东西弄正、弄直;纠正:～形|～正偏差。②强健;勇敢:～健|～若游龙。③假托;诈称:～命(假托上级命令)。④(Jiǎo)姓。

嚼 ㊀ jiáo ㊁ jiào ㊂ jué

嚼 ㊀ jiáo

用牙齿将食物磨碎:味同～蜡。

嚼 ㊁ jiào

〖倒(dǎo)嚼〗反刍的通称。指偶蹄类的某些动物(如牛)把粗粗咀嚼过的食物再返回嘴里细嚼,然后再咽下去。

嚼 ㊂ jué

义同“嚼(jiáo)”,用于某些复合词:咀(jǔ)～(用牙齿弄碎食物)。

角 ㊀ jiǎo ㊁ jué

角 ㊀ jiǎo

①兽类头顶或鼻前生长的骨状凸起物,一般细长而弯曲,上端尖锐,有攻击、防御的功能:羊～|犀牛～。②古时军中吹的乐器(多用兽角制成):号～。③形状像角的东西:豆

～|菱～|触～(某些昆虫头部长得像兽角的器官)。④岬角,伸入海中的尖形陆地(多用于地名):镇海～(在福建)。⑤物体两个边沿相接的地方:～落|墙～儿|拐～儿。⑥几何学上指从一点引出的两条射线所形成的,或从一条直线上展开的两个平面或从一点上展开的多个平面所形成的图形:直～|平～|钝～。⑦量词。用于从整块上划分成的角形的东西:一～饼。⑧星宿(xiù)名,二十八宿之一。⑨量词。我国货币的辅助单位,10分为1角,10角为1圆。

角 ㊁ jué

①角色,演员在剧中扮演的人物:主～|配～。②戏曲演员专业分工的类别:丑～|旦～。③演员:京剧名～。④比赛;斗争:～斗|口～|～逐。⑤古代盛酒的器具,形状像爵。⑥古代五音之一,相当于简谱的"3"。⑦(Jué)姓。

脚 ㊀ jiǎo ㊁ jué

脚 ㊀ jiǎo

①人和动物的腿的下端接触地面的部分,用以支持身体和行走:～趾|～背|光着～走路。②物体的最下部:墙～|根～|高～杯。③旧时指跟体力搬运有关的:～夫|～行|～力。

脚 ㊁ jué

同"角(jué)"①。

湫 ㊀ jiǎo ㊁ qiū

湫 ㊀ jiǎo

〈书〉低洼:～隘(低洼狭小)。

湫 ㊁ qiū

水池:大龙～(瀑布名,在浙江雁荡山)。

徼 ㊀ jiǎo ㊁ jiào

徼 ㊀ jiǎo

〖徼倖〗今规范作"侥幸"。形容意外或偶然地获得利益或免去不幸。

徼 ㊁ jiào

〈书〉①边界。②巡查。

峤 ㊀ jiào ㊁ qiáo

峤 ㊀ jiào

〈书〉山道:～道(山路)。

峤 ㊁ qiáo

〈书〉山尖而高:～角。

觉 ㊀ jiào ㊁ jué

觉 ㊀ jiào

从入睡到睡醒的过程：午～|一～睡到天亮。

觉 ㊁ jué

①〈书〉睡醒：大梦初～。②觉悟：～醒|自～自愿。③(人或动物的器官)对外界刺激的感知和辨别：视～|听～|知～。④感到：我～得很热。⑤(Jué)姓。

校 ㊀ jiào ㊁ xiào

校 ㊀ jiào

①订正：～点(校订并加标点)|～改(校对并改正错误)|～勘|～正(校对改正)|～稿子。②比较；比试：～场(旧时操练或比武的场地)。

校 ㊁ xiào

①学校：技～|～庆|～医|～友。②校官，校级军官，低于将官，高于尉官。③(Xiào)姓。

节 ㊀ jiē ㊁ jié

节 ㊀ jiē

〖节子〗木材上的疤痕，是树木的分枝砍掉后留下的。

节 ㊁ jié

①物体各段之间相连的地方：关～。②整体的一部分或一个段落：～奏|音～。③量词。用于分段的事物或文章：两～车厢|第三章第八～。④节日：春～。⑤从整体中截取一部分：～选|～录。⑥限制；俭省：～省|开源～流|～约型社会。⑦事项：情～|不拘小～。⑧操守；品格：气～|高风亮～(高尚的品德和节操)。⑨量词。航海的速度单位，1小时行驶1海里为1节。⑩(Jié)姓。

结 ㊀ jiē ㊁ jié

结 ㊀ jiē

长出(果实或种子)：开花～果|树上～了许多杏。

结 ㊁ jié

①用线绳等打疙瘩或用这种方式制成某种物品：～绳|～网|～彩。②打成的疙瘩形的东西：打～|领～。③形成某种关系；结合：～交|～为兄弟。④结束；完了：～账|～业|这事你赔个不是就～了。⑤旧时表示承认或保证负责的字据：具～。⑥凝固：水～冰

了。⑦(Jié)姓。

楷 ㊀ jiē ㊁ kǎi

楷 ㊀ jiē

楷树，落叶乔木，果实长圆形，种子可榨油，鲜叶有香味。也叫黄连木。

楷 ㊁ kǎi

①典范；榜样：～模。②楷书，汉字字体，就是现在通行的汉字手写体的工整字形：小～|大～|正～。

桔 ㊀ jié ㊁ jú

桔 ㊀ jié

①〖桔槔〗汲水的一种工具，在井旁树上或架子上挂一杠杆，一端系水桶，一端坠大石块，一起一落，汲水可以省力。②〖桔梗〗多年生草本植物，叶子呈卵形或卵状披针形，花暗蓝色或暗紫色，根可入药。

桔 ㊁ jú

"橘"的俗体。

颉 ㊀ jié ㊁ xié

颉 ㊀ jié

用于人名：仓～(古代传说中汉字的创造者)。

颉 ㊁ xié

①〈书〉鸟向上飞。②(Xié)姓。

解 ㊀ jiě ㊁ jiè ㊂ xiè

解 ㊀ jiě

①整体分开：瓦～|难～难分。②把捆着或系着的东西打开：～带子|～衣服。③消除；取消：～闷(mèn)|～乏|～困|～职|～密。④分析说明：～说|～答|～读|注～。⑤懂得；明白：理～|令人费～|大惑不～。⑥解手：大～|小～。⑦代数方程式中未知数的值，例如 $x+5=0$，$x=-5$，-5 就是 $x+5=0$ 这个方程的～。⑧演算代数方程式；求方程式中未知数的值。

解 ㊁ jiè

押送犯人或财物到某处：起～|～送|～差(chāi)。

解 ㊂ xiè

①〈口〉懂得；明白：～不开这个谜。②旧时指杂技表演的各种技艺；特指骑在马上表演的技艺：跑马卖～。③(Xiè)解池，湖名，在山西。④(Xiè)姓。

禁 ㊀ jīn ㊁ jìn

禁 ㊀ jīn

①承受；耐：弱不～风｜～寒。②忍住；控制住：忍俊不～（忍不住要发笑）。

禁 ㊁ jìn

①不许可：～猎｜～毒｜～赛｜～止。②拘押；看管：～闭｜监～。③不许从事某项活动的法令、规章或习俗：令行～止｜入国问～。④旧时称帝王居住的地方：～中｜宫～｜紫～城。

仅 ㊀ jǐn ㊁ jìn

仅 ㊀ jǐn

①副词。表示限于某个范围之内，相当于“只”，语气更强：不～如此｜～有。②（Jǐn）姓。

仅 ㊁ jìn

〈书〉副词。将近：山城～百层。

尽 ㊀ jǐn ㊁ jìn

尽 ㊀ jǐn

①力求达到极限：～早｜～量。②介词。控制在某个范围之内，不得超过：～着三天把任务完成。③介词。优先：先～老年人和小孩上车。④副词。用在表示方位的词前面，相当于“最”：～上边。⑤〈方〉副词。老是；总是：这几天～遇不顺心的事。

尽 ㊁ jìn

①完；没有剩余：费～心思。②达到某种极限：穷～｜仁至义～。③全部使出：竭～全力。④努力做到：～责。⑤全部；所有的：历～磨难。⑥〈书〉死：自～。⑦副词。完全；都：地上～是草。

劲 ㊀ jìn ㊁ jìng

劲 ㊀ jìn

①力气：巧～｜有～。②精神状态：有闯～儿。③神态；样子：看他那得意～儿。④效力：这酒～儿大。⑤兴趣；趣味：这电视剧看起来真没～。

劲 ㊁ jìng

刚强有力：～爆｜～舞｜强～｜苍～｜疾风知～草。

经 ㊀ jīng ㊁ jìng

经 ㊀ jīng

①纺织物纵向的纱线（跟“纬”

相对）：～纱|～线。②中医指人体内气血运行的脉络：～脉|通～活络。③地理学上假想的通过地球南北极与赤道成直角的线，在本初子午线以东的称东经，以西的称西经。④经营；治理：～商|～理。⑤长时间不变的；正常：～常|荒诞不～。⑥传统的权威性的典籍；宣扬宗教教义的根本性著作：～典|四书五～|《金刚～》。⑦月经：～血不调。⑧通过；经历：～手|身～百战。⑨禁（jīn）受；承受：～得起考验。⑩（Jīng）姓。

经 ㊁ jìng

梳整纱线，使成为经（jīng）纱或经（jīng）线。

倞 ㊀ jìng ㊁ liàng

倞 ㊀ jìng

〈书〉强。

倞 ㊁ liàng

〈书〉索求。

靓 ㊀ jìng ㊁ liàng

靓 ㊀ jìng

〈书〉妆饰；打扮：～妆（梳妆打扮。也指美丽的妆饰）。

靓 ㊁ liàng

〈方〉漂亮：～丽|～仔（zǎi）|那女孩真～。

且 ㊀ jū ㊁ qiě

且 ㊀ jū

①〈书〉助词。相当于"啊"：狂童之狂也～。②用于人名：范雎（战国时人），也作"范且"。

且 ㊁ qiě

①副词。暂且；姑且：得过～过。②〈方〉副词。表示经久或长时间地：这件衣服～穿呢。③〈书〉连词。尚且：兄弟～不相容，何况他人！④〈书〉连词。并且；而且：学问既深～博。⑤（Qiě）姓。

俱 ㊀ Jū ㊁ jù

俱 ㊀ Jū

姓。

俱 ㊁ jù

〈书〉副词。全；都：万事～备|与时～进。

据 ㊀ jū ㊁ jù

据 ㊀ jū

〖拮（jié）据〗缺钱，经济状况不

好：生活～。

据 ㊁ jù

①凭借：～险固守。②占有：占～|～为己有。③介词。按照：～闻|～说|～实（按照事实）。④可以用作证明的事物：借～|凭～|收～|论～|查无实～。⑤（Jù）姓。

沮 ㊀ jǔ ㊁ jù

沮 ㊀ jǔ

①〈书〉阻止：～遏（阻止）。②（气色）败坏：～丧。

沮 ㊁ jù

〖沮洳（rù）〗腐烂植物埋在地下形成的泥沼。

苣 ㊀ jù ㊁ qǔ

苣 ㊀ jù

〖莴苣〗一年生或二年生草本植物，是常见蔬菜。

苣 ㊁ qǔ

〖苣荬菜〗多年生草本植物，野生，茎叶嫩时可以吃。

圈 ㊀ juān ㊁ juàn ㊂ quān

圈 ㊀ juān

①把家禽家畜关起来：把鸡～起来。②约束；关闭：不能总把孩子～在家里。

圈 ㊁ juàn

①养猪羊等牲畜的建筑：猪～|羊～|～养。②（Juàn）姓。

圈 ㊂ quān

①环形；环形的东西：围成～儿|画～儿|铁～。②范围：～内|文艺～。③在周围加上限制（多指地方）；围：～地。④画圆而中空的记号：～选|可～可点。

卷 ㊀ juǎn ㊁ juàn

卷 ㊀ juǎn

①把片状的东西弯转成圆筒形或半圆形：～烟|～尺|～裤腿。②裹成圆筒形的东西：行李～。③强力掀起或裹住：大卡车～起尘土，飞驰而过。④量词。用于成卷儿的东西：一～纸|一～铺盖。

卷 ㊁ juàn

①古指可卷（juǎn）起来收藏的书画，今为书画的通称：书～。②量词。用于书籍的分册或内容单元：第五～|上～|下～。③考试写试题及答案用的纸或薄（báo）本：答～|白～|试～|阅～。④机关里分

类保存的文件、档案：～宗｜案～。

倔 ㊀ jué ㊁ juè

倔 ㊀ jué

〖倔强（jiàng）〗（性情）刚强不屈。

倔 ㊁ juè

性子耿直，态度生硬：～老头。

噱 ㊀ jué ㊁ xué

噱 ㊀ jué

〈书〉大笑：相对～谈。

噱 ㊁ xué

〖噱头〗〈方〉①逗人发笑的话或动作：那个小品演员的～不少。②花招：摆～（耍花招）。

蹶 ㊀ jué ㊁ juě

蹶 ㊀ jué

跌倒。比喻失败或挫折：～倒（dǎo）｜一～不振。

蹶 ㊁ juě

〖蹶子〗骡马等用后腿向后踢的动作：尥（liào）～。

菌 ㊀ jūn ㊁ jùn

菌 ㊀ jūn

低等生物的一类，不开花，没有茎和叶子，不含叶绿素，种类很多，如蘑菇、酵母、青霉菌等。特指细菌：杀～｜灭～。

菌 ㊁ jùn

高等菌类，生长在树林里或草地上。种类很多，有的可以吃，如香菇；有的有毒。

K k

卡 ㊀ kǎ ㊁ qiǎ

卡 ㊀ kǎ

①卡车，载重的大汽车：十轮～。②录音机上放置盒式磁带的仓式装置：双～录音机。③卡片，用来记录各种事项以便排比、检查、参考的纸片：资料～|病历～。④指特制磁性卡片：金穗～|信用～。⑤热量单位卡路里的简称。使1克水的温度升高1℃所需要的热量。

卡 ㊁ qiǎ

①夹在中间，不能活动：抽屉～住了，打不开。②夹住东西的器具：发～。③为收税、警备等而设置的检查站或岗哨：关～|哨～。④用手的虎口紧紧按住：～脖子。⑤(Qiǎ)姓。

看 ㊀ kān ㊁ kàn

看 ㊀ kān

①守护；照管：～家|～病人。②监视；监管：～守|～住他，别让他跑了。

看 ㊁ kàn

①瞧；使视线接触人或物：～点|～报纸|～电视。②观察；判断：我～天要下雨。③访问；探望：～望|～父母。④对待：不能小～这个人|刮目相～。⑤诊治：医生～病。⑥照顾；照料：照～。⑦用在表示动作或变化的词或词组前面，表示某种趋势或提醒别人留神：前景～好|小心，～烫着！⑧助词。用在动词或动词结构后面，表示试一试：穿穿～|想想～。

闶 ㊀ kāng ㊁ kàng

闶 ㊀ kāng

〖闶阆(láng)〗〈方〉指建筑物中空廓的部分：这井下面的～这么大呀！

闶 ㊁ kàng

〈书〉高大。

坷 ㊀ kē ㊁ kě

坷 ㊀ kē

〖坷垃〗〈方〉土块：土～。

坷 ㊁ kě

〖坎(kǎn)坷〗①道路坑坑洼洼的样子：路面～不平。②〈书〉比喻人生不顺利、不得志：一生～。

嗑 ㊀ kē ㊁ kè

嗑 ㊀ kē

〈方〉话，有时特指现成的话：唠～（闲聊）｜他的嘴老不闲着，～真多。

嗑 ㊁ kè

用上下门牙咬有壳的或硬的东西：～瓜子儿。

壳 ㊀ ké ㊁ qiào

壳 ㊀ ké

义同"壳(qiào)"，用于口语：贝～｜脑～｜鸡蛋～儿｜子弹～儿。

壳 ㊁ qiào

坚硬的外皮：躯～｜地～｜金蝉脱～。

可 ㊀ kě ㊁ kè

可 ㊀ kě

①同意；准许：许～｜认～。②能够：～靠｜～信度｜～视电话｜～持续发展。③值得：～惜｜～笑。④〈书〉副词。大约；大概：年～三十。⑤连词。表示转折，相当于"但""却"：风虽大，～并不冷。⑥副词。a)表示强调，相当于"真""的确"：李老师对同学们～亲切了｜动物园～好玩了。b)用在反问句里加强反问的语气：这日子～怎么过呀？c)用在疑问句里加强疑问的语气：家里人～好？⑦适合：～口｜～体｜～心。⑧(Kě)姓。

可 ㊁ kè

〖可汗(hán)〗古代鲜卑、突厥、回纥(hé)、蒙古等族最高统治者的称号。

空 ㊀ kōng ㊁ kòng

空 ㊀ kōng

①里面没有东西或没有内容；不切实际的：～屋子｜～腹｜～话连篇｜～名。②天空：～警｜

～难(nàn)|领～|天马行～。③副词。没有结果地;白白地:～欢喜。④(Kōng)姓。

空 ㊁ kòng

①腾出来;使空:～出一行|～一个座。②没有使用的:～房|～位。③尚未占用的地方或时间:挤得连转身的～儿都没有|抽～儿去一趟。

倥 ㊀ kōng ㊁ kǒng

倥 ㊀ kōng

〖倥侗(tóng)〗指蒙昧无知。

倥 ㊁ kǒng

〖倥偬(zǒng)〗〈书〉①(事务)繁忙紧迫:戎马～。②穷困。

L l

拉 ㈠ lā ㈡ lá ㈢ lǎ ㈣ là

拉 ㈠ lā

①拽;用力使物体靠向自己或跟着自己移动:手～手|～链|～车。②用车运送:～货|～煤。③带领;组织(多用于队伍):把队伍～到山区打游击|～帮结派。④使某些乐器发出声音:～小提琴|～警笛。⑤拖长;使延长:汽笛声～了很久|前后～开距离。⑥〈方〉抚养:他是他奶奶～大的。⑦帮助:关键时刻他～了我一把。⑧牵累;牵连:这事跟我无关,别把我～在里面。⑨联络;笼络:～拢|～关系|～赞助。⑩〈方〉闲谈;闲聊:～话|～家常。⑪排泄(大便):～屎|～肚子。

拉 ㈡ lá

割开;划破:衣服～破了|手上～了个口子。

拉 ㈢ lǎ

〖半拉〗〈方〉①半个:～面包。②半边:北～是草坪。

拉 ㈣ là

〖拉拉蛄(gǔ)〗蝼(lóu)蛄的通称。昆虫,生活在泥土中,昼伏夜出,吃农作物嫩茎。

啦 ㈠ lā ㈡ la

啦 ㈠ lā

拟声词。形容响声:呼～|哗～|噼里啪～。

啦 ㈡ la

助词。"了"(le)和"啊"(a)的合音,兼有"了"和"啊"的作用:下雨～|他真来～?

喇 ㈠ lā ㈡ lá ㈢ lǎ

喇 ㈠ lā

用于"呼喇""哇喇"等词语。

喇 ㈡ lá

〖哈喇子〗〈方〉流出来的口水。

喇 ㊂ lǎ

〖喇叭〗①一种铜制的管乐器，上细下粗，最下端的口部向四周张开，可以扩大声音。②有扩音作用的、喇叭筒状的东西：汽车～|广播～。

落 ㊀ là ㊁ lào ㊂ luō ㊃ luò

落 ㊀ là

①遗漏：一字不～。②东西忘记拿走：把铅笔～在家里了。③跟不上而被丢在后面：他走得慢，～在后面了。

落 ㊁ lào

义同"落(luò)"①②⑥⑨⑩，用于某些口语词：～价|～色(shǎi)|～枕|～不是。

落 ㊂ luō

〖大大落落〗〈方〉形容态度大方。

落 ㊃ luò

①物体因失去支持而掉下来：～泪。②下降：潮水～了|太阳～山了。③使下降：～帆|～幕。④事物由兴盛转向衰败：衰～|破～。⑤掉在后面或外面：～榜|～后|～伍。⑥停留；止息：～脚|话音未～。⑦停留的地方：下～|着(zhuó)～。⑧(许多人家)聚居的地方：村～。⑨归属：任务～到他们头上了。⑩得到：没～一点儿好。⑪用笔写：～款。⑫建筑完工：～成。

腊 ㊀ là ㊁ xī

腊 ㊀ là

①古代在农历十二月合祭众神叫作腊，因此农历十二月叫腊月。②冬天(多在腊月)腌制后风干或熏干的(鱼、肉等)：～肉|～味。③(Là)姓。

腊 ㊁ xī

〈书〉①干肉。②制成干肉。

蜡 ㊀ là ㊁ zhà

蜡 ㊀ là

①动物、矿物或植物所产生的油质，如蜂蜡、白蜡、石蜡等。可用来防潮湿，也可做蜡烛。②蜡烛：～台。

蜡 ㊁ zhà

古代一种年终祭祀。

唠 ㊀ láo ㊁ lào

唠 ㊀ láo

〖唠叨〗没完没了地说(含厌恶

意）：别～了，怪烦的｜～了半天。

唠 ㊁ lào

〈方〉闲谈；聊天：～家常｜几个老太太在闲～。

姥 ㊀ lǎo ㊁ mǔ

姥 ㊀ lǎo

〖姥姥〗外祖母。

姥 ㊁ mǔ

〈书〉年老的妇人。

潦 ㊀ lǎo ㊁ liáo

潦 ㊀ lǎo

〈书〉①雨水大：～雨。②雨后积水：积～。

潦 ㊁ liáo

〖潦草〗①（字）不工整：字迹～。②（做事）不仔细、不认真：爸爸工作认真，从不～。

乐 ㊀ lào ㊁ lè ㊂ yuè

乐 ㊀ lào

用于地名：～亭（在河北）。

乐 ㊁ lè

①快活；欢喜：欢～｜快～｜～事｜其～无穷。②乐于，高兴做某事：～善好施｜～此不疲。③笑：～得合不拢嘴。④（Lè）姓。

乐 ㊂ yuè

①音乐：配～｜～器｜～谱｜～曲｜～评。②（Yuè）姓。

络 ㊀ lào ㊁ luò

络 ㊀ lào

〖络子〗①依照所装的物件的形状，用线结成的网袋。②绕线绕纱的器具，多用竹子或木条交叉构成，中有小孔，安装在有轴的座子上，用手摇动旋转。

络 ㊁ luò

①像网一样的东西：橘～｜丝瓜～。②中医指人体内气血运行的通道，即经脉：经～｜脉～。③用网状物兜住：苹果和梨都～着塑料网套。④缠绕：～丝｜～纱。

烙 ㊀ lào ㊁ luò

烙 ㊀ lào

①用烧热了的金属工具熨、烫，使衣物平整或在物体上留下标志：～衣服｜～印。②把食物放在烧热的铛或锅上加

热使熟：她特地～了几张葱花饼。

烙 ㊁ luò

〖炮（páo）烙〗古代的一种酷刑。

多音多义字

肋 ㊀ lē ㊁ lèi

肋 ㊀ lē

〖肋脦（de）〗（又 lēte）〈方〉（衣服）不整洁，不利落。

肋 ㊁ lèi

人或脊椎动物胸部的两侧：两～｜～骨。

勒 ㊀ lè ㊁ lēi

勒 ㊀ lè

①拉紧缰绳让牲口停止前进：悬崖～马｜～住缰绳。②强迫：～令｜～派｜～诈。③〈书〉雕刻：～石｜～铭。④（Lè）姓。

勒 ㊁ lēi

用绳子等捆住或套住并用力拉紧；系紧：～紧腰带。

了 ㊀ le ㊁ liǎo

了 ㊀ le

助词。①用在动词或形容词后面，表示动作或变化已经完成。a）用于实际已经发生的动作或变化：到商店买～笔和纸｜昨天看～一场电影。b）用于预期的或假设的动作：汤凉～才喝｜有～钱我会买房子。②用在句子的末尾或句中停顿的地方，说明变化或出现新的情况。a）表示已经出现或将要出现某种情况：天晴～｜放寒假～｜我就要出国～｜天快黑～，我们赶快回吧。b）表示在某种条件之下出现某种情况：八点钟商店就关门～｜人到齐我们就可以出发～。c）表示认识、想法、主张、行动等有变化：我现在弄懂他的意思～｜他最终还是承认～。d）表示催促或劝止：你不要难过～｜好～，不要再提这些事～！e）表示感叹或愤慨的语气：太好～｜太不像话～！

了 ㊁ liǎo

①完结；结束：私～｜没完没～｜这事已经～了。②放在动词后，跟“得”“不”连用，表示可能或不可能：吃得～｜受不～。③〈书〉副词。完全：～无惧色｜～无牵挂。④明白；懂得：～解｜不甚～～｜一

目～然。

累 ㊀ léi ㊁ lěi ㊂ lèi

累 ㊀ léi

〖累赘(zhui)〗①(事物)多余、麻烦;(文字)不简洁:加上这句话,显得有些～。②使人感到多余、麻烦的事物:拿这么多东西,反倒成了～。

累 ㊁ lěi

①堆积;积聚:危如～卵|积年～月|成千～万。②副词。屡次;连续:连篇～牍|～日。③牵连:～及众人|拖～。

累 ㊂ lèi

①疲劳:走路走～了|不怕苦,不怕～。②使疲劳;使劳累:干这活太～人|这件事还得～你。③操劳:～了一天,早点儿休息吧。

擂 ㊀ léi ㊁ lèi

擂 ㊀ léi

①〈方〉研磨:～钵。②打;击:～鼓。

擂 ㊁ lèi

擂台,古代比武的台子:打～|～主。

棱 ㊀ lēng ㊁ léng ㊂ líng

棱 ㊀ lēng

〖扑棱〗拟声词。形容翅膀抖动的声音:～一声,小鸟儿飞走了。

棱 ㊁ léng

①物体上两个平面相交形成的边角部分:～角|四～筷子。②物体上一条条地凸起来的部分:瓦～。

棱 ㊂ líng

穆棱,地名,在黑龙江。

丽 ㊀ Lí ㊁ lì

丽 ㊀ Lí

①丽水,地名,在浙江。②高丽,朝鲜历史上的王朝,我国过去沿用指朝鲜。

丽 ㊁ lì

①好看;美:美～|～质|风和日～。②〈书〉附着:附～。③(Lì)姓。

俩 ㊀ liǎ ㊁ liǎng

俩 ㊀ liǎ

〈口〉①两个:你～先走|兄弟

～。②泛指不多的几个：就剩这么～钱儿了｜请～人帮帮忙。

俩 ㊁ liǎng

〖伎(jì)俩〗不正当的手段：戳穿骗子的～。

凉 ㊀ liáng ㊁ liàng

凉 ㊀ liáng

①温度低；冷（指天气时，比“冷”的程度浅）：～水｜天～了。②比喻灰心或失望：一看考试成绩，我的心就～了半截儿。③冷清；不热闹：荒～。④(Liáng)姓。

凉 ㊁ liàng

把热的东西放一会儿，使温度降低：把绿豆汤～一会儿再喝。

量 ㊀ liáng ㊁ liàng

量 ㊀ liáng

①用工具测定事物的数值：～地｜～身高｜丈～。②估计：打～｜估～｜思～。

量 ㊁ liàng

①古代指斗、升一类测量容积的器物：度～衡。②容纳或禁受的限度：饭～｜酒～。③数量；数目：产～｜～化标准｜保质保～。④估计；权衡：～力而行｜～才录用。

踉 ㊀ liáng ㊁ liàng

踉 ㊀ liáng

〖跳踉〗腾跃跳动。也作“跳梁”。

踉 ㊁ liàng

〖踉跄〗走路脚步不稳的样子。

撩 ㊀ liāo ㊁ liáo ㊂ liào

撩 ㊀ liāo

①把下垂的东西掀起来：～起衣襟｜～起帘子。②用手把水由下往上洒出去：给花儿～点儿水｜往地上～点儿水再扫。

撩 ㊁ liáo

引逗；招惹：西湖的景色真～人。

撩 ㊂ liào

同“撂”。〈方〉①放；搁。②摔倒（对方）。③抛开；扔下。

燎 ㊀ liáo ㊁ liǎo

燎 ㊀ liáo

蔓延燃烧：星火～原。

燎 ㊁ liǎo

因挨近火而被烧焦(多用于毛发):火～眉毛(比喻情况急迫)。

蓼 ㊀ liǎo ㊁ lù

蓼 ㊀ liǎo

一年生或多年生草本植物,花白色或淡红色。种类很多,常见的有水蓼、蓼蓝等。

蓼 ㊁ lù

〈书〉形容植物高大。

咧 ㊀ liē ㊁ liě ㊂ lie

咧 ㊀ liē

〖咧咧(lie)〗〈方〉①乱讲:你别瞎～了。②小孩儿哭:这孩子～个没完。

咧 ㊁ liě

嘴角向两边伸展:～着嘴笑|龇牙～嘴。

咧 ㊂ lie

〈方〉助词。相当于"了""啦""哩":好～|可以走～。

裂 ㊀ liě ㊁ liè

裂 ㊀ liě

〈方〉物品相合的两部分朝两旁分开:把衣服扣好,不要～着怀。

裂 ㊁ liè

开缝(fèng);分开:分～|身败名～|破～|山崩地～|～口|～痕。

淋 ㊀ lín ㊁ lìn

淋 ㊀ lín

浇;液体散落在物体上:日晒雨～|给花～点水。

淋 ㊁ lìn

过滤:过～|～盐。

令 ㊀ Líng ㊁ lǐng ㊂ lìng

令 ㊀ Líng

〖令狐〗①古代地名,在今山西临猗一带。②复姓。

令 ㊁ lǐng

量词。原张的纸 500 张为 1 令。

令 ㊂ lìng

①上级指示下级:～他速归。②命令,上级对下级发出的指示:军～|调～。③使:～人兴奋|～人不安。④酒令:猜拳行～。⑤古代官名:县～|太史～。⑥季节;时节:时～|夏

～。⑦〈书〉美好：～德｜～名｜～闻。⑧敬辞，用于称对方的亲属：～兄｜～堂｜～亲。⑨小令（多用于篇幅较短的词牌、曲牌）：如梦～｜调笑～。

溜 ㊀ liū ㊁ liù

溜 ㊀ liū

①滑行：～冰｜从滑梯上～下来。②光滑；平滑：光～｜滑～。③偷偷地离开或进入：～了进来｜你怎么～了？④同"熘（liū）"。烹调方法，跟炒相似，作料中加淀粉汁。⑤顺；沿着：～边儿｜～着墙走。⑥〈方〉很；非常：～光｜～齐。

溜 ㊁ liù

①流得很急的水流：刚下过大雨，河里～很大。②顺着房檐流下来的雨水：檐～。③房檐下横向的排雨水用的沟槽：水～。④量词。用于成排或成条的事物：沿街种着两～柳树｜小明一～烟从远处跑了过来。⑤某一地点附近的地方：咱们这～要修路了。⑥〈方〉用石灰、水泥等抹墙缝；堵、糊缝隙：拿点纸～窗缝｜把墙缝～上。⑦〈方〉练：～嗓子。⑧〈方〉顺畅：这个英国人的汉语说得很～。

陆 ㊀ liù ㊁ lù

陆 ㊀ liù

数字"六"的大写：～拾伍元。

陆 ㊁ lù

①高出水面的土地；泛指地面：～军｜水～｜登～｜～运。②（Lù）姓。

碌 ㊀ liù ㊁ lù

碌 ㊀ liù

〚碌碡（zhou）〛石制的圆柱形农具，用来轧谷物、平场地。也叫石磙。

碌 ㊁ lù

①平庸（指人）：庸～｜～～无为。②繁忙：忙～。

隆 ㊀ lōng ㊁ lóng

隆 ㊀ lōng

①〚黑咕隆咚〛形容很黑暗：停电了，屋子里～的。②〚轰隆〛拟声词。形容雷声、爆炸声、机器声等：远处传来～～的雷声。

隆 ㊁ lóng

①盛大；气势大：～重。②兴

旺；兴盛：兴～|～盛。③程度深：～情厚谊|～冬。④增高；鼓起来：～起|～胸。⑤(Lóng)姓。

笼 ㊀ lóng ㊁ lǒng

笼 ㊀ lóng

①笼子，关鸟兽或装东西的器具，用竹条、木条或铁丝等制成。②笼屉，蒸食物的器具：蒸～|包子出～了。③〈方〉把手放在袖筒里：～着手。④旧时囚禁犯人的刑具：囚～。

笼 ㊁ lǒng

①遮住；像笼(lóng)子罩住似的：～罩|烟～雾罩。②〈方〉笼子，较大的箱子：箱～。

弄 ㊀ lòng ㊁ nòng

弄 ㊀ lòng

〈方〉小巷；胡同(多用于巷名)：里～|～堂。

弄 ㊁ nòng

①拿着玩；摆弄：他好～个古币。②做；搞：～饭|这事～糟了|非～清楚不行。③想办法取得：给我～张电影票。④耍弄；玩弄：～权|～巧成拙。

搂 ㊀ lōu ㊁ lǒu

搂 ㊀ lōu

①用手或工具把散落的东西朝自己所在的方向聚拢，收集起来：把柴火～在一起|～点儿干草烧。②(把衣服)卷起或拢着提起来：～起袖子准备大干一场。③搜刮(财物)：～钱。④〈方〉用手指向自己的方向扳：～枪机。

搂 ㊁ lǒu

①两臂合抱，用胳膊拢着：～着孩子。②量词。用于树木等，相当于"围"：这棵古树有两～粗。

露 ㊀ lòu ㊁ lù

露 ㊀ lòu

义同"露(lù)"①②，多用于口语：～脸|～馅儿|～一手。

露 ㊁ lù

①没有遮蔽，在室外：～营|～棚|～台|～天。②显出；表现出：揭～|暴～|吐～|表～|藏头～尾。③靠近地面的水蒸气夜间遇冷，凝结在地面或靠近地面的物体表面上的水珠：～水。④用花、叶或果子等蒸

馏，或在蒸馏液中加入果汁等制成的饮料：橘子～|～酒。

绿 ㊀ lù ㊁ lǜ

绿 ㊀ lù

义同“绿（lǜ）”：～林（原指西汉末年农民起义军，后指聚集山林反抗官府或打劫过往路人财物的集团）|～营（清代由汉人编成的地方武装力量，以绿色旗做标志）。

绿 ㊁ lǜ

像草和树叶茂盛时的颜色：嫩～|～茶|～卡|草～|青山～水。

捋 ㊀ lǚ ㊁ luō

捋 ㊀ lǚ

用手指顺着抹（mǒ）过去，使物体顺溜或干净：～胡须。

捋 ㊁ luō

用手握住条状物，顺着向一端滑动，把附着在上面的东西抹（mā）下或抹起：～槐花儿|～起袖子。

率 ㊀ lǜ ㊁ shuài

率 ㊀ lǜ

两个相关的数在一定条件下的比值：效～|速～|百分～|出勤～。

率 ㊁ shuài

①带领：～参观团赴京。②〈书〉由着；顺着：～性。③轻易地；不慎重：轻～|草～。④直爽坦诚：直～|～真|坦～。⑤〈书〉副词。大概；大约：～皆如此。⑥（Shuài）姓。

抡 ㊀ lūn ㊁ lún

抡 ㊀ lūn

用力挥动：～拳|～刀|～铁锤。

抡 ㊁ lún

〈书〉选择；选拔：～材。

论 ㊀ Lún ㊁ lùn

论 ㊀ Lún

《论语》，儒家经典之一，内容主要记录孔子及其弟子的言行：～孟（《论语》和《孟子》）。

论 ㊁ lùn

①分析；说明：议～|讨～|辩～。②分析和说明事理的话或文章：舆～|宏～|社～。③主张；学说；观点：唯物～。④谈论；看待：平心而～|品头～

足|另当别～。⑤评定：～罪。⑥介词。按照：～斤卖|～钟点收费|～功行赏。⑦(Lùn)姓。

啰 ㊀ luō ㊁ luó ㊂ luo

啰 ㊀ luō

〖啰嗦〗①(言语)多而重复；不简明：他就是爱～|～了半天。②(事情)琐碎；麻烦：手续太～。

啰 ㊁ luó

〖啰唣(zào)〗吵闹；喧哗(多见于早期白话小说)。

啰 ㊂ luo

助词。用在句末，表示肯定语气：你这样做就对～|儿女孝敬父母是应该的～！

M m

抹 ㊀ mā ㊁ mǒ ㊂ mò

抹 ㊀ mā

①擦：～桌子。②用手按着并向下移动：把手表从手腕上～下来。

抹 ㊁ mǒ

①涂：～果酱。②涂掉；除去：～杀｜～零。③擦：～眼泪。④量词。用于云霞、阳光等（数词一般只用“一”）：一～阳光。

抹 ㊂ mò

①用抹(mǒ)子把和(huó)好了的泥或灰涂上后再弄平：～墙。②擦着边绕过：转弯～角。

蚂 ㊀ mā ㊁ mǎ ㊂ mà

蚂 ㊀ mā

〖蚂螂(lang)〗〈方〉蜻蜓的俗称。昆虫，身体细长，生活在水边，能高飞，捕食蚊子等小飞虫。是益虫。

蚂 ㊁ mǎ

〖蚂蚁〗昆虫。成虫体小，多呈褐色或黑色，雌蚁和雄蚁有翅膀，工蚁没有。在地下筑巢，成群穴居。种类很多。

蚂 ㊂ mà

〖蚂蚱(zha)〗〈方〉蝗虫的俗称。昆虫，身体细长，绿色或黄褐色，善于跳跃。种类很多。

摩 ㊀ mā ㊁ mó

摩 ㊀ mā

〖摩挲(sā)〗用手掌轻轻按着反复向一个方向移动，使平展：～被面。

摩 ㊁ mó

①来回地擦：～擦。②用手轻轻按着并来回移动：按～｜～挲(suō)。③接近：～天大楼。④研究；探求：观～｜揣～。⑤

(Mó)姓。

吗 ㊀ má ㊁ mǎ ㊂ ma

吗 ㊀ má

〈方〉疑问代词。什么:干～|吃～呢你?

吗 ㊁ mǎ

〖吗啡〗药名,有机化合物,味苦,有毒,由鸦片制成,用作镇痛剂,连续使用容易成瘾。

吗 ㊂ ma

助词。①用在句子的末尾,表示疑问:你找人～?②用在句子的末尾,表示反问:你这样做对得起父母～?③用在句中停顿处,点出话题,以引起听者注意:周鹏的成绩～,的确有了很大提高。

埋 ㊀ mái ㊁ mán

埋 ㊀ mái

①(用土、雪、落叶等)盖住:掩～|～光缆。②隐藏;隐瞒:～伏|隐姓～名。

埋 ㊁ mán

〖埋怨〗因为不如意而对人或事物表示不满:自己做错事,不能～别人。

脉 ㊀ mài ㊁ mò

脉 ㊀ mài

①动脉和静脉的统称。俗称血管。②心脏收缩时,由于输出血液的冲击而引起的动脉的跳动。也叫脉搏。③植物叶子、昆虫翅膀上像血管分布的组织:叶～。④像血管一样连贯而成系统分布的东西:山～|矿～。

脉 ㊁ mò

〖脉脉〗默默地凝视或用眼神表达情意:含情～。

谩 ㊀ mán ㊁ màn

谩 ㊀ mán

〈书〉欺骗;隐瞒:欺～。

谩 ㊁ màn

对人傲慢无礼:～骂。

蔓 ㊀ mán ㊁ màn ㊂ wàn

蔓 ㊀ mán

〖蔓菁(jing)〗一年生或二年生草本植物,块根肉质,扁球形或长形,可做蔬菜。也叫芜菁

(wújīng)。

蔓 ㊁ màn

义同"蔓(wàn)",多用于合成词:~生|~延(形容像蔓草一样不断向周围扩展)。

蔓 ㊂ wàn

细长而不能直立的、能缠绕的茎:黄瓜爬~儿了。

氓 ㊀ máng ㊁ méng

氓 ㊀ máng

〖流氓〗①原指无正当职业的人。现指品质恶劣,不务正业,为非作歹的人。②指调戏妇女等恶劣行为:耍~。

氓 ㊁ méng

古代称百姓(多指外来的)。

冒 ㊀ mào ㊁ mò

冒 ㊀ mào

①向外涌出或渗出;往上升:屋顶~出炊烟|~汗。②顶着;不顾:~险|~着敌人的炮火。③轻率;鲁莽:~进|~失。④用假的充当真的:~充|~名。⑤(Mào)姓。

冒 ㊁ mò

〖冒顿(dú)〗汉初匈奴族一个单于的名字。

没 ㊀ méi ㊁ mò

没 ㊀ méi

①没有;无(跟"有"相对):~办法|我~车。②表示数量不足,指不够;不到:离过年~几天了。③用于比较,表示不及;不如:我~她优秀。④副词。未;不曾:我~吃早点。

没 ㊁ mò

①沉入;沉下去:~入水中。②查扣:~收|抄~。③隐藏;消失:神出鬼~|出~于山林。④漫过;盖过:雪深~膝|河水~了庄稼。⑤〈书〉直到完结;终了(liǎo):~世|~齿(终生)。⑥同"殁(mò)"。死亡。

糜 ㊀ méi ㊁ mí

糜 ㊀ méi

〖糜子〗一年生草本植物,形状像黍子,但子实发黑,没有黏性。通称穄(jì)子。

糜 ㊁ mí

①稠粥;像粥的食品:肉~|乳~。②腐烂:~烂。③浪费:~财妨农。④(Mí)姓。

闷 ㊀ mēn ㊁ mèn

闷 ㊀ mēn

①空气不流通或气压低而引起的不舒服的感觉：～热｜天气发～。②捂住、盖紧，使不透气：你～得我喘不过气了｜壶里的茶已～好了。③不出声；不声张：～声不响。④〈方〉声音低沉：～声～气。⑤在屋里呆着，不到外面去：你怎么老～在家里？

闷 ㊁ mèn

①心情不好；不舒畅：～～不乐。②封闭；不透气：～罐车。

们 ㊀ mén ㊁ men

们 ㊀ mén

图们，地名，在吉林。

们 ㊁ men

词的后缀，用在代词或指人的名词后面，表示复数：他～｜你～｜孩子～｜同学～。

蒙 ㊀ mēng ㊁ méng ㊂ Měng

蒙 ㊀ mēng

①欺骗：～骗｜别～人。②胡乱猜测：算你～对了。③昏迷；头脑不清楚：他被掉下的花盆砸～了｜一上舞台，他就～了。

蒙 ㊁ méng

①覆盖；遮盖：～住双眼。②遭受：～难(nàn)｜～冤。③敬辞，表示得到别人的好处：～您指教｜承～关照。④愚昧；没有文化：启～。⑤(Méng)姓。

蒙 ㊂ Měng

〖蒙古族〗①我国少数民族之一，主要分布在内蒙古自治区、新疆维吾尔自治区、黑龙江、吉林、辽宁、青海、甘肃、河北、河南。②蒙古国人数最多的民族。

眯 ㊀ mī ㊁ mí

眯 ㊀ mī

①眼皮稍微合上：～缝着眼。②〈方〉短时间地睡：午饭后～了一阵儿。

眯 ㊁ mí

尘埃等杂物进入眼中，使眼睛一时不能睁开看东西：沙子～了眼。

靡 ㊀ mí ㊁ mǐ

靡 ㊀ mí

浪费：～费｜奢～。

靡 ㊁ mǐ

①〈书〉顺势倒下：风～（形容事物非常流行）|望风披～|～然从之。②〈书〉无；没有：～日不思。③奢侈的；华丽的：～丽。

渑 ㊀ Miǎn ㊁ Shéng

渑 ㊀ Miǎn

渑池，地名，在河南。

渑 ㊁ Shéng

古代水名，在今山东。

缪 ㊀ Miào ㊁ miù ㊂ móu

缪 ㊀ Miào

姓。

缪 ㊁ miù

〚纰（pī）缪〛〈书〉错误：文中有多处～。

缪 ㊂ móu

〚绸缪〛〈书〉①原指紧密缠缚，后指修缮：未雨～。②指情意缠绵。

乜 ㊀ miē ㊁ Niè

乜 ㊀ miē

〚乜斜〛①眯着眼睛斜视（多表示瞧不起或不满意）：他～着眼睛冷笑。②眼睛因困倦而眯成一条缝：睡眼～。

乜 ㊁ Niè

姓。

无 ㊀ mó ㊁ wú

无 ㊀ mó

见 594 页〚南（nā）无〛。

无 ㊁ wú

①没有（跟"有"相对）：～敌|～私。②不：～论。③连词。不论：事～巨细。④同"毋（wú）"，表示禁止或劝阻，相当于"不可以""不要"。⑤（Wú）姓。

模 ㊀ mó ㊁ mú

模 ㊀ mó

①规范；标准：～型|～本。②照着现成的样子做：～仿|～拟。③特指模范人物：劳～|英～。④指模特儿：名～。⑤（Mó）姓。

模 ㊁ mú

模（mó）型，将材料压制或浇灌成一定形状的工具：～具。

磨 ㊀ mó ㊁ mò

磨 ㊀ mó

①摩擦：桌上的漆都～光了。②将物体在磨具上反复摩擦，使光滑、锋利或达到其他目的：～刀｜打～｜研～。③逐渐消灭：不可～灭。④纠缠不休：软～硬泡。⑤使受痛苦；遇到困难或挫折：这场病～得他够受的。⑥消耗(时间)；拖延：～时间｜一天～过去了，作业还没动。

磨 ㊁ mò

①把粮食弄成粉的工具，通常由两个圆石盘组成。②用磨把粮食弄成粉：～面｜～豆腐。③掉转方向：把车头～过来｜屋子小，～不开身。

万 ㊀ mò ㊁ wàn

万 ㊀ mò

〖万俟(qí)〗复姓。

万 ㊁ wàn

①数目，十个千。②副词。表示程度极高，相当于“极”“很”“绝对”：～全之策｜～没想到。③形容很多：～物｜～水千山。④(Wàn)姓。

牟 ㊀ móu ㊁ mù

牟 ㊀ móu

① 设法取得：～利。②(Móu)姓。

牟 ㊁ mù

牟平，地名，在山东。

N n

那 ㈠ Nā ㈡ nà

那 ㈠ Nā
姓。

那 ㈡ nà
①指示代词。指比较远的人或事物：～个人是新来的|～本书是我的。②指示代词。代替比较远的人或事物：～是我的电动车|～是什么？③指示代词。复指前文：你也认识她，～可太凑巧了。④指示代词。跟“这”对举，表示众多事物，不确指某人或某事物：说这道～|瞅瞅这，瞧瞧～，不知道该选哪种款式。⑤连词。跟“那么”相同：汽车票太贵了，～就改坐火车吧|你不去，～我就不等你啦！

南 ㈠ nā ㈡ nán

南 ㈠ nā
〖南无(mó)〗佛教用语，表示对佛尊敬或皈依。

南 ㈡ nán
①四个主要方向之一，早晨面对太阳时右手的一边：～边|～风|坐北朝～。②指南方：～味|～货|～朝。③(Nán)姓。

哪 ㈠ nǎ ㈡ na ㈢ nǎi ㈣ né ㈤ něi

哪 ㈠ nǎ
疑问代词。①后面跟量词或数词加量词。表示要求在几个人或事物中确定一个：您要会见的是～个李老师|～两首歌词是你写的？②单用，跟“什么”相同，常和“什么”交互着用：～叫对，～叫错，现在还不能下结论。③表示反问：这事～能这么办|没有耕耘，～有收获|工程要上马了，～里有心思玩？④表示不确定的一个或任何一个：他～门功课都好。

哪 ㈡ na
助词。“啊”受到前一字韵尾收音的影响而发生的音变：大家好好干～！

哪 ㊂ nǎi

义同"哪（nǎ）"，用于口语：～年。

哪 ㊃ né

〖哪吒〗神话里神的名字。

哪 ㊄ něi

义同"哪（nǎ）"，用于口语，但指数量时不限于一：～些。

呐 ㊀ nà ㊁ nè

呐 ㊀ nà

〖呐喊〗大声叫喊：～助威。

呐 ㊁ nè

同"讷（nè）"。说话不流利。

娜 ㊀ nà ㊁ nuó

娜 ㊀ nà

①用于人名（多用于女性）。②（Nà）姓。

娜 ㊁ nuó

〖婀（ē）娜〗（姿态）轻柔而美好：舞姿～。

能 ㊀ nài ㊁ néng

能 ㊀ nài

①〈书〉同"耐"。能够承受；禁得住。②（Nài）姓。

能 ㊁ néng

①本领；才干：技～｜～耐｜各尽其～。②能量，度量物质运动的一种物理量，一般解释为物质做功的能力，如光能、电能、动能、原子能等。③有本领的；有才干的：～人｜～者多劳。④能够；会：沼气～用来烧火做饭｜咱们一定～干好。

难 ㊀ nán ㊁ nàn

难 ㊀ nán

①做起来费事；不容易（跟"易"相对）：～办｜～题｜～免（不容易避免）｜～保（不敢保证；保不住）。②使感到困难：这可把我～住了。③（感觉）不好：～听｜～看。

难 ㊁ nàn

①不幸的遭遇；灾难：遭～｜患～｜苦～｜海～。②质问：非～｜责～｜问～。

囊 ㊀ nāng ㊁ náng

囊 ㊀ nāng

①〖囊揣（chuài）〗虚弱；懦弱（多见于早期白话）。②〖囊膪（chuài）〗猪胸腹部肥而松的肉。

囊 ㊁ náng

①口袋：锦～|药～|皮～。②像口袋的东西：胆～|泪～。③〈书〉用袋子装：～括(全部包括在内)。

呢 ㊀ ne ㊁ ní

呢 ㊀ ne

助词。①用在疑问句(特指问、选择问、正反问)的末尾，表示疑问的语气：你在忙什么～|你报考文科～，还是理科|同意不同意～？②用在陈述句的末尾，表示确定、强调的语气：口气还不小～|晚会八点才开～。③用在陈述句的末尾，表示动作或情况正在继续：他正在练书法～|他们正在上课～。④用在句中，表示停顿(多对举)：知道的～，就照实说；不知道的～，不能乱说。

呢 ㊁ ní

〖呢子〗一种较厚较密的毛织品，多用来做制服、大衣等：毛～|～大衣。

泥 ㊀ ní ㊁ nì

泥 ㊀ ní

①土和水混合成的半固体状的土：～潭(泥坑)。②看上去像泥的东西：印～|肉～|枣～。

泥 ㊁ nì

①用土、灰等涂抹墙壁或器物：～墙|～窗户缝。②固执；死板：拘～|～古不化。

粘 ㊀ Nián ㊁ zhān

粘 ㊀ Nián

姓。

粘 ㊁ zhān

①黏的东西附着(zhuó)在物体上或者互相连接：口香糖～在裤子上了。②用黏的东西使物件连接起来：～信封。

尿 ㊀ niào ㊁ suī

尿 ㊀ niào

①人或动物从肾脏滤出、由尿道排泄出的液体：～检。②排泄小便：利～。

尿 ㊁ suī

〈口〉义同"尿(niào)"①，用于某些口语词：尿(niào)了一泡～。

宁 ㊀ níng ㊁ nìng

宁 ㊀ níng

①安定；安静：安～。②〈书〉

使安定或安静：息事～人。③(Níng)江苏南京的别称：沪～高速公路。④(Níng)姓。

宁 ㊁ nìng

副词。①宁可：～死不屈｜～缺毋滥。②〈书〉难道：王侯将相，～有种乎？

拧 ㊀ níng ㊁ nǐng ㊂ nìng

拧 ㊀ níng

①两只手握住物体的两端，分别向相反的方向用力转动：～毛巾。②用手指捏着皮肉转动：～了他一把。

拧 ㊁ nǐng

①控制住物体并向一个方向转动：～瓶盖。②颠倒；走了样：把话说～了。③别(biè)扭；对立：他俩谈～了。

拧 ㊂ nìng

〈方〉倔强(jiàng)；固执：脾气～。

疟 ㊀ nüè ㊁ yào

疟 ㊀ nüè

〖疟疾〗急性传染病，病原体是疟原虫，传染媒介是蚊子，多为周期性发作。通称疟(yào)子，有的地区叫冷热病。

疟 ㊁ yào

〖疟子〗〈口〉疟疾的通称：发～。

O

区 ㊀ Ōu ㊁ qū

区 ㊀ Ōu

姓。

区 ㊁ qū

①分别；划分：～分。②地区；区域：灾～|住宅～|自然保护～。③行政区划单位：自治～|市辖～|特别行政～。

沤 ㊀ ōu ㊁ òu

沤 ㊀ ōu

〈书〉水泡：浮～。

沤 ㊁ òu

长时间地浸泡，使发生变化：～肥。

P p

派 ㊀ pā ㊁ pài

派 ㊀ pā

〖派司〗英语 pass 的音译。①旧时指厚纸印成的或订成本儿的出入证、通行证等。②指通过；准予通过（检查、关卡、考试等）。

派 ㊁ pài

①学术、宗教、政党等内部因主张、风格不同而形成的分支：党～｜学～｜左～。②作风；风度：气～｜正～。③〈书〉江河的支流：茫茫九～。④分配；安排；指定：分～｜～发｜摊～。⑤指摘（别人的过失）：～不是。⑥一种西式的带馅点心：草莓～｜蛋黄～。⑦量词。a)用于派别：两～意见不同。b)用于景色、气象、声音、语言等（前面用“一”字）：一～风光｜一～新面貌｜一～胡言。

排 ㊀ pái ㊁ pǎi

排 ㊀ pái

①按照一定次序站位或摆放：～队｜～版｜～查｜～名次｜～行榜。②排成的行列：大家站成三～。③军队在连之下、班之上的一级编制单位。④量词。用于成行列的人或物：一～白杨｜停放着一～自行车。⑤演员为上演戏剧等而进行逐段练习：～节目｜彩～。⑥用竹、木并排地连在一起做成的水上交通工具；也指为便于水运而扎成排的竹木：竹～｜～筏｜放～。⑦消除：～除｜～雷（排除地雷）｜力～众议。⑧推；推开：～山倒海｜～门而出。⑨释放；产生：～污｜～出大量烟尘｜～卵。⑩指排球或排球队：男～。⑪一种西式菜肴，用成片的肉煎炸而成：牛～。

排 ㊁ pǎi

〈方〉用楦(xuàn)子撑大新鞋的中空部分使合于某种形状：新鞋夹脚，～一～就好了。

迫 ㊀ pǎi ㊁ pò

迫 ㊀ pǎi

〖迫击炮〗一种从炮口装弹，弹道弯曲的火炮，宜于射击遮蔽物后方的目标。

迫 ㊁ pò

①压制；压服：胁～｜～使。②急促：急～｜～切。③接近；逼近：～近｜～在眉睫。

胖 ㊀ pán ㊁ pàng

胖 ㊀ pán

〈书〉安宁舒适：心广体～。

胖 ㊁ pàng

(人体)脂肪多，肉多(跟"瘦"相对)：肥～｜～小子。

泡 ㊀ pāo ㊁ pào

泡 ㊀ pāo

①鼓起而又松软的东西：豆腐～儿｜眼～。②〈方〉质地疏松；不坚硬：～枣｜～货｜木料发～。③〈方〉小湖(多用于地名)：月亮～(在吉林)。④量词。用于屎和尿：等一下，让孩子撒～尿。

泡 ㊁ pào

①气体在液体内部使液体鼓起而形成的圆球或半圆球：冒～儿｜肥皂～儿。②形状像泡的东西：灯～儿｜脚上磨起了～。③较长时间地浸在液体中：～澡。④故意消磨(时间)；跟人纠缠：～吧(bā)｜～病号｜软磨硬～。

跑 ㊀ páo ㊁ pǎo

跑 ㊀ páo

走兽用蹄或爪刨地：～槽(牲口刨槽根)。

跑 ㊁ pǎo

①人或动物用腿、脚相互交替迅速向前跃进：赛～｜～得飞快。②迅速前进：火车～得快。③逃走；溜走：别让敌人～了。④〈方〉走：～路。⑤为某种事务而奔走：～材料｜～业务。⑥物体离开了应该在的位置；泄漏：轮胎～气了。⑦液体因挥发而损耗：瓶盖没拧紧，汽油都～了。

喷 ㊀ pēn ㊁ pèn

喷 ㊀ pēn
(液体、气体、粉末等)受到一定压力而冲射出来:~泉|~雾器|~气式飞机。

喷 ㊁ pèn
①(气味)浓:~香。②〈方〉果品、蔬菜、鱼虾等大量上市的时期:葡萄正在~儿上。③〈方〉量词。开花结实的次数:头~棉花。

澎 ㊀ pēng ㊁ péng

澎 ㊀ pēng
〈方〉溅:~了一头水。

澎 ㊁ péng
①澎湖列岛,我国群岛名,在台湾海峡中。②〖澎湃〗波涛发出的冲击声。比喻气势雄伟:汹涌~|激情~。

劈 ㊀ pī ㊁ pǐ

劈 ㊀ pī
①用刀斧等向下破开:~开|~成两半|~木头。②介词。正对着;冲着(人的头、脸、胸部):~头盖脸。③雷电击毁或击毙:这棵树曾遭过雷~。④(竹木等)裂开:竹竿~了。

劈 ㊁ pǐ
①分开;分:把线~成两股。②撕扯下来,使离开原物体:~菜帮子。③腿或手指等最大限度地叉开:~叉(chà)。

埤 ㊀ pí ㊁ pì

埤 ㊀ pí
〈书〉增加。

埤 ㊁ pì
〖埤堄(nì)〗〈书〉城上矮墙。

片 ㊀ piān ㊁ piàn

片 ㊀ piān
义同"片(piàn)"①⑤,用于某些口语词:相~儿|唱~儿|画~儿。

片 ㊁ piàn
①平而薄的物体:图~|名~。②指较大地区内划出的较小地区:~儿警。③切削成薄片:~黄瓜。④零星的;简短的:~面|~言只语。⑤特指影视片:故事~|科教~。⑥量词。a)用于成片的东西:两

～面包。b)用于地面或水面等：一～绿洲｜一～沙滩。c)用于景色、气象、声音、语言、心意等(数词只用"一")：一～新面貌｜一～喧哗｜一～苦心。⑦(Piàn)姓。

漂 ㊀ piāo ㊁ piǎo ㊂ piào

漂 ㊀ piāo

①停留在液体表面上：～浮。②顺着液体流动的方向移动：～流瓶｜～泊｜～移。

漂 ㊁ piǎo

①用水加化学药剂泡洗，使纤维或织品退色或变白：～染。②用水冲去杂质：～洗。

漂 ㊂ piào

〖漂亮〗①美；好看：长得～。②形容事情办得出色：打了一场～仗。

缥 ㊀ piāo ㊁ piǎo

缥 ㊀ piāo

〖缥缈(miǎo)〗形容隐隐约约，若有若无：虚无～。

缥 ㊁ piǎo

〈书〉①青白色。②青白色丝织品。

朴 ㊀ Piáo ㊁ pō ㊂ pò ㊃ pǔ

朴 ㊀ Piáo

姓。

朴 ㊁ pō

〖朴刀〗旧式兵器，刀身窄长，刀柄略短于刀身，双手使用。

朴 ㊂ pò

朴树，落叶乔木，花淡黄色，果实球形，木材可制器具。

朴 ㊃ pǔ

纯真，不加修饰的：淳～｜质～｜～厚。

撇 ㊀ piē ㊁ piě

撇 ㊀ piē

①丢下不管；抛弃：～开｜～弃｜～在脑后。②轻轻地舀，以取出液体表面漂浮的东西：～沫儿。

撇 ㊁ piě

①平着用力扔出去：～手榴弹｜把石头～到河里。②汉字的一种笔画，形状是"丿"。③向外斜：～着八字脚。④嘴角向下拉，表示轻蔑、不以为然或不高兴等：～嘴｜嘴一～哭了起来。⑤量词。用于像撇儿

的东西：两～儿胡子。

掊 ㊀ póu ㊁ pǒu

掊 ㊀ póu

〈书〉①聚敛。②挖掘。

掊 ㊁ pǒu

〈书〉①击；抨击：～击。②击破：～斗折衡（打破斗，折断秤）。

仆 ㊀ pū ㊁ pú

仆 ㊀ pū

向前倒下：前～后继。

仆 ㊁ pú

①旧时指受雇供使唤的人（跟"主"相对）：～役｜公～。②〈书〉古时男子谦称自己：～非敢如此也（我是不敢这样的）！③（Pú）姓。

铺 ㊀ pū ㊁ pù

铺 ㊀ pū

①把东西展开或摊平：～地毯｜～铁轨｜～路。②〈方〉量词。用于炕：一～炕。

铺 ㊁ pù

①设有门面出售商品的处所；商店（多指比较小的）：饭～｜杂货～。②用板子搭的床；泛指床：床～｜卧～车厢。③旧时的驿站（现多用于地名）：五里～｜十里～。

Q q

妻 ㊀ qī ㊁ qì

妻 ㊀ qī
妻子，男女两人结婚后，女子是男子的妻子：夫～|未婚～|～儿老小。

妻 ㊁ qì
〈书〉把女子嫁给（某人）：以女～之（把女儿嫁给他）。

栖 ㊀ qī ㊁ xī

栖 ㊀ qī
鸟停在树上；泛指居住或停留：～息|～居|两～。

栖 ㊁ xī
〖栖栖〗〈书〉形容忙碌不安的样子。

蹊 ㊀ qī ㊁ xī

蹊 ㊀ qī
〖蹊跷（qiāo）〗奇怪；疑惑：觉得～|话问得～。

蹊 ㊁ xī
〈书〉小路：～径。

契 ㊀ qì ㊁ Xiè

契 ㊀ qì
①〈书〉用刀子刻。②〈书〉刻的文字：书～|殷～（指商代的甲骨文）。③买卖房地产等的文书，也是所有权的凭证：地～|房～。④符合；投合：默～|～合|～友。

契 ㊁ Xiè
人名，殷代的祖先，传说是舜的臣。

铅 ㊀ qiān ㊁ Yán

铅 ㊀ qiān
①金属元素，符号 Pb。主要用来制造合金、蓄电池等。②铅笔芯：这种笔的～太硬。

铅 ㊁ Yán
铅山，地名，在江西。

荨 ㊀ qián ㊁ xún

荨 ㊀ qián

〖荨麻〗多年生草本植物，茎和叶子有细毛，皮肤接触时会引起刺痛。茎皮纤维可以做纺织原料。

荨 ㊁ xún

〖荨麻疹（zhěn）〗一种过敏性皮肤病，症状是皮肤上成片地红肿、发痒，消退后常常复发。

纤 ㊀ qiàn ㊁ xiān

纤 ㊀ qiàn

拉船用的绳子：～绳｜～夫｜拉～。

纤 ㊁ xiān

细微；细小：～尘｜～细。

茜 ㊀ qiàn ㊁ xī

茜 ㊀ qiàn

①茜草，多年生草本植物，根圆锥形，黄赤色，可做红色染料，也可入药。②红色：～纱。

茜 ㊁ xī

人名用字，多用于外国女子名字的音译（人名中也有读 qiàn 的）。

倩 ㊀ qiàn ㊁ qìng

倩 ㊀ qiàn

〈书〉俏丽：～女｜～影。

倩 ㊁ qìng

请人代替自己做：～人执笔。

抢 ㊀ qiāng ㊁ qiǎng

抢 ㊀ qiāng

①〈书〉碰；撞：呼天～地。②同“戗（qiāng）”。方向朝着对方；逆。

抢 ㊁ qiǎng

①争夺，用强力把别人的东西夺过来：～球。②争先：～购｜～先｜～镜头。③赶紧或突击（做某事）：～险｜～救。④刮掉或擦掉物体表面的一层：～菜刀｜手上～去了一块皮。

呛 ㊀ qiāng ㊁ qiàng

呛 ㊀ qiāng

水或食物进入气管引起咳嗽或因猛咳而突然喷出。

呛 ㊁ qiàng

因刺激性的气体进入呼吸器官

而感觉难受:～得咳嗽不止。

悄 ㊀ qiāo ㊁ qiǎo

悄 ㊀ qiāo

〖悄悄〗①没有声音或声音很小:四周静～。②副词。不使人注意地:他～地溜出屋去。

悄 ㊁ qiǎo

①寂静无声或声音很小:～无声息。②〈书〉形容忧愁的样子:～然落泪。

雀 ㊀ qiāo ㊁ qiǎo ㊂ què

雀 ㊀ qiāo

〖雀子〗〈口〉雀(què)斑,脸上的褐色斑点。

雀 ㊁ qiǎo

义同"雀(què)":家～儿|～盲眼(夜盲)。

雀 ㊂ què

鸟,嘴呈圆锥形,体形较小,翅膀较长,吃植物的果实或种子,也吃昆虫。种类很多,如燕雀、麻雀等。

翘 ㊀ qiáo ㊁ qiào

翘 ㊀ qiáo

①抬起(头):～首观望|～盼和平。②〈方〉(木、纸等)平直的东西由湿变干后不再平直:木板子晒～了。

翘 ㊁ qiào

物体的一端向上仰起:～胡子|～尾巴。

鞘 ㊀ qiào ㊁ shāo

鞘 ㊀ qiào

装刀剑的套子:剑～|刀出～。

鞘 ㊁ shāo

鞭鞘,拴在鞭子末端的细皮条。

切 ㊀ qiē ㊁ qiè

切 ㊀ qiē

①用刀把物品分割:～割|～菜|～橙子。②使断开;隔断:～断电源。③直线、圆或面等与圆、弧或球只有一个交点时叫作切(几何学术语):内～|外～。

切 ㊁ qiè

①符合:～题|不～实际。②靠近;接近:～身|密～。③副词。务必:～记|～忌|～不可掉以轻心。④急迫:急～|求胜心～。⑤指反切,我国传统

的注音方法，即用两个字的音拼合出另一个字的音，上字取声母，下字取韵母和声调，如“礼，力米切”。⑥中医指诊脉，医生用手按在病人腕部的动脉上，根据脉搏的变化来诊断病情：～脉｜望闻问～。⑦两个物体互相摩擦或咬合：咬牙～齿。⑧(Qiè)姓。

亲 ㊀ qīn ㊁ qìng

亲 ㊀ qīn

①父母亲：父～｜母～｜双～。②亲生的；血缘关系最接近的：～骨肉｜嫡～｜～子鉴定。③有血缘或婚姻关系的：～属｜姑表～｜沾～带故。④婚姻：结～｜～事(婚事)。⑤特指新娘：娶～｜送～。⑥关系近；感情深(跟“疏”相对)：～密接触｜～热｜不分～疏。⑦副词。亲自；自己的：～身｜～手｜～力亲为。⑧用唇接触，表示喜爱：～吻｜她～了一下孩子的脸。

亲 ㊁ qìng

〚亲家〛①因子女婚配结成的亲戚关系。②夫妻双方父母之间的互称：～母。

曲 ㊀ qū ㊁ qǔ

曲 ㊀ qū

①弯(跟“直”相对)：～线｜～棍球｜～别针｜扭～。②使弯：弯腰～背。③不直的地方：河～。④不公正；不合理：～解｜是非～直。⑤用曲霉和大豆、大麦、麸皮等制成的块状物，用来酿酒或制酱：酒～。⑥(Qū)姓。

曲 ㊁ qǔ

①一种韵文形式，出现于南宋和金代，盛行于元代，句法较词灵活，多用口语，用韵也更接近口语：元～｜散(sǎn)～。②供歌唱、演奏的作品：～调｜戏～｜摇篮～｜～终人散。③歌的乐调(yuèdiào)：作～。

戌 ㊀ qu ㊁ xū

戌 ㊀ qu

〚屈戌儿〛钉在门窗边上或箱、柜正面，用来挂上钌铞或锁的金属小环。也指成对地钉在抽屉正面或箱子侧面，用来固定U字形的环儿。

戌 ㊁ xū

地支的第十一位。

R r

嚷 ㊀ rāng ㊁ rǎng

嚷 ㊀ rāng

〖嚷嚷〗〈口〉①吵闹：上课了，别～。②声张：她早把这个秘密～出去了。

嚷 ㊁ rǎng

①喊叫：叫～｜喧～｜别～了，人家在学习呢。②〈口〉吵闹：吵～｜小两口经常为些小事～个不停。③〈方〉责备；训斥：姐姐～了我一顿。

若 ㊀ rě ㊁ ruò

若 ㊀ rě

见 496 页〖般(bō)若〗。

若 ㊁ ruò

①如；好像：～即～离｜～有所思。②〈书〉连词。如果：假～。③〈书〉人称代词。你：～属(你们)。

任 ㊀ rén ㊁ rèn

任 ㊀ rén

①用于地名：～县｜～丘(都在河北)。②(Rén)姓。

任 ㊁ rèn

①承受：～劳～怨。②职务；职位；职责：就～｜重～在肩。③担当(职务)：～教。④使担当职务：～人唯贤｜～用｜～命｜被～为校长。⑤量词。用于任职的次数：为官一～，造福一方。⑥听凭：～意｜～性。⑦连词。不管；无论：～谁的话，他都听不进去。

S s

挲 ㊀ sā ㊁ shā ㊂ suō

挲 ㊀ sā

见 588 页〖摩(mā)挲〗。

挲 ㊁ shā

〖挓(zhā)挲〗〈方〉手、树枝等伸开、张开：～着双手不知做什么好。

挲 ㊂ suō

〖摩(mó)挲〗用手抚摩：妈妈轻轻～孩子的小脸。

撒 ㊀ sā ㊁ sǎ

撒 ㊀ sā

①放开；松开：～网捕鱼｜～手。②尽量使出；表现出：～野｜～泼｜～娇。③排泄；泄漏：～尿｜车带～气了。

撒 ㊁ sǎ

①分散着扔出颗粒状或片状物：～种(zhǒng)｜～传单。②散落；洒下：桌上～满了饭。③(Sǎ)姓。

塞 ㊀ sāi ㊁ sài ㊂ sè

塞 ㊀ sāi

①用力把东西填入或胡乱放入器物里：箱子～满了。②用东西堵住空隙：～住窗缝｜～车。③堵住容器口使内外隔绝的东西：瓶～。

塞 ㊁ sài

可以据守防御的险要地方：边～｜要～｜～上江南｜～外。

塞 ㊂ sè

义同"塞(sāi)"②，用于某些成语或合成词：阻～｜闭～｜茅～顿开。

散 ㊀ sǎn ㊁ sàn

散 ㊀ sǎn

①没有约束；不集中：～兵游勇｜人心不能～。②零碎的：～装｜～户。③粉末状药物

（多用于中药名）：牛黄～。④（Sǎn）姓。

散 ㊁ sàn

①分开；由聚集而分离：不欢而～｜烟消云～。②分发；分布：发～｜～布。③排遣：～心｜～闷（mèn）。

丧 ㊀ sāng ㊁ sàng

丧 ㊀ sāng

跟死了人有关的（事情）：～事｜奔～。

丧 ㊁ sàng

①失去：～家之犬｜～权辱国。②特指失去生命；死去：～命｜～生。③失意：沮～｜垂头～气。

臊 ㊀ sāo ㊁ sào

臊 ㊀ sāo

像尿一样难闻的腥臭气味：狐～｜腥～。

臊 ㊁ sào

害羞；难为情：害～。

扫 ㊀ sǎo ㊁ sào

扫 ㊀ sǎo

①用笤帚等清除尘土、垃圾等：～落叶｜打～房间。②除去；消灭：～雷｜～盲｜～黄打非。③迅速地移动：～描｜～射。④〈书〉尽；全部：～数（shù）。

扫 ㊁ sào

〖扫帚〗除去尘土、垃圾等的用具，多用竹枝扎成，比笤帚大。

色 ㊀ sè ㊁ shǎi

色 ㊀ sè

①颜色：彩～｜五颜六～。②脸上表现的神情、气色等：察言观～。③种类：各～各样。④景象；情景：暮～｜满园春～。⑤物品（多指金银）的成分：成～｜足～。⑥指女子的美貌：绝～。⑦指情欲：～胆｜好（hào）～之徒。⑧（Sè）姓。

色 ㊁ shǎi

〈口〉颜色：掉～｜套～｜变～。

杉 ㊀ shā ㊁ shān

杉 ㊀ shā

义同"杉（shān）"①：～木（杉树的木材）｜～篙（杉树一类的树干砍去枝叶后制成的细而长的杆子）。

杉 ㊁ shān

①杉树，常绿乔木，木材白色，

质轻，有香味，可供建筑和制造器具用。②(Shān)姓。

沙 ㊀ shā ㊁ shà

沙 ㊀ shā

①细小的石粒：～雕|～漠|～尘暴。②像沙的东西：蚕～。③用含沙的陶土制作的(器皿)：～锅|～罐。④(嗓音)不清脆，不响亮：～哑|～音。⑤(Shā)姓。

沙 ㊁ shà

〈方〉来回摇动，使东西里的杂物集中，以便清除：把麦子里的沙(shā)子～一～。

莎 ㊀ shā ㊁ suō

莎 ㊀ shā

①用于地名、人名：～车(在新疆)。②(Shā)姓。

莎 ㊁ suō

〖莎草〗多年生草本植物，多生长在潮湿地区或河边沙地上。地下块茎叫香附子，供药用。

煞 ㊀ shā ㊁ shà

煞 ㊀ shā

①结束；止住：～笔|～尾。②勒紧：～一～腰带。③损坏；削弱：～风景。

煞 ㊁ shà

①迷信的人指凶神，也形容凶恶的人：凶神恶～。②副词。极；很：脸气得～白|～费苦心。

厦 ㊀ shà ㊁ Xià

厦 ㊀ shà

①(高大的)房子：大～。②〈方〉房屋后面的廊子：前廊后～。

厦 ㊁ Xià

厦门，地名，在福建。

苫 ㊀ shān ㊁ shàn

苫 ㊀ shān

①用草编成的盖东西、垫东西的器物：草～子。②(Shān)姓。

苫 ㊁ shàn

用席子、帆布等遮盖：用雨布把卡车上的货～上|房顶上～了块油布。

栅 ㊀ shān ㊁ zhà

栅 ㊀ shān

〖栅极〗多极电子管中最靠近

阴极的一个电极。有控制电流的强度、改变电子管的性能等作用。

栅 ㊁ zhà

栅栏，用铁条或木条等做成的类似篱笆的围栏：铁～|木～。

扇 ㊀ shān ㊁ shàn

扇 ㊀ shān

①摇动扇（shàn）子等，加速空气流动：～扇（shàn）子。②用手掌打：～了他两巴掌。③同“煽”。怂恿，鼓动别人做不应该做的事。

扇 ㊁ shàn

①能够摇动生风的用具：蒲～|电～。②指板状或片状的、起遮挡作用的东西：门～|窗～。③量词。用于门窗等：一～门|一～窗子。

剡 ㊀ Shàn ㊁ yǎn

剡 ㊀ Shàn

古代县名，在今浙江嵊（shèng）州。

剡 ㊁ yǎn

〈书〉①削：～木为矢。②尖锐；锋利：～棘。

汤 ㊀ shāng ㊁ tāng

汤 ㊀ shāng

〖汤汤〗〈书〉形容水流又大又急：浩浩～。

汤 ㊁ tāng

①热水；沸水：扬～止沸|赴～蹈火。②古代指温泉（现多用于地名）：～泉|～池|小～山（在北京）。③食物煮后所得的汁水：米～|鸡～。④烹调后汁儿特别多的副食：白菜～。⑤汤药：柴胡～。⑥（Tāng）姓。

上 ㊀ shǎng ㊁ shàng ㊂ shang

上 ㊀ shǎng

〖上声〗汉语声调之一，“上声（shàngshēng）”的又音。

上 ㊁ shàng

①处于高处的（跟“下”相对）：～铺|往～看。②等级或品质高的（跟“下”相对）：～级|～品|～等货。③次序或时间在前的（跟“下”相对）：～次|～半年。④旧时指皇帝、君主：皇～|～谕。⑤进入；加入：～市|～网。⑥由低处到高处（跟“下”相对）：扶摇直～|～

楼。⑦去;往:～学校|～北京|～班族。⑧向上级呈递:～书。⑨向前进:迎难而～。⑩出场(跟"下"相对):这场球,你们五个先～。⑪添补;增加:～货。⑫安装:～螺丝|～玻璃。⑬涂;搽:～油漆。⑭登载;记录:～账|～电视。⑮拧紧:～发条。⑯按规定时间开始活动(跟"下"相对):～操|～自习|～夜大。⑰达到;够(一定数量或程度):～岁数|～档次。⑱(又 shǎng)四声之一;上声:平～去入。⑲我国民族音乐音阶上的一级,乐谱上用作记音符号,相当于简谱的"1"。⑳(Shàng)姓。

上 ㊂ shang

①用在名词后。a)表示在物体的表面:脸～|墙～。b)表示在某种事物的范围以内:书～|世界～。c)表示某一方面:数量～|思想～。②用在动词后。a)表示人或事物由低向高:登～珠穆朗玛峰。b)表示动作达到一定数量:歇～十天半月。c)表示动作有了结果或达到了目的:住～新楼|当～了火炬手。d)表示动作开始并继续:一回家就忙～了。

捎 ㊀ shāo ㊁ shào

捎 ㊀ shāo

顺便带东西或传话:～两本书|～个口信。

捎 ㊁ shào

〈口〉略微往后退(多指吆喝牲畜等)。

稍 ㊀ shāo ㊁ shào

稍 ㊀ shāo

①副词。稍微:～贵了点|你～等等。②(Shāo)姓。

稍 ㊁ shào

〖稍息〗军事或体操口令,命令从立正姿势变为休息姿势。

少 ㊀ shǎo ㊁ shào

少 ㊀ shǎo

①数量小(跟"多"相对):积～成多。②不够原有或应有的数目;短缺(跟"多"相对):这套书～了一本。③丢失:～了两本书。④欠:终于将～人家的钱还清了。⑤副词。暂时;稍微:～候|～安毋(wú)躁。

少 ㊁ shào

①年纪轻(跟"老"相对):青春

年～。②年轻的人；少年；特指少爷：男女老～|阔～。③同级军衔中较低的：～将|～尉。④(Shào)姓。

召 ㊀ Shào ㊁ zhào

召 ㊀ Shào

①周代诸侯国名，在今陕西凤翔一带。②姓。

召 ㊁ zhào

①呼唤；叫人来：～唤|～见。②蒙古语音译词，本指寺庙(现多用于地名)：乌审～|罗布～(都在内蒙古)。③(Zhào)姓。

折 ㊀ shé ㊁ zhē ㊂ zhé

折 ㊀ shé

①断：椅子腿～了。②亏损；损失：～耗|～本儿。③(Shé)姓。

折 ㊁ zhē

〈口〉①翻转：～了一个跟头。②倒(dǎo)过来倒(dǎo)过去：水太烫，用碗～一～再喝。

折 ㊂ zhé

①断；弄断：骨～|～断。②损失：损兵～将。③弯；弯曲：曲～|周～。④返回；改变方向：转～|走到半路又～了回来。⑤心服：心～|～服。⑥抵作；抵换：～账|～合|将功～罪。⑦商品价格减到原标价的十分之几叫作几折或几扣：七～|打～。⑧量词。元杂剧每一个剧本分为四折，一折大致相当于后来的一场：～子戏。⑨汉字的一种笔画，形状有“㇕”“㇄”等。⑩折叠：～扇|～尺|～纸。⑪用纸折叠成的册子：奏～|存～。⑫(Zhé)姓。

舍 ㊀ shě ㊁ shè

舍 ㊀ shě

①放弃；丢开：锲(qiè)而不～|～近求远。②送饭食或财物给穷人或出家人：施～|～粥。

舍 ㊁ shè

①房屋：校～。②谦称自己的家：寒～|～间|～下。③养家畜的窝、棚等：猪～。④对别人谦称比自己辈分低或年纪小的亲属：～弟。⑤量词。古代行军三十里为一舍：退避三～。⑥(Shè)姓。

拾 ㊀ shè ㊁ shí

拾 ㊀ shè

〈书〉慢步从容而上：～级

而上。

拾 ㊁ shí

①从地上拿起来；捡：～金不昧｜众人～柴火焰高。②收拾：～掇(duo)。③数词。数字“十”的大写。

莘 ㊀ shēn ㊁ Xīn

莘 ㊀ shēn

①〚莘莘〛〈书〉形容众多：～学子。②(Shēn)莘县，地名，在山东。③(Shēn)姓。

莘 ㊁ Xīn

莘庄，地名，在上海。

什 ㊀ shén ㊁ shí

什 ㊀ shén

〚什么〛疑问代词。①表示疑问：看～？｜你在说～？②表示任指：说～都不行。③表示惊讶：～！真是你画的？④表示不满，不以为然：你嚷～！｜这有～好笑的！⑤表示列举：～做饭啦，哄孩子啦，他都干得了。

什 ㊁ shí

①〈书〉同“十”。表示数目（多用于分数或倍数）：～一（十分之一）｜～百（十倍或百倍）。②各种各样的；杂样的：～物｜～锦糖。③(Shí)姓。

省 ㊀ shěng ㊁ xǐng

省 ㊀ shěng

①节约（跟“费”相对）：节～。②免掉；减去：～略。③我国最高一级地方行政区划单位，直属中央：山西～。④指省行政机关所在地：到～里办事。⑤(Shěng)姓。

省 ㊁ xǐng

①检查（自己的思想、言行）：深刻反～。②看望；问候（多指对尊长）：～亲。③醒悟；清醒：猛～｜发人深～。④(Xǐng)姓。

嘘 ㊀ shī ㊁ xū

嘘 ㊀ shī

叹词。表示制止或驱赶家禽等：～！别声张。

嘘 ㊁ xū

①慢慢地吐气：～气。②〈书〉叹气：仰天而～。③火或蒸气的热力接触到物体：小心，别～了手。④叹词。表示制止、驱逐等：～！别在病房里吵。

⑤〈方〉发出“嘘”的声音来制止或驱逐：大家把他～下台去了。

识 ㊀ shí ㊁ zhì

识 ㊀ shí

①认得；能辨别：老马～途｜～别真假。②懂得；知道：～趣｜～大体，顾大局。③见识；知识：才～｜学～｜胆～。

识 ㊁ zhì

〈书〉①记住：博闻强～。②标志；记号：款～。

食 ㊀ shí ㊁ sì ㊂ yì

食 ㊀ shí

①吃：～欲｜少～多餐。②专指吃饭：废寝忘～。③人吃的东西：副～｜丰衣足～。④一般动物吃的东西；饲料：鸡～。⑤供食用或调味用的：～盐。⑥月球走到地球太阳之间遮蔽了太阳，或地球走到太阳月球之间遮蔽了月球时，人所看到的日月亏缺或完全不见的现象：日～｜月～。

食 ㊁ sì

〈书〉拿东西给人吃。

食 ㊂ yì

用于人名：郦食其（jī）（汉朝人）。

氏 ㊀ shì ㊁ zhī

氏 ㊀ shì

①姓（古代“姓”是一种族号，起源于女系；“氏”是“姓”的分支，起源于男系。后来不分了）。②旧时放在已婚妇女的姓后，通常在父姓前再加夫姓，作为称呼：王张～（夫姓王，父姓张）。③对名人专家的称呼：孟轲～之传｜孙中山～。④（Shì）姓。

氏 ㊁ zhī

〖阏（yān）氏〗汉代匈奴对君主正妻的称呼。

似 ㊀ shì ㊁ sì

似 ㊀ shì

〖似的〗助词。用在名词、代词或动词后面，表示跟某种事物或情况相像：大雨像瓢泼～下了起来｜你站在那里一动不动，就像泥塑木雕～。

似 ㊁ sì

①像；如同：相～｜～是而非。

同时伴有暴雨。⑩（Tái）姓。

苔 ㊀ tāi ㊁ tái

苔 ㊀ tāi

〖舌苔〗舌头表面的滑腻物质。

苔 ㊁ tái

苔藓植物的一纲，属于这一纲的植物的根、茎、叶区别不明显，绿色，生长在阴湿的地方。

趟 ㊀ tāng ㊁ tàng

趟 ㊀ tāng

①从浅水中或有草、庄稼等的地方走过：～水过河｜在草地上～出一条路。②用犁等把土翻开，除去杂草并给苗培土：～地。

趟 ㊁ tàng

①行进中的队伍；行列：跟不上～。②量词。表示来往的次数、运行的车辆：上个月，他去了一～天津｜这～火车去上海。③〈方〉量词。用于成行（háng）的东西：半～街｜一～椅子。

镗 ㊀ tāng ㊁ táng

镗 ㊀ tāng

同"嘡"。拟声词。形容打钟、敲锣或放枪一类的声音：～～几声锣响。

镗 ㊁ táng

用镗床（一种金属切削机床）切削机器零件上已有的孔眼，以增加光洁度。

饧 ㊀ táng ㊁ xíng

饧 ㊀ táng

〈书〉同"糖"。①从甘蔗、甜菜等里面提取出来的有甜味的东西及其制品。②有机化合物的一类。③糖果。

饧 ㊁ xíng

①〈书〉用麦芽等熬的糖稀。②糖块、面块等变软：让面～一～。③精神不振，眼睛半睁半闭：眼睛发～。

陶 ㊀ táo ㊁ yáo

陶 ㊀ táo

①用黏土烧制的器物：～器｜～罐｜彩～。②制造陶器：～艺｜～吧｜～冶。③比喻培养好的性情品格：熏～。④喜悦、快乐的样子：～然｜～醉｜乐～～。⑤（Táo）姓。

陶 ㊁ yáo

皋（Gāo）陶，上古人名，传说是

舜的臣子。

忒 ㊀ tè ㊁ tuī

忒 ㊀ tè

〈书〉差错：差～。

忒 ㊁ tuī

〈方〉副词。过分；太：天～热|风～大。

体 ㊀ tī ㊁ tǐ

体 ㊀ tī

〖体己〗①亲近的；贴心的：～话。②家庭成员个人积蓄的(财物)：～钱。

体 ㊁ tǐ

①人或动物的全身或身体的一部分：～重|～态|上～|肢～。②事物的形状或形态：固～|立方～。③事物的本身或全部：～积|集～。④文字的书写形式或风格；作品的体裁：字～|旧～诗。⑤亲身实践或经历(某事)：身～力行|～验|～会。⑥设身处地为他人着想：～谅|～恤|～贴。⑦一种语法范畴，多表示动词所指动作进行的情况，如完成体、进行体。⑧(Tǐ)姓。

裼 ㊀ tì ㊁ xī

裼 ㊀ tì

〈书〉包婴儿的被子。

裼 ㊁ xī

〈书〉敞开或脱去上衣，露出身体的一部分：袒(tǎn)～。

挑 ㊀ tiāo ㊁ tiǎo

挑 ㊀ tiāo

①拣；选：～三拣四。②在细小处苛求：～刺儿|～剔。③扁担等两头挂上东西后，用肩膀从中间担起：～担子。④扁担和它两头所挑的东西：挑着空～子。⑤量词。用于成挑儿的东西：一～儿水。

挑 ㊁ tiǎo

①用细长东西的一头支起：～起门帘。②用带尖的或细长的东西拨开或弄出：用针把刺～出来。③一种刺绣的方法，用针挑起经线或纬线，把针上的线从底下穿过去：～花。④惹起；引起：～战|～衅。⑤汉字的一种笔画，形状是“㇀”。

帖 ㊀ tiē ㊁ tiě ㊂ tiè

帖 ㊀ tiē

①驯服；顺从：服～｜俯首～耳（形容非常驯服恭顺，多含贬义）。②妥当；适合：妥～。③（Tiē）姓。

帖 ㊁ tiě

①写有简短事项的信函；邀请客人的纸片：请～。②旧时写着生辰八字等内容的纸片：庚～。③〈方〉量词。用于配合起来的若干味汤药：一～药。

帖 ㊂ tiè

学习写字、绘画时临摹用的样本：字～｜碑～。

梃 ㊀ tǐng ㊁ tìng

梃 ㊀ tǐng

①〈书〉棍棒：～击。②门框、窗框或门扇、窗扇两侧直立的边框：门～｜窗～。③〈方〉花梗：独～儿（只开一朵花的花梗）｜花～儿。

梃 ㊁ tìng

①杀猪后，在猪的腿上割一个口子，用铁棍贴着腿皮往里捅叫作梃，目的是捅出沟后，往里吹气，使猪皮绷紧，以便去毛除垢：～猪。②梃猪用的铁棍。

通 ㊀ tōng ㊁ tòng

通 ㊀ tōng

①没有阻碍，可以到达、穿过：畅～｜这个办法行得～。②使不堵塞：～下水道。③有路达到：这趟车直～北京。④互相往来；连接：沟～｜～婚。⑤告诉别人；使知道：～知｜～消息。⑥了解；懂得：～晓｜～两门外语。⑦指精通某一方面情况和事务的人：万事～。⑧（文章）结构合理，文字流畅：～顺｜文理不～。⑨共同的；一般的：～常｜～病｜～称。⑩整个；全部：～力合作｜～宵。⑪量词。用于文书等：一～文书｜手书两～。⑫（Tōng）姓。

通 ㊁ tòng

量词。①用于动作：打了三～鼓。②用于言语：批评了一～。

同 ㊀ tóng ㊁ tòng

同 ㊀ tóng

①一样；没有差异：～龄｜～

工～酬｜异曲～工｜～心～德。②跟……相同：～上｜"式"～"二"。③副词。一同；一齐：～甘共苦｜普天～庆。④介词。a)引进动作的对象，跟"跟"相同：～困难做斗争。b)引进比较的事物，跟"跟"相同：～那本书一样有趣。⑤连词。表示联合关系，跟"和"相同：我～你一起去。⑥（Tóng）姓。

同 ㊁ tòng

〖胡同〗小巷。

菟 ㊀ tú ㊁ tù

菟 ㊀ tú

〖於（wū）菟〗古代楚国人称老虎。

菟 ㊁ tù

〖菟丝子〗一年生草本植物，茎很细，呈丝状，多寄生在豆科植物上，种子可以入药。也叫菟丝。

吐 ㊀ tǔ ㊁ tù

吐 ㊀ tǔ

①使东西从嘴里出来：不要随地～痰。②长出；露出；冒出：～穗儿｜蚕～丝。③说出来：谈～｜～字清楚。

吐 ㊁ tù

①（消化道或呼吸道里的东西）不自主地从嘴里涌出：～白沫｜上～下泻。②比喻被迫退还（侵占的财物）：～赃款。

褪 ㊀ tuì ㊁ tùn

褪 ㊀ tuì

①脱落；脱去：兔子正～毛。②颜色变浅：这件衣服～色了。

褪 ㊁ tùn

①收缩身体的某部分，使套着的东西脱离：～下一只袖子。②〈方〉藏在袖子里：把手～在衣袖里。

W w

哇 ㊀ wā ㊁ wa

哇 ㊀ wā

拟声词。形容哭叫、呕吐等的声音：她～的一声哭了｜疼得～～乱叫。

哇 ㊁ wa

助词。“啊”受到前一字收音u、ao、ou的影响发生的变音：别哭～｜你好～｜快走～。

瓦 ㊀ wǎ ㊁ wà

瓦 ㊀ wǎ

①铺屋顶用的建筑材料，用泥土烧成或用水泥等制成。②用泥土烧成的：～盆｜～罐｜～器。③量词。法定计量单位中功率单位瓦特的简称。④(Wǎ)姓。

瓦 ㊁ wà

在屋顶上铺瓦：工人正在房顶上～瓦(wǎ)。

崴 ㊀ wǎi ㊁ wēi

崴 ㊀ wǎi

①〈方〉崴子，山、水弯曲的地方(多用于地名)：海参～｜三道～子(在吉林)。②(脚)扭伤：不小心把脚～了。③山路不平的样子。

崴 ㊁ wēi

〖崴嵬(wéi)〗〈书〉形容山高。

菀 ㊀ wǎn ㊁ yù

菀 ㊀ wǎn

〖紫菀〗多年生草本植物，边缘的小花呈蓝紫色，果实有毛，根和根须可入药。

菀 ㊁ yù

〈书〉茂盛。

王 ㊀ wáng ㊁ wàng

王 ㊀ wáng

①古代指帝王或最高的爵位：

国～|亲～|～侯将相。②头目；首领：擒贼先擒～。③同类中居首位的或最大、最强的：～牌|蜂～|花中之～。④我国古代对祖父母的尊称：～父（祖父）|～母（祖母）。⑤（Wáng）姓。

王 ㊁ wàng

①古代指统治者取得天下：～此大邦。②做皇帝；称王：皆可以～。

委 ㊀ wēi ㊁ wěi

委 ㊀ wēi

〖委蛇（yí）〗〈书〉①同"逶迤（wēiyí）"。②依顺；随顺：虚与～。

委 ㊁ wěi

①把事交给别人去办：～托|～培|～任。②〈书〉抛弃：～弃|～之于地。③曲折：～婉。④〈书〉积聚：～积。⑤〈书〉水流所聚；水的下游，比喻事物的末尾：原～|穷原竟～（追究事物的本源及其发展）。⑥意志消沉；不振作：～顿（疲乏）。⑦同"诿"。推卸；推托：～过于人。⑧委员或委员会的简称：编～|评～|党～。⑨〈书〉副词。的确；确实：～实|～系实情。⑩（Wěi）姓。

为 ㊀ wéi ㊁ wèi

为 ㊀ wéi

①做；干：事在人～。②当；充当：选他～班长。③成；成为：转悲～喜|化～灰烬。④是：言～心声。⑤介词。被（跟"所"字合用）：～广大读者所欢迎。⑥〈书〉助词。常跟"何"相应，表示疑问：何以家～（要家干什么）？⑦后缀。a）附于某些单音形容词后，构成表示程度、范围的副词：大～减少|广～流传。b）附于某些表示程度的单音副词后，加强语气：颇～重要。⑧（Wéi）姓。

为 ㊁ wèi

①介词。a）给；替：～民服务|～儿女操心。b）表示动作或行为的目的：～明天而奋斗。c）〈书〉对；向：不足～外人道。②〈书〉帮助；卫护。

圩 ㊀ wéi ㊁ xū

圩 ㊀ wéi

圩子，低洼地区防水护田的堤岸：筑～|～堤|～埂。

圩 ㊁ xū

某些地区称集市：～场|赶～

（赶集）|～市。

硙 ㊀ wéi ㊁ wèi

硙 ㊀ wéi

〖硙硙〗〈书〉形容高。

硙 ㊁ wèi

〈方〉石磨（mò）。

尾 ㊀ wěi ㊁ yǐ

尾 ㊀ wěi

①鸟、兽、虫、鱼等动物的身体末端突出的部分：狗～巴|马～松|摇头摆～。②星宿（xiù）名，二十八宿之一。③泛指事物的末端：末～|机～|有头无～。④主要部分以外的部分；没有了结的事情：～数|结～|扫～工程。⑤跟在后面：～追|～随。⑥量词。用于鱼：三～鲤鱼。

尾 ㊁ yǐ

①特指马尾巴上的毛：马～罗（用马尾巴上的毛做的筛子）。②特指蟋蟀等尾（wěi）部的针状物：三～儿。

尉 ㊀ wèi ㊁ Yù

尉 ㊀ wèi

①古代官名：太～|县～。②尉官，军衔名，低于校官：少～|上～。③（Wèi）姓。

尉 ㊁ Yù

①〖尉迟〗复姓。②尉犁，地名，在新疆。

遗 ㊀ wèi ㊁ yí

遗 ㊀ wèi

〈书〉赠与：～赠。

遗 ㊁ yí

①由于疏忽而失掉（东西）。②丢失的东西：路不拾～。③疏漏，因疏忽而漏掉：～忘|拾～补阙。④余下；留下：～憾|不～余力。⑤专指前人或死者留下的：～物|～著|～赠。⑥排泄大小便或精液（多指不自主的）：梦～|～尿|～精。

蔚 ㊀ wèi ㊁ Yù

蔚 ㊀ wèi

〈书〉①多而茁壮；盛大：～然成林。②荟萃；聚集：～为大观。③云气弥漫：云蒸霞～（形容景物灿烂绚丽）。

蔚 ㊁ Yù

①蔚县，地名，在河北。②姓。

滃 ㊀ Wēng ㊁ wěng

滃 ㊀ Wēng

滃江，水名，在广东。

滃 ㊁ wěng

〈书〉①形容水势盛大。②形容云起。

挝 ㊀ wō ㊁ zhuā

挝 ㊀ wō

老挝，国名，位于中南半岛北部，是东南亚唯一的内陆国，同中国、越南、泰国等国家相邻。

挝 ㊁ zhuā

〈书〉敲打；击：～鼓。

涴 ㊀ wò ㊁ Yuān

涴 ㊀ wò

〈方〉弄脏，如油、泥等粘在衣服或器物上：新衣服刚上身他就弄了一身油给～了。

涴 ㊁ Yuān

涴市，地名，在湖北。

乌 ㊀ wū ㊁ wù

乌 ㊀ wū

①乌鸦，一种鸟，全身羽毛黑色，嘴大而直，翅膀有绿光，多群居在树林中或田野间：月落～啼。②黑色：～云｜～黑。③〈书〉疑问代词。何；哪里（多用于反问）：～有此事？④（Wū）姓。

乌 ㊁ wù

①〖乌拉〗东北地区冬天穿的鞋，用皮革制成，里面垫乌拉草。也作"靰鞡（wù la）"。②〖乌拉草〗多年生草本植物，叶子细长，茎和叶晒干捶软后，垫在鞋或靴子里，可以保暖。主要生长在我国东北地区。

於 ㊀ wū ㊁ Yū

於 ㊀ wū

〈书〉叹词。表示感叹。

於 ㊁ Yū

姓。

捂 ㊀ wú ㊁ wǔ

捂 ㊀ wú

〖枝捂〗同"支吾"。用话搪塞；说话含混躲闪。

捂 ㊁ wǔ

遮盖住或封闭起来：～着耳朵｜～鼻子。

X

洗 ㊀ xǐ ㊁ Xiǎn

洗 ㊀ xǐ

①用水等去掉物体上面的脏东西：～车。②基督教入教时举行的一种仪式：受～。③除掉(耻辱、冤屈等)：～雪。④清除：清～异己。⑤像洗过一样地杀光或抢光：～劫。⑥照相的显影、定影：～照片。⑦把磁带上的录音去掉：那段录音已经～了。⑧掺和整理(扑克、麻将等)，以便继续玩：～牌。⑨使非法所得的(钱)合法化：～钱。⑩古代洗手洗脸用的器皿，形状像浅盆；泛指像洗的器皿：笔～(洗涮毛笔的用具)。

洗 ㊁ Xiǎn

姓。

铣 ㊀ xǐ ㊁ xiǎn

铣 ㊀ xǐ

用铣床(一种机床)切削金属：～刀。

铣 ㊁ xiǎn

〖铣铁〗铸铁，用铁矿石炼成的铁。

鲜 ㊀ xiān ㊁ xiǎn

鲜 ㊀ xiān

①没有变质的；没有长时间存放过的：～奶｜～活。②色彩明亮艳丽：～艳。③味道纯正自然：味道～。④鲜美的食物；少量上市的食物：时～｜尝～。⑤特指鱼虾等水产食物：海～。⑥新奇：屡见不～。⑦(Xiān)姓。

鲜 ㊁ xiǎn

非常少：～见｜～有。

相 ㊀ xiāng ㊁ xiàng

相 ㊀ xiāng

①副词。a)表示动作或情况是双方共同的：～见｜～形见

绌(chù)|～识|不～上下。b)表示动作一方对另一方的:～信|有事～烦|鼎力～助。c)表示一个接着一个:～继发生|世代～传。②亲自察看(是不是符合心意):～亲|～不中(zhòng)。③(Xiāng)姓。

相 ㊁ xiàng

①容貌;外貌:长～|扮～。②泛指事物的外观:月～|星～。③姿势;样子:站～|坐～|吃～。④察看;判断:～机行事|人不可貌～。⑤辅助:～夫教子。⑥古代辅佐君主的最高长官:宰～|丞～。⑦某些国家的官名,相当于中央政府的部长:首～|外～。⑧旧时指帮助主人接待宾客的人:傧～。⑨(Xiàng)姓。

肖 ㊀ Xiāo ㊁ xiào

肖 ㊀ Xiāo

姓。

肖 ㊁ xiào

相似;像:惟妙惟～|酷～|～像。

削 ㊀ xiāo ㊁ xuē

削 ㊀ xiāo

用刀斜着去掉物体的表层:～铅笔|～水果。

削 ㊁ xuē

义同"削(xiāo)",专用于合成词和成语:剥～|～减|～弱|～足适履。

叶 ㊀ xié ㊁ yè

叶 ㊀ xié

〈书〉和洽;相合:～韵。

叶 ㊁ yè

①叶子,植物的营养器官之一,多呈薄片状:～柄|～脉|～片。②形状像叶片的:百～窗|肺～。③历史上较长时期的分段:明代中～。④(Yè)姓。

邪 ㊀ xié ㊁ yé

邪 ㊀ xié

①不正当的:～教|改～归正。②不正常的:～门儿。③中医指各种致病的环境因素:风～|湿～。④迷信的人指鬼怪给予的灾祸:中(zhòng)～|避～。

邪 ㊁ yé

①〖莫邪〗同"镆铘(mòyé)"。古代宝剑名;泛指宝剑。②

〈书〉同"耶(yé)"。

写 ㊀ xiě ㊁ xiè

写 ㊀ xiě

①用笔在纸上或其他东西上做字:~字。②创作;写作:~诗。③描述:~景。④绘画:~生。

写 ㊁ xiè

〖写意〗〈方〉舒适;惬(qiè)意。

血 ㊀ xiě ㊁ xuè

血 ㊀ xiě

义同"血(xuè)"①,用于口语或单说:~淋淋|流了许多~|吐(tù)~。

血 ㊁ xuè

①人和高等动物体内循环系统中的液体组织,暗赤或鲜红色,有腥气,由血浆、红细胞、白细胞和血小板构成。也叫血液:~检。②同一祖先的:~缘。③比喻刚烈:~性。④(Xuè)姓。

芯 ㊀ xīn ㊁ xìn

芯 ㊀ xīn

①去皮的灯芯草,放在油灯上,可以点燃照明;泛指起同样作用的灯草、纱线等。②某些物体的中心部分:气门~|机~|~片。

芯 ㊁ xìn

〖芯子〗①装在器物中心的捻(niǎn)子之类的东西,如烛芯、岩芯、爆竹的引线等。②蛇的舌头。

兴 ㊀ xīng ㊁ xìng

兴 ㊀ xīng

①昌盛;旺盛:~衰|~旺|复~。②流行:时~。③使盛行;使振兴:大~全民教育之风|~国安邦。④创办;开始出现:~办|~起。⑤起;起来:晨~(早晨起来)。⑥〈方〉准许(多用于否定式):不~胡说。⑦〈方〉副词。或许:下午我也~来,也~不来。⑧(Xīng)姓。

兴 ㊁ xìng

对事物喜爱的情绪:高~|扫~|诗~大发。

荥 ㊀ Xíng ㊁ Yíng

荥 ㊀ Xíng

荥阳,地名,在河南。

多音多义字

荥 ㊁ Yíng

荥经，地名，在四川。

吁 ㊀ xū ㊁ yū ㊂ yù

吁 ㊀ xū

〈书〉①叹气：长～短叹。②叹词。表示惊异、不满、感慨等：～，是何言欤？

吁 ㊁ yū

叹词。喝止牲口的声音：～——～，骡子停下了。

吁 ㊂ yù

为某种要求而呼喊：～请｜～求｜呼～。

湑 ㊀ xǔ ㊁ Xù

湑 ㊀ xǔ

〈书〉①清。②茂盛。

湑 ㊁ Xù

湑水，水名，在陕西。

旋 ㊀ xuán ㊁ xuàn

旋 ㊀ xuán

①环绕着转：天～地转。②返回；归来：凯～。③圆圈：～涡。④毛发呈旋涡状的地方。⑤〈书〉副词。不久；很快地：～即消逝。⑥（Xuán）姓。

旋 ㊁ xuàn

①转圈的：～风。②用切削工具转着圈地削：用车床～工件｜把苹果皮～掉。③旋子（温酒的器具）。④〈口〉副词。临时（做）：～用～买｜～想～写。

熏 ㊀ xūn ㊁ xùn

熏 ㊀ xūn

①（烟、气等）接触物体，使变颜色或沾上气味：～黑｜烟～火燎｜臭气～天。②熏制（食品），用烟火或花、草等接触食品，使带上某种气味：～鸭｜～鸡。③比喻影响：～陶｜利欲～心。④〈书〉和暖：～风。

熏 ㊁ xùn

〈方〉（有毒气体）使人中毒甚至窒息：别让煤气～着。

Y y

压 ㊀ yā ㊁ yà

压 ㊀ yā

①从上往下施加重力：～碎｜玻璃～破了。②稳住；控制：～台｜强～怒火。③以强力制服：～制｜以势～人。④迫近；逼近：大军～境。⑤搁置：积～｜～库。⑥压力：施～｜减～。⑦高于；胜过：才不～众。⑧特指电压、气压或血压：变～器｜高～｜降～。

压 ㊁ yà

〖压根儿〗〈口〉副词。根本；从来(多用于否定式)：这事我～不知道。

呀 ㊀ yā ㊁ ya

呀 ㊀ yā

①叹词。表示惊异：～，你什么时候来的！②拟声词。形容物体摩擦的声音：大门～的一声开了。

呀 ㊁ ya

助词。"啊"受前一字韵母 a，e，i，o，ü 的影响而发生的变音：这里的变化真大～｜你看他那个乐～｜你怎么不去～｜快吃～！

哑 ㊀ yā ㊁ yǎ

哑 ㊀ yā

〖哑哑〗拟声词。形容乌鸦的叫声、小儿的学语声等：～学语。

哑 ㊁ yǎ

①由于生理缺陷或疾病而丧失说话能力：～语｜聋～儿童。②嗓子干涩发不出声音或发音低而不清楚：沙～｜嗓音嘶～。③因发生故障，炮弹、子弹等打不响：～炮｜～弹。④不出声的；无声的：～谜｜～口无言。

雅 ㊀ yā ㊁ yǎ

雅 ㊀ yā

〈书〉同“鸦”。全身多为黑色的一种鸟。

雅 ㊁ yǎ

①〈书〉合乎规范的：～正。②高尚的；不粗俗的：高～|～致。③西周朝廷上的乐歌，《诗经》中诗篇的一类：风～颂。④敬辞，用于称对方的情意、举动：～意|～教|～量。⑤〈书〉交情：同窗之～。⑥副词。平素；素来：～善丹青。⑦（Yǎ）姓。

咽 ㊀ yān ㊁ yàn ㊂ yè

咽 ㊀ yān

口腔后部主要由肌肉和黏膜构成的管子，是呼吸道和消化道的共同通道。也叫咽头。

咽 ㊁ yàn

吞入；吞食：狼吞虎～|细嚼慢～。

咽 ㊂ yè

声音因阻塞而低沉：哽～|呜～。

殷 ㊀ yān ㊁ yīn ㊂ yǐn

殷 ㊀ yān

〈书〉暗红色：～红。

殷 ㊁ yīn

①〈书〉丰盛；丰富：～富。②〈书〉（情意等）深厚：～切期望。③〈书〉热情而周到：款待甚～。④（Yīn）朝代名，约公元前14世纪—公元前11世纪，是商代迁都于殷（今河南安阳西北小屯村）后改用的称号。⑤（Yīn）姓。

殷 ㊂ yǐn

〈书〉拟声词。形容雷声：雷声～～。

湮 ㊀ yān ㊁ yīn

湮 ㊀ yān

〈书〉①埋没：～没无闻|～灭。②淤塞：河道久～。

湮 ㊁ yīn

同“洇（yīn）”。液体落在纸上向四处散开或渗透；浸：这种纸写字容易～|用水把土～湿。

燕 ㊀ Yān ㊁ yàn

燕 ㊀ Yān

①周朝诸侯国名，在今河北北部和辽宁南部一带。②指河

北北部。③姓。

燕 ㊁ yàn

鸟，尾巴分开像剪刀。捕食昆虫，对农作物有益。常见的有家燕等。

芫 ㊀ yán ㊁ yuán

芫 ㊀ yán

〖芫荽(suí)〗一年生或二年生草本植物，茎和叶有特殊香气，用来调味。果实用作香料，也可入药。通称香菜。

芫 ㊁ yuán

〖芫花〗落叶灌木，叶子长圆形，花淡紫色，供观赏，花蕾可入药。

研 ㊀ yán ㊁ yàn

研 ㊀ yán

①细细地磨：～磨｜～成粉末。②深入探求；思考：～制｜～讨。

研 ㊁ yàn

〈书〉同"砚"。研墨的用具。

烊 ㊀ yáng ㊁ yàng

烊 ㊀ yáng

〈方〉熔化；溶化：糖～了。

烊 ㊁ yàng

〖打烊〗〈方〉商店晚上关门停止营业。

约 ㊀ yāo ㊁ yuē

约 ㊀ yāo

〈口〉用秤称：～香蕉｜～～看够不够数。

约 ㊁ yuē

①事先提出或商量(须要共同遵守的事)：相～｜～定｜不～而同。②邀请：特～｜～他赴宴。③事先说定的事；共同订立、须要共同遵守的条文：签～｜条～。④限制：～束｜制～。⑤节俭：节～。⑥简要：简～。⑦副词。大概：～有百余人｜～计｜～数｜年～十五六。⑧约分，算术上用分子和分母的最大公因数去除分子和分母，使分数简化：2/4 可以～成 1/2。

要 ㊀ yāo ㊁ yào

要 ㊀ yāo

①求：～求。②强迫；威胁：～挟。③(Yāo)姓。

要 ㊁ yào

①重大：主～｜紧～｜有～事相

商。②重要的内容：纲～|摘～|提～|纪～。③希望得到或保留：你还想～几个菜|这个信封我还～呢！④向别人索取：～发票。⑤请求：她～我替她保守秘密。⑥表示做某件事的意志：他～读书。⑦必须；应该：阅览室～保持肃静。⑧需要：坐飞机只～半小时。⑨将要：天～亮了。⑩表示估计，用于比较：明天～比今天冷。⑪连词。如果：雨～不停，球赛只好改期了。⑫连词。要么：～就是打针，～就是吃药。

钥 ㊀ yào ㊁ yuè

钥 ㊀ yào

〖钥匙(shi)〗开锁用的东西，有的锁用了它才能锁上。

钥 ㊁ yuè

〈书〉①锁。②钥(yào)匙：锁钥(比喻做好一件事的关键；也比喻军事要地)。

耶 ㊀ yē ㊁ yé

耶 ㊀ yē

音译用字：～稣(基督教徒所信奉的救世主)|～路撒冷(地名，位于亚洲西部)。

耶 ㊁ yé

〈书〉助词。表示疑问的语气，相当于"吗""呢"：然则何时而乐～？

掖 ㊀ yē ㊁ yè

掖 ㊀ yē

塞；塞进(衣袋或夹缝里)：～好被子|把资料～进文件夹里。

掖 ㊁ yè

用手搀扶别人的胳膊，借指扶助或提拔：扶～|奖～后进。

衣 ㊀ yī ㊁ yì

衣 ㊀ yī

①衣服，穿在身上遮蔽身体和御寒的东西：外～|丰～足食。②包在某些物体外面的一层东西：糖～|笋～。③(Yī)姓。

衣 ㊁ yì

〈书〉穿：解衣(yī)～我。

迤 ㊀ yí ㊁ yǐ

迤 ㊀ yí

〖逶(wēi)迤〗〈书〉形容道路、

山脉、河流等曲折绵延的样子。也作“委蛇(wēiyí)”。

迤 ㊁ yǐ

介词。往;向(表示在某一方向上斜着延伸):天坛~西(天坛向西一带)。

荫 ㊀ yīn ㊁ yìn

荫 ㊀ yīn

同“阴”。日光照不到的地方。

荫 ㊁ yìn

①〈口〉阳光照不到;又凉又潮:地下室太~,不能住人。②〈书〉荫庇,树大枝茂,宜于人们休息,旧时比喻尊长照顾着晚辈或祖宗保佑着子孙。③封建时代因父辈或祖先有功而子孙享有任官或入学的特权:封妻~子。

饮 ㊀ yǐn ㊁ yìn

饮 ㊀ yǐn

①喝:~酒|~茶|畅~。②加工制造的、可以喝的东西:冷~。③心里存着;含着:~恨。

饮 ㊁ yìn

给牲畜水喝:~驴|~牲口。

应 ㊀ yīng ㊁ yìng

应 ㊀ yīng

①出声回答:他不~声。②同意(做):这件事她~下了吗?③当;该:~有尽有。④本期的(只用于毕业生):~届。⑤(Yīng)姓。

应 ㊁ yìng

①回答:~答|响~。②承诺;接受:有求必~|~聘。③顺应;适应:~时|~运而生。④对付;对待:~接不暇|随机~变。

育 ㊀ yō ㊁ yù

育 ㊀ yō

〖杭育〗拟声词。人们从事重体力劳动时发出的有节奏的呼喊声:夯(hāng)在他们的~声中一起一落。

育 ㊁ yù

①生孩子:生~|节~。②养活:~婴|~苗|封山~林。③教导;教育:教书~人。④(Yù)姓。

佣 ㊀ yōng ㊁ yòng

佣 ㊀ yōng

①雇用:~工。②受雇用的

人：女～。

佣 ㊁ yòng

佣金，买卖成交后，付给中间人的报酬。

柚 ㊀ yóu ㊁ yòu

柚 ㊀ yóu

〖柚木〗落叶大乔木，叶子大，卵形或椭圆形，花白色，核果近球形，木材暗褐色，坚硬，耐腐蚀，用来造船、车或家具，也供建筑用。

柚 ㊁ yòu

柚子，常绿乔木，叶子大而阔，果实大，是普通的水果。

有 ㊀ yǒu ㊁ yòu

有 ㊀ yǒu

①拥有；具有（跟“无”“没”相对）：～信心｜～氧运动。②表示存在：操场上～好多同学在玩耍。③表示估量或比较：这块地亩产～千余斤｜玉米长得～一人高了。④表示发生或出现：～病｜～进步。⑤表示事物多或大（多为抽象的）：～资历｜～了年纪。⑥泛指，跟“某”的作用相近：从前～个人。⑦用在“人”“时候”“地方”前面，表示一部分：～人赞成，～人反对。⑧助词。用在某些动词前面组成套语，表示客气：～劳｜～请。⑨〈书〉前缀，用在某些朝代名称前面：～明｜～清一代。⑩（Yǒu）姓。

有 ㊁ yòu

〈书〉同“又”。表示整数之外再加零数：十～二年｜八十～五岁。

与 ㊀ yú ㊁ yǔ ㊂ yù

与 ㊀ yú

〈书〉同“欤”。助词。表示疑问：子非三闾大夫（屈原）～？

与 ㊁ yǔ

①给：赠～｜～人方便，～己方便。②交往；友好：相～｜～国（友邦）。③赞许；赞助：～人为善（赞助人学好）。④介词。跟；同：～此无关｜～时俱进｜～众不同。⑤连词。和：男生～女生｜大人～小孩｜老师～学生。

与 ㊂ yù

参加：～会｜参～。

予 ㊀ yú ㊁ yǔ

予 ㊀ yú

①〈书〉人称代词。说话人称自己,相当于"我":～取～求。②(Yú)姓。

予 ㊁ yǔ

给:免～处分|授～奖状|请～接洽|～以大力支持|～以警告|～以通报批评。

雨 ㊀ yǔ ㊁ yù

雨 ㊀ yǔ

①从云层中向地面降下的水:～量|春～贵如油|阴云密布,～意正浓。②(Yǔ)姓。

雨 ㊁ yù

〈书〉下(雨、雪等):～雪。

语 ㊀ yǔ ㊁ yù

语 ㊀ yǔ

①话:～言|汉～|一～道破|古～|成～|千言万～|～重心长。②说:细～|低～|默默不～。③谚语;成语:～云,"皮之不存,毛将焉附。"④代替语言表示意思的动作或方式:手～|旗～|灯～。⑤(Yǔ)姓。

语 ㊁ yù

〈书〉告诉:不以～人。

熨 ㊀ yù ㊁ yùn

熨 ㊀ yù

〖熨帖(tiē)〗①(用字、用词)合适;妥帖:措词～。②心情平静:听了这番安慰的话,她心里很～。③〈方〉舒服:她觉得身上不～,要回家歇一歇。④〈方〉(事情)完全办妥:这事已～了|这事还没办～,我不能走。

熨 ㊁ yùn

用烙铁或熨斗把衣物烫平:～衣服|把这套西服～一～|蒸汽～烫。

员 ㊀ yuán ㊁ yún ㊂ Yùn

员 ㊀ yuán

①从事某种工作或学习的人:雇～|学～|船～|演～|指挥～|公司～工。②团体或组织中的成员:队～|团～|党～|会～。③量词。用于武将:一～大将。

员 ㊁ yún

用于人名:伍～(即春秋时的

伍子胥)。

员 ㊂ Yùn

姓。

晕 ㊀ yūn ㊁ yùn

晕 ㊀ yūn

①同"晕(yùn)"①:头～|～头～脑|～头转向。②昏迷:～倒|～厥在地。

晕 ㊁ yùn

①头脑发昏,感觉周围物体好像在旋转,人要跌倒似的:～车|眼～。②太阳或月亮周围的光圈:月～|日～。③光影或色彩周围模糊的部分:灯～|红～。

Z z

扎 ㊀ zā ㊁ zhā ㊂ zhá

扎 ㊀ zā

捆绑；束：～辫子｜～带子｜～裤脚。

扎 ㊁ zhā

①刺：～手（比喻事情难办）｜指头给针～了。②〈口〉钻进去：～猛子（游泳时头朝下钻入水中）。③军队在某地住下来：安营～寨｜部队拉练的时候就～在我村。

扎 ㊂ zhá

①〖扎挣〗〈方〉勉强支撑。②见645页〖挣扎〗。③（Zhá）姓。

咋 ㊀ zǎ ㊁ zé ㊂ zhā

咋 ㊀ zǎ

〈方〉疑问代词。怎么：这事儿～办？

咋 ㊁ zé

〈书〉咬住：～舌（咬住舌头。形容因惊讶、害怕而说不出话来）。

咋 ㊂ zhā

〖咋呼（hu）〗〈方〉①吆喝：你～什么？②张扬；吹嘘：别听他瞎～。

仔 ㊀ zǎi ㊁ zī ㊂ zǐ

仔 ㊀ zǎi

同"崽"。①儿子。②幼小的动物。

仔 ㊁ zī

〖仔肩〗〈书〉责任；任务。

仔 ㊂ zǐ

幼小的牲畜、家禽等：～猪｜～鸡。

载 ㊀ zǎi ㊁ zài

载 ㊀ zǎi

①年：一年半～｜千～难逢。②记录；刊登：记～｜连～｜

转～。

载 ㊁ zài

①用运输工具装：～客｜～货｜～人飞行｜满～而归。②充满（道路）：荆棘～途｜怨声～道。③〈书〉两个“载”连用，表示两种动作同时进行，相当于“又”“且”：～歌～舞。④（Zài）姓。

脏 ㊀ zāng ㊁ zàng

脏 ㊀ zāng

有尘土、汗渍、污垢等：～衣服。

脏 ㊁ zàng

内脏：五～六腑。

择 ㊀ zé ㊁ zhái

择 ㊀ zé

①挑选：～友｜～业｜不～手段｜～优录取。②（Zé）姓。

择 ㊁ zhái

义同“择（zé）”，用于某些口语词语：毛线乱了，～不开｜～菜｜～席（换了地方睡不踏实）。

综 ㊀ zèng ㊁ zōng

综 ㊀ zèng

织布机上使经线交错着上下分开以便梭子通过的装置。

综 ㊁ zōng

①总合；汇聚起来：～艺｜～括（总括）｜～合。②（Zōng）姓。

炸 ㊀ zhá ㊁ zhà

炸 ㊀ zhá

①烹调方法，把食物放在煮沸的油里弄熟：～花生米。②〈方〉把蔬菜等放在热水里略煮一下：把芹菜～一下。

炸 ㊁ zhà

①（物体）突然破裂：爆～。②用炸药爆破；用炸弹轰炸：～炮楼。③〈口〉因愤怒而大发脾气：气～了肺。④〈口〉因惊慌而四处乱逃：～市（集市的人因受惊而四处乱跑）｜～窝。

柞 ㊀ Zhà ㊁ zuò

柞 ㊀ Zhà

柞水，地名，在陕西。

柞 ㊁ zuò

①柞木，常绿灌木或小乔木，生棘刺。叶卵形，边缘有锯齿。初秋开花，花小，黄白色。木质坚硬，可用来制家具等。树皮及叶可入药。②柞树，落

叶乔木,叶子可用来喂柞蚕,木质坚实,可做枕木。

占 ㊀ zhān ㊁ zhàn

占 ㊀ zhān

①古代用龟甲、蓍(shī)草或铜钱等预测吉凶;后来泛指用各种方式预测吉凶:～课|～卜。②(Zhān)姓。

占 ㊁ zhàn

①占据,用强力取得或保持(地域、场所等):霸～|～用。②处在(某一种地位)或属于(某一种情形):～优势|～上风。③拥有;使用:新校区～地上百亩|更换课桌～去不少资金。

涨 ㊀ zhǎng ㊁ zhàng

涨 ㊀ zhǎng

(水位)升高;(物价)提高:～潮|～价|行情看～。

涨 ㊁ zhàng

①固体吸收液体后体积增大:木耳泡～了。②(头、面部)充血:气得～红了脸。③多出;超出(用于度量衡或货币的数目):～出五块钱|开支比预计～了不少。

着 ㊀ zhāo ㊁ zháo ㊂ zhe ㊃ zhuó

着 ㊀ zhāo

①下棋时走一步叫一着:一～不慎,满盘皆输。②比喻计策或手段:这真是个高～儿。

着 ㊁ zháo

①接触;挨上:不～边际|手破了,不能～水。②受到;感到:～迷|～风|～凉。③燃烧;也指灯发光(跟"灭"相对):～火|汽油一点就～。④用在动词后,表示已经达到目的或有了结果:睡～了|打～了|灯点～了。⑤〈口〉入睡:一上床就～了。

着 ㊂ zhe

助词。①表示动作的持续:正吃～饭呢。②表示处在某种状态中或状态的持续:屋里睡～两个人|墙上挂～一幅画。③用在某些动词或表示程度的形容词后面,加强命令或嘱咐的语气:你听～|办事儿机灵～点。④附在某些动词后,使之变成介词:沿～|朝～|照～|顺～。

着 ㊃ zhuó

①穿(衣):～装|身～唐装。②接触;挨上:附～|～岸|不～边际。③使接触;使附着在

别的物体上：～水｜～墨。④把力量或注意力集中在某一方面：～笔｜～手（开始做）｜～力。⑤下落：遍寻无～。⑥派遣：～人办理。⑦公文用语，表示命令的口气：～即上交。

爪 ㊀ zhǎo ㊁ zhuǎ

爪 ㊀ zhǎo

①动物的脚趾甲。②鸟兽的脚：鹰～｜虎～。③（Zhǎo）姓。

爪 ㊁ zhuǎ

〖爪子〗〈口〉动物的有尖甲的脚：鸡～｜猫～。

蜇 ㊀ zhē ㊁ zhé

蜇 ㊀ zhē

①蜂、蝎子等用毒刺刺人或动物。②某些物质刺激皮肤或器官使发生微痛：肥皂水～了眼。

蜇 ㊁ zhé

〖海蜇〗生长在海水中的一种腔肠动物，身体半球形，上面有伞状部分，经加工处理后可食用。

正 ㊀ zhēng ㊁ zhèng

正 ㊀ zhēng

正月，农历一年的第一个月：新～｜～旦（农历正月初一日）。

正 ㊁ zhèng

①垂直或符合标准方向（跟“歪”相对）：～南｜这个字写得不～。②位置在中间（跟“侧”“偏”相对）：～房。③用于时间，指正在那一点上或在那一段的正中：～午｜～十一点。④正面，片状物露在外面的或主要使用的一面（跟“反”相对）：这件衣服～反都能穿。⑤正直：～派｜公～。⑥合乎法规；合乎标准：～版｜～路｜～理｜～楷｜～体。⑦（色、味）纯而不杂：～红｜颜色不～｜这饮料味儿不～。⑧严肃；不是随意的：～式｜严～警告。⑨指楷书：～草隶篆。⑩主要的；作为主体的（跟“副”相对）：～文｜～校长。⑪图形的各个边的长度和各个角的大小都相等的：～方形｜～三角形。⑫自然科学中指大于零的（跟“负”相对）：～数｜负负得～。⑬自然科学中指失去电子的（跟“负”相对）：～电｜～极。⑭摆正；使不歪斜：～一～领带。⑮使端正：～本清源。⑯把错误的改成正确的：～字｜～音。⑰副词。恰好：

～中下怀|现在做这件事～合适。⑱副词。表示动作在进行中或状态在持续中：～上课呢。⑲(Zhèng)姓。

怔 ㊀ zhēng ㊁ zhèng

怔 ㊀ zhēng

①〖怔忡〗〈书〉心悸。②〖怔忪(zhōng)〗〈书〉惊恐不安的样子。

怔 ㊁ zhèng

〈方〉发呆；发愣：听了这话，她一时～住了。

挣 ㊀ zhēng ㊁ zhèng

挣 ㊀ zhēng

〖挣扎〗尽全力支撑。

挣 ㊁ zhèng

①用力摆脱束缚：～断|～脱。②用劳动换取：～钱。

症 ㊀ zhēng ㊁ zhèng

症 ㊀ zhēng

〖症结〗中医指肚子里结硬块的病。比喻事情难于解决的关键：弄清问题的～。

症 ㊁ zhèng

疾病：病～|对～下药。

铮 ㊀ zhēng ㊁ zhèng

铮 ㊀ zhēng

〖铮铮〗拟声词。形容金属撞击的声音：～作响|铁中～(比喻胜过一般人的人)。

铮 ㊁ zhèng

〈方〉东西的表面光亮耀眼：他是个特别讲卫生的人，每天都把皮鞋擦得～亮。

只 ㊀ zhī ㊁ zhǐ

只 ㊀ zhī

①单独的：形单影～|～身。②量词。a)用于某些成对的东西中的一个：两～耳朵|一～袜子|一～手套。b)用于某些动物和昆虫：一～鸡。c)用于某些器具：一～竹篮。d)用于船只：三～小船。

只 ㊁ zhǐ

①副词。表示除此以外没有别的：我～学过英语|家里～我一个人。②(Zhǐ)姓。

吱 ㊀ zhī ㊁ zī

吱 ㊀ zhī

拟声词。形容物体摩擦、鸟虫

鸣叫等的声音：门～的一声开了|知了～～地叫。

吱 ㊁ zī

拟声词。多形容小动物的叫声：老鼠～～地叫。

中 ㊀ zhōng ㊁ zhòng

中 ㊀ zhōng

①跟四周的距离相等的位置；中心：～央|～原|居～。②(Zhōng)指中国：～文|～医|～药。③里面；范围内：同学～|心～。④位置在两端之间的：～指|～秋|～途。⑤等级在两端之间的：～性|～学|～等。⑥不偏不倚：～庸|～立。⑦介绍买卖或调解纠纷的中间人：我来做～。⑧适合：～用|～听。⑨〈方〉可以；行：～不～|这办法～。⑩用在动词或动词性词组后面，表示动作正在进行：正在设计～|发展～国家。⑪(Zhōng)姓。

中 ㊁ zhòng

①正好对上；恰好符合：～奖|～标|猜～。②特指箭、枪等射到目标上：打～|射～|命～。③受到；遭受：～计|～暑。

轴 ㊀ zhóu ㊁ zhòu

轴 ㊀ zhóu

①贯穿在轮子或其他转动的机件中间的圆柱形部件：主～|轮～。②把平面或立体对称分开的直线。③圆柱形的用来往上绕东西的器物：线～儿|画～。④量词。用于缠在轴上的线以及装裱带轴子的字画：几～金线|一～画。

轴 ㊁ zhòu

一场戏曲演出中排在最后作为轴心的重头戏：压～儿(倒数第二个剧目)|大～儿(最后一个剧目)。

著 ㊀ zhù ㊁ zhuó

著 ㊀ zhù

①明显：显～|昭～|功勋卓～。②显露出：～称|～名。③写作：编～|～书立说。④著作，写出的书或文章：外国名～|大～|新～|译～。

著 ㊁ zhuó

①着(zhuó)的本字。②〖执著〗始终如一地坚持不懈。

转 ㊀ zhuǎi ㊁ zhuǎn ㊂ zhuàn

转 ㊀ zhuǎi

〖转文〗〈口〉说话时故意使用文言词句，以显示自己有学问。

转 ㊁ zhuǎn

①改变方向、位置、形势、情况等：～换｜～岗｜～会｜～型｜～制｜辗～｜生活好～。②把一方的物品、信件、意见等传到另一方：～让｜～交｜～告。③(Zhuǎn)姓。

转 ㊂ zhuàn

①绕着中心运动：车轮飞～。②绕着某物体运动：～圈儿｜～来～去。③〈方〉量词。绕一圈儿称绕一转。④闲逛：上街～一～。

赚 ㊀ zhuàn ㊁ zuàn

赚 ㊀ zhuàn

①做生意获利(跟"赔"相对)：～了 3 万。②〈口〉获得的利润：～头｜有～。③〈方〉挣(钱)。

赚 ㊁ zuàn

〈方〉诓骗：～人。

琢 ㊀ zhuó ㊁ zuó

琢 ㊀ zhuó

①把玉石雕刻成器物：雕～｜玉不～，不成器。②修饰、锤炼文辞：雕章～句。

琢 ㊁ zuó

〖琢磨〗反复思考：这件事我～了很久｜你再～一下。

钻 ㊀ zuān ㊁ zuàn

钻 ㊀ zuān

①用尖的物体在另一物体上转动，形成孔眼：～探｜～孔｜～个眼儿。②穿过；进入：～山洞｜～被窝儿。③深入研究：～研｜～书本。④为谋取私利而想办法、找门路：～营｜～门子。

钻 ㊁ zuàn

①打眼儿用的工具：电～｜手摇～。②指钻石，一种硬度很高的贵重宝石：～戒(镶着钻石的戒指)｜十九～的手表。

作 ㊀ zuō ㊁ zuò

作 ㊀ zuō

作坊，手工业制造或加工的地

方：石器～|木器～。

作 ㊁ zuò

①兴起；出现：振～|一鼓～气|兴风～浪。②创作；写作：～诗|～曲|～词。③作品：处女～|杰～|成名之～。④故意装出某种样子：～态|～秀|装模～样。⑤当作；充当：～废|～罢|为虎～伥。⑥进行某种活动：～弊|自～自受。⑦劳动；劳作：深耕细～|～息|操～。

图书在版编目(CIP)数据

同义词近义词反义词多音多义字词典:双色版/唐文辞书编委会编.—郑州:海燕出版社,2015.3
ISBN 978-7-5350-6188-1

Ⅰ.①同… Ⅱ.①唐… Ⅲ.①汉语-小学-词典 Ⅳ.①G624.203

中国版本图书馆CIP数据核字(2015)第040514号

选题策划:黄天奇
责任编辑:何凯宁
特约编辑:吕慧芳
责任校对:李培勇　李红彦　刘学武
责任印制:邢宏洲
责任发行:贾伍民
封面设计:苏毅强

出版发行:海燕出版社
(郑州市北林路16号　邮政编码450008)
发行热线:0371-65734522
经　　销:全国新华书店
印　　刷:河南新华印刷集团有限公司
开　　本:850毫米×1168毫米　1/64
印　　张:11
字　　数:546千
版　　次:2015年3月第1版
印　　次:2015年3月第1次印刷
定　　价:15.80元

诗词中的近义词反义词

众鸟高飞尽，孤云独去闲。

（唐）李白《独坐敬亭山》

孤舟蓑笠翁，独钓寒江雪。

（唐）柳宗元《江雪》

蝉噪林逾静，鸟鸣山更幽。

（南朝·梁）王籍《入若耶溪》

两个黄鹂鸣翠柳，一行白鹭上青天。

（唐）杜甫《绝句四首·其三》

儿童散学归来早，忙趁东风放纸鸢。

（清）高鼎《村居》

弃我去者，昨日之日不可留；乱我心者，今日之日多烦忧。

（唐）李白《宣州谢朓楼饯别校书叔云》

但见新人笑，那闻旧人哭。

（唐）杜甫《佳人》

生当作人杰，死亦为鬼雄。

（宋）李清照《夏日绝句》

少壮不努力，老大徒伤悲。

《乐府诗集·长歌行》

远看山有色，近听水无声。

（唐）王维《画》

前不见古人，后不见来者。

（唐）陈子昂《登幽州台歌》

百川东到海，何时复西归。

《乐府诗集·长歌行》